# Bijdragen Tot De Kennis Van Het Landelijk Stelsel Op Java, Op Last Van Zijne Excellentie Den Miniter Van Kolonienm J.D. Fransen Van De Putte

by S. Van Deventer

Address:
HardPress
8345 NW 66TH ST #2561
MIAMI FL 33166-2626
USA
Email: info@hardpress.net

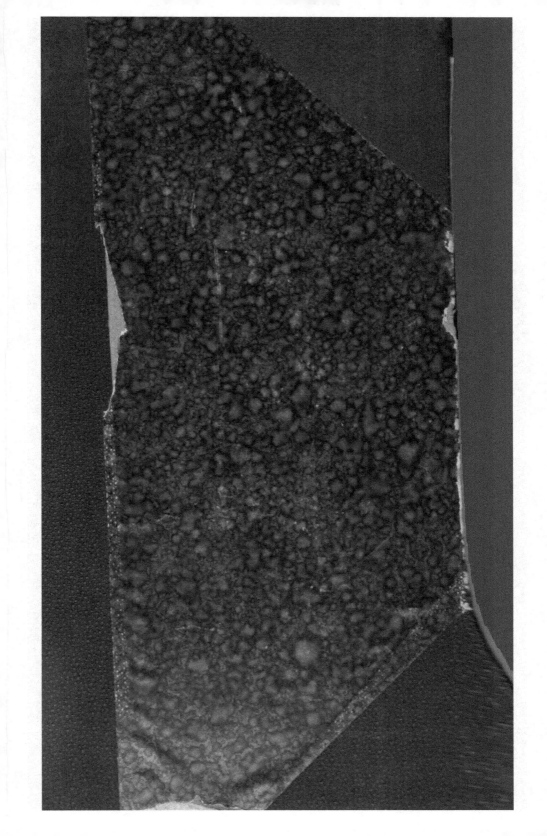

# HET LANDELIJK STELSEL OP JAVA.

# BIJDRAGEN

TOT DE KENNIS VAN HET

# LANDELIJK STELSEL OP JAVA,

OP LAST VAN

ZIJNE EXCELLENTIE DEN MINISTER VAN KOLONIEN,

## J. D. FRANSEN VAN DE PUTTE,

BIJEENVERZAMELD

DOOR

## S. VAN DEVENTER J.SZ.,

Laatstelijk Resident van Banjoemas,
thans met verlof en tijdelijk werkzaam bij het Ministerie van Kolonien.

---

## DERDE DEEL.

## DE WERKING VAN HET STELSEL.
## NA 1836.

---

TE ZALT-BOMMEL, BIJ JOH. NOMAN EN ZOON.
1866.

# INHOUD VAN HET DERDE DEEL.

## ACHTTIENDE HOOFDSTUK.

# BIJLAGEN.

# BIJDRAGEN

TOT DE

# KENNIS VAN HET LANDELIJK STELSEL OP JAVA.

———o❁o———

## ZESTIENDE HOOFDSTUK.

## De Minister van Koloniën J. van den Bosch.

Tot regt verstand van den loop der zaken op Java, moeten wij een afzonderlijk hoofdstuk wijden aan den minister van den Bosch, in verband met, en als vervolg op hetgeen reeds vroeger omtrent zijne handelingen is medegedeeld.

### I. *Stemmen tegen het kultuurstelsel.*

Toen van den Bosch den 1sten Februarij 1834 als kommissaris-generaal over Nederlandsch Indië aftrad en naar het vaderland terugkeerde, hadden velen, die uit overtuiging gestemd waren tegen het door hem op Java ingevoerde kultuurstelsel, verwacht, dat dit stelsel, in Nederland, meer in de bijzonderheden onderzocht en beoordeeld, en althans in de uitvoering aanmerkelijk gewijzigd zou worden. Ten einde het verwachte onderzoek in de hand te werken, deden zich eenige stemmen hooren.

1. *Nota van Mr. J. H. Tobias.* In April 1834, dus nog vóór van den Bosch in het vaderland was aangekomen, diende de heer Mr. J. H. Tobias, laatstelijk lid in het hooggeregtshof van Nederlandsch Indië, destijds met verlof in Nederland, (*) een zeer uitvoerige nota aan den Koning in, bij

---

(*) Dezelfde, die vroeger resident van Bantam was, en wiens verslag over die residentie, van Mei 1821, wij in het 2e deel, zevende hoofdstuk, hebben medegedeeld.

III.                                                                                                    1

welke de werking van het kultuurstelsel in de donkerste kleuren geschilderd, en het stelsel zelf ten sterkste afgekeurd werd.

Van den Bosch kwam den 18den Mei daaraanvolgende in Nederland aan, en werd nog in diezelfde maand tot minister van koloniën benoemd. Natuurlijk werd de nota van Tobias in zijne handen gesteld. Wanneer dat stuk alleen daadzaken behelsd had, die voor bewijs vatbaar waren, zou de wederlegging moeijelijk zijn geweest.

Maar de grieven waren daarin schier opeengestapeld, en daaronder ook dezulke, die, grootendeels steunende op geruchten, onjuist of overdreven waren voorgesteld. Het viel van den Bosch dan ook niet moeijelijk om, vermits hij niet punt voor punt behoefde te wederleggen, de zwakke gedeelten der nota in het licht te stellen. Hij deed dit, bij zijn geheim rapport van 21 Augustus 1834 no. 201 k, en kwam daardoor tot de konklusie, dat de geheele nota van grond ontbloot en ongerijmd was.

Het zou ons te ver leiden, indien wij de wederlegging van den minister van den Bosch in de bijzonderheden mededeelden. Een enkel voorbeeld moge voldoende zijn. Wij schrijven daartoe, uit het aangehaalde rapport, het volgende af:

»Zoo men in aanmerking neemt dat, volgens den heer Tobias, een jonk suikerriet 80 pikols suiker oplevert, en dus over eene hoeveelheid van 400,000 pikols, waartoe deze kultuur thans geacht kan worden gebragt te zijn, 5000 jonken zullen noodig zijn, en ieder jonk de bearbeiding vordert van 4 man, dat is voor 500 vierk. roeden één, dan blijkt daaruit, dat de teelt van suikerriet slechts 20,000 man behoeft, en deze genieten, volgens opgave van den heer Tobias zelven, voor de jonk $f$ 258.—, of wel voor ieder man $f$ 64.50."

Hier worden eenige onjuiste gegevens van Tobias vooropgesteld en als waarheid aangenomen, om daarop eene geheel valsche konklusie te bouwen.

Zien wij nu, wat waarheid was.

Blijkens het reisverslag van den gouverneur-generaal a. i. Baud, waren in 1833 in de residentiën waar voor rekening van het gouvernement suiker geteeld was, gemiddeld verkregen de volgende hoeveelheden, uitgedrukt in pikols per bouw van 500 vierkante roeden, en per jonk van 2000 vierk. roeden, namelijk:

| | | | |
|---|---|---|---|
| in Bantam, | 1½ pikol per bouw, | of | 6 pikol per jonk. |
| » Cheribon, | 9 » » » | » | 36 » » » |
| » Tagal, | 7 » » » | » | 28 » » » |
| » Pekalongan, | 3½ » » » | » | 14 » » » |
| » Samarang, | 1¾ » » » | » | 7 » » » |
| » Japara, | 6 » » » | » | 24 » » » |
| » Rembang, | 2 » » » | » | 8 » » » |
| » Soerabaya, | 9 » » » | » | 36 » » » |
| » Pasoeroean, | 16 » » » | » | 64 » » » |
| » Bezoeki, | 12 » » » | » | 48 » » » |

Gemiddeld over alle de hier genoemde residentiën, was dit 6¾ pikol

suiker per bouw, of 27 pikol per jonk; terwijl Tobias opgaf 80 pikols per jonk, hetgeen nog nergens, zelfs niet onder de gunstigste omstandigheden, verkregen was.

Verder vinden wij, in hetzelfde reisverslag, dat dáár waar de kultuur niet gedreven werd tegen vrijstelling van landrenten, en de betaling geschiedde naar de uitgestrektheid beplanten grond, die betaling, gemiddeld over de betrokken residentiën en tusschen 1e, 2e en 3e soort gronden of getaxeerd riet, bedroeg *f* 200.— per jonk, waarbij nog in aanmerking is genomen, de verhoogde betaling, eerst in 1834 in den Oostboek aan den planter toegestaan, waarop Tobias, bij de indiening van zijne nota, volstrekt niet kon rekenen; zoodat hij, bij het opgeven eener betaling van *f* 258.— per jonk, de zaak veel te gunstig voorstelde.

Ten eenenmale onjuist is 's ministers voorstelling, dat *één man per bouw suikerriet van* 500 *vierkante roeden* voldoende zou zijn. Bij de eerste regeling der suikerkultuur, had van den Bosch, blijkens § *e* der resolutie van 13 Augustus 1830 no. 4, gerekend op *minstens drie arbeidende mannen voor zulk een bouw;* terwijl bij resolutie van denzelfden dag no. 6, bekrachtigd werden drie kontrakten, krachtens art. 2 van welke werd aangenomen, dat *vier man per bouw* noodig waren, hetgeen dan ook de algemeene maatstaf werd. (\*) Nog laatstelijk, weinige weken vóór zijn vertrek uit Indië, had hij, als kommissaris-generaal, bij besluit van 24 December 1833 no. 486, den inspekteur Vitalis eene door ons medegedeelde instruktie gegeven, voor de regeling der suiker- en indigo-kultuur in Tagal en Pekalongan. Uit art. 3 dier instruktie (†) blijkt: dat voor de werkzaamheden der suikerkultuur, en wel alleen voor het planten en onderhouden van het riet, tot op het oogenblik dat het gesneden wordt, moesten worden afgezonderd: *vier huisgezinnen per bouw*, en dat de belooning in vrijstelling van landrenten bestaan, en bedragen moest gemiddeld *hoogstens* (vergelijk art. 6 der instruktie) *f* 7.50 *per huisgezin 's jaars.*

Men ziet hieruit, hoe de onbetwistbare feiten door den minister aan den Koning werden voorgesteld.

In beschikking op de nota van Tobias, werd:

1º. Aan Tobias, namens den Koning, te kennen gegeven: dat de inhoud dier nota en de daaromtrent van den minister van koloniën verkregen inlichtingen, door Zijne Majesteit met zorg waren overwogen; dat de uitslag van dat onderzoek had doen zien, dat veel van het bij die nota opgegevene als ongegrond, of althans als overdreven moest worden aangemerkt, en alzoo Zijner Majesteits aandacht weinig verdiende; dat daarentegen in dat stuk vele bewijzen voorkwamen, van het voorbijzien van den eerbied, dien ieder Indisch ambtenaar aan zijne meerderen verschuldigd is, en waaraan hij, hoezeer met verlof hier te lande aanwezig, nimmer behoort te kort te doen, en dat Zijne Majesteit mitsdien moest verlangen, dat hij zich van dergelijke handelingen voor het vervolg onthield.

(\*) Zie tweede deel, pag. 165 en 172.
(†) Zie tweede deel, pag. 575.

2o. De minister van den Bosch gemagtigd, om deze beschikking aan de Indische regering mede te deelen, — »met bijvoeging, dat die mededeeling strekt om 's Konings meening, ten aanzien van handelingen als waaraan de heer Tobias zich heeft schuldig gemaakt, in Indië te doen kennen, en alzoo ter bevestiging, dat Zijne Majesteit geen ander stelsel in Indië, dan het tegenwoordig bestaande, begeert gevolgd te zien."

Dientengevolge werd, bij de Indische resolutie van 14 Maart 1835, no. 3, van het hiervoren sub 1 en 2 medegedeelde, kennis gegeven aan de generale direktie van financiën, aan den direkteur der kultures, en aan de residenten en op zich zelf staande assistent-residenten op Java, tot hunne informatie en narigt.

2. *Stemmen in de Staten-Generaal*. Ook in de tweede kamer der Staten-Generaal werd het kultuurstelsel destijds besproken. In de zitting van 23 December 1834, bij de behandeling der staatsbegrooting voor 1835, voerden onderscheiden leden daarover het woord.

De heer J. van Alphen keurde het landrente-stelsel van Raffles af, en hechtte zijn zegel aan het kultuurstelsel. Hij raadde der regering aan, »de meest mogelijke publiciteit te geven," aan de ten dien aanzien genomen besluiten. »Wij zijn dit (zeide hij:) aan de waarheid, aan ons zelven en aan de menschheid verschuldigd, — opdat de ware verlichting in Europa met volledige kennis van zaken oordeele, en zij zal eere geven aan wien eere toekomt. Maar daarbij komt nog in aanmerking, dat de lasten van de landrente reëel, de voordeelen denkbeeldig waren voor den inlander." — Maar, behalve dat publiciteit geenszins lag in de bedoeling der regering, berustte de overtuiging van den heer van Alphen, op de dwaling waarin het algemeen, juist door geheimhouding, gelaten werd. Immers hij zeide, bij dezelfde gelegenheid: »wat de kultures op Java betreft, dezelve zijn fakultatief gesteld, en moeten fakultatief blijven, om de landrenten af te koopen door arbeid, en die arbeid is op de helft gesteld van hetgeen de landrente van elk huisgezin eischte; als men daaraan getrouw blijft, dan kan de vermeerdering van arbeid, beter verdeeld, beter beloond, doelmatiger aangewend, geen druk aanbrengen." (*)

De heer W. A. Baron Schimmelpenninck van der Oije van de Poll, drong krachtig aan op het geven van meer inlichtingen omtrent de koloniale financiën. »Nu men (zeide hij onder anderen:) gelijktijdig zoo vele deskundigen hoort beweren, dat men ginds het hoen doodt, om alle gouden eijeren op eens te hebben; nu moeten wij nadrukkelijk op de mededeeling der gronden aandringen, waar de giften, de beloften en de vrees op berusten." Verder, na opgemerkt te hebben, dat de Engelschen in Bengalen, met voorzigtigheid, maar steeds vooruitgaande, meer vrijzinnige beginselen hadden

---

(*) Zie Bijvoegsel van de Staats-Courant van 6 Januarij 1835 no. 7, en E. de Waal, Nederlandsch Indië in de Staten-Generaal, sedert de grondwet van 1814, ('s Gravenhage, bij Martinus Nijhoff, 1861) 2de deel, pag. 59.

aangekleefd, en dat zij overtuigd waren, dat een terugkeer tot gedwongen
kultuur en monopolie, hen ten verderve zou voeren, vraagt hij: »En wij
alleen zouden met het getij de bakens niet willen versteken, of wel op eens
daadzakelijk bewijzen, dat het industrie-systema en de wonderen die het
verrigtte, ijdele bespiegelingen zijn?" (*)

Wij moeten voor verdere bijzonderheden van de hier bedoelde zitting der
tweede kamer, overwijzen tot de Staatscourant of het vermelde belangrijke
werk van den heer E. de Waal. Alleen moeten wij nog opmerken, dat de
minister van koloniën die zitting niet bijwoonde, en dat de begrooting ver-
dedigd werd door den minister van financiën.

3. *Stemmen van Java.* Ook van Java zelf gingen stemmen uit, welke
zich tegen het kultuurstelsel deden hooren.

In het begin van 1835, liet de redaktie van het Tijdschrift *de Oosterling*,
bij haar gewonen uitgever K. van Hulst te Kampen, twee geschriften drukken, welke in hooge mate de aandacht trokken van allen, die destijds met
de koloniale toestanden bekend waren.

*Het eerste werk*, slechts 35 bladzijden druks beslaande, voert ten titel:
»*Kort Overzigt der financiële resultaten van het stelsel van kultures, onder den
gouverneur-generaal J. van den Bosch.*" Het is afgesloten: »*Batavia, Augustus
1834,*" en voorzien van een Voorberigt van de redaktie van den Oosterling,
waarin wordt medegedeeld, dat bedoeld Overzigt uit Indië ontvangen is,
ter opname in den Oosterling; maar dat de redaktie, met de bekendmaking
daarvan, niet wilde wachten tot de verschijning van het volgende nommer
van haar Tijdschrift, en het stuk dus onmiddellijk en afzonderlijk het licht
deed zien.

*Het tweede werk*, met de bijlagen 204 bladzijden druks beslaande, verscheen kort daarna. Het is getiteld: »*Blik op het bestuur van Nederlandsch
Indië, onder den gouverneur-generaal J. van den Bosch, voor zoo ver het door
denzelven ingevoerde stelsel van kultures op Java betreft; openbaar gemaakt bij
besluit van den gouverneur generaal ad interim, van den 28en Maart 1834 no 1.*"
Het is afgesloten: »*Eiland Java, Junij 1834.*" De bijlagen bestaan uit: —
het op den titel vermelde besluit van 28 Maart 1834 n°. 1, en de daarbij
behoorende *Zakelijke Extrakten* en verdere stukken, door den gouverneur-generaal a. i. Baud, kort na het vertrek van van den Bosch, gepubliceerd en
opgenomen in het Indisch Staatsblad van 1834, onder n°. 22; (†) verder
uit een volledig suikerkontrakt, goedgekeurd bij resolutie van 19 October
1830 n°. 3, (§) en eindelijk uit eene bekendmaking van den resident van
Pasoeroean, dd. 26 Julij 1833, dus uitgevaardigd weinige dagen vóór het

(*) Zie Staats-Courant van 29 December 1834 no. 307, en E. de Waal als voren, 2de deel, pag. 72 en 73.
(†) Zie tweede deel, pag. 610.
(§) Dit kontrakt is hetzelfde, vroeger door ons kortelijk vermeld in het tweede
deel, pag. 177, § II, aan het slot.

plaats hebben van den volksoploop in die residentie. In het werk zelf wordt van die bekendmaking, op bladz. 95 gezegd:

"Eenigen tijd later, maakte men de bevolking (van Pasoeroean) bekend, dat zij geene beschikking over hare velden had, aangezien dezelve allen aan het gouvernement behoorden; en eindelijk werd, bij plaatselijke afkondiging van den resident, op den 26sten Julij 1833 (bijlage letter F), de geheele bevolking verklaard dienstbaar te zijn, en verpligt om in de nieuwe kultuur te moeten deelen, waarvan zelfs de dorps-adel (Sentono's) niet werd uitgezonderd; alleen werden eenige volgelingen van de hoofden hiervan verschoond."

Wij kunnen, zonder al te wijdloopig te zijn, de treurige bijzonderheden niet vermelden, welke in de twee bedoelde werken, maar vooral in de Blik enz. zijn opgeteekend. Eene enkele aanhaling moge voldoende zijn. Sprekende over de indigo-kultuur in de Preanger-regentschappen, zegt de schrijver, bladz. 54:

"Waar de souverein planter en koopman tevens is, daar kent de dwang geene grenzen; daar wordt alles aan het eigenbelang opgeofferd, en zelfs geene beginselen van menschelijkheid worden ten laatste meer geëerbiedigd; want alles is aan zijne baatzucht, aan zijne berekeningen en spekulatiën ondergeschikt. Ook hier is zulks bewaarheid: want de voorbeelden zijn menigvuldig, dat hoogzwangere vrouwen, onder den zwaren arbeid, in de indigo-velden hunne kinderen ter wereld bragten, of dat vastgestelde huwelijken aldaar zijn voltrokken geworden, dewijl het aan niemand werd toegestaan, huiswaarts te gaan. Het was tot een volksspreekwoord geworden: penganten di tarum, boenting di tarum, anak tarum."

Eindelijk moeten wij, met betrekking tot de twee hier vermelde werken, er de bijzondere aandacht op vestigen, dat het onder Augustus 1834 afgeslotene het eerst, en dat het onder Junij 1834, en dus vroeger, afgeslotene werk het laatst in het licht verscheen. Bij de toenmalige korrespondentie met zeilschepen, was het geen ongewoon verschijnsel, dat latere berigten van Java eerder hier in Nederland ontvangen werden, dan vroeger verzonden tijdingen. Ook is het mogelijk, dat de redaktie van den Oosterling de beide werken te gelijk heeft ontvangen, maar, bezield met den wensch om de natie spoedig met het daarin voorkomende bekend te maken, het Kort Overzigt, als slechts 35 bladz. druks beslaande, deed voorafgaan aan den Blik, die 204 bladz. druks beslaat, en dus veel meer tijd voor de uitgave vorderde. Hoe dit ook zij, het is van belang, men zal straks zien waarom, dat duidelijk gekonstateerd worde: dat het kort overzigt e e r s t, en de Blik d a a r n a in het licht verscheen, en dit blijkt uit het voorberigt van den Blik, waarin de redaktie van den Oosterling zegt: — "De uitgave van het hier medegedeelde stuk, en van het onlangs verschenen Kort Overzigt, heeft de redaktie verhinderd haar IVe nummer zoo spoedig te doen verschijnen, als anders geschied ware."

4. *Indruk welken die stemmen van Java, in Nederland maakten.* Kort

na de verschijning der evenbedoelde twee werken, werd te 's Gravenhage en Amsterdam, bij de gebroeders van Cleeff, uitgegeven een werk, dat den volgenden titel voert: — *Iets over den voorgaanden en tegenwoordigen staat van Nederlandsch Indië, vergezeld van eene beoordeeling van twee vlugschriften, getiteld: *Kort overzigt der financiëele resultaten van het stelsel van kultures onder den gouverneur-generaal J. van den Bosch,* en *Blik op het bestuur van Nederlandsch Indië, onder den gouverneur-generaal J. van den Bosch, voorzoover het door denzelven ingevoerde stelsel van kultures op Java betreft.* Met voorkennis van Zijne Excellentie den luitenant-generaal, oud kommissaris-generaal van Nederlandsch Indië J. van den Bosch, door N. van Elten, D. J.z, kommies bij het kabinet van het departement van koloniën.*

Voor dit werk, dat 245 bladz. druks beslaat en werd afgesloten: *'s Gravenhage, Mei 1835,* is als motto geplaatst, eene zinsnede uit de aanspraak, waarmede Baud zijne installatie als vicepresident der Indische regering beantwoordde (*).

De schrijver schijnt aanvankelijk alleen de bedoeling te hebben gehad: den voorgaanden en tegenwoordigen toestand van Nederlandsch Indië te behandelen. Hij vond daartoe aanleiding in de redevoering van den Baron Schimmelpenninck, in de zitting van de tweede kamer van 23 December 1834 uitgesproken en hiervoren door ons aangehaald. Hij gaat uit van de stelling: dat die toestand moet beoordeeld worden naar de uitkomsten. *Het publiek (zegt hij, bladz. 3), heeft bij die uitkomsten alleen belang, en het verdiepe zich dan ook niet in al die ontwerpen, stellingen en tegenstellingen, die zonder grondige plaatselijke kennis niet kunnen worden beoordeeld.* Voorts levert hij eene kritiek op de evenbedoelde redevoering van den Baron Schimmelpenninck, met aanhaling zijner woorden, maar zonder hem te noemen (†).

(*) Zie ons tweede deel, pag. 488; de derde zinsnede van de daar medegedeelde aanspraak, is de hier bedoelde.

(†) In de zitting van de tweede kamer van 11 December 1835, (Zie Staatscourant van den 26en dier maand no. 311, en E. de Waal, als voren, 2e deel, pag. 95,) zeide de heer Schimmelpenninck, onder anderen, van het geschrift van van Elten, het volgende:

*De betamelijkheid had gevorderd, dat een lid der Staten-Generaal, hetwelk openbaar over eene koncept-wet sprak, hier ter plaatse door den minister wierd wederlegd. De verontschuldiging, dat de betrokken minister voorleden jaar niet aanwezig was, en het ook nu weder niet is, strekt op nieuw ten bewijze, dat alle hoofden van departementen, bij de behandeling des budgets, in de vergadering tegenwoordig moesten zijn. De stemming had bovendien eerst later, zelfs na een adjournement, plaats; ik had des noods mijne gezegden herhaald, en spreek ook nu zeker vier-en-twintig uren vóór den minister. Maar men zweeg, en ontleende den naam van een kommies, om vijf maanden later eene wederlegging in het licht te geven, waarin men met geen woord van het regtsbeginsel gewaagt, maar zich bepaalde, nu eens op eene afdoende wijze, dan eens door hoogdravende woorden of zonder bewijzen, bijzonderheden te wederleggen, die veelal belangrijk waren om de zaak in een beter daglicht te stellen, maar niets tot de hoofdzaak, opening en verantwoording, afdeden. Ik, die aan geen koloniaal stel-

Dit aanvankelijk plan was, blijkens het medegedeelde op bladz. 62, juist voltooid, toen de bovenvermelde twee brochures in het licht verschenen. Dientengevolge besloot van Elten aan zijne verhandeling toe te voegen, eene wederlegging dier brochures. Met dat doel wordt behandeld: de eerste brochure, *Kort Overzigt* enz., van bladz. 63—98, en de tweede brochure, *Blik* enz. van bladz. 99—159. Wijders worden, als Bijlagen, bij dit werk gevoegd:

1°. Het Indisch besluit van 28 Maart 1834 n°. 1, met de daarbij behoorende *Zakelijke Extrakten* en verdere stukken, (Indisch Staatsblad 1834 n°. 22) reeds bij den *Blik* enz. overgelegd, ruim 40 bladz. druks beslaande.

2°. Een, door den oud inspekteur-generaal der koffijkultuur von Winckelman, aan den kommissaris-generaal du Bus gerigt rapport, dd. 23 November 1828, waardoor (bladz. 72) wordt verklaard, dat de in 1831, 1832 en 1833 verminderde leverancie van koffij, het gevolg was van verkeerde aanplantingen in 1823, 1824 en 1825.

3°. Eene missive van den gouverneur-generaal van den Bosch aan de Indische regering, zonder vermelding van datum. Dit is de memorie van Julij 1830, waarvan de voorname inhoud vroeger (zie ons tweede deel, pag. 157—162), door ons is medegedeeld, waarbij toen aangeteekend werd, dat van Elten dit stuk niet konform het oorspronkelijke teruggeeft.

4°. De Indische resolutie van 31 Julij 1830 n°. 1, waarvan wij den inhoud mededeelden, (Tweede deel, pag. 148—150), terwijl wij daarbij reeds opmerkten, dat van Elten die slechts voor een klein gedeelte opneemt.

5°. Staat van de remises, door het Oost-Indisch bestuur naar Nederland overgemaakt, sedert 1817 tot 1833.

6°. Besluit van den kommissaris-generaal van den Bosch van 28 (moet zijn 29) December 1833 n°. 493, (*) waarbij de eerste regerings-beslissing genomen wordt ten aanzien van de beweerde schuldigen aan den volksoploop in Pasoeroean. Dit stuk wordt overgelegd, om te bewijzen (pag. 123—124), dat het verhaal van dien oploop, pag. 100—103 van den *Blik*, enz. gedaan, bezijden de waarheid is. Opmerkelijk echter is het, dat van Elten dit besluit geheel verminkt mededeelt, betgeen blijken kan uit eene vergelijking van zijn stuk, met het door ons, in het tweede deel, pag.

---

sel hoegenaamd gebonden ben, en slechts waarheid en 's land voordeel beoog, verheug mij, voor het overige, de ontvangene inlichtingen te hebben geprovoceerd, ik verheug mij nog meer dat èn de wederlegging, èn de later ontvangene cijfers zoo gunstig mogten uitvallen, en ik zal gaarne, met ter zijde stelling van vorm, Zijne Excellentie den oud kommissaris-generaal, als weldoener des vaderlands, dankbaar en innig verpligt, hulde doen, wanneer de tijd leert, dat deszelfs stelsel op den duur zulke gunstige uitkomsten blijft opleveren."

(*) In den *Blik* enz. was de datum goed gesteld op 29 December, (zie pag. 103.) maar van Elten zegt bladz. 124, dat dit 28 en niet 29 zijn moet, gelijk hij dan ook de foutive datum aan de betrekkelijke Bijlage geeft.

585—589, volledig medegedeelde besluit. Van Elten laat uit den konsiderans weg, hetgeen daar opgeteekend staat: *betrekkelijk de *kerdja negri*, of leveranciën en arbeid aan publieke werken, welke thans in die residentie (Pasoeroean) bestaan, met aantooning van hetgeen dezelfde diensten en leveranciën zouden kosten, bij een systeem van vrije inhuring en levering tot den marktprijs." Van Elten deelt verder, alleen art. 1 en 2 van het besluit mede, en houdt de volgende zeven artikelen eenvoudig achter. Zie het bedoelde besluit en wat voorts ten aanzien dezer zaak, op de aangehaalde plaats, is opgeteekend, en wat verder, in het tweede deel, pag. 741, in eene noot, vermeld wordt omtrent het zachte lot, dat door den gouverneur-generaal a. i. Baud, aan de beweerde volksoprnijers, in Krawang werd bereid.

7o. Missive van den direkteur-generaal van financiën, dd. 10 Maart 1830 no. 4, strekkende ten blijk, (bladz. 128) dat het presumtief te kort op de Indische administratie, over de zes eerste maanden van 1830, op ongeveer vier millioen gulden geraamd werd. Wij merken hierbij alleen op dat, toen de direkteur-generaal die raming maakte, Dipo Negoro nog niet was gevangen genomen, en dat derhalve ook nog niet op het eindigen van den Javaschen oorlog kon worden gerekend.

Van Elten bood eén exemplaar van dit werk den Koning aan, bij een adres, waarin onder anderen gezegd wordt: — *Ik heb de eer Uwer Majesteit voor te stellen, om een tweehonderdtal exemplaren, door tusschenkomst en voor rekening van het departement van koloniën, naar Java te doen zenden." De minister van den Bosch, hierop gehoord, verklaarde bij kabinetsmissive van 18 Junij 1835 letter R, zich met dat *voorstel" wel te kunnen vereenigen, en verzocht 's Konings autorisatie, om den gouverneur-generaal a. i. de distributie van bedoelde 200 exemplaren op te dragen. Na verkregen magtiging werd hieraan door den minister gevolg gegeven, bij kabinets-missive van 23 dier maand letter U no. 3 (*).

(*) Bij die missive, schreef de minister, onder anderen het volgende:
»Bij nazieuing van het werkje zelf, is het mij voorgekomen, dat de schrijver eene rekenfout schijnt te hebben gemaakt, op bladz. 82, alwaar de middenprijs der onlangs verkochte koffij, wordt aangegeven te hebben bedragen, 42 centen het halve ned. pond, hetwelk den prijs van de pikol, na aftrek der onkosten, zou brengen tot f 39.—; hetgeen echter niet zoo voorkomt te zijn, daar de middenprijs, scherp gerekend, niet meer schijnt te hebben gehaald dan 36 centen. Tot vermindering der redenering door den schrijver, wat de zaak aangaat, gevoerd, komt het echter voor, dat dit abuis geenszins strekken kan, evenmin als het wat vroeger geargumenteerde iets van deszelfs waarde verliest, door de op bladz. 33 bestaande drukfeilen; alwaar behoort gelezen te worden: — *niet* »dat in 1829 de invoer van den Oosterschen archipel heeft bedragen f 2,716,257.— en de uitvoer f 5,453,020.—"; maar: *de eerste f 4,554,992.— en de laatste f 5,243,728.—" terwijl de invoer in 1833 *niet* geweest is »f 6,120,324.— en de uitvoer f 5,063,782.—" maar *wel* »de eerste f 6,198,235.— en de laatste f 5,412,577.74".
»Om alle misduiding voor te komen, zal het wellig raadzaam zijn, aan deze verbeteringen op eene geschikte wijze publiciteit te geven."

De publieke opinie heeft altijd den minister van den Bosch, als den schrijver van dit onder van Eltens naam verschenen geschrift aangewezen; maar dit doet hier niets ter zake, vermits de minister het in ieder geval volkomen goedkeurde en op Java liet distribuëren, als middel ter meerdere versterking van zijn kultuurstelsel.

Kort na de verschijning van dit werk, en wel in *Julij* 1835, gaf de redaktie van den Oosterling, andermaal een afzonderlijk stuk uit, getiteld: *Bijdragen ter beoordeeling van het werk:* — volgt de titel van van Eltens geschrift. In het voorberigt zegt die redaktie: „En waarom toch is de heer van Elten op de redaktie van den Oosterling zoo gramstorig? Deze toch heeft met de bedoelde brochures niets gemeen. Zelfs heeft zij vele uitdrukkingen, in de bewuste brochures voorkomende, aanmerkelijk verzacht." Na dit met een voorbeeld gestaafd te hebben, gaat zij aldus voort: „Op soortgelijke wijze zijn vele hardheden, hier en daär, verzacht. Bovendien wist de redaktie van den Oosterling dat, ingeval zij de bedoelde stukken van de hand hadde gewezen, die stukken onverwijld buitenslands verschenen zouden zijn, in welk geval de publiciteit daarvan Europisch, in stede van Nederlandsch moest worden, enz." (*).

Deze *Bijdrage*, 42 bladz. druks beslaande, kan niet geschreven zijn in Indië; immers zij volgde onmiddellijk na de verschijning van het daarin beoordeelde werk. De schrijver verklaart (pag. 4 en 5): dat hij geen Oost-Indisch ambtenaar is; dat hij zelfs niet gissen kan, wie de schrijvers der bewuste brochures zijn, en dat hij niet persoonlijk bij van den Bosch bekend is. Hij neemt bij zijne beoordeeling, als stelregel aan: dat alle in de Indische brochures, met vermelding van plaats, namen en omstandigheden, opgegeven daadzaken, — nu die brochures, zoo al niet van wege, dan toch met goedvinden van den minister van koloniën, bij een openbaar gemaakt geschrift beoordeeld zijn, — geloof verdienen, totdat het tegendeel aangetoond, of het medegedeelde door andere daarmede strijdende opgaven, stellig tegengesproken wordt. Hij gaat zelfs zoo ver, dat hij overal waar, in van Eltens werk, zoo als op bladz. 50, ten aanzien van door den baron Schimmelpenninck in de tweede kamer medegedeelde daadzaken, verklaard wordt: „die daadzaken zijn niet waar; zij zijn, zonder uitzondering, verdicht, en de spreker is door valsche opgaven misleid geworden," — daarmede volkomen genoegen neemt. Indien van Elten hetzelfde verklaard had, ten aanzien van de feiten, vermeld in de twee Indische brochures, dan zou de schrijver der *Bijdrage* ook dáárin hebben berust. Maar nu van Elten dit niet doet; nu hij de meeste der feiten, vooral die vermeld in den *Blik* enz., niet anders wederlegt, dan door te zeggen: „dat zij niet bewezen zijn,

---

(*) Wij vermelden hier deze woorden, naar aanleiding van de onlangs, door de dagbladen, medegedeelde verklaring van den uitgever van het Tijdschrift *de Oosterling*: dat de redakteur van dat Tijdschrift, nu wijlen de heer Joh. Olivier Jz. *den Blik* enz. zijnde het *tweede* der hierbedoelde brochures, zou geschreven hebben. Wie de schrijver was, zal nader blijken.

en dat de schrijver niet opgeeft of hij ze gezien, van anderen vernomen, of gedroomd heeft," nu antwoordt de schrijver der *Bijdrage* daarop, pag. 34, dat het hem zeer aangenaam zou geweest zijn: *Indien de heer van Elten ook gemagtigd ware geweest, dezen aangaande te verklaren: *die daadzaken zijn niet waar, zij zijn zonder uitzondering verdicht, en de lezer is door valsche opgaven misleid geworden!"* — Doch in dat geval zou de *Blik op het Bestuur van Nederlandsch Indië* etc. niet anders dan een verachtelijk schot-schrift zijn; niemand zou zich hebben willen verlagen daarop omstandig te antwoorden, en de heer van den Bosch zou zijne eigene waarde te kort hebben gedaan door daarin toe te stemmen. — Van een anderen kant echter: zoo deze omstandigheden niet ten eenemale logenachtig en verdicht, zoo zij (gesteld eens overdreven) ook maar gedeeltelijk waar zijn, dan moeten wij rondborstig verklaren, dat de negerslaven in West-Indië be-ter, veel beter behandeld worden, dan de vrije Javanen, aan wie *bij hunne onderwerping plegtig is toegezegd, dat hunne volksinstellingen zullen worden ge-eerbiedigd."* (*).

Het eindoordeel van den schrijver der *Bijdrage* (bladz. 80) is: dat hij in zijne verwachting over van Elten's werk, die aanvankelijk gunstig was, bit-ter is teleurgesteld- geworden. *Wel is waar (zegt hij:) dat door Zijned. op belangrijke punten veel lichts verspreid is geworden; doch men verkrijgt daardoor veeleer argumenten tegen het systema van den heer van den Bosch, dan wel in het voordeel van hetzelve, en onze twijfelingen zijn alzoo niet uit den weg geruimd, maar veeleer vermeerderd geworden."*

Reeds vóór de verschijning der hier besproken *Bijdrage*, had Mr. J. H. Tobias, bij missive van 27 Junij 1835, onder betuiging zijner goede be-doelingen, eenige aanmerkingen op van Elten's werk, ter kennis van den Koning gebragt. De minister van den Bosch, te dier zake gehoord, ver-klaarde, bij zijne kabinetsmissive van 7 September 1835 letter A. 1, den heer Tobias *een lastig warhoofd,"* en zijne nu voorgebragte aanmerkingen *onzin"* te zijn. Daarbij werd tevens behandeld, een kort te voren van Tobias ontvangen rekwest, dd. 31 Augustus 1835, houdende verzoek om zijn verlof voor den tijd van een jaar te verlengen, waartegen de minister geene bedenkingen had, *daar hij mij (schrijft de minister), in allen gevalle, hier minder gevaarlijk dan in Indië toeschijnt."* Omtrent het gevaar in Indië, vernemen wij het volgende uit de aangehaalde ka-binets-missive:

*Uit partikuliere berigten blijkt het, dat er nieuwe zamenspanningen te-gen het stelsel van kultures in Indië plaats hebben, en dat zelfs de heer Baud, zijns ondanks, gewikkeld is in maatregelen, die, waarschijnlijk voor jaren, de uitbreiding der theekultuur zullen verhinderen. Ook schijnt het mij, uit een naderen brief van den heer Baud toe, dat hij niet ge-

---

(*) De hier onderhaalde woorden zijn overgenomen van pag. 7 van van Elten's geschrift.

heel zonder zorgen is tegen den invloed, welken intrigues op den heer de
Eerens zouden kunnen hebben, (*) en, volgens brieven van partikuliere
personen, zal men er waarschijnlijk in slagen, om hem (de Eerens) op
Batavia zich te doen vestigen, in welk geval, niet alleen zijne gezondheid en zijn leven zeer in de waagschaal zullen zijn gesteld, maar hij
tevens moeijelijk de lagen zal ontduiken, die men hem zal weten te
leggen."

En daarop laat de minister dan onmiddellijk volgen:
„Het lijdt geen de minste bedenking dat, zoo de heer Tobias slechts het
minste bewijs kan produceren, van Uwer Majesteits tevredenheid over hem,
dáárin eene sterke aanmoediging gelegen zal zijn voor eene faktie, tot welke
hij behoort, om in haar opzet te blijven voortgaan."

Wij hebben door de mededeeling van dit een en ander getracht den indruk te schetsen, dien de van Java uitgegane stemmen tegen het kultuurstelsel, in Nederland maakten. Zien wij nu, welken indruk zij op Java zelf
veroorzaakten.

5. *Indruk welken die stemmen op Java maakten.* In de maand Julij
1835, werden de twee, door de redaktie van den Oosterling uitgegeven brochures te Batavia ontvangen. De indruk dien zij dáár bij het bestuur
maakten, was niet minder sterk, ofschoon van geheel verschillenden aard,
dan die welken zij bij het opperbestuur in Nederland hadden verwekt. In
Nederland toch had de minister al het mogelijke gedaan, om te doen aantoonen dat de medegedeelde feiten onjuist waren; terwijl de opperlandvoogd
in Indië alleen opkwam tegen het ongeoorloofde der publiciteit, en door
zijne handelingen de juistheid der gepubliceerde feiten bevestigde. Hij rigtte
namelijk aan een twintigtal hoofdambtenaren, en daaronder ook de raden
van Indië, de volgende missive.

Kabinet.                           Buitenzorg, 1 Augustus 1835.
No. 327.

Onlangs is op nieuw en met.den meesten nadruk aan mij kennelijk gemaakt, des Konings begeerte, dat alle openlijke of meer bedekte ondermijning der thans aangenomen beginselen van bestuur, tegengegaan worde*,
als onvereenigbaar met 's Konings bedoelingen.

Twee dezer dagen aan mij vertoonde brochures, de titels voerende welke
hiernevens zijn gesteld (zijnde die van de hiervoren vermelde te Kampen
uitgegeven werken) en in eenen aan die beginselen vijandigen geest geschreven, dragen schier op elke bladzijde het bewijs, dat ambtenaren, als
zoodanig toegang hebbende tot de archieven van eenige departementen van
algemeen en plaatselijk bestuur, aan de zamenstelling dier brochures de
hand geleend hebben, of dat zij althans aan de schrijvers ten gebruike heb-

---

(*) De Eerens was op den 24en Februarij 1835 te Batavia aangekomen.

ben gegeven: rapporten, memoriën en andere stukken, in die archieven
berustende.

Eene zoodanige handeling verdient de hoogste afkeuring: geen ambtenaar
is bevoegd, om de hem toebetrouwde archieven aan de openbare drukpers
prijs te geven, zonder de uitdrukkelijke toestemming van het gouvernement,
welks eigendom zij zijn.

Na met Zijne Excellentie den luitenant-gouverneur-generaal rijpelijk over
de zaak te hebben beraadslaagd, is het voorgekomen pligtmatig, en in
overeenstemming met de op nieuw ontvangen bevelen te zijn, de auteurs
of handlangers van dezen nieuwen aanval op het zoogenaamde stelsel van
kultures uitvindig te maken, ten einde casu quo omtrent hen zoodanige
maatregelen te nemen, als zullen worden oorbaar geacht: en als een gevolg hiervan is besloten, om van alle hoogere en lagere ambtenaren, die
kunnen geacht worden, in hunne tegenwoordige of vroegere ambtsbetrek-
kingen, toegang te hebben gehad tot de stukken waarvan hier de rede is,
te vorderen eene verklaring, onder aanbieding van eede: — *of zij eenige
rapporten, memoriën en andere stukken, in de archieven der departementen
van algemeen of plaatselijk bestuur voorhanden, en handelende over het stelsel
van kultures en over deszelfs financiële en administratieve resultaten, immer
medegedeeld, dan wel kopijelijk of in originali gegeven hebben aan personen,
die door het gouvernement niet geroepen waren om daarvan kennis te nemen? —
zoo ja, welke stukken? aan wien? wanneer? en tot wat einde? — en of zij
middellijk of onmiddellijk eenig deel hebben gehad aan de zamenstelling van
de genoemde brochures?"*

Naar aanleiding hiervan, zal ik uw schriftelijk antwoord op de boven
gemelde vragen, zoo spoedig mogelijk te gemoet zien.

De gouverneur-generaal ad interim van Nederlandsch Indië.
(was get.) J. C. BAUD.

De ambtenaren, aan wie deze missive gerigt was, gaven allen de gevorderde verklaring, met uitzondering van den raad van Indië, Mr. P.
Merkus, die daartegen zijne schriftelijke bezwaren inbragt, hoofdzakelijk
hierop nederkomende: — dat een door den Koning benoemd lid der hooge
regering, verheven moet zijn boven verdenkingen als hier uitgedrukt; —
dat hij, dadelijk na de optreding van den gouverneur-generaal van
den Bosch, op grond van bezwaren tegen de rigting van diens bestuur, den Koning verzocht had: ontslag als raadslid en terugstelling
in zijn vorig ambt, en dat hij, desniettemin gekontinueerd zijnde als
raadslid, ook nadat hij later in uitvoerige nota's zijne bezwaren tegen het kultuurstelsel had uiteengezet, vermeende 's Konings vertrouwen
in het bijzonder te bezitten: — dat de gouverneur-generaal niet bevoegd
was tot het vorderen der bedoelde verklaring, vermits niemand, wie hij
zijn moge, onder eenen zoo buitengewonen gewetensdwang behoort te worden gesteld, of in een toestand gebragt, om beschuldiger van zichzelf,

en het werktuig van eigen ongeluk te worden. Op die gronden verzocht hij van de aflegging der gevorderde verklaring verschoond te worden, dan wel verlof te bekomen om zich onmiddellijk naar Nederland te begeven, ten einde zijne belangen persoonlijk aan den Koning voor te dragen. De gouverneur-generaal a. i. meende in geen dezer beide verzoeken te kunnen treden. Eene merkwaardige korrespondentie vloeide hieruit voort, waarvan de uitslag was, dat de zaak, bij kabinetsmissive van den 29en September 1835 no. 401, letter EE. aan de beslissing van den minister werd onderworpen; waarbij hij, gouverneur-generaal a. i., ten slotte voor zichzelf de verklaring aflegde, die hij van andere dignitarissen had gevorderd.

Wij hebben reeds vroeger vermeld, dat aan Merkus later, uithoofde van ziekte, toch verlof naar Nederland werd verleend, en dat hij den 11en Februarij 1836 Java verliet.

6. *Gevolgen die deze zaak voor Merkus had.* De minister ontving de zoo even aangehaalde kabinetsmissive van den gouverneur-generaal a. i. van 29 September 1835, in het begin van Februarij 1836.

Kort daarna, en wel bij koninklijk besluit van 20 Februarij 1836 n°. 91, werd een nieuw regeringsreglement voor Oost-Indië gearresteerd (afgekondigd te Batavia den 26en September daaraanvolgende, en opgenomen in het Indisch Staatsblad van 1836, onder n°. 48), ten gevolge waarvan de raad van Indië een bloot adviserend kollegie werd. Op voorstel van den minister werd, bij koninklijk besluit van 5 April 1836 n°. 57, de toen fungerende raad van Indië, bestaande uit de heeren Goldman, Merkus en van Sevenhoven, ontbonden, en een nieuwe raad benoemd, die bestond uit den heer J. C. Goldman, als vice-president, en uit de heeren J. J. van Sevenhoven, J. C. Reynst en H. G. Nahuijs, als leden.

Merkus was dus als lid van den raad van Indië ontslagen. Toen de minister het daartoe betrekkelijk voorstel deed, had hij het berigt van het aan Merkus verleende verlof nog niet ontvangen. In dat voorstel (kabinetsmissive, 4 April 1836 lett. K 2,) werden de motieven voor het ontslag breedvoerig vermeld; zij resumeren zich in de vroegere oppositie van Merkus tegen het kultuurstelsel, en in zijn dubbelzinnig gedrag, bij het weigeren der van hem gevorderde hiervoren bedoelde verklaring. Daarover uitweidende, schrijft de minister: — *En echter heeft de heer Merkus zelf, het stuk waarvan hier de rede is, uitmakende het tweede Kamper stukje, (de Blik, enz.) aan den heer minister van staat Elout gezonden, met een geleidenden brief, waarin hij zich als schrijver daarvan bekend maakt."* De minister besloot zijn betoog met deze woorden:

*Zoovele gewigtige beweegredenen verpligten mij dan ook, Uwer Majesteit te adviseren, om den heer Merkus niet wederom te benoemen tot raad van Indië.*

*Strikt genomen, zou er zelfs geen grond bestaan, om hem eenig gunstbewijs verder toe te kennen, daar hij zich door zijne ongepaste gedragingen ongeschikt gemaakt heeft, om in de hem opgedragen betrekking te worden gekontinueerd. Dan daar hij vroeger, in meerdere gevallen, diensten aan het gouvernement bewezen heeft, en zijne latere dwaling de waarde daarvan niet kan uitwisschen, terwijl hij bovendien niet is bemiddeld; — zoo veroorloof ik mij, de klementie van Uwe Majesteit te zijnen aanzien in te roepen; en hem, uit aanmerking van zijn vroeger gedrag, het pensioen van eenen raad van Indië toe te kennen. En het is dan ook om hem te sparen, dat ik, in het eerbiedig aangeboden koncept-besluit, vermeend heb geen gewag te moeten maken van de beweeggronden, die tot zijn ontslag en pensioenering hebben geleid."

Dientengevolge hield art. 2 van het aangehaalde koninklijk besluit, van 5 April 1836 n°. 57, in:

"Aan den heer Mr. P. Merkus zal, op zijn verzoek, het pensioen van raad van Indië worden toegestaan."

Kort daarna kwam Merkus in het vaderland, en vernam hij zijn ontslag als raadslid en de motieven die daartoe hadden geleid.

Het gelukte hem, bij den Koning te worden toegelaten. Zijne Majesteit vergunde hem, zijne belangen schriftelijk voor te dragen. Hij deed dit, bij een uitvoerig adres, gedagteekend 15 Julij 1836, hoofdzakelijk inhoudende:

Dat hij de oorzaak van 's Konings ontevredenheid meende te moeten toeschrijven aan de mededeeling van zaken, waarvan niet alleen de openbare, maar ook de vertrouwelijke bekendmaking, in zijne laatste betrekking, ongeoorloofd werd geacht. Dat de openbare bekendmaking der *financiële resultaten van het stelsel van kultures*, zoo als die door hem in eene *nota waren beschreven*, (\*) strijdig met zijne bedoeling had plaats gehad, waaromtrent hij zich beriep: op den oud gouverneur-generaal van der Capellen, die bereid was, de volle verantwoording daarvan op zich te nemen; op zijn brieven aan den minister van staat Elout, en op andere omstandigheden, welk een en ander, des gevorderd, zou bewijzen, dat hij niet in het minste gedacht had aan openbaarmaking door den druk. Dat dit evenzeer het geval was met de *andere vertrouwelijke mededeelingen*, (†) die hij gedaan had aan een minister van staat en aan een sekretaris van staat, onder wier onmiddellijke bevelen hij gedurende eenige jaren in Indië had gediend, (§) en die bestemd waren om onder de oogen des Konings te worden gebragt. Dat hij het kultuurstelsel, *in strekking* en *uitwerkselen* heilzaam en gezegend achtte, maar, omtrent *de wijze van invoering* en *de werking*, in gevoelen verschilde met van den Bosch. Dat hij, even als zoo vele anderen op Java, verwacht had, dat dit stelsel, na den terugkeer van van

---

(\*) Hier wordt bedoeld, *het Kort overzigt* enz., zijnde de *eerste* der te Kampen verschenen brochures.

(†) Die welke vervat zijn in den *Blik*, enz., zijnde de *tweede* Kamper brochure.

(§) Merkus was in 1816 partikulier sekretaris van den kommissaris-generaal Elout, en van Augustus 1821 tot Julij 1822, algemeen-sekretaris onder den gouverneur-generaal van der Capellen.

den Bosch in het vaderland, op nieuw zou worden onderzocht en overwogen, en dat hij dus de gelegenheid geschikt had geoordeeld, om uiteen te zetten wat daarin behoorde gewijzigd te worden. Dat, toen hij zijne beschouwingen van Java naar Nederland zond, de benoeming van van den Bosch tot minister van koloniën in Indië nog niet bekend was, en dat hij, toen die benoeming dáár werd vernomen, onmiddellijk, bij brief van 18 October 1834, aan den minister van staat Elout had geschreven: *dat het hem toen niet meer gepast voorkwam, van zijn schrijven gebruik te maken;* maar dat, vóór het ontvangen van dien brief in het vaderland, de bekendmaking door den druk reeds had plaats gehad. Dat zijne bedoeling overigens zuiver en geen andere was: *dan de betere en meer duurzame werking van instellingen, met welker strekking hij geheel instemde.* Dat, wanneer hij eigen verheffing bedoeld had, hij die zeker niet had moeten zoeken in het opperen van bezwaren en bedenkingen tegen het kultuurstelsel, maar veeleer in het verbergen en verzwijgen der gebreken. Dat, wanneer hij rust van geest en ligchaam had verkozen boven zwaren arbeid en geest-inspanning, hij die gemakkelijk had kunnen vinden en genieten, en een minder door ziekte geknakt ligchaam zou ronddragen. Dat de grootste, zoo niet de eenige schat, dien hij, na twintig jaren arbeid in Indië, naar het vaderland had teruggevoerd, was — zijn goede naam; en — nu hij vertrouwde zich te hebben gezuiverd, zelfs van den schijn van blaam; nu zijn geweten getuigde, dat zijne verantwoording den Koning kon voldoen; — nu liet hij, met het volste vertrouwen, aan 's Konings beslissing over: of er genoegzame redenen bestonden voor eene uitsluiting, die, in de gegeven omstandigheden, niet missen kon zijne eer te treffen; — nu verzocht hij: — dat de Koning voorloopig het hem door de Indische regering verleende verlof zou goedkeuren, en hem in het genot laten van het daaraan verbonden traktement.

Dit adres werd gesteld in handen van den minister van den Bosch, die daaromtrent, twee maanden later, bij kabinetsmissive van 14 September 1836 lett. E 4, zijn gevoelen mededeelde. Blijkens die missive, betwijfelde de minister het niet, dat het *Kort Overzigt* in druk verschenen was tegen de bedoeling van Merkus, omdat daarin onnaauwkeurigheden voorkwamen, die, bij publiekmaking, gemakkelijk te wederleggen waren; maar hij betwijfelde het zeer, dat Merkus met zijne opstellen alleen bedoeld zou hebben, om die onder 's Konings oogen te brengen, omdat die geschriften zich daartoe, naar zijne meening, in geen opzigt eigenden. De minister verklaarde, dat hij, wanneer het hier alleen betrof het hem persoonlijk aangedaan onregt, tot eenige toegevendheid zou adviseren, uithoofde van de vele vroeger door Merkus bewezen diensten; maar de in deze te nemen beslissing stond in naauw verband met andere hoogst gewigtige belangen: de handhaving van het kultuurstelsel, waartegen zich nog eene sterke faktie verzette, die, wanneer Merkus slaagde, daarin het bewijs zou zien, dat de Koning wankelde in zijne overtuiging ten aanzien van het stelsel van bestuur in Indië. Op dien grond adviseerde de minister: om in het verzoek van Merkus te diffikulteren; terwijl hij zijn rapport met deze woorden besloot:

»Ik vind mij te meer daartoe genoopt, dewijl het toestaan van hetzelve (het verzoek), als van zelf geacht moet worden in te sluiten, dat hij in zijne betrekking van raad van Indië zou zijn gekontinueerd; daar het verlof aan hem als zoodanig is verleend, en het traktement daaraan verbonden toegelegd."

Opmerkelijk is de hierop gevallen beschikking, dd. 18 September 1836. Ofschoon afwijzend, werd daarbij aan Merkus, in verband tot het koninklijk besluit van 5 April 1836 n°. 57, vrijgelaten, om zich tot het erlangen van pensioen *of wachtgeld* nader aan te melden. Genoemd koninklijk besluit maakte, zoo als wij gezien hebben, alleen melding van *pensioen*. De vrijlating om, in strijd met 's ministers zoo even medegedeeld advies, ook *wachtgeld* te mogen vragen, deed de mogelijkheid eener wederplaatsing waarschijnlijk achten.

Van deze beschikking werd door den minister aan Merkus kennis gegeven, bij kabinetsmissive van 19 September 1836 lett. I. 4.

Spoedig daarna, in het begin van October 1836, diende Merkus twee rekwesten aan den Koning in. Bij het eene verzocht hij, het hem in Indië toegekende verlofstraktement te mogen behouden, of anders wachtgeld te ontvangen; — en bij het andere, om te worden benoemd tot president van het hooggeregtshof van Nederlandsch Indië.

Deze twee rekwesten, den 15en October 1836 in handen gesteld van den minister, werden door dezen behandeld, ruim vier maanden later, bij geheime missive van 20 Februarij 1837 no. 37. De minister betoogde daarbij, dat Merkus, bij zijne komst in het vaderland uit de Indische dienst ontslagen zijnde, destijds niet kon worden beschouwd als ambtenaar met verlof, én dat hij evenmin als zoodanig aangemerkt kon worden, »zoo lang omtrent zijne definitieve bestemming door den Koning niets naders bepaald werd," op grond waarvan hij het hem in Indië toegelegde verlofstraktement niet kon behouden. »Daar evenwel (schreef de minister verder), te eeniger tijd van zijne diensten gebruik zou kunnen gemaakt worden, zal het ook wel niet in overweging behoeven te komen, om hem een pensioen toe te leggen." Hem moest dus, naar 's ministers meening, wachtgeld worden toegekend, dat, uit hoofde van de bijzondere omstandigheden waarin Merkus verkeerde, werd voorgesteld tot een bedrag van een derde van zijn laatst genoten traktement als raad van Indië. Ten slotte merkte de minister op, dat het verzoek om benoemd te worden tot president van het hooggeregtshof van Nederlandsch Indië, als vervallen kon worden beschouwd, ten gevolge der benoeming van Mr. C. J. Scholten van Oud-Haarlem voor die waardigheid. (*)

Dienovereenkomstig werd beslist bij koninklijk besluit van 22 Februarij

---

(*) Deze benoeming geschiedde bij koninklijk besluit van 23 November 1836 no. 83, dus lang nadat Merkus zich daarvoor had aangemeld.

1837 n°. 69. Het gevolg daarvan was, dat aan Merkus, in stede van een verlofstraktement van ƒ 8550.— 'sjaars, een wachtgeld werd toegekend van ƒ 9600.— 'sjaars.

Zoodanig was de positie van Merkus, van het begin van 1837 tot het einde van 1838. Wat er in dien tusschentijd tusschen hem en den minister van den Bosch plaats had, is met den sluijer des geheims bedekt.

Inmiddels had het kultuurstelsel voordeelige resultaten opgeleverd. Het verkreeg daardoor in het vaderland meer en meer de algemeene sympathie: terwijl het getal der tegenstanders van lieverlede verminderde, en de weinigen, die er uit overtuiging nog tegen gestemd bleven, den moed verloren om een strijd vol te houden, die tot geene gunstige uitkomsten scheen te kunnen leiden.

Het koloniaal bestuur werd krachtiger.

De minister van den Bosch, reeds in 1835 met den titel van *Baron* tot den adelstand verheven, steeg meer en meer in aanzien.

Baud werd, kort na zijn terugkeer in het vaderland, bij koninklijk besluit van 3 October 1836 n°. 60, benoemd tot staatsraad in buitengewone dienst, en bovendien, bij besluit van denzelfden dag n°. 61, op eene jaarwedde van ƒ 6000.— „in betrekking gesteld met den minister van koloniën." (*) Bij laatstgemeld besluit werd bepaald : dat de minister het advies van Baud zou inwinnen,· „omtrent alle punten van koloniale wetgeving en algemeen bestuur, mitsgaders aangaande alle verordeningen, voorschriften en bepalingen, rakende de algemeene koloniale belangen, voor zoover die in het moederland een onderwerp van behandeling zullen uitmaken," — en dat „van deze adviezen zou moeten blijken, telkens wanneer de voormelde aangelegenheden aan den Koning werden onderworpen." Wijders zou Baud den minister van advies dienen, nopens alle verdere onderwerpen, de koloniale aangelegenheden betreffende, waaromtrent zulks door den minister zou worden verlangd.

Later, en wel bij koninklijk besluit van 31 Mei 1838 n°. 8, werd B. J. Elias, laatstelijk direkteur der kultures in Indië, destijds met verlof in Nederland, ad interim belast met de funktiën van sekretaris-generaal bij het departement van koloniën.

Het behoeft geen betoog, dat deze drie mannen : van den Bosch, Baud en Elias, in het koloniaal beheer geen ander doel voor oogen konden hebben, dan de uitvoering van den herhaaldelijk gemanifesteerden wil : *ongekrenkte handhaving van alle de door van den Bosch op Java ingevoerde inrigtingen.*

Ook in in het personeel der Indische regering kwam verandering. Eerst was, bij koninklijk besluit van 4 April 1837 n°. 71, C. S. W. Graaf

---

(*) De minister van den Bosch had, bij kabinetsmissive van 28 September 1836, lett. Q 4, voorgesteld, Baud te benoemen tot *adviseur-generaal voor de zaken der koloniën;* maar de Koning had, blijkens reskript van 3 October 1836 no. 62, met het oog op andere staatsraden tevens adviseurs, bedenking om aan Baud dezen niet gebruikelijken titel te verleenen.

van Hogendorp, benoemd tot raad van Indië. Later werd de vice-president van dien raad J. C. Goldmann, bij koninklijk besluit van 19 November 1838 no. 84, eervol ontslagen en tot den adelstand verheven; terwijl, bij besluit van denzelfden dag, no. 85, tot lid in den raad van Indië benoemd werd, J. van Schoor, laatstelijk algemeen sekretaris der Indische regering, destijds met verlof in Nederland.

Na dit een en ander te hebben opgemerkt, komen wij op Merkus terug.

Bij kabinetsmissive van 22 October 1838 lett. S 7, deed de minister van den Bosch een provisioneel voorstel aan den Koning, tot organisatie van het bestuur van Sumatra. Wij behoeven bij de bijzonderheden van dat voorstel niet stil te staan, en vermelden alleen dat, omtrent de wijze waarop het voorgestelde doel kon worden bereikt, het volgende door den minister geschreven werd:

»De gouverneur-generaal is te ver van de plaats verwijderd, en kan daardoor niet genoegzaam in staat worden gesteld, om de plaatselijke aangelegenheden zóó te beoordeelen, dat wezenlijk eenheid en overeenstemming in alle de handelingen gevonden worden, en dat dus iemand daartoe gevorderd wordt, die in de gelegenheid is, plaatselijk die kennis van land en volk te verkrijgen, welke tot eene rigtige beoordeeling der zaak onmisbaar is, zal wel geen betoog behoeven.

»Zoodanig iemand moet tevens een rang bezitten, welke hem in staat stelt alle ambtenaren, van den laagsten tot den hoogsten, te gebieden. Hij moet daarbij veel ondervinding bezitten, het karakter van den inlander kennen, en in de gelegenheid zijn geweest om de middelen, die in onderscheiden gedeelten der Indische bezittingen voor het bestuur van den inlander zijn aangewend geworden, te leeren kennen en te beoordeelen. Bij dit alles moet hij nog inzonderheid *fermiteit van karakter* paren, alsmede goed overleg en eene *warme zucht voor het geluk van den inlander.* (*)

»Het is, in onze positie en met de magt die wij bezitten, onmogelijk om de geheele bevolking van een eiland als Sumatra te bedwingen, veel minder nog, om onze grootheid op de puinhoopen van het geluk en de tevredenheid dier bevolking te vestigen.

»Eene voorzigtige staatkunde alleen, kan hier tot het doel leiden, en deze moet het tot een hoofdbeginsel doen stellen, dat hetgeen door de bevolking verlangd wordt, altijd op den voorgrond staan en, zoo maar eenigzins mogelijk, toegegeven worden moet. Daarna eerst kan ons eigenbelang in aanmerking komen, en voor hetzelve worden gezorgd, zoodra en voor zoover dit niet in strijd met het belang der bevolking zal zijn (†).

---

(*) Het is opmerkelijk, dat deze twee hoedanigheden van Merkus: *fermiteit van karakter* en *warme zucht voor het geluk van den inlander*, die hem de ongenade van van den Bosch hadden berokkend, juist de voorname motieven werden, die van den Bosch bewogen, hem, als den hier bedoelden man, te kiezen en dus weder op te heffen.

(†) Waarom moest dit hoofdbeginsel van van den Bosch, dat wij volkomen beämen, alleen op Sumatra, en niet op Java worden toegepast?

„Er wordt veel doorzigt en overleg vereischt om het eene met het andere wel en goed te verbinden, en om, aan den eenen kant alle ongepaste aanmatiging vermijdende, niet in zwakheid te vervallen, maar de waardigheid van het gouvernement te handhaven.

„De man, die mij voorgekomen is voor zulk een taak de meeste geschiktheid te bezitten, is de heer Merkus, gewezen raad van Indië, en ik meen mij verzekerd te mogen houden, dat hij genegen is die op zich te nemen.

„Zoo het Uwe Majesteit kon behagen hem daartoe te bestemmen, zou ik vermeenen Hoogstdenzelven in overweging te moeten geven, om hem alsdan te benoemen tot Uwer Majesteits kommissaris voor Sumatra, met bepaling, dat hij van eene instruktie zal worden voorzien, waarbij geregeld worden zijne betrekking en zijne verhouding tot den gouverneur-generaal van Nederlandsch Indië, en tot het departement van koloniën, met vooruitzetting tevens van de klausule: dat het definitief ontwerp voor het bestuur en het beheer van Sumatra aan Uwe Majesteit ter beslissing zal worden overgezonden, door tusschenkomst van den gouverneur-generaal, opdat die hooge ambtenaar daardoor in de gelegenheid worde gesteld, daarbij zijne konsideratiën en advies te voegen.

„Ten einde den heer Merkus met zoodanig een hoog gezag en aanzien op Sumatra, als noodig is om hem boven alle tegenstreving te verheffen, te kunnen bekleeden, zal hij tevens, bij zijne benoeming tot Uwer Majesteits kommissaris, in zijnen vorigen rang van raad van Indië, moeten hersteld worden, en in zijne ancienniteit als zoodanig; komende het mij voor, dat geen der overige raden van Indië zich, door deze laatste bepaling, met eenigen grond kan beschouwen als te zijn achteruitgezet."

De Koning vereenigde zich, blijkens reskripten van 4 en 21 November 1838 lett. W 35 en W 48, met de beschouwingen van den minister; aleen de verhouding waarin Merkus zou worden geplaatst tot den gouverneur-generaal verlangde Zijne Majesteit anders geregeld. Merkus moest niet zijn *koninklijk kommissaris*, maar kommissaris van den gouverneur-generaal, aan dezen geheel ondergeschikt en van dezen zijne algemeene en bijzondere instruktiën ontvangende. Tevens bleef op te lossen, de vraag, hoe Merkus weder als raad van Indië kon invallen, nu door de benoeming van van Schoor geen vakature bestond. Aan 's Konings verlangen werd gevolg gegeven, terwijl het laatstbedoelde bezwaar zijne oplossing vond in de omstandigheid, dat er eene vakature ontstaan zou, vermits 's Konings magtiging reeds verleend was aan den gouverneur-generaal, om aan den raad van Indië J. C. Reijnst verlof naar Nederland te verleenen.

Bij koninklijk besluit van 6 December 1838 n°. 98, werd Merkus „hersteld in zijne vorige betrekking en rang bij den raad van Nederlandsch Indië." Wijders werd den gouverneur-generaal, bij des ministers geheime kabinetsmissive van 29 December 1838 lett. R 10, mededeeling gedaan van de plannen en inzigten van het opperbestuur met Sumatra, en van de gebleken noodzakelijkheid om, ter verwezenlijking daarvan, een specialen kommissaris naar dat eiland te zenden, waartoe de aandacht gevallen was op Merkus, die, in zijne vorige waardigheid en ancienniteit hersteld, naar Indië zou terugkeeren, om aldaar door den gouverneur-generaal te worden benoemd tot kommissaris van het gouvernement op Sumatra. De door den minister ontworpen en door den Koning goedgekeurde instruktie voor dien kommissaris, werd den gouverneur-generaal toegezonden om, na kennisneming en aanvulling voor zooveel noodig, mits het wezen der zaak niet veranderende, te worden uitgereikt.

Alzoo was Merkus in zijne eer hersteld, blijkbaar ten koste van zijne algeheele toetreding tot de beginselen van van den Bosch. Twee jaren waren er verloopen, sedert de minister verklaard had, niet te kunnen adviseren tot eenige toegevendheid voor Merkus, omdat de tegenstanders van het kultuurstelsel daarin het bewijs zouden zien, dat de Koning wankelde in zijne overtuiging deswege. Wat er in die twee jaren was voorgevallen, weten wij niet, en behoeven het ook niet te weten. Ons verplaatsende in den tijd waarvan wij spreken; ons voor den geest brengende den treurigen toestand waarin Merkus was gebragt: willen wij hem niet veroordeelen, omdat hij, al meer en meer alleen staande, den moed verloor in den strijd tegen de overmagt. Zeker was het, dat nu ook hij, de regtschapen, talentvolle kampvechter, overwonnen was, de zegepraal van het kultuurstelsel zeker scheen, — althans voor eene reeks van jaren.

## II. *Geldelijk Beheer.*

I. *Koloniale remise voor* 1835. De minister van den Bosch meende, kort na zijn terugkeer in het vaderland, bij de Indische regering reeds „geringe afwijkingen van de bestaande bepalingen" te bespeuren. Wij hebben bereids melding gemaakt van de geheime missive van den gouverneur-generaal a. i. Baud, dd. 10 September 1834 n$_0$. 4, waarin gemeld werd, dat het alle aanstrenging zou vorderen, om de voor 1834 bepaalde remise van tien millioen te doen. (*) Bij des ministers rapport deswege aan den Koning dd. 12 Februarij 1835 lett. H, kabinet, deed hij uitkomen, dat door Baud, in dien brief, „niet onduidelijk werd te kennen gegeven, het oogmerk, om *niet meer* dan 10 millioen over 1834 te remitteren, en ook voor den vervolge het vooruitzigt op *grootere* remises te verminderen."

„Dat zulk een oogmerk (schreef hij verder), onbestaanbaar is met de belangen en bedoelingen van het gouvernement, behoeft wel geen betoog, en dat het geenszins gewettigd wordt door de zwakke gronden, die de gouverneur-generaal daarvoor opgeeft, zal Uwer Majesteit blijken, enz.

„Ik acht het dan ook noodzakelijk, zulke oogmerken krachtdadig te bestrijden en tegen te gaan; inzonderheid ook, uithoofde van den verkeerden indruk, die daardoor aan den heer de Eerens (toen op reis naar Indië) zou kunnen worden gegeven."

(*) Zie ons tweede deel, pag. 774.

Op bekomen magtiging, bestreed de minister, bij kabinetsmissive van 16 Februarij 1835 lett. I n°. 1, de zienswijze van den gouverneur-generaal ad interim breedvoerig, en schreef hem onder anderen het volgende:

*Mijne overtuiging in deze, is overigens dáárop gegrond, dat daar, volgens de door mij nagelaten instruktie, geen uitgaven mogen geschieden, die niet op de begrooting voorkomen, en voor zoover onvoorziene uitgaven zich voordoen, deze moeten gevonden worden uit de sommen, daarvoor op de begrooting zelve aangewezen, de begrooting nimmer kan worden gesurpasseerd. Het is derhalve te voorzien, dat de uitgaven steeds blijven zullen beneden de raming; en daar tevens de uitgaven in het algemeen ruim berekend zijn, en er alle jaren, onder mijn bestuur, eene aanzienlijk mindere uitgaaf heeft plaats gehad dan de raming toeliet, zoo mag en moet ik aannemen dat, zoo men in denzelfden geest van spaarzaamheid heeft blijven handelen, ook de uitkomsten met die der voorgaande jaren zullen overeenstemmen."

En verder: *De landrente vermeerdert van jaar tot jaar: een natuurlijk gevolg dáárvan, dat de landbouw zich met kracht uitbreidt, en van jaar tot jaar meer velden worden aangelegd, die successivelijk belastbaar worden."

Verder: *Uwe Excellentie zal ligtelijk, uit de wijze waarop ik de zaak beschouw, kunnen afleiden, dat alsnog met volkomen vertrouwen wordt te gemoet gezien, eene remise van ten minste *twee millioen boven de tien*, op de begrooting aangewezen. (*)" Hierdoor werd dus de verpligte remise, die voor 1834 op *tien millioen* was bepaald geweest, voor 1835 op *twaalf millioen* vastgesteld.

Wijders, over de uitzigten der koffijkultuur sprekende, vervolgt de minister aldus:

*Uwe Excellentie wil, dat dáárop de hoop moet gebouwd worden, om *met der tijd* het werkend kapitaal op tien millioen *te brengen*, en de remises op tien millioen *te houden*.

*Sedert het invoeren van het stelsel van kultures zijn, gedurende mijn aanwezen in Indië, jaarlijks van veertig tot vijftig millioen koffijboomen aangeplant. Ieder van die aanplantingen kan, wel behandeld wordende, van 80,000 tot 100,000 pikols koffij opleveren. En deze zouden dan moeten strekken, om *met der tijd* het werkend kapitaal op de bepaalde hoogte, en de remises op den tegenwoordigen voet te houden? Welken indruk kan Uwe Excellentie zich voorstellen, dat zulke opgaven, in verband beschouwd tot al hetgeen reeds door mij, ten aanzien van de presumtieve uitkomsten der begrooting, gezegd is, maken moeten? Moeten zij niet aan het doorzigt van Uwe Excellentie in deze zaak doen twijfelen? — Mij zou het mogelijk geweest zijn, in drie of vier jaren, de remises tot tien à twaalf millioen te doen stijgen; maar voor den vervolge zouden, van eene verdere uitbreiding der industrie, geene daaraan geëvenredigde uitkomsten te

_____

(*) Hier is sprake van de begrooting van 1834, en van de remises over dat jaar.

verwachten zijn? Wanneer het oogmerk van Uwe Excellentie was, het gouvernement te doen wankelen in deszelfs verwachtingen, gegrond op de voordeelen welke Java later kan opleveren; waarom dan niet opgetreden met bewijzen, die zulks ontegenzeggelijk aantoonden? Maar hoe te verwachten, dat die hoop, waaraan zoovele gewigtige belangen van het moederland zóó naauw zijn verbonden, zal worden opgegeven, op grond van een bloot gezegde, als het ware met zich zelf in tegenspraak?"

Na nog in vele beschouwingen te zijn getreden, besluit de minister zijn schrijven aldus:

»Thans nog, en ten slotte, moet ik Uwer Excellentie mededeelen den indruk, dien de onderwerpelijke schrifturen en handelingen van Uwe Excellentie, op Zijne Majesteit hebben gemaakt.

»In de eerste plaats heeft Hoogstdezelve, in meerdere opgegeven maatregelen, meenen te bespeuren, een kennelijk afwijken van de instruktiën en bestaande bepalingen, welke de Koning verlangt dat voor den vervolge stiptelijk zullen worden achtervolgd, ten ware gewigtige redenen verpligten om daarvan af te wijken; in welk geval echter die redenen, zoo spoedig doenlijk en zoo volledig mogelijk, - ter kennis van het departement van koloniën zullen behooren te worden gebragt.

»Aan Zijne Majesteit is tevens met bevreemding in het oog gevallen de verzekering, voorkomende in uw' brief van 10 September 1834, in den aanvang dezes vermeld, dat over het jaar 1834 op geen excedent, boven de tien millioen voor remises bestemd, te rekenen is, en dat zelfs de zoo zware aanplantingen van koffijboomen, die hebben plaats gehad, alleen zouden kunnen strekken om, *met der tijd*, het werkend kapitaal op tien millioen te brengen, en de remises op eene gelijke som te houden. Zoodanig eene verzekering zou, om te kunnen worden toegegeven, op verkregen uitkomsten, geenszins op redeneringen zoo als Uwe Excellentie aanvoert, behooren te zijn gegrond.

»Zijne Majesteit ziet met bezorgdheid te gemoet, den ongunstigen indruk die, door dergelijke meeningen, bij den opvolger van Uwe Excellentie kunnen worden te weeg gebragt, en welke al ligtelijk den ijver zouden kunnen doen verflaauwen, om tot uitkomsten te geraken, *die zóó dringend, in het belang van het moederland, worden gevorderd*. Het is dan ook het verlangen des Konings, dat deze brief aan hem medegedeeld worde, opdat Zijne Excellentie bekend zij met 's Konings wijze van zien in deze, en wete dat (zoolang de uitkomsten het vertrouwen, daarop gesteld, wettigen), eene volledige en ongeveinsde aankleving van het ingevoerde stelsel van bestuur, een ijverig streven om van jaar tot jaar de remises te doen stijgen, benevens een stipt achtervolgen der nagelaten instruktiën en verordeningen, van het hoofd des bestuurs wordt gevorderd, en dat de stipte voldoening daaraan alleen, hem 's Konings vertrouwen zal kunnen doen behouden; uit welken hoofde ook alle openlijke of meer bedekte ondermijning dezer beginselen, moeten worden tegengegaan en als onvereenigbaar met 's Konings bedoelingen worden beschouwd.

„Alvorens dezen te doen afgaan, heb ik hem onder het oog van Zijne Majesteit gebragt, ten einde mij te vergewissen, dat in denzelven de gevoelens en bedoelingen van Hoogstdenzelven met juistheid zijn aangewezen, en het is na bekomen toestemmende verzekering deswege, dat ik dezen afzend."

2. *Koloniale remise voor 1836.* Wij hebben gezien, dat de Indische begrooting voor 1835, door den gouverneur-generaal a. i. Baud, in den geest van zijne voren omschreven beschouwingen gearresteerd werd, en dat de minister, bij zijn geheim rapport aan den Koning, dd. 7 September 1835, lett. Z, omtrent de geopperde bezwaren, zeide: „Het ongegronde oordeel van den heer gouverneur-generaal ad interim hieromtrent, is dus blijkbaar het gevolg dáárvan, dat hij zich in Indië niet op het standpunt verplaatsen kan, gevorderd, om te beslissen wat hier (in Nederland,) in het belang van den staat, kan en moet worden gedaan." Wij hebben tevens gezien, dat bij geheim koninklijk besluit van 12 September 1835 lett. K. 31, het werkend kapitaal gebragt werd op twaalf en een half millioen, met bepaling der remises voor 1836 op *achttien millioen, of zooveel meer als mogelijk zou zijn.* (*)

In voldoening aan het daarbij bepaalde werd, bij het Indisch besluit van 28 Februarij 1836 n°. 63, het noodige verrigt; waartoe de gunstige uitzigten van den eerstvolgenden oogst toen, althans voor een groot deel, de gelegenheid aanboden; terwijl bij dat besluit tevens werd bepaald: dat het waarschijnlijk dan nog te kort schietende, geraamd op drie millioen gulden, „zou moeten gevonden worden, uit mogelijke voordeelige verschillen tusschen de (bij de Indische begrooting) geraamde en werkelijke ontvangsten en uitgaven."

3. *Konsignatie-kontrakt.* In November 1835 werd, tusschen den minister van koloniën én de direktie der Nederlandsche handelmaatschappij, een kontrakt gesloten, wegens de jaarlijksche konsignatie gedurende 1836 en volgende jaren van produkten, tot een geldswaardig bedrag van achttien millioen gulden. Naar aanleiding hiervan werd, op aandrang van de faktorij der genoemde maatschappij te Batavia, door de Indische regering, bij geheim besluit van 3 Junij 1836 letter N, voorloopig aangenomen: (*voorloopig,* omdat de regering toen het bedoelde kontrakt nog niet van den minister ontvangen, maar daarvan alleen kennis genomen had, door inzage van het exemplaar der faktorij, dat deze reeds in het begin van Mei had ontvangen,) „dat de geheele oogst van koffij, suiker en indigo van 1836, beschikbaar zou worden gehouden, ter aflevering aan de faktorij der Nederlandsche handelmaatschappij, en dat alzoo door het gouvernement geen koffij, suiker of indigo, uit dien oogst afkomstig, (op Java) verkocht zou worden."

---

(*) Zie tweede deel, pag. 775.

4. *Koloniale remise voor* 1837. Bij kabinetsmissive van 15 October 1836 lett. Z. 4, deed de minister een voorstel aan den Koning, ter bepaling van het bedrag der Indische remises voor 1837. Hij nam als grondslag zijner berekening, de Indische begrootingen van de laatstvoorgaande jaren, vergeleken met de verkregen uitkomsten. Daaruit toonde hij aan, dat bij de begrootingen voorkwamen, de uitgaven tot het geraamd maximum, en de ontvangsten tot het presumtief minimum, terwijl de werkelijke uitgaven bleven beneden de daarvoor bij de begrooting uitgetrokken sommen, en de ontvangsten, ten gevolge van de uitbreiding der kultures, van jaar tot jaar aanzienlijker werden. Hij zette daarbij het beginsel voorop, dat de territoriale uitgaven moesten bestreden worden door de territoriale inkomsten. Onder territoriale uitgaven en inkomsten verstond de minister de zoodanige *die in Indië, ten behoeve van Indië zelf, plaats hebben, en als belastingen in Indië geheven, konden worden aangemerkt." Om dit doel te bereiken, moest *gestrenge spaarzaamheid" in de uitgaven worden in acht genomen; en zoo dit middel, gepaard met *de natuurlijke klimming van de territoriale inkomsten," niet afdoende mogt worden bevonden, moest men trachten daartoe te geraken, *door eene voorzigtige verhooging van belasting, en wel van de zoodanige, die daartoe het meest vatbaar zouden worden geacht." De minister merkte deswege op: — *De landrente zal hiertoe wel bijzonder in aanmerking kunnen komen, gemerkt: de groote uitbreiding, die dagelijks aan de rijstkultuur gegeven wordt, de hooge prijzen der rijst, vergeleken met die van vroeger tijden, en de ruime middelen van bestaan, thans aan den Javaan, door de uitbreiding der kultures, verschaft."

Overeenkomstig 's ministers voorstel, werd, bij koninklijk besluit van 19 October 1836 lett. T 35, geheim, de remise welke door de Indische regering voor het jaar 1837 moest geschieden, bepaald op *twee en twintig millioen gulden;* terwijl de minister tevens gemagtigd werd, om aan den gouverneur-generaal te schrijven, op de wijze als door hem was voorgesteld.

De minister deed zulks, bij zijne geheime missive van 8 November 1836, lett. K 5, no. 7, in den geest van het hiervoren medegedeelde, en onder betuiging aan de hooge Indische regering van 's Konings goedkeuring, *wegens den ijver, waarmede tot dusver voldaan is aan Hoogstdeszelfs bepalingen, betrekkelijk de jaarlijksche remises en de stipte opvolging der bestaande voorschriften," — waarbij de minister voor zich de verzekering voegde: *dat hij zich gelukkig zou achten, de handelingen van het Indisch bestuur steeds met lof aan Zijne Majesteit te mogen kunnen kenbaar maken, en Hoogstdeszelfs goedkeuring van dezelve aan Uwe Excellentie te mogen aanbieden."

5. *Koloniale remise voor* 1838. In antwoord hierop, gaf de gouverneur-generaal, bij geheime missive van 12 Julij 1837 no. 9 lett. Q. de verzekering, dat alle pogingen zouden worden aangewend, om te voldoen aan

den gegeven last tot het remitteren van *twee en twintig millioen* over 1837. Eene stellige erkenning, dat die som zou worden overgemaakt, kwam echter in dien brief niet voor. Uit de daarbij medegedeelde raming der produktie van dat jaar, leidde de minister evenwel af, dat de voorraad produkten over 1837 meer dan voldoende zijn zou, om de gevorderde remise te doen. Tevens was gebleken, dat de uitgaven in Indië aanzienlijk vermeerderden, vooral die van de militaire begrooting. De minister van den Bosch beschouwde dit van veruitziende gevolgen, daar juist door eene vermeerdering van uitgaven, de financiën in Indië vroeger in verwarring waren gebragt, en het zeer groote opofferingen, tijd en moeite gekost had, om deze weder op een geregelden voet te brengen. „Ik zie (schreef hij, bij kabinetsmissive van 13 November 1837 lett. O 5, aan den Koning), geen reden, waarom het totaal bedrag der begrooting van 1838 hooger zou moeten worden gesteld dan voor 1834"; dat was de begrooting door hem, van den Bosch, vóór zijn vertrek uit Indië gearresteerd en van verbindende kracht verklaard, ook voor latere jaren. Hij verzocht, bij zijne evenvermelde missive, 's Konings magtiging, om den gouverneur-generaal hierover te onderhouden; hij stelde voor: de door Indië te doene remise over 1838, te bepalen op *vijf-en-twintig-millioen gulden*, ongerekend hetgeen, na aftrek van het administratief kapitaal van twaalf en een half millioen gulden, meer zou aanwezig zijn, welk meerdere ook moest worden geremitteerd. Eindelijk stelde hij voor:

„Dat in het vervolg de begrooting van Indië, wat de territoriale uitgaven betreft, zonder Uwer Majesteits nadere autorisatie, niet zal vermogen eigenmagtig te worden overschreden, en niet te boven gaan de som, daarvoor bepaald bij de begrooting van 1834; — dat de uitgaven, zooveel mogelijk zullen worden teruggebragt tot hetgeen zij in 1833 en 1834 geweest zijn, en althans 22½ millioen niet zullen overschrijden, gelijk almede zal moeten worden gezorgd, dat de militaire begrooting, zonder dat daartoe de vereischte magtiging van Uwe Majesteit is geprovoceerd, niet worde te boven gegaan."

Hierop volgde het geheim koninklijk besluit van 17 November 1837 lett. T 42, waarbij werd goedgevonden en verstaan: „De remise welke, door de Indische regering, voor het aanstaande jaar 1838 zal geschieden, te bepalen op *vijf-en-twintig-millioen gulden*." — Gelijktijdig werd, bij reskript van denzelfden dag, lett. U 42, aan den minister te kennen gegeven, dat de Koning zich de overweging van het in de laatste plaats gedaan, hierboven omschreven voorstel voorbehield, vermits de Indische begrooting voor 1837, niet door den minister was overgelegd, zoo als wel geschied was met die van 1836 bij het bepalen van de remise voor 1837, welke begrooting dus moest worden ingewacht, alvorens de voorgestelde verdere beschikkingen konden worden genomen.

6. *Vermeerdering van uitgaven, en geldbehoefte in Indië.* De minister, die de Indische begrooting voor 1837 wel ontvangen, maar niet aangeboden en

zich bepaald had tot de mededeeling van de zamentrekking daaruit, antwoordde alsnu, bij kabinetsmissive van 3 December 1837 lett. Z 5, onder anderen, hetgeen volgt :

»De begrooting zelve had ik teruggehouden, omdat ik de approbatie daarvan, om redenen nader op te geven, Uwer Majesteit niet kon aanraden.

»Ik vermag het Uwer Majesteit niet te ontveinzen, dat de loop der administratie in Indië mij, in meer dan één opzigt, bedenkelijk voorkomt, en ik mij belemmerd gevoel Hoogstdenzelven openhartig mijn meening te zeggen, omdat uit Indië niet alle die bescheiden worden overgezonden, vereischt om die voor Uwe Majesteit volledig te kunnen justificeren, en het is dan ook dáárom, dat ik gewenscht heb van Uwe Majesteit de autorisatie te verkrijgen, om den gouverneur-generaal, door eene ernstige aanschrijving, terug te brengen van een naar mijn inzien, verkeerd ingeslagen spoor. Ik hoopte, langs dien weg, bezwaren voor te komen, of althans zooveel mogelijk te verzachten, die, zonder dat, bedrieg ik mij niet, schier onvermijdelijk te wachten zijn, en niet minder onaangenaam voor Uwe Majesteit, dan voor den man zullen wezen, onder wiens bestuur zij veroorzaakt zijn.

»Het surpasseren der begrooting in 1835, met zulk eene naamwaardige som, gaf daartoe eene gepaste aanleiding, en als eene onbetwistbare daadzaak, vermogt ik op grond daarvan, Uwer Majesteit zulk eene teregtwijzing voor te stellen.

»Ik ben volkomen van de goede trouw en goede oogmerken van den generaal de Eerens overtuigd, en niemand kan dit meer zijn dan ik : doch de leiding der Indische administratie is ten allen tijde moeijelijk geweest. Eene grondige kennis van vele zaken, van aard zoo zeer verschillende van hetgeen het financiëel beheer in Europa vordert, maakt het, wanneer men niet alle details van dezelve heeft doorloopen, ten uiterste moeijelijk, de strekking van vele maatregelen, in derzelver gevolgen, te voorzien. Het is daartoe niet genoeg, algemeene begrippen van het financiëel beheer, van de militaire- en marine-aangelegenheden te bezitten, maar ook die van den handel, de kultures en het fabriekwezen worden daartoe vereischt ; en bovendien heeft men er te kampen met vele belangen, in tweestrijd staande met die van het gouvernement. Men kan er zich slechts op weinigen verlaten. Zoo het hoofd des bestuurs, zich in eenige dier deelen van de veelraderige machine bedriegt, of misleid wordt, kan de invloed daarvan zóó groot zijn, dat weldra het geheele zamenstel in verwarring gebragt wordt ; — en ik vrees dat dit het geval zal zijn, zoo in Indië op den ingeslagen weg wordt voortgegaan.

»De oorzaak van het kwaad is, in de eerste plaats dáárin te zoeken, dat de inrigting van het leger veel meer uitgaven vordert, dan de begrooting aanwijst en de financiën der kolonie toelaten daaraan te impenderen : waardoor de middelen ontbreken zullen, om de produkten die Indië oplevert, te betalen. Ik wil hiermede niet beweren, dat deze vermeerderde uitgaven ten behoeve van het leger, geheel doelloos zouden zijn ; — maar het is niet genoeg dat iets op zich zelf nuttig zij, het behoort ook raadzaam te wezen in betrekking tot andere takken van publiek bestuur.

„In de tweede plaats wordt het bezwaar, hieruit voortvloeijende, veel vermeerderd door het te beperkt kapitaal der handelmaatschappij, waardoor het onmogelijk geworden is, tijdig in de geldelijke behoefte van Indië te voorzien."

De minister toonde daarna, uit de nu overgelegde Indische begrooting van 1837, aan: dat de territoriale uitgaven voor dat jaar geraamd waren op ƒ 24,227,771.—; maar dat die som, ingeval de daaronder begrepen militaire begrooting werd aangenomen, zou worden overschreden met drie millioen, en dus gesteld moest worden op ƒ 27,227,771.—; terwijl de territoriale inkomsten bij die begrooting niet hooger werden geraamd dan 23 millioen; zoodat daarop een deficit zou ontstaan van ƒ 4,227,771.

„Dit deficit (schreef de minister), hetwelk in den eersten opslag, met zulke ruime inkomsten als Indië in zijne produkten bezit, geenszins zulke onoverkomelijke bezwaren schijnt te zullen opleveren, wordt echter, door den invloed dien het in andere opzigten op de belangen van het gouvernement uitoefent en door de daarbij komende omstandigheden, die ik nader de vrijheid zal gebruiken aan te wijzen, van het hoogste gewigt."

Ter inkoop van produkten werd geraamd noodig te zijn ƒ 20,657,451.—. De in Indië verkoopbare produkten, konden opleveren ƒ 14,890,692.—; maar wanneer de territoriale lasten met ƒ 4,227,771.— vermeerderden, kon van dat provenu slechts 10 millioen tot inkoop van produkten worden bestemd, en zou alsdan in de behoefte aan de nog benoodigde 10½ millioen moeten worden voorzien. Daar echter de hoeveelheid produkten, tot grondslag van 's ministers berekening aangenomen, steeds 2 à 3 millioen minder bedroegen, dan de werkelijke opbrengst, en zulks over 1838 op 3 millioen kon worden geschat, waarvan ook de inkoopskosten moesten worden voldaan, kon men gerustelijk aannemen, dat het ontbrekende 11 à 12 millioen zou bedragen, hetwelk door de handelmaatschappij moest worden verschaft. Die maatschappij stelde zich ook werkelijk voor, in 1838 naar Java te zullen verzenden:

aan lijnwaden ongeveer . . . . . . . . . . . . . ƒ 5,000,000.—
„ specie . . . . . . . . . . . . . . . . . „ 2,000,000.—
„ duiten, op 14 maanden krediet . . . . . . . . „ 1,500,000.—
„ andere goederen, ongeveer . . . . . . . . . „ 2,000,000.—

Alzoo te zamen . . . ƒ 10,500,000.—

Hiervan moest echter worden afgetrokken, het gedeelte, dat in het laatste kwartaal zou verzonden worden, daar dit niet tijdig genoeg op Java kon aankomen, om tot betaling der produkten in 1838 te kunnen worden aangewend, en bovendien, wat de lijnwaden betreft, ook hetgeen in het tweede kwartaal en later zou worden afgezonden, vermits dat niet vóór het einde van het jaar kon zijn gerealiseerd, want die lijnwaden moesten eerst in Indië verkocht, en het geld daarvoor ontvangen zijn, alvorens het provenu in de gouvernementskas kon worden overgebragt. De minister achtte het dus hoogst waarschijnlijk, dat slechts 5 à 6 millioen van bo-

vengemelde totale som, in 1888, werkelijk ten gebruike van het gouvernement in Indië zou kunnen strekken, en dat er dus nog 5 à 6 millioen zou
ontbreken, om in de geldelijke behoeften voor den inkoop van produkten
te voorzien.

»Wat nu (zoo vervolgde de minister), zal, onder zulke omstandigheden,
de toestand worden van het gouvernement in Indië? Van waar de fondsen te bekomen, om de produkten die geleverd worden te betalen? Ik
mag het Uwer Majesteit niet ontveinzen, dat de gevolgen daarvan onberekenbaar te achten zijn.

»Het was dáárom dat ik, bij mijn eerbiedig voorstel van 13 dezer,
lett. O 5, Uwer Majesteit de autorisatie verzocht, om den gouverneur-
generaal, van wege Uwe Majesteit, opmerkzaam te maken, op het overschrijden der begrooting van 1835, en hem te gelasten, de uitgaven binnen de grenzen te beperken, die de begrooting voorschrijft, en die de
uitkomsten van 1883 en 1884 hadden geregtvaardigd."

Ook in het belang van den generaal de Eerens, meende de minister
niet te mogen voorstellen, om de koninklijke goedkeuring aan de Indische
begrooting voor 1837 te hechten. Immers dan zou de gouverneur-generaal
verantwoordelijk zijn voor alle uitgaven, die boven die begrooting werden
geautoriseerd, en hij zou in den onaangenaamsten toestand geraken, inzonderheid wanneer, ten gevolge zijner handelingen, de kolonie in groote
moeijelijkheid gewikkeld werd, zoo de begrooting van 1837 was gearresteerd. Zoo lang dit niet was geschied, kon hij op de in dat jaar gedane
uitgaven terugkomen en eene nadere raming inzenden; in welk geval 's Konings welwillendheid het begaan verzuim zou kunnen voorbijzien, waarop
de goede bedoeling van de Eerens volkomen aanspraak zou kunnen maken, al mogt hij ook in eenig vak van administratie hebben misgetast.

Bij deze zelfde gelegenheid, vestigde de minister de aandacht des Konings
op de groote opofferingen, die het overmaken der produkten, door middel
van de handelmaatschappij, op de destijds gebruikelijke 'wijze, zouden
vereischen. Zoolang uit de inkomsten van Indië de inkoopsprijzen der
produkten konden worden gevonden, behoefden er uit Nederland minder
specie, lijnwaden of andere verkoopbare objekten naar Indië gezonden te
worden; maar nu voor ruim 10 millioen derwaarts moest worden overgemaakt, hetgeen ieder jaar met zeer vele millioenen zou vermeerderen,
nu werden de lasten daarvan ondragelijk. De minister trad deswege in
eene berekening, en kwam tot deze konklusie: »Zoodat, zonder de eigenlijke transportkosten, magazijn- en verkoop-ongelden te rekenen, het gouvernement ongeveer 12 millioen in het aanstaande jaar (1838) op te offeren
hebben zal, ter overmaking van 25 millioen aan produkten uit Indië."
De minister berekent vervolgens dat, zoo de remises van Indië en de
verzending der goederen derwaarts, uitsluitend in het belang der schatkist
plaats hadden, de noodzakelijke uitschotten zouden bedragen ƒ 1,020,000.—
makende, met hetgeen daarvoor nu betaald moest worden, een verschil
van ongeveer 11 millioenen; terwijl zoo men bij anticipatie wilde beschik-

ken over de inkomsten van Indië, en mitsdien de renten in rekening moesten worden gebragt, het verschil nog altijd 9 millioen zou bedragen, welk verschil ieder jaar grooter worden moest, naarmate de produkten in Indië vermeerderden.

De minister besloot zijn schrijven aldus:

"Zoo nu Uwe Majesteit in aanmerking gelieft te nemen: dat aan de handel-maatschappij over 1838 zal moeten worden opgeofferd, ruim *f* 12,000,000.— dat de meerdere uitgaaf van het militair departement, bo-ven de begrooting, kosten zal ongeveer . . . . . . . " 4,000,000.—

dan zal daardoor de waarde van de remise van Indië, het volgende jaar, reeds met . . . . . . . . . . . *f* 16,000,000.— verminderd zijn, ongerekend nu ·nog, dat ten minste 2 millioen ten be-hoeve van mijn departement daarvan afgaan, en welligt nog eenige andere, ten gevolge der mindere prijzen van de produkten. Zoodat van het exce-dent van Indië, een zeer gering gedeelte 's rijks schatkist zal bereiken.

"Dat dit geen noodzakelijk gevolg is der zaak, maar grootendeels van de wijze van remittering, zal wel, na de gemaakte berekeningen, geen breedvoerig betoog behoeven. Het resultaat is van dien aard, dat voor-ziening, op de eene of andere wijze, onvermijdelijk is.

"Door Uwe Majesteit niet geroepen, om de maatregelen voor te stellen, waardoor het bestaande gebrek, zoo in Indië als hier, kan worden weg-genomen of althans verbeterd, vertrouw ik aan mijn pligt te hebben vol-daan, door de aandacht van Uwe Majesteit daarop te hebben gevestigd.

"Ik houd mij overtuigd, dat Uwe Majesteit, beter dan iemand bekend met het gebrekkige, die leiding aan de zaak zal weten te doen geven, welke zoowel met het belang der schatkist en des koophandels, als met dat der handelmaatschappij strooken zal.

"Dat alleen vermeen ik Uwe Majesteit te mogen verzekeren: dat ik deze rekening in niets overdreven geloof te hebben, en zeker meer betaald zal moeten worden dan hier berekend is, en even zeker het beheer der zaak, in het belang der schatkist, tot een minderen prijs dan *f* 1,020,000. — zou kunnen plaats vinden, zonder dat ik hiermede echter wil betoogd hebben, dat zulk eene spaarzaamheid, in alle opzigten, met het belang van den staat zou strooken. Dit, vlei ik mij echter, zal genoegzaam ge-bleken zijn: dat er volstrekt wijziging in den gang der zaak noodig is, zal de schatkist op den duur op aanzienlijke bijdragen uit Indië kunnen rekenen."

7. *Aanschrijving deswege naar Indië.* Bij reskript van 7 December 1837 lett. F. 46, geheim, werd daarop aan den minister te kennen gegeven, dat er geen de minste bedenkingen bestonden, om den gouverneur-generaal, van wege den Koning, "opmerkzaam te maken, op het overschrijden der be-grooting van 1835, en hem te gelasten, de uitgaven binnen de grenzen te beperken, die de begrooting voorschrijft, en die de uitkomsten van 1833 en 1834 hadden geregtvaardigd." Daarbij werd opgemerkt, dat het vroe-

ger aangevoerde alleen ten doel had, om aan den minister een wenk te geven, dat de gouverneur-generaal, immers vooralsnog, geene harde vermaning wegens eigenmagtige handelingen, noch eenig stellig blijk van afkeuring scheen te verdienen." De Koning hield de goedkeuring der Indische begrooting over 1837 aan, tot dat de gouverneur-generaal zou geantwoord hebben, op de nu door den minister aan hem te rigten aanschrijving. Eindelijk zou de geldbehoefte van Indië een nader onderwerp van 's Konings overweging uitmaken.

De aanschrijving welke de minister aan den gouverneur-generaal moest doen, deed hij eerst drie maanden later, bij geheime kabinetsmissive van 13 Maart 1838 letter. Y, no. 1. Daarbij werd ook eerst verzonden, het koninklijk besluit van 17 November 1837 lett. T, 42, bepalende de remise van 1838 op *vijf-en-twintig millioen gulden*. Die aanschrijving was in den geest der hiervoren medegedeelde beschouwingen. Na aangetoond te hebben, dat den gouverneur-generaal een zeer moeijelijk tijdperk te wachten stond, niet alleen van werkelijke bezwaren, maar zelfs van wezenlijke gevaren: zegt hij, dat het eenige wat hun (minister en gouverneur-generaal) overbleef, dáárin bestond, dat zij beide, met vereenigde pogingen trachten moesten, de te voorziene moeijelijkheden zoo veel mogelijk te verminderen; terwijl de minister met deze woorden eindigde: "Niemand is meer overtuigd dan ik, dat zonder eene ruime kas, Indië niet te bestieren is, en dat zonder toereikende fondsen, alle die gunstige uitkomsten, tot welke het door mij ingevoerde systema de verwachting heeft doen ontstaan, in rook moeten verdwijnen."

8. *Antwoord hierop uit Indië.* Wij laten nu dadelijk het antwoord volgen, dat de gouverneur-generaal de Eerens, op deze aanschrijving aan den minister gaf. Dat stuk is te merkwaardig, om hier niet in zijn geheel te worden medegedeeld.

Kabinet. Geheim.      Buitenzorg, den 9den September 1838.
No. 118. Lett. EE.

Kort vóór het aanvaarden mijner inspektiereis over Java, had ik de eer Uwer Excellentie, bij missive van den 6den Mei jl. no. 64 lett. I, kabinet, aan te bieden de staten, aantoonende den stand der kultures onder ultimo Maart te voren, de laatste welke toen bij mij ontvangen waren.

Daaruit bleek, met betrekking tot de drie hoofdprodukten, dat derzelver vermoedelijke opbrengst over 1838, geraamd was:

de koffij, op 684,707 pikols
" suiker, " 491,705 " en
" indigo, " 1,240,300 ponden;

welke hoeveelheden, volgens de begrootingsprijzen van ƒ 38.—, ƒ 14.— en ƒ 2.50 respektievelijk, eene som vertegenwoordigden van ƒ 32,579,951.— Hierbij kon nog gerekend worden, op ongeveer ƒ 1,000,000.— aan specerijen; op ƒ 231,000.— aan 7000 pikols Menado-koffij, en op plus minus $f$ 152,652.— aan thee, kaneel, tabak, enz., te zamen bedragende de kapitale som van $f$ 33,963,603.—

Bij de ontvangst van Uwer Excellenties geheime kabinets-depeche van den 13den Maart jl. lett. Y, n°. 1, en het daarbij gevoegd koninklijk besluit, houdende bepaling der vaste remise over 1838 op 25 millioen gulden, mogt ik mij dus vleijen, grootendeels te zullen kunnen voldoen aan de op het Indisch bestuur gelegde verpligting, volgens welke gerekend moest worden op het remitteren van de bedoelde

$f$ 25,000,000.— en van :

| | | |
|---|---|---|
| » 2,000,000.— voor specie | { $f$ 800,000 aan zilver of goud en | } ministeriële |
| | { » 1,200,000 » duiten of plaatjes | } depeche van 10 April 1838. |

» 1,400,000.— » duitenplaatjes, volgens de genoemde depeche van 13 Maart jl.

» 4,000,000.— » geleverde goederen en andere vorderingen van de faktorij der Nederlandsche handelmaatschappij, en

» 2,000,000.— » voor het lijnwadenkontrakt.

$f$ 34.400,000.— te zamen.

In deze, ook voor mij zeer aangename verwachting, werd ik echter, in het laatst van Julij jl., gedurende mijne reis, reeds bijzonder teleurgesteld, door de ontvangst der staten, aantoonende den stand der kultures onder ultimo Junij jl., welke Uwer Excellentie hiernevens worden aangeboden, en waaruit onder anderen blijkt : dat de opbrengst der koffij geraamd is op slechts 628,906 pikols en die der suiker op niet meer dan 476,080 pikols, opleverende een nadeelig verschil van *ruim twee millioen gulden.*

Ik liet daarop onderzoeken, waaraan dit nadeelig verschil in de opgaven moest worden toegeschreven, en vorderde tevens van de onderscheiden residenten eene nadere, zoo naauwkeurig mogelijke raming. — Uit de dientengevolge dezer dagen ontvangen rapporten, welke ik van belang acht dat onder het oog van Uwe Excellentie komen en mitsdien kopijelijk hiernevens gaan, voorzien van eene zamentrekking, blijkt dat begroot wordt :

de koffij op 556,673 pikols,
» suiker » 526,469 » en
» indigo » 1,136,275 ponden;

hetgeen, in vergelijking met de raming onder ultimo Maart jl. een *nadeelig* verschil aantoont

van 128,034 pikols koffij, of $f$ 4,225,122.— (*)
en » 104,025 pond indigo, » » 260,062.—
$f$ 4,485,184.—

(*) Het voorname verschil was dus gelegen in de koffijproduktie. Uit de overgelegde opgaven van de residenten blijkt, dat veelvuldige regens en hevige winden oorzaken geweest waren van dit verschil. Daarbij kwam, dat de voorafgegane jaren gunstig voor de koffijproduktie waren geweest, en dat men bij de raming van 1838, misschien wel wat te veel op gelijke gunstige uitkomst had gerekend.

en daarentegen een *voordeelig* verschil
van  34,764 pikols suiker, ad *f*   486,696.—
Rest *nadeelig*   *f*  3,998,488.—

Weshalve, in stede van *f* 33,963,603.—, slechts *f* 29,965,115.— aan produkten beschikbaar wezen zal, of *f* 4,484,885.— *minder*, dan in Nederland gekalkuleerd was ad *f* 34,400,000.—

Deze vooruitzigten zijn mij natuurlijk grievend, en met leedwezen wordt Uwer Excellentie daarvan dit rapport aangeboden. Zij geven mij intusschen aanleiding, en ik gevoel mij daartoe in gemoede verpligt, om aan de overweging van Uwe Excellentie te onderwerpen : of de ramingen in Nederland, van de vermoedelijke opbrengst der kolonie, op een oogenblik dat nog geen enkel berigt omtrent de bestaande vooruitzigten van dàâr ontvangen is, niet altijd zeer onzeker moeten zijn ? en of der kolonie alzoo geen lasten worden opgelegd, ten gevolge van berekeningen, welke veelal slechts op gunstige veronderstellingen rusten ? Wenschelijker zou het in mijn oog wezen, dat in Nederland werden afgewacht de opgaven van het vermoedelijk produkt, alhier in het laatst des jaars opgemaakt, alvorens over te gaan tot het vaststellen der vaste remise en der verdere kwijtingen uit de koloniale produkten ; — en dat een en ander steeds op het *minimum* wierde bepaald, daar toch *alle* produkten, zonder onderscheid, naar Nederland gekonsigneerd worden, en de uitkomst voor het moederland derhalve toch dezelfde blijft. Onder mijn bestuur althans, is op die konsignatiën nog *niets* voor de behoefte der kolonie teruggehouden. Zelfs de hoeveelheid koffij, welke de heer staatsraad Baud, blijkens zijn aan Uwe Excellentie gerigt schrijven van den 4<sup>den</sup> Januarij j.l. no. 194, vooronderstelde dat ik had doen verkoopen ter bekoming van specie, is daartoe niet aangewend, en evenmin hoop ik daartoe in den vervolge over te gaan. *Alleen in zeer dringende* noodzakelijkheid, stel ik mij voor gebruik te maken van de autorisatie van Uwe Excellentie, bij het geheim kabinetsschrijven van den 13<sup>den</sup> Maart j.l. lett. Y no. 1 herhaald, om produkten van de hand te zetten, ter voorziening in eene eventueele behoefte aan' geld. Daar het dus zòò zeker is, dat ik van hier *alles* zal remitteren wat maar eenigzins mogelijk is, geloof ik, dat het moederland er geen schade bij hebben kan, door de verpligtingen der kolonie op het minimum te stellen, in stede van die, van jaar tot jaar, op een aanmerkelijk hooger cijfer te brengen. Het Indisch bestuur zou eindelijk buiten staat wezen, aan die verpligtingen te voldoen, en zou zich deswege bezwaarlijk als verantwoordelijk kunnen beschouwen.

Daar het niet waarschijnlijk is, dat de oogst van dit jaar zòòdanig beter zal uitvallen, als noodig wezen zou tot dekking der te kort komende produkten, .zoo heb ik last gegeven, om met naauwkeurigheid na te gaan, welke andere middelen bij de hand kunnen worden genomen, om in het ontbrekende aan de remises te voorzien, en behoude ik mij voor, Uwer Excellentie den uitslag daarvan mede te deelen. Ook heb ik nog speciaal doen onderzoeken, of de plaatselijke ambtenaren diligent zijn, ter zake der mindere opbrengst aan produkten, dan waarop gerekend was.

De gouverneur-generaal van Nederlandsch Indië.
(was get.) DE EERENS.

III.

3

Wat deed de minister van den Bosch met dezen merkwaardigen brief? — Hij werd *gedeponeerd*; Exh. 1 Januarij 1839, kabinet, geheim, lett. C; terwijl een gelijktijdig ontvangen partikulier schrijven van den gouverneur-generaal de Eerens, dd. 8 September 1838 no. 19, door den minister aan den Koning werd voorgelegd, bij zijne geheime kabinetsmissive van 2 Januarij 1839 lett. D, vergezeld van het door den minister daarop gegeven partikulier antwoord. Dat antwoord hebben wij niet gevonden, maar in de aangehaalde missive aan den Koning, zegt de minister deswege: „Uit dit laatste stuk (zijn partikulier antwoord aan de Eerens) aan welks inhoud ik de vrijheid neem mij te gedragen, zal Uwe Majesteit ontwaren, dat de misrekeningen, waarvoor de gouverneur-generaal beducht is, uithoofde van de mindere opbrengst van den oogst van 1838 dan geraamd is geworden, mij voorkomen van geen bijzonder gewigt te zijn."

Uit den vermelden partikulieren brief van de Eerens, dd. 8 September 1838 no. 19, nemen wij alleen de volgende zinsnede over: (*)

„Omtrent den veranderings-geest, waarover Uwe Excellentie mij onderhoudt, hoop ik, dat de overtuiging bij Uhoogedelgestrenge zal bestaan, dat aan deze door mij niet wordt toegegeven, en dat de financiëele voorschriften en instellingen, door Uwe Excellentie achtergelaten, naauwgezet worden nagekomen. Indien ik voor het militaire wezen eenige veranderingen, in der tijd, (†) noodzakelijk heb geacht, zoo is dit dààruit voortgesproten, dat ik mij verbeeldde, dat mijne Europeesche ondervinding ook voor Indië geldig was. Ik dacht dit des te meer, wijl ik bij het militair gezag alhier in die denkbeelden ondersteund werd. Ik heb echter, door de opvolgende teregtwijzingen en afkeuringen van Uwe Excellentie ontvangen, gevoelig moeten ondervinden, dat ik in deze schijn gedwaald te hebben. In het algemeen zijn sedert eenigen tijd, de officiëele brieven van Uwe Excellentie weinig bemoedigend; — de meeste bevatten zeer scherpe gispingen omtrent

---

(*) Wij maken gebruik van dien partikulieren brief, omdat hij, gelijk doorgaans met de partikuliere missives van den gouverneur-generaal het geval was, als semi-officiëel beschouwd, en den Koning aangeboden werd bij officiëele missive van den minister, in dit bijzonder geval zelfs met achterhouding van den betrekkelijken officiëelen brief, door ons in zijn geheel medegedeeld.

(†) Bij missive van 29 October 1835 lett. X 1, had de Eerens, destijds luitenant-gouverneur-generaal, er de aandacht van den gouverneur-generaal ad interim Baud op gevestigd, dat het hem, de Eerens, door een vergelijking van de begrooting over 1834 met de over 1835 ontworpene, gebleken was, dat de kommissaris-generaal van den Bosch, bij het ontwerpen der begrooting van 1834 „grovelijk was misleid geworden, en dat aan hem een cijfer was voorgelegd, dat in geenen deele met de behoefte overeenstemde." Van den Bosch had zijne begrooting van 1834 gebaseerd op de uitkomsten van 1831, 1832 en 1833; maar de Eerens toonde later, bij kabinetsmissive van 23 Maart 1839 no. 64 letter F F, meer in het bijzonder aan, dat de uitkomsten der drie gemelde jaren geheel anders waren als van den Bosch vermeend had, en dat de werkelijke uitgaven van het departement van oorlog, over dat tijdvak, de toegestane sommen met een aanzienlijk bedrag hadden overschreden. De begrooting van 1834 kon dus niet dienen als basis voor de begrooting van volgende jaren.

de handelingen van mijn bestuur, welke mijne eigenliefde, en ik durf zeggen mijn geweten, mij zeggen niet verdiend te hebben; — eenige derzelve zal ik mij verpligt rekenen te wederleggen, wijl het schijnt, dat men sommige mijner redeneringen uit een verkeerd oogpunt beschouwt, dan wel, dat men daaraan eene andere toepassing geeft dan de bedoeling was, en ook wel, dat in sommige adviezen meer op vooronderstellingen, dan op daadzaken wordt afgegaan, en, zoo als het nog onlangs plaats had, dat men het bestuur alhier nieuwigheden ten laste legt, die uit het ministerie van koloniën zelf voortvloeijen. Mijn tegenschrijven hierop, blijve voor de officieele korrespondentie voorbehouden."

9. *Reden voor het opvoeren der koloniale remises.* Nagenoeg gelijktijdig met het schrijven dezer brieven op Java, rigtte de minister aan den Koning, zijne kabinetsmissive van 28 September 1838 lett. W 6, die, ofschoon toen de minder gunstige oogst van 1838 in Nederland nog niet bekend was, de oplossing bevat van het vreemde beginsel, dat de remises tot een overdreven hoog bedrag in Nederland bepaald werden, lang voor men dáar eenige de minste zekerheid hebben kon, dat de mogelijkheid tot het doen dier remises bestond.

De gouverneur-generaal had, bij partikulier schrijven van den 24en Mei 1838 no. 18, de vrees te kennen gegeven, dat de voor 1838 bepaalde remise van 25 millioen niet zou kunnen worden gedaan. Hij had toen wel is waar nog geen kennisgeving van den minister ontvangen van die bepaling der remise, want ofschoon dit geschiedde bij koninklijk besluit van 17 November 1837, werd dat besluit hem, gelijk wij vermeld hebben, door den minister eerst toegezonden bij kabinetsmissive van 13 Maart 1838 lett. Y, no. 1. Maar de gouverneur-generaal had het remise-bedrag voor 1838, vernomen van de faktorij der Nederlandsche handelmaatschappij te Batavia, die in deze en dergelijke zaken gewoonlijk spoediger onderrigt was dan de opperlandvoogd van Nederlandsch Indië (*). De gouverneur-generaal nu, verzocht den minister, naar aanleiding hiervan, het bedrag der remise voor een volgend jaar niet hooger te stellen, dan de produkten konden opbrengen, volgens de daarbij gedane aanwijzing.

Deze partikuliere missive van den gouverneur-generaal, dd. 24 Mei 1838 no. 18, bood de minister den Koning aan, bij zijn reeds vermeld kabinetsschrijven van 28 September daaraanvolgende lett. W no. 6. Hij merkte op, dat het excedent over 1837 bedragen had 22 millioen, en "met niet noemenswaardigen teruggang van het administratief kapitaal," werkelijk geremitteerd" was, met bovendien nog ongeveer ƒ45,000.— in goud. Hij

_____

(*) Vergelijk § 3 hiervoren, waaruit blijkt, dat het in November 1835 in Nederland met de handelmaatschappij gesloten konsignatie-kontrakt, reeds in Mei daaraanvolgende door de faktorij te Batavia ontvangen was, en dat de Indische regering den 3en Junij 1836 dit kontrakt nog niet anders kende, dan door de mededeeling van die faktorij, op welke mededeeling de regering handelde, zonder de officiëele toezending van het kontrakt af te wachten.

wees op de vermeerdering der territoriale inkomsten en kommerciëele voordeelen, en leidde daaruit af, dat de inkomsten van Indië in 1838 meer dan voldoende zouden zijn, om de voor dat jaar gevorderde 25 millioen te kunnen remitteren. Hij vervolgde daarna aldus:

„Bezwaren van den onderwerpelijken aard, zijn, dan eens meer, dan eens in mindere mate, ieder jaar gemaakt, en niettemin is ieder jaar kunnen worden geremitteerd, hetgeen door Uwe Majesteit is bepaald geworden, en doorgaans nog iets bovendien. Zoo geene onvoorziene omstandigheden tusschen beide treden, is zulks dit jaar mede te verwachten.

„Ik acht het noodig, het bestuur in Indië zoo naauw mogelijk in zijne uitgaven te beperken, dewijl er een bestendige tendance bestaat tot rijkelijkheid, die niet te veel kan worden tegengegaan, en waartoe een der geschiktste middelen mij toeschijnt te zijn: de remise zóó hoog te bepalen, als men slechts met zekerheid kan aannemen, dat zij zal kunnen bedragen."

Ten slotte merkte de minister nog het volgende op:

„Dat het bestuur in Indië het liefst de handen ruim heeft, is zeer natuurlijk. Dan wanneer ik het oog sla dáárop, dat de territoriale *uitgaven* sedert 1884 reeds met 3 millioen zijn vermeerderd, (*) dan geloof ik niet, dat het met de belangen van het gouvernement strookt, hierin te vrijgevig te zijn."

10. *Financiëele toestand van Indië, op het einde van* 1838. Het geluk was ook hier den minister van den Bosch gunstig: het te kort over 1838 kon in Indië gevonden worden. De wijze waarop, kunnen wij niet beter aantoonen, dan door weder in zijn geheel mede te deelen, de daartoe betrekkelijke missive van den gouverneur-generaal aan den minister.

Nº. 284.                                  Buitenzorg, den 25en Mei 1839.
──────
9 B.

Met referte tot het voorkomende bij mijne missive van den 3en Maart jl. nº. 53, lett. Z, kabinet geheim en 30 April jl. nₒ. 240/8, nopens de financiëele uitkomsten van 1838, heb ik de eer Uwer Excellentie bij deze aan te bieden, den door den direkteur-generaal van financiën, in voldoening aan art. 2 der resolutie van den 10en Februarij 1836 nº. 19, ingezonden staat van het administratief kapitaal, onder ultimo December jl.

Uit dat stuk zal Uwe Excellentie de bevestiging erlangen, dat, niettegenstaande de ondervonden teleurstelling met de koffij, en later ook eenigzins met de indigo-kultuur, het is mogen gelukken, om de remise naar Nederland, welke bij de begrooting van 1838, Uwer Excellentie aangeboden

──────────

(*) Volgens dezelfde missive waren de territorialé *inkomsten*, — *alleen over het jaar* 1838 met *f* 2,218,578.— vermeerderd. De hier in den tekst vermelde vermeerderde *uitgaven*, moeten hoofdzakelijk gezocht worden in de verhoogde militaire begrooting.

bij mijn brief van 19 Maart 1838 no. 154/1, is uitgetrokken tot een bedrag van *twee-en-twintig millioen gulden*, doch bij Zijner Majesteits besluit van 17 November 1837 lett. T 42, geheim, mij medegedeeld bij Uwer Excellenties geheim kabinetsschrijven van 13 Maart daaraanvolgende lett. Y, no. 1, op *vijf-en-twintig millioen gulden* aan produkten is bepaald, tot laatstgemeld bedrag op te voeren.

Aan deze, in de gegeven omstandigheden, voor de kolonie hoogst bezwarende, doch als door den Koning opgelegd zijnde, dure verpligting, is evenwel niet kunnen worden voldaan, dan ten prejudice van de overige, op de kolonie rustende lasten, tot kwijting van welke, slechts hebben kunnen worden bestemd de produkten welke, na afzondering van de voor de remises benoodigde hoeveelheden, beschikbaar bleven, zonder echter *daarvoor* voldoende te zijn.

In het ontbrekende is gedeeltelijk voorzien door Banka's tin; doch daar dit metaal moest dienen tot stijving van 's lands kas, is hierdoor aan den anderen kant, het administratief kapitaal, hetwelk reeds onder ultimo December 1837 ƒ 133,391.— minder bedroeg dan de ƒ 12,500,000.— waarop het is vastgesteld, tot op ƒ 11,823,024.— verminderd, zoo als bij den hierboven bedoelden staat wordt aangetoond.

Van dit montant bestaat een gedeelte uit kontanten, en het overige uit posten, waarover slechts gedeeltelijk door verkoopen, beleenen of diskonteren, dadelijk kan worden beschikt; zijnde de specifikatie daarvan als volgt:

| | | |
|---|---|---:|
| kontanten | ƒ | 6,336,784.— |
| vendu-kantoor | ⸗ | 3,940.— |
| tin op Java. | ⸗ | 100,000.— |
| Japansch koper (*) | ⸗ | 530,250.— |
| kamfer (†) | ⸗ | 55,982.— |
| vogelnestjes | ⸗ | 300,115.— |
| diversen | ⸗ | 86,793.— |
| specie, uit Nederland nog te ontvangen | ⸗ | 1,600,000.— |
| duitenplaatjes uit Nederland, in voorraad ƒ 1,491,509 | | |
| nog te ontvangen voor 1838 ⸗ 1,317,651 | | |
| | ⸗ | 2,809,160.— |
| | ƒ | 11,823,024.— (§) |

(*) Volgens den staat 7070 pikols à ƒ 75.— de pikol; maar dat koper moest nog ontvangen worden.

(†) Deze kamfer moest, blijkens den staat, nog ontvangen worden.

(§) Uit de hier medegedeelde specifikatie blijkt alzoo dat, — bijaldien alle aanwezige geldswaarden werden gerealiseerd, en wanneer de voorhanden duitenplaatjes als munt in rekening werden gebragt, — het werkelijk administratief kapitaal bedroeg ƒ 8,319,141.— terwijl hetgeen aan Japansch koper, kamfer, specie en duitenplaatjes nog moest ontvangen worden, eene waarde had van ƒ 3,503,883.— Dit alles te zamen nemende, zoo als hier plaats had, kwam er nog ongeveer zeven ton te kort op het administratief kapitaal, dat toen reeds gebleken was, ook tot het bepaalde maximum, ontoereikend te zijn voor de behoefte.

Bij de steeds toenemende uitbreiding der kultures zal, zonder welligt tot ernstige ongelegenheden aanleiding te geven, het voormeld kapitaal voor geene meerdere inkrimping vatbaar zijn, en zal mitsdien van dit middel geen verder gebruik kunnen worden gemaakt, ter voorziening in het te kort in de administratie van 1838.

Na al hetgeen ik omtrent dit te kort, bij mijne in den hoofde dezes aangehaalde missives heb gezegd, acht ik het onnoodig hierover verder uit te weiden; zullende ik casu quo de eer hebben hierop terug te komen, bij het mededeelen of voordragen der middelen, welke voor de voldoening der onderscheiden vorderingen van de faktorij als anderszins, uit het bedoeld te kort voortvloeijende, zullen behooren te worden aangewend.

De gouverneur-generaal van Nederlandsch Indië.

(was get.) DE EERENS.

Ook deze missive werd door den minister, even als de te voren medegedeelde, *gedeponeerd*. (Exh. 1 October 1839 lett. B 15, kabinet.)

11. *Verwikkeling der Indische financiën.* Toen kort daarop, van den gouverneur-generaal de Eerens, een partikulier schrijven, dd. 6 Julij 1839 n°. 22, ontvangen werd, greep de minister die gelegenheid aan, om, onder aanbieding van dat schrijven, de aandacht des Konings, bij kabinetsmissive van 16 November 1839 lett. E 17, op den treurigen toestand der geldmiddelen in Indië te vestigen. De Eerens verzocht, dat de ter zijner justifikatie overgezonden stukken, aan den Koning mogten worden medegedeeld; maar de ministers schreef, dat hij dit niet doen konde zonder bijvoeging eener nota, ten bewijze dat die stukken weinig aan het doel beantwoordden, het opmaken van welke nota hij, om veelvuldige werkzaamheden, genoodzaakt was tot "eene meer gepaste gelegenheid" uit te stellen. Hij reveleerde intusschen het feit, dat de faktorij der handelmaatschappij te Batavia (blijkens door den minister overgelegden brief van den president dier maatschappij,) voor gestorte gelden en voor goederen, van het Indische gouvernement pretendeerde te vorderen te hebben, ƒ 14,700,000.—; terwijl de gouverneur-generaal aan den minister had opgegeven, dat die vordering slechts ƒ 8,389,000.— bedroeg; hetgeen alzoo een verschil maakte van ƒ 6,311,000.— Dit bedrag moest nog vermeerderd worden, met het betaalde voor den afscheep van goederen, tot een bedrag van ƒ 1,500,000.—, zoodat de faktorij ƒ 7,811,000.— meer vorderde, dan de gouverneur-generaal erkende ontvangen te hebben.

"De oplossing van dit raadsel, (schreef de minister) is wellicht alleen dáárin te vinden, dat de handelmaatschappij het gouvernement aansprakelijk houdt, voor de gelden die zij heeft kunnen storten, en te regt; dewijl de gouverneur-generaal geweigerd hebbende meer te ontvangen dan het bedrag van de waarde, dat in produkten voldaan kon worden, het meerdere geld, bij de faktorij voorhanden, bij haar is blijven berusten. Van dat geld echter, zal daarom niettemin de rente moeten worden voldaan, zonder dat bij 's gouvernements kas daarvan gebruik is kunnen worden gemaakt."

De minister verklaarde verder, dat de staat van zaken hem nog raadselachtiger werd, wanneer hij zag, in welke geldelijke verlegenheid het gouvernement in Indië zich scheen te bevinden. Alles was hem zóó raadselachtig en verward, dat hij niet dadelijk een bepaald voorstel kon doen, maar pogingen zou aanwenden om, hetzij door nadere informatiën van de handelmaatschappij, hetzij door nader te ontvangen stukken, de zaak op te helderen.

Weinige weken later trad van den Bosch, gelijk bekend is, als minister van koloniën af.

12. *Lijnwaden-kontrakt.* Nog moeten wij op eene andere bijzonderheid wijzen, namelijk op het zenden van lijnwaden door de handelmaatschappij naar Indië.

Die maatschappij had, bij geheim schrijven van 22 Maart 1839 n°. 217, aan den minister kennis gegeven dat, volgens bij haar van de faktorij te Batavia ontvangen berigten, de produkten, bij het Indisch bestuur, uit de opbrengst van 1838 beschikbáar tot voldoening van de verbindtenissen, door het gouvernement jegens de maatschappij over datzelfde jaar aangegaan, een presumtief te kort van ruim vier millioen gulden zouden opleveren.

De minister, hiervan, bij kabinetsmissive van 30 Maart 1839 letter I 4, mededeeling doende aan den Koning, gaf daarbij als zijne meening te kennen, dat dit te kort zoo aanmerkelijk niet was, "dat daarvoor op de eene of andere wijze geen produkten zouden zijn te bekomen;" hetgeen zou afhangen: "van eene welwillende medewerking der ambtenaren in Indië; maar ook en wel bijzonder, van de omstandigheid, of de gouverneur-generaal, ingeval van tegenkanting in dezen, zelf de noodige maatregelen zou voorschrijven." De tijd zou leeren, of de gouverneur-generaal den financiëelen en kommerciëelen toestand van Indië genoeg doorzag, "om, de tegenwerking der ambtenaren te niet doende en zelf het initiatief nemende, hen te verpligten tot eene gereede uitvoering van zoodanige maatregelen; als hij vermeenen zal, alsdan te moeten nemen."

Het slot van de aangehaalde missive, laten wij hier in zijn geheel volgen:

"Om vooraf nog eenmaal, op het hierboven behandelde punt van een gepresumeerd te kort, terug te komen: het lijdt, naar het mij voorkomt, geen tegenspraak, dat het in eene groote mate moet worden geweten aan de onereuse konditiën, waarop de handelmaatschappij hare bemoeijingen in alle operatiën, maar voornamelijk in de uitzending van lijnwaden verleent; en ik houde mij verzekerd, dat, bijaldien het gouvernement, instede van met de maatschappij met partikulieren had te doen gehad, wel verre van eenig te kort, of van de noodzakelijkheid tot het nemen van buitengewone, kostbare maatregelen, het Indisch bestuur in ruimte de middelen zou hebben gehad, om alle verbindtenissen na te komen.

„Want, om niet te spreken van het meerder kostende der operatiën van de maatschappij, mag ik niet onopgemerkt laten, dat voor alle de uitzendingen, die de maatschappij ingevolge met het gouvernement aangegane overeenkomsten doet, aan haar produkten moeten worden afgegeven, ver beneden den prijs waarvoor partikulieren, — die gaarne welk artikel ook tegen den bestaanden marktprijs in konsignatie aannemen, — dit zouden willen doen; en het hierin bestaande verschil is zóó aanzienlijk, dat, niettegenstaande de oogst van produkten ter beschikking van het Indisch bestuur over het jaar 1838 schijnt tegengevallen te zijn, desniettemin geen te kort had behoeven te bestaan.

„Ik wil hiermede niet betoogen, dat het bij eene afrekening niet op hetzelfde zou nederkomen, of bij voorbeeld de koffij tegen ƒ 20.—, dan wel tegen een veel hoogeren marktprijs in konsignatie ware afgegeven, maar het ongerief hetwelk nu ondervonden wordt, zou, zoo al niet in het geheel niet, ten minste in eene oneindig mindere mate zijn gevoeld.

„Doch, wat van dit alles wezen moge, er blijft thans niets over dan, zoo als gezegd is, aan het Indisch bestuur de aanwending van de noodige maatregelen, ter voorziening in het casu quo bestaande te kort aan produkten, over te laten; maar, afgescheiden van die aangelegenheid, mag ik de verliezen, waaraan de door de maatschappij gedane uitzendingen van lijnwaden het gouvernement blootstellen, niet onopgemerkt laten; terwijl, in tegenoverstelling daarvan, alle overeenkomsten welke met partikulieren in der tijd zijn aangegaan, het gouvernement buiten alle kansen van verlies hebben gelaten, voor zoover namelijk den verkoop der lijnwaden zelven betreft.

„In dit jaar alleen, zal aan de handelmaatschappij moeten worden gerestitueerd eene som van ƒ 697,097.02, wegens geleden verlies op den verkoop van lijnwaden, door haar in de jaren 1835, 1836 en 1837 verzonden; en die restitutie zal moeten geschieden door eene inhouding van hetgeen door haar aan het gouvernement, voor de maand Mei aanstaande, zal worden uitgekeerd; gelijk die zaak reeds is geregeld bij Uwer Majesteits besluit van den 20sten November jl. geheim, lett. R. 48.

„Nu kortelings is zij weder met eene nieuwe reklame opgekomen, groot ƒ 754,876.78, ter zake van geleden verliezen op uitzendingen van lijnwaden, over dezelfde drie jaren, van welke som zij de betaling uiterlijk op 1 Augustus aanstaande verzoekt; waarin alleen kan worden voorzien door eene vermindering van de, bij het zooeven aangehaalde besluit, bepaalde uitkeering aan het departement van financiën voor de maand Augustus, aangezien er bij het departement van koloniën geen fondsen, waaruit de voldoening dier som zou kunnen geschieden, disponibel zijn.

„De eerste post maakt het geleden verlies uit over eene faktuurswaarde van ƒ 3,916,315,73, en de tweede over eene faktuurswaarde van ƒ 3,980.709.—

„De maatschappij beweert wel is waar, dat die beide voor verlies opgegeven sommen niet in den volsten zin als verlies te beschouwen zijn, omdat daaronder de op die uitzendingen gevallen extra onkosten, zooals van inkomende regten in Indië als anderszins, begrepen zijn; maar het valt niet moeijelijk aan te toonen, hoezeer de maatschappij in haar sustenu dwaalt.

»Immers, gesteld dat hier geen kwestie ware van de maatschappij, maar dat de uitzending van lijnwaden blootelijk door partikulieren of, zoo men dit wil, door de maatschappij maar voor eigen risiko had plaats gegrepen, onder gehoudenis slechts van de zijde van het gouvernement, om voor de gelden die, uit den verkoop van die lijnwaden profluerende, in de Indische kas mogten gestort worden, retouren te bezorgen, dan is het toch wel aan geen tegenspraak onderhevig, dat de betaling der inkomende regten niet behoevende gerestitueerd te worden, eene zuivere winst voor het gouvernement zou uitmaken.

»Het is dus eene bewezen daadzaak, dat de uitzendingen van lijnwaden door de maatschappij, volgens de deswege met haar aangegane overeenkomsten, een verlies voor het gouvernement hebben opgeleverd van minstens 18 à 18½ percent. Wanneer dus die handel geen voordeeliger wending neemt, dan zou, daarbij in aanmerking nemende dat de verzendingen ten minste eene waarde van ƒ 5,500,000.— zullen bedragen, het gouvernement daardoor een verlies van 9 à 10 tonnen gouds moeten lijden.

»Wanneer ik bij dit alles in tegenoverstelling de uitkomsten vergelijk, die met partikulieren zijn verkregen, dan waarlijk moet ik betuigen niet in te zien, op welke gronden ik Uwer Majesteit de voortduring van een zoodanigen staat van zaken zou mogen aanprijzen; te minder omdat, zoolang de maatschappij den lijnwaadhandel heeft gedreven, met geen andere bescherming dan van het inkomende regt van 25 percent, dat voor vreemd fabrikaat moest worden betaald, zij geen verliezen heeft gereklameerd; terwijl, sedert het gouvernement haar tegen verliezen heeft gewaarborgd, eerst tot 12½ en nu laatstelijk tot 6 percent, het gouvernement gedurig om schadevergoeding wordt aangesproken; zoodat, wanneer men nagaat dat de verliezen, die de maatschappij volgens de bovenstaande opgave op hare lijnwaad-uitzendingen lijdt, 18 à 18½ percent bedragen, niettegenstaande zij voor hare lijnwaden, in vergelijking van vreemd fabrikaat, 12½ percent minder aan inkomende regten betaalt, zij mitsdien eene bescherming geniet van 31 percent.

»Ik moet dan ook verklaren niet te begrijpen, wat de maatschappij bewegen kan een handel te drijven, die, op dien voet voortgaande, alleen ten koste van de beurs van het gouvernement plaats grijpt; te minder nog, omdat zij daarvoor een kapitaal bezigt van 10 à 12 millioen, hetwelk met voordeel bij het gouvernement zou kunnen geplaatst worden.

»Zij zelve is niet overtuigd, dat de lijnwaadhandel aan haar eenig voordeel zal afwerpen; waarom anders verlangt zij van het gouvernement eene garantie tegen verlies van 6 percent, ongerekend de zoogenaamde extraonkosten?

»En eindelijk is het te voorzien, dat, zoo als nu reeds plaats vindt, zij daardoor het bestuur in Indië meer dan eens zal belemmeren, door eene aanvraag om meer produkten dan het soms beschikbaar zal hebben.

"Het is er verre van af, dat ik der maatschappij den lijnwaadhandel zou willen ontzeggen; maar ik zie niet ééne reden om haar dien te doen drijven, terwijl daarbij alle kwade kansen voor het gouvernement zijn.

"Ik heb gemeend, omtrent deze aangelegenheid, zonder de minste achterhoudendheid, Uwer Majesteit mijn gevoelen te moeten mededeelen : en ik vertrouw dat het Hoogstdenzelven uit al het vorenstaande begrijpelijk zal worden, waarom ik, ten slotte van mijn geheim kabinets-rapport van heden lett. H 4, de voorkeur meende te moeten geven aan het denkbeeld, omtrent de verlenging voor den tijd van één jaar der met de maatschappij bestaande overeenkomsten, boven het sluiten van de nieuw ontworpen kontrakten.

"Voor het tegenwoordige valt immers, ten opzigte van de verbindtenissen door het gouvernement met de maatschappij wegens de uitzending van lijnwaden, niets te veranderen, omdat zij daardoor in onnoodige onaangenaamheden met de fabrikanten zou kunnen geraken; maar dit behoeft niet mede te brengen, dat het gouvernement zich op nieuw, voor een langeren termijn dan hoogst noodzakelijk is, zou moeten binden aan een staat van zaken die, ik herhaal zulks, voor hetzelve hoogst nadeelig is, zonder dat daarbij de maatschappij zelve eenig voordeel heeft.

"Ik moet mij dan ook onthouden van eenig stellig advies hieromtrent; alleenlijk Uwer Majesteit verzoekende, om dit mijn rapport, gelijktijdig met mijn geheim kabinets-rapport van heden lett. H. 4, om derzelver verband, in overweging te willen nemen; zullende het mij aangenaam zijn, alsdan later te mogen vernemen, tot welke beschouwingen het hierboven bijgebragte omtrent den lijnwaadhandel bij Uwe Majesteit aanleiding heeft gegeven.

"Voorts zou Uwe Majesteit mij kunnen magtigen, om de missive der maatschappij, dd. 22 dezer, geheim n°. 217, te beantwoorden, zoo als door mij in den loop van dit stuk is voorgesteld geworden; welk stuk ik mitsdien eerbiediglijk verzoek tot dat einde terug te mogen ontvangen."

13. *Aftreding van den minister van den Bosch.* In Nederland waren, ten laste der Overzeesche bezittingen, de volgende schulden gekontrakteerd :

| | | | |
|---|---|---|---|
| Bij de wet van 24 April 1836 (Ned. Staatsblad n°. 11) | *f* 140,000,000.— |
| idem. | idem. | " 80,000,000.— |
| idem. | idem. | " 21,000,000.— |
| idem. | (Ned. Staatsblad no. 12) | " 9,000,000.— |
| Bij de wet van 11 Maart 1837 (Ned. Staatsblad n°. 10) | " 8,500,000.— |
| Bij de wet van 27 Maart 1838 (Ned. Staatsblad n°. 9) | " 8,500,000.— |
| Bij de wet van 22 Dec. 1838 (Ned. Staatsblad n°. 50) | " 19,000,000.— |
| Te zamen bedragende . . . . . | *f* 236,000,000.— |

Ten aanzien van deze schulden werd bepaald (art. 1 Ned. Staatsblad van 1836 n°. 11): — dat zij, door de zorg van de hooge regering op Java, in de boeken en registers aldaar zouden worden ingeschreven als eene wettige schuld, *met het vereischte verband en hypotheek, gevestigd op alle de territoriale en andere bezittingen en inkomsten van den staat in Oost-Indië.*

In het laatst van 1839 werd aan de Staten-Generaal een ontwerp van wet aangeboden, strekkende om eene nieuwe schuld ten laste der Overzee-sche bezittingen aan te gaan, tot een bedrag van *zes-en-vijftig millioen gulden*, ten einde het departement van koloniën in staat te stellen, de geldmiddelen dier bezittingen aan te wenden, niet alleen tot bestrijding van de lasten, reeds door het moederland op Indië gelegd, maar ook tot voor-ziening in de behoeften van het rijk voor 1840.

Bij de geheime missive van den minister van den Bosch, dd. 23 Oc-tober 1829 lett. O 16, werden te dier zake aan de Staten-Generaal inlich-tingen gegeven; maar vermits ✔het wenschelijk werd geoordeeld, om, in de tegenwoordige oogenblikken, zoo min mogelijk publiciteit te geven aan den belangrijken inhoud van dat stuk en van de daarbij gevoegde bijlagen;" zoo werd verzocht, die stukken niet te doen drukken en aan de kamerle-den de geheimhouding op te leggen.

De hier bedoelde nieuwe schuld zou dienen :

1°.  Om zich te ontdoen van eene schuld aan de Nederlandsche handel-maatschappij van ongeveer . . . . . . . . . . *f* 40,000,000.—

2°.  Ter bestrijding van de behoeften, waarin door de gewone middelen niet kon worden voorzien, tot een be-drag van . . . . . . . . . . . . . . . . . . ✔ 15,000,000.—

Te zamen *f* 55,000,000.—

of ongeveer een millioen minder dan het bedrag der voorgestelde leening.

Omtrent de *veertig millioen gulden* schuld aan de handelmaatschappij, merkte de minister, in zijne aangehaalde geheime missive, op : dat daar-voor de produkten, tot nagenoeg gelijke waarde, reeds in Indië voorhan-den waren, en aan de handelmaatschappij, óf bereids waren, óf gaande weg zouden worden afgegeven. ✔Deze schuld (zegt de minister verder), is het gevolg van de omstandigheid, dat, in hetzelfde jaar waarin de produkten in Indië geoogst worden, de waarde er van, zoo men wil eeni-germate bij anticipatie, aan het departement van koloniën wordt voldaan. Wat men ook omtrent zoodanige toedragt van zaken zou willen aanmer-ken, zij is het onvermijdelijk gevolg geweest van den drang der omstan-digheden, en van de buitengewone uitgaven waartoe het rijk, uit dien hoofde, is verpligt geweest, en welke op geene andere, althans doelmatige wijze, konden gekweten worden."

Het ontwerp van wet vond in de Tweede Kamer der Staten-Generaal veel tegenstand, en werd, in de zitting van den 20^{en} December 1839, met 39 tegen 12 stemmen verworpen. Omtrent de bijzonderheden van de des-wege plaats gehad hebbende wisseling van gedachten, moeten wij verwij-zen naar het werk van E. de Waal, Nederlandsch Indië in de Staten-Generaal, sedert de grondwet van 1814, 2^e deel, van pag. 182 tot pag. 304.

De baron van den Bosch vond in die verwerping aanleiding om ontslag te verzoeken als minister van koloniën, hetgeen hem, bij koninklijk besluit van 25 December 1839 no. 122, werd verleend, gerekend van den laatsten dier maand, onder dankbetuiging voor de getrouwe en ijverige diensten als zoodanig bewezen, en met benoeming tot minister van staat; terwijl hem alverder de titel van graaf werd geschonken.

Bij hetzelfde besluit werd de staatsraad J. C. Baud, met 1 Januarij 1840 *ad interim* belast met de direktie van het departement van koloniën.

Kort daarop, en wel bij koninklijk besluit van 21 Julij 1840 no. 75, werd bepaald dat, gerekend van 10 Augustus daaraanvolgende, het bestuur over de zaken van marine en koloniën onder één hoofd zou worden vereenigd, met den titel van minister van marine en koloniën; en dat onder diens bevelen zouden werkzaam zijn, twee direkteuren, één voor de marine en één voor de koloniën. Bij koninklijk besluit van denzelfden dag no. 78 werd de staatsraad J. C. Baud, destijds ad interim belast met de direktie van het departement van koloniën, benoemd tot minister van marine en koloniën. Tot direkteuren werden bij dat besluit benoemd: voor de marine, de kapitein ter zee E. B. van den Bosch, en voor de koloniën, de heer B. J. Elias, destijds ad interim belast met de funktiën van sekretaris-generaal bij het departement van koloniën.

# ZEVENTIENDE HOOFDSTUK.

## Het landelijk stelsel van 1836 tot 1840.

Ten einde aan onzen arbeid geen al te grooten omvang te geven, moeten wij, voor hetgeen nu volgen zal, ons meer uitsluitend tot het landelijk stelsel beperken.

Tot regt begrip van dat stelsel was het noodig, de wording en eerste ontwikkeling van het kultuurstelsel in de bijzonderheden uiteen te zetten. Nu wij dit gedaan hebben, kunnen we ons voor den vervolge bepalen, tot het aanstippen van de meest merkwaardige voorvallen met betrekking tot de kultures, die tot ons onderwerp in onmiddellijk verband staan. Het zal overigens, uit nader door ons mede te deelen officieele dokumenten, voldoende blijken, dat het landelijk stelsel onmogelijk kan besproken worden, met geheele terzijdestelling van hetgeen ten aanzien van het kultuurstelsel plaats had. Wij zullen echter, ten aanzien van het laatste, voortaan zoo beknopt zijn, als mogelijk is.

I. *Opnamen in Cheribon, Tagal en Pekalongan, door den assistent-resident P. F. Clignett.*

Wij hebben in § X van het vijftiende hoofdstuk, (*) de resolutiën en de instruktie medegedeeld, betrekkelijk de aan den assistent-resident Clignett opgedragen kommissie tot het doen van opnamen in de residentiën Cheribon, Tagal en Pekalongan, ten einde daardoor te kunnen komen tot de bepaling van een billijken maatstaf voor de heffing der landrenten op Java.

Genoemde ambtenaar bragt het navolgend verslag uit van zijne verrigtingen en bevindingen.

Pekalongan, 13 November 1836.

Bij resolutie van Zijne Excellentie den gouverneur-generaal in rade, van den 16en April 1836 n°. 1, is aan mij eene kommissie opgedragen, hoofd-

---

(*) Zie tweede deel, pag. 754—761.

zakelijk ten doel hebbende, om te onderzoeken in hoever het mogelijk kan zijn, om voor het thans vigerend landelijk stelsel eenige veranderingen, dan wel vaste bepalingen daar te stellen, ten einde de inkomsten welke het gouvernement uit deze belangrijke hulpbron put, op een meer eenparigen voet te brengen, en hierdoor, aan de bevolking zoowel als aan het gouvernement zelf, een meer zekeren waarborg te geven voor de instandhouding der verpligtingen welke van weerszijden bestaan.

Het is niet dan met huivering dat ik deze gewigtige kommissie heb aangevangen, en alleen het bewustzijn dat het gouvernement den omvang der taak welke mij is opgedragen ten volle beseft, heeft mij doen besluiten om, met vertrouwen op toegevendheid, de moeijelijkheden welke mij wachtten te gemoet te gaan, zonder mij te bekommeren over het gewaagde, dat voor mijn volgende loopbaan, in de resultaten mijner werkzaamheden mogelijk kan liggen opgesloten.

De beoordeeling van mijn werk, zal ongetwijfeld aan zoovele gevoelens worden onderworpen, welke meest alle van elkander verschillen, dat het niet kan missen of velen zullen mijne zwakke pogingen berispen, en misschien beweren dat ik de zaken uit een verkeerd oogpunt heb ingezien.

Dan hoe uiteenloopend die gevoelens ook mogen zijn, en hoezeer men meer zou kunnen verlangen van eene zaak, welke een zoo ruim veld van navorschingen oplevert, zoo hoop ik niettemin, dat men in den loop van dit verslag zal ontwaren, dat ik den wensch, om tot een goed doel te geraken, niet uit het oog verloren heb.

Met deze weinige woorden vermeen ik genoeg van mijne denkwijze te hebben aan den dag gelegd. Ik zal mij daarbij dan ook niet langer ophouden, en overgaan tot het werk zelf.

Ik zal trachten zooveel mogelijk de drie residentiën, welke aan mijn onderzoek zijn onderworpen geweest, eerst elk afzonderlijk te behandelen, daarna deze residentiën onderling te vergelijken, en eindelijk die veranderingen opsommen, welke ik, op grond der genomen proeven en bevonden resultaten, vermeen dat in het algemeen belang zouden kunnen worden in het werk gesteld.

PEKALONGAN. Het landelijk stelsel hetwelk in deze residentie werkt, rust op de oude bepalingen die door het gouvernement zijn daargesteld, namelijk: dat bij wijze van overeenkomst met de dessahoofden en oudsten van het volk, de schatting, welke elke dessa aan het gouvernement redelijk kan opbrengen, wordt vastgesteld en door de hoofden wordt geïnd. Deze schatting bepaalt zich, naar de uitgestrektheid der sawa's welke tot elke dessa behooren, naar de vruchtbaarheid van die sawa's, en naar de hulpmiddelen van bestaan, welke de bewoners bovendien nog bezitten.

De wijze waarop die overeenkomst, welke men aanslag der landrenten noemt, plaats heeft, is als volgt:
De sawa's zijn, min of meer naauwkeurig, opgemeten en in drie klas-

sen verdeeld, bekend onder den naam van eerste, tweede en derde soort velden.

Wanneer het gewas te velde staat, wordt het zooveel mogelijk door den kontroleur der afdeeling, het distriktshoofd, de dessahoofden en de eigenaars der velden, voorloopig als gewas 1e, 2e of 3e soort, naar gelang van omstandigheden getaxeerd.

Bij deze voorloopige taxatie gaat men meer af op den staat van het gewas zelf, dan wel op de klassifikatie der velden, want het gebeurt niet zelden, dat het gewas op gronden 1e soort geplant, minder goed slaagt dan op die van de 2e of 3e soort.

Om het gewas met meer zekerheid te kunnen taxeren, laat men, naarmate men zulks noodig oordeelt, op verschillende plaatsen een klein gedeelte padi snijden, en neemt die opbrengst tot maatstaf bij het beoordeelen der produktie in het groot.

Gedurende het padisnijden gaat men het produkt nogmaals na, om het te vergelijken met de voorloopige taxatie; waarna de aanslag door den resident, vergezeld van de gekoncerneerde ambtenaren en oudsten van het volk, wordt geregeld en naar billijkheid tot stand gebragt.

Van het gewas 1e soort wordt gewoonlijk *de helft*, van het gewas 2e soort *twee vijfde*, en van het gewas 3e soort *een derde* van het produkt, in geldswaarde berekend, gevorderd.

De aanslag der landrenten hangt dus veel af van de willekeur, of van de opbrengst welke men aan een veld wil toekennen. Neemt men bij voorbeeld aan, dat een bouw sawa 1e soort, 30 pikols padi kan afwerpen, dan moet daarvan 15 pikols aan landrente worden afgestaan; doch schat men de bouw 1e soort daarentegen op eene mindere produktie, dan is, om diezelfde reden, de landrente ook geringer.

Bij het houden der taxatie en het bepalen van den aanslag, wordt weinig gelet op de ressources welke sommige dessa's zich, boven andere, verschaffen kunnen, althans wanneer die ressources niet zeer in het oog loopende zijn; en zulks is ook niet wel doenlijk, want onder die ressources kan het zoogenaamde tweede gewas de eerste plaats bekleeden. Dit tweede gewas staat, bij het houden van den aanslag nog niet te velde, en men weet alsdan ook nog met geen zekerheid te bepalen, of de inlander zijne velden met een tweede gewas zal beplanten, ja dan neen. En al wist men zulks al eens, zoo kan men op de goede slaging van hetzelve alsdan nog niet afgaan. Alle velden zijn verder ook niet geschikt om met een tweede gewas beplant te worden, bijvoorbeeld: zeer laag liggende gronden droogen in den goeden moesson zoodanig uit, dat zij gedurende dien tijd tot niets te gebruiken zijn (*).

---

(*) Wij herinneren hier, dat het tweede gewas vrij moet zijn van belasting. Reeds Daendels had, bij art. 32 der instruktie voor de regenten van Java's Noord-oostkust, van 27 September 1808, die regenten ten pligt gesteld: »om te

Daarbij komt nog, dat het aan de onmogelijkheid grenst, om met een klein personeel, in den korten tijd, welke verloopt gedurende het gewas nagenoeg rijp te veld staat en gesneden wordt, den oogst van een groot aantal sawavelden met eenige juistheid te kunnen nagaan. Wanneer men bedenkt, dat de padi bijna gelijktijdig rijp wordt; dat eene afdeeling tot 20,000 bouws sawa's kan bevatten, en dat die alle in den tijd van 2 à 3 maanden moeten worden opgenomen; dan ligt hierin reeds genoegzaam opgesloten, dat eene juiste kontrole op die wijze onuitvoerbaar is.

Het kan derhalve wel niet anders, dat vele onnaauwkeurigheden begaan worden.

*Vooreerst*, moet men meesttijds op de opgaven der dessahoofden, zoo als die ontvangen worden, afgaan, en den aanslag van een vorig jaar tot maatstaf nemende, den te doenen aanslag daar min of meer naar regelen. Is het verschil der slaging van het gewas van een vorig, met een daaropvolgend jaar dan niet zeer groot, zoo kan men zich, in de beoordeeling, ligtelijk vergissen, om reden het produkt van een vorig jaar in natura niet meer bestaat, en zulks alleen bij wijze van herinnering met het te veld staande gewas kan vergeleken worden.

*Tén tweede* lijdt het geen twijfel dat, wanneer men bij een voordeelig jaar de landrenten eenigzins verhoogt, en met die verhooging onder de hoeveelheid dessa's in meening gelijkmatig verdeelt, er zich onder de dessa's altijd eenige zullen bevinden, welker velden niet beter, ja soms minder goed dan een vorig jaar geslaagd zijn, zonder dat zulks daadzakelijk te bewijzen is. Is dan het hoofd van zoodanige dessa, een man die de belangen der inwoners behartigt, en de onregtvaardigheden welke men hun (alhoewel onwetend) aandoet zoekt tegen te gaan, dan is het zeker, dat men aan zijne billijke klagten gehoor zal geven. Doch is hij daarentegen een bevreesd mensch, die zich liever eene kleine vermeerdering wil laten welgevallen, dan daarover te redekavelen, te meer nog daar die vermeerdering op hem (persoonlijk) voor slechts een zeer klein gedeelte drukt, dan

---

zorgen dat, nadat het rijstgewas in is, de velden op alle daartoe geschikte landen, met aardvruchten worden beplant, waarvan de voordeelen alleen aan den planter zullen verblijven, zonder dat de regenten daarvan iets mogen vorderen." [Zie ons eerste deel, pag. 32.] Ook Raffles wilde, blijkens zijne memorie van 11 Februarij 1814, den tweeden oogst vrij van heffingen laten. [Zie ons eerste deel, pag. 218.] Het hersteld Nederlandsch gezag, het stelsel van minnelijke overeenkomst met de hoofden en oudsten der dessa's aannemende, liet dit punt, bij de Staatsbladen van 1818 no. 14, en 1819 no. 5, in het midden; maar, ofschoon de grondslagen der belastingwet regelende, wordt in die Staatsbladen toch overal gesproken van *het gewas*, en schijnt het dus in de bedoeling te hebben gelegen *één gewas*, *het hoofdgewas* te belasten. Die onzekerheid bragt er den kollekteur der landelijke inkomsten in Kadoe toe, (zie zijne memorie van 12 November 1819, ons tweede deel, pag. 9,) om de tweede gewassen in rekening brengende, voor vier jaren vijf gewassen te belasten, dus voor elk jaar *een en een vierde gewas*. Ofschoon thans nog niet geregeld, worden de tweede gewassen, voor zoo ver ons bekend is, algemeen niet belast.

lijdt hierdoor de gemeene man en betaalt eene hoogere belasting dan zijn nabuur, zonder daarvoor eenig voordeel te genieten.

Ook speelt bedrog en knevelarij een groote rol in het opgeven en nagaan der landrenten; want, zoo als ik hierboven gezegd heb, doordien de kontroleur en het distriktshoofd in persoon niet alle dessa's kunnen opnemen, moeten zij zulks voor het grootste gedeelte aan kleine hoofden, welke tot dat einde gekommitteerd worden, overlaten. Deze nu laten zich, door geschenken in padi of anderzins, niet zelden overhalen, om de velden als minder goed geslaagd op te geven, dan werkelijk het geval is; terwijl zij dáár waar hun geen geschenken worden aangeboden of afgestaan, de landrenten zoo al niet trachten te verhoogen, die althans zeker niet zullen zoeken te verminderen.

Ik zou, omtrent de werking van het landelijk stelsel, in meer bijzonderheden kunnen treden, dan daar deze tot de zaak zelve niets afdoen en slechts langwijligheid veroorzaken, zal ik liever overgaan, de resultaten van mijn onderzoek in deze residentie deswege, te laten volgen.

Uit een vergelijkenden staat, lett. A., (hierachter gevoegd,) blijkt: dat de dessa Bebel was opgegeven voor 64 bouws sawa's, terwijl bij meting 72 bouws bevonden zijn. De processen-verbaal duiden aan, hoeveel de opbrengst padi per bouw van elke soort grond is geweest. Deze opbrengst is met *een vierde* verminderd, voor het verlies bij de indrooging van de padi; hebbende herhaalde proeven doen zien, dat de verhouding van de versch gesneden tot de ingedroogde padi staat, als *vier* tot *drie*.

Naar deze produktie van elke soort grond, heb ik de opbrengst der geheele dessa berekend, en het snijloon daaraf getrokken. Strikt genomen, moest zulks niet geschieden, want over het algemeen kan men zeggen, dat de sawa's door de gezamenlijke populatie beplant en ook gesneden worden, en bij gevolg het snijloon, hoezeer individusgewijze opgebragt of betaald, echter telkens in den schoot der bevolking terugkeert. (*)

Ook zijn er plaatsen, vooral in het gebergte, waar de gewoonte, om van elders in het oogsten geholpen te worden, niet bestaat, en de familiën onderling hare velden beplanten, en den oogst daarvan, zonder hulp van vreemden inzamelen.

In het belang der bevolking echter, heb ik het snijloon in rekening gebragt.

In één woord: de wijze waarop ik ben te werk gegaan, blijkt geheel uit den reeds genoemden staat, en toont aan, dat die dessa gemiddeld per bouw *f* 9.72 aan landrenten betaald heeft, welke som 18 percent van de geheele produktie per bouw bedraagt. Nog niet *één vijfde* gedeelte.

De ressources welke die dessa heeft, zijn de volgende. Er loopt eene

---

(*) Men vergelijke, wat wij, in eene noot op bladz. 199 van het tweede deel, omtrent het snijloon hebben aangeteekend.

rivier door de dessa, die zeer vischrijk is, en hierdoor gedeeltelijk in de levensbehoeften voorziet. De nipabosschen, welke in de nabijheid liggen en aan Bebel in huur zijn afgestaan tegen gemiddeld *f* 250.— 's jaars, leveren 's jaars 250,000 stuks nipa, die tegen *f* 2.50 de 1000 geredelijk door de inlanders van de hand gezet worden, zoodat zij, voor *f* 250.— huur, *f* 625.— aan waarde erlangen, of *f* 375.— winst.

De gronden zijn vruchtbaar en tot het planten van een tweede gewas zeer geschikt. Wanneer het tweede gewas middelmatig slaagt, kan men rekenen dat zulks, door elkander genomen, per bouw zeker *f* 10.— opbrengt, en in de veronderstelling dat 's jaars de helft der velden met tweede gewas beplant wordt, zou zulks eene som uitmaken van *f* 360.—

Dat ik, in het berekenen der geldswaarde van het tweede gewas, de belangen van de bevolking in het oog heb gehouden, blijkt uit de volgende opgaven der Europeesche en Inlandsche ambtenaren in deze residentie. Zij stellen namelijk de geldswaarde per bouw, gemiddeld als volgt:

| | | |
|---|---|---|
| van de kapas, | op *f* | 30.— |
| *"* *"* djarak, | *"* *"* | 20.— |
| *"* *"* djagong, | *"* *"* | 15.— |
| *"* *"* kadelee, | *"* *"* | 20.— |
| *"* *"* ketella, | *"* *"* | 20.— |

of gemiddeld over deze vijf kultures, welke als tweede gewassen het meest in aanmerking komen, de bouw op *f* 21.— Deze berekening komt mij echter vrij hoog voor, om tot maatstaf te nemen, te meer, daar het tweede gewas niet altijd slaagt. Ik heb mij dus bij de som van *f* 10.— als gemiddelde opbrengst per bouw in geldswaarde bepaald.

Een passer (bazaar), welke zich in de nabijheid der dessa bevindt, kan ook als ressource voor de inwoners beschouwd worden, want zij zijn daardoor van den verkoop hunner produkten verzekerd.

Dit alles te zamen genomen maakt, dat de landrenten welke Bebel betaalt, niet drukkend zijn, en door hare ressources gedeeltelijk gedragen worden.

De dessa Loewoek, welke op Bebel volgt, heeft in zich zelve geene ressources noemenswaardig, doch onderhoudt 5900 koffijboomen in geregelde tuinen, en heeft in 1835 daarvan 19 pikols koffij geoogst. Dit in geldswaarde berekend, bedraagt eene som van *f* 228.— Daar nu de landrenten van Loewoek *f* 204.— gemiddeld 's jaars zijn, zoo worden de lasten door de ressources alhier ruim gedekt.

Indien men echter de ressources van Bebel en Loewoek ter zijde stelt, en alleen den aanslag van het rijstgewas nagaat, dan blijkt het, dat Bebel 18 percent betaalt; terwijl Loewoek 29 percent moet opbrengen.

Met de resultaten van de dessa Poelosto is het geheel anders gelegen.

Deze dessa bezit, volgens bevinding, ruim 93 bouws sawavelden, welke gezamenlijk 3079 pikols padi hebben afgeworpen of, na aftrek van het snijloon, in geldswaarde berekend *f* 3,849.45.

De landrenten van Poelosto zijn gemiddeld 's jaars *f* 1050.—, of circa 27 percent, dus 9 percent meer dan die van Bebel, en nogtans zijn hare ressources bij die van Bebel niet te vergelijken, want de gronden van Poelosto zijn, uit hoofde van hunne lagere ligging, tot het planten van tweede gewassen minder geschikt, en een gedeelte zelfs kan daartoe niet gebezigd worden. Aannemende, dat men een derde gedeelte der velden van Poelosto met tweede gewas kan beplanten, en men de produktie per bouw daarvan gelijk stelt aan die van Bebel, dan zou zulks eene som bedragen van ƒ 310.— Deze ƒ 310.— in kompensatie der landrenten brengende, dan blijft nog ƒ 740.— ter betaling over, tot welks dekking de dessa geen direkte ressources in zich bevat.

In vergelijking van de twee eerstgenoemde dessa's, is Poelosto (de ressources in aanmerking nemende) derhalve zeer hoog aangeslagen, en echter is het er ver af, dat die dessa *de helft*, *twee vijfden* of *een derde* van haar padiprodukt in geldswaarde opbrengt, zoo als men ligt zou kunnen vermeenen (*).

Ik zal thans de resultaten van de drie onderzochte dessa's te zamen nemen en die met de geheele residentie vergelijken.

Uit den staat lett. A (den vorenbedoelden) blijkt, dat die drie dessa's waren opgegeven voor 179 bouws en 150 roeden, doch volgens meting bevonden zijn, te zamen 198 bouws en 281 roeden sawavelden te bezitten.

Dit nu toepassende op de uitgestrektheid sawa's der residentie (gebezigd voor de rijstkultuur), welke waren opgegeven voor 36,772 bouws, dan volgt hieruit dat, in dezelfde verhouding, zooveel meer sawa's aanwezig zullen zijn, als bij de opgemeten dessa's meer bevonden waren, namelijk 40.700 bouws.

Uit genoemden staat blijkt verder, dat van de opgemetene dessa's, de bouw gemiddeld aan geldswaarde heeft afgeworpen ƒ 40.50, want de opbrengst, in geldswaarde berekend, bedraagt over de 198 bouws 281 roeden ƒ 8074.74 of per bouw ƒ 40.50.

Indien men deze som echter tot maatstaf nam, bij het berekenen van het produkt der sawa's, ten bedrage van 40,700 bouws, dan zou zulks eene te hooge opbrengst geven; want, alhoewel in de benedenlanden het produkt

---

(*) In de memorie van toelichting, behoorende bij het eerste ontwerp van wet tot vaststelling van het reglement op het beleid der regering van N. I., aangeboden bij koninklijke boodschap van 29 October 1851, zeide de regering:

»Maar ook zonder kultuurstelsel, behoort de belasting nimmer te stijgen tot het, door het Engelsch bestuur bepaalde, overmatig cijfer van $\frac{1}{2}$, $\frac{2}{5}$, of $\frac{1}{3}$ van het produkt, naar mate van de hoedanigheid der velden.

»Op Java is dat cijfer dan ook nergens geheven, hoewel het menigmaal is ingeroepen, om de bestaande heffingen, die waarschijnlijk *een vijfde* van het produkt nimmer hebben overtroffen, tegen de beschuldiging van overdrijving te verdedigen."

Zie: Handelingen betreffende het regerings-reglement van 1854, uitgegeven bij Kemink en Zoon te Utrecht, 2de deel, pag. 13. Zie ook, het medegedeelde in het eerste gedrukte regeringsverslag, hetwelk loopt over 1849, en aldaar op pag. 169. Het daar voorkomende is reeds door ons aangehaald, op bladz. 2 van ons tweede deel.

padi per bouw meer dan ƒ 40.50 bedraagt, zoo is dit in de bovenlanden ter naauwernood 20 à 22 gulden. Het komt mij derhalve doelmatig voor, dat men de opbrengst padi in geld per bouw gemiddeld gelijk stelt aan ƒ 30.— Doch ook hier zou men dwalen, alzoo de sawavelden niet alle elk jaar bebouwd worden, en ook niet alle geheel en al slagen. Voor sawa's welke braak blijven liggen kan men hier gerust *een twintigste gedeelte*, en voor velden die niet slagen *een tiende gedeelte* rekenen, of te zamen *drie twintigste gedeelten*, zoodat er van de 40,700 bouws, alsdan 34,600 bouws sawavelden, welke in rekening dienen te komen, overblijven. En deze geven, tegen ƒ 30.— de bouw, ƒ 1,038,000.— aan produkten in geldswaarde.

De landrenten bedragen gemiddeld 's jaars ƒ 301,026.—

Onder deze som zijn de landrenten der tegalvelden begrepen. Deze echter kunnen niet met juistheid opgegeven worden, uit hoofde zij, gering zijnde, de aanslag daarvan niet afzonderlijk geschiedt. Dessa's welke tegalvelden bezitten, betalen van hunne sawa's hoogere landrenten dan die, welke van dat voorregt verstoken zijn. De landrenten der natte en der drooge rijstkultuur worden alzoo vermengd; doch de resident vermeent dat die der drooge rijstkultuur, geen ƒ 7000.— 's jaars te boven gaat. Deze som moet derhalve van de totale landrenten worden afgetrokken, dan blijven ƒ 294,026 aan landrenten voor de natte rijstkultuur over.

Om dus de verhouding te kennen, die er bestaat tusschen den aanslag der landrenten en het vermoedelijk afgeworpen produkt, in geldswaarde berekend, moet men de opbrengst aan landrenten van de natte rijstkultuur deelen door dit vermoedelijk produkt, alzoo 294,026 door 1,038,000 en dit geeft 28½ precent. Nog geen *derde*.

De ressources welke de bevolking, door het invoeren der kultures zoowel als van de tweede gewassen, trekt, zijn echter belangrijk en dienen alzoo van de landrenten en verdere opbrengsten afgetrokken, en ten voordeele van het gouvernement gebragt te worden.

*Lasten.* De landrenten bedragen van de rijstkultuur, zie boven ƒ 301,026.—

[Aan fiktieve landrenten bestaat bij de boeken eene som van ƒ 23,470.—, welke aan de bevolking telkens wordt kwijtgescholden, uithoofde in der tijd door het gouvernement kontrakten met partikulieren zijn aangegaan, welke ten nadeele der bevolking waren; (*) deze som mag hier dus niet in aanmerking komen].

Aan huistax wordt betaald . . . . . . . . . . . . *"* 3,544.—

Totaal lasten ƒ 304,570.—

*Ressources.* In de veronderstelling, dat slechts *een tiende gedeelte* der sawavelden, of 4070 bouws met tweede gewas wordt beplant, en per

(*) Vergelijk ons tweede deel, pag. 640—642.

bouw gemiddeld *f* 10.— afwerpen, dan maakt zulks . . . *f* 40,700.—
In 1835 heeft Pekalongan 19,000 pikols koffij geleverd, welke tegen *f* 12.— door het gouvernement van de bevolking zijn gekocht, dus . . . . . . . . . . . . . . . . *~* 228,000.—
In 1835 zijn 5000 pikols suiker geleverd, waarvan men de verdienste van de bevolking per pikol op *f* 3.— stelt, dus . *~* 15,000.—
Hetzelfde jaar heeft 35,000 pond indigo afgeworpen, welke aan de bevolking, tegen *f* 1.50 het pond betaald zijn, dus . *~* 52,500.—

Totaal ressources *f* 336,200.—

Zoodat de ressources de lasten met *f* 31,630.— overschreden, en men bijgevolg mag besluiten, dat de lasten die de bevolking draagt, door de winsten welke zij geniet, ruimschoots gedekt worden.

Van de huur der nipabosschen zal ik niet gewagen, want deze huur is *vrijwillig*, en indien de huurders er schade bij hadden zouden zij er zeker van afzien.

TAGAL. Ik zal thans de resultaten, welke het onderzoek omtrent de werking van het landelijk stelsel in de residentie Tagal heeft opgeleverd, aanstippen en voor het overige, ten opzigte van deze residentie in dezelfde bijzonderheden treden, als in die, welke ik voor Pekalongan heb gevolgd.

Het landelijk stelsel in Tagal is geheel verschillend van dat, hetwelk in Pekalongan werkt. In Tagal bestaat geen klassifikatie van velden, en het gewas wordt ook niet bouwsgewijze aangeslagen. Ook heeft men aldaar eene vlaktemaat tot basis aangenomen, welke ik elders niet heb aangetroffen, namelijk: *de riboe* van *twee derde gedeelte* van een bouw van 500 vierkante roeden.

Het gewas wordt, te velde staande, niet voorloopig getaxeerd, en de voorbereidende aanslag geschiedt, eerst wanneer de padi gesneden is. Na het snijden der padi en na aftrek van het snijloon, wordt het overblijvende gedeelte, te velde op hoopen gestapeld. Aldaar blijft het liggen, totdat eene kommissie zich van de hoeveelheid van het produkt heeft overtuigd. Hiervan wordt alsdan *een twaalfde gedeelte* voor de hoofden der waterleidingen en voor den geestelijken stand afgezonderd: (*) terwijl van het overblijvende gedeelte de zuivere helft, in geldswaarde berekend, aan den lande moet worden opgebragt. (†)

Hoe vele moeijelijkheden deze wijze van heffing der landrente na zich sleept, behoeft wel geen betoog; want vooreerst wordt het gewas nagenoeg

---

(*) Reeds Raffles had, speciaal voor de residentie Tagal, last gegeven, dat men zich niet bemoeijen mogt met de inzameling van de *djakat*, of de zoogenaamde tienden voor de geestelijken. Zie ons eerste deel, pag. 159 en in eene noot op pag. 179.

(†) Indien voor snijloon *een vijfde* was afgetrokken, zou hier de belasting iets meer bedragen dan *twee vijfde* van den werkelijken oogst.

overal gelijktijdig rijp, en het is dus bijna onmogelijk om den oogst op die wijze en in dien korten tijd op te nemen; ten tweede geeft deze manier aanleiding tot bedrog.

De gemeene man namelijk, zal altijd trachten om een gedeelte van zijn gewas te verbergen, en zulks alzoo aan de landrenten te onttrekken; terwijl, door het snijloon zeer hoog te stellen, het overblijvend produkt ook vermindert. Indien dus de eigenaren onderling overeenkomen, om wederkeerig elkanders velden te helpen snijden, dan lijden zij hierdoor niet, en hebben integendeel dadelijk een groot deel padi, over hetwelk zij onmiddellijk kunnen beschikken, zonder daarvan eenige opbrengst te moeten afstaan. (*)

Genoeg, welke middelen de gemeene man ook aanwendt om de landrenten zooveel mogelijk te ontduiken, dit is om 't even, en zeker is het, dat hij er geene onbeproefd zal laten, om de lasten welke hij moet dragen zoo ligt mogelijk te doen zijn. Tot een verder betoog hiervan, zal ik mij niet langer ophouden.

Nadat de voorbereidende aanslag is afgeloopen, geschiedt de eind-aanslag op dezelfde wijze, als zulks voor Pekalongan plaats vindt. Om in geen herhalingen te vervallen, zal ik die niet beschrijven, en overgaan tot het opsommen der resultaten, welke het onderzoek der verschillende dessa's heeft opgeleverd.

De dessa Tamon bezit, volgens opgave, 56 bouws sawavelden; doch bij meting zijn 68 bouws bevonden. De landrenten zijn gemiddeld 's jaars $f$ 447.— zoodat per opgemeten bouw $f$ 6.57 aan landrenten betaald wordt, hetgeen uit den vergelijkenden staat blijkt. De ressources welke de dessa tot het dekken van hare landrenten bezit, zijn niet groot, als hebbende slechts een gedeelte in eene kleine indigo-fabriek, die zich in hare nabijheid bevindt. Deze geeft aan de dessa een voordeel van $f$ 240.— 's jaars, doch tot het betalen van ruim $f$ 200.— welke aan de landrenten alsdan nog ontbreken, moet zij andere middelen opsporen. Deze middelen vindt de bevolking niet in het planten van een tweede gewas; want hiertoe zijn de velden te Pamalang geheel ongeschikt, uit hoofde hunner moerassige ligging, en zij is dus verpligt om een gedeelte van hare padi te verkoopen.

De dessa Krandong, in het Tagalsche (regentschap) gelegen, welke op Tamon volgt, was opgegeven voor 99 bouws, terwijl bij meting 194 bouws bevonden zijn. Dit verschil is zeer groot, en daar de dessa slechts $f$ 871.— aan landrenten gemiddeld betaalt, maakt dit per opgemeten bouw $f$ 4.49. De gronden van Krandong zijn tot het bebouwen van tweede gewas vrij goed geschikt; doch doordien in den regentijd de velden aldaar veelal overstroomen, moet men met het beplanten derzelver dikwijls lang wachten, en dit maakt, dat na den padi-oogst het saizoen soms te veel verloopen is, om er nog tweede gewas op te kunnen telen. Over het alge-

---

(*) Een motief te meer, om de belasting te heffen van het werkelijk produkt, zonder aftrek van snijloon.

meen echter kan men aannemen, dat jaarlijks een vierde der velden, met tweede gewas beplant, slagen, en zulks berekend tegen *f* 10.— per bouw, bedraagt eene som van *f* 480.— Een groote rivier, in de nabijheid der dessa gelegen, biedt ook ressources aan, en daar de prijs der padi tijdens den oogst aldaar *f* 2 per pikol is, maakt dit een en ander, dat Krandong, in vergelijking met Tamon, hare lasten wel dragen kan.

Hierop volgt de dessa Djatti-negara. Deze bezit volgens opgave 41 bouws sawavelden, terwijl bij meting slechts 84 bouws zijn bevonden. Dit verschil is ten nadeele der bevolking, doch daar de landrenten *f* 161.— gemiddeld bedragen, maakt zulks per bouw nog slechts *f* 4.73. Daarentegen onderhoudt deze dessa een groot aantal koffijboomen, welke dit jaar 140 pikols koffij hebben afgeworpen, hetwelk in geldswaarde berekend, eene zuivere winst aan de bevolking geeft van niet minder dan *f* 1680.— Meer dan tienmaal het bedrag der landrenten!

In het regentschap Brebes heb ik de dessa Terlangoe opgemeten. De resultaten hiervan blijken almede uit den vergelijkenden staat. De landrenten van deze dessa bedragen gemiddeld 's jaars *f* 1155.—: doch de ressources welke zij tot het betalen daarvan bezit, kan men slechts voor eene kleine som zoeken, in het gedeelte der indigo-fabriek welke de dessa onderhoudt. Deze heeft haar vroeger echter geen winsten gegeven, en in 1835 zijn die slechts *f* 112.— geweest (\*). Tweede gewas is hier, om dezelfde reden als te Pamalang, niet noemenswaardig.

Dit een en ander toont wederom aan, hoezeer de resultaten van de onderzochte dessa's in de residentie Tagal, uit elkander loopen. Ik zal ook thans weder deze resultaten bij elkander nemen, en ze toepassen op de residentie zelve.

Te zamen genomen, waren deze vier dessa's opgegeven voor 319 bouws, terwijl de meting heeft aangetoond, dat zij werkelijk 460 bouws aan sawavelden bezitten. Hier nu van uitgaande, en dezelfde toepassing wederom makende als die, welke voor Pekalongan heeft plaats gehad, dan

---

(\*) Zonderling klinkt het, hier telkens in het voordeel eener dessa gebragt te zien, het aandeel dat zij in eene indigo-fabriek had; terwijl toch gebleken is, hoe drukkend zoodanig aandeel was, en ook nu weder wordt vermeld, dat de hier bedoelde dessa daardoor aanvankelijk niets, en later slechts zóó weinig genoot, dat zij daarmede nog niet eens *een tiende gedeelte* harer landrenten kon betalen. Alsof de tijd, aan die kultuur verspild, geen oneindig hoogere waarde zou gehad hebben voor die dorpsbewoners, wanneer men haar vrijheid hadde gelaten om daarover te beschikken, en de industrie hadde vergund van de werkkrachten dier dorpelingen gebruik te maken. Maar men vergete niet, dat het hier medegedeelde rapport van den assistent-resident Clignett, geschreven werd in een tijd, waarin het kultuurstelsel in volle ontwikkeling was, en waarin de regering dat stelsel, het mogt kosten wat het wilde, met alle krachten verlangde te behouden en uit te breiden, zonder evenwel de voordeelen van het landelijk stelsel los te laten; — ja wat meer is, waarin de regering zich al zeer edelmoedig waande, wanneer het karige loon dat zij voor de kultures betaalde, voldoende was om een gedeelte te betalen van de lasten, door het landelijk stelsel van den anderen kant aan de bevolking opgelegd.

volgt daaruit, dat de residentie Tagal, welke is opgegeven voor 31,096 bouws sawa's tot de rijstkultuur gebezigd wordende, om dezelfde reden zooveel-meer, of 44,840 bouws moet bezitten. Verder blijkt, dat de opgemeten dessa's gezamenlijk gemiddeld per bouw *f* 31.09 hebben afgeworpen; en daar de bovendistrikten met de benedenlanden in vruchtbaarheid weinig verschillen, (zooals de konstatering heeft aangetoond,) zoo zou men des noods ook hier, de opbrengst van een bouw, in geldswaarde berekend, op *f* 30.— kunnen stellen. Om echter in geen dwaling te vallen, wil ik zulks liever niet doen, en die bepalen op *f* 25.— per bouw.

Om het vermoedelijk produkt padi, in geldswaarde berekend, te verkrijgen, moet men hier dus weder het vermoedelijk aantal bouws sawavelden vermenigvuldigen met het gemiddeld produkt van een bouw. Daar echter een gedeelte van die sawa's 's jaars niet slaagt, en een gedeelte 's jaars niet beplant wordt, moet men deze van de totale som eerst aftrekken. Deze zijn, volgens opgave als volgt:

Sawa's welke 's jaars gemiddeld niet slagen . . . 2900 bouws  
*                             * bebouwd worden 3900 * *  

totaal 6800 bouws;

zoodat 38,040 bouws sawavelden, welke in rekening moeten komen, overblijven. Deze dus vermenigvuldigende met het gemiddeld produkt per bouw, in geldswaarde gesteld op *f* 25.—, geeft *f* 951.000.—

De landrenten van de residentie Tagal, bedragen 's jaars gemiddeld . . . . . . . . . . . . . . . . . . . . . . . . *f* 330,900.—

doch hiervan moeten worden afgetrokken: de landrenten voor sawa's, welke tot gouvernements kultures zijn afgezonderd . . . . . . . . . . . . . . . *f* 15,174.—  
De landrenten der tegalvelden . . . . * * 6,050.—  

* * 21,224.—

met *f* 309,676.—

Deze laatste som nu vergelijkende met de produktie der sawavelden, hierboven begroot op *f* 951,000.—, dan toont zulks aan, dat bijna 33 percent van het produkt aan landrenten wordt opgebragt.

Om te doen zien in hoever de lasten welke de bevolking draagt, door de ressources welke zij bezit gedekt worden, zal ik hier eerst alle geldelijke lasten opsommen, en daar tegenover stellen de ressources welke Tagal aanbiedt.

*De lasten* zijn als volgt:

Aan landrenten van de natte rijstkultuur . . . . *f* 330,900.—  
Aan id. van de drooge id. waaronder de gaga's enz. begrepen zijn . . . . . . . . . . . . . . . . . . * * 6,050.—  
Aan landrenten voor de gronden, welke tot gouvernements kultures zijn afgezonderd . . . . . . . . . * * 15,174.—(*)  
Aan huistax, enz. . . . . . . . . . . . . . . * * 5,536.—  

Totaal lasten *f* 357,660.—

(*) Vreemd is het, dat hier de sommen *f* 6,050.— en *f* 15,174.— worden ge-

*De ressources* daarentegen zijn: gemiddeld 8950 bouws welke, met tweede gewas beplant, jaarlijks slagen; tegen *f* 10.— gemiddeld per bouw, is . . . . . . . . . . . . . . . . . . *f* 89,500.—

11,055 pikols koffij, tegen *f* 12.— de pikol, is . . . *»* 132,660.—

8,600 pikols suiker, waarvan de bevolking *f* 3.— per pikol aan winst heeft . . . . . . . . . . . . *»* 25,800.—

16,389 pond indigo, tegen *f* 1.50 per pond, is . . . *»* 24,583.—

Totaal ressources    *f* 222,543.—

Men ontwaart derhalve, dat de ressources *f* 185,117.— minder bedragen dan de lasten, zoodat tusschen de residentiën Pekalongan en Tagal een aanmerkelijk verschil bestaat.

CHERIBON. Thans volgt de residentie Cheribon, en met de beschrijving van het aldaar bestaande landelijke stelsel zou ik mij hier weder kunnen bezig houden; doch daar het genoegzaam gelijk is aan dat, hetwelk te Pekalongan werkt, zal ik die beschrijving ter zijde laten, en alleen opmerken, dat het eenige verschil, dat in de werking van dat stelsel dáár en in genoemde residentie bestaat, is, dat de voorloopige taxatie van het gewas in Cheribon alleen plaats heeft, wanneer het nog te velde staat, en dat het daarna niet meer wordt nagegaan.

Ik zal hierbij dan ook niet langer stilstaan, en overgaan tot het opsommen der ressources van de dessa's, welke ik in het Cheribonsche heb opgemeten.

1o. De dessa Kalikowak was opgegeven voor 40 bouws, en bij meting zijn 82 bouws bevonden. De landrenten over de laatste drie jaren zijn gemiddeld *f* 230.— of per gemeten bouw *f* 2.80. De dessa heeft deel in eene kleine indigo-fabriek, waarvan de bevolking in 1835 *f* 277.— heeft getrokken, dus *f* 47.— meer dan de landrenten.

2o. Soerantaka was opgegeven voor 243 bouws, en bij meting zijn 373 bouws bevonden. De landrenten over de drie laatste jaren zijn *f* 1405.—, of per gemeten bouw *f* 3.76. De dessa heeft, als ressource, deel in de indigokultuur, waarvan zij jaarlijks gemiddeld *f* 1470.— geniet.

3o. Silado was opgegeven voor 32 bouws, terwijl bij meting 51 bouws bevonden zijn. De landrenten over de drie laatste jaren zijn gemiddeld *f* 331.— of per opgemeten bouw *f* 6.49.—. De dessa heeft, als ressource, 65,000 koffijboomen, welke aan de bevolking ruime winsten geven. In 1835 heeft de dessa 38 pikols koffij geleverd, of in geldswaarde berekend *f* 456.— ontvangen, dus *f* 125.— meer dan het bedrag der landrenten.

4o. Klappa-noengal was opgegeven voor 55 bouws, doch bij meting zijn bevonden 79 bouws. De landrenten over de drie laatste jaren zijn gemiddeld *f* 408.—, of per gemeten bouw *f* 5.10. Als ressource heeft de dessa deel in de indigo-kultuur, welke haar 's jaars gemiddeld *f* 845.— doet verdienen, meer dan het dubbele bedrag der landrenten.

---

voegd bij de landrenten ad *f* 330,900.—; terwijl ze, even te voren, als onder die som begrepen, daarvan zijn afgetrokken.

5°. De dessa Karang-tawang, welke was opgegeven voor 122 bouws, doch waar bij meting 134 bouws bevonden zijn. De landrenten over de drie laatste jaren, hebben gemiddeld bedragen *f* 1266.— of per opgemeten bouw *f* 9.45. Als ressource heeeft de dessa deel in de koffijkultuur, van welke zij 's jaars gemiddeld *f* 500.— trekt, dus *f* 766.— minder dan de landrenten. Andere kleine ressources hebben de opgenoemde dessa's niet noemenswaardig.

Ik zal hier ook weder den loop volgen, welken ik in de beschouwing der residentiën Pekalongan en Tagal heb aangenomen, en de resultaten der opgemeten dessa's zooveel mogelijk toepassen op de residentie zelve.

Uit den reeds meermalen genoemden staat zal men ontwaren, dat deze dessa's te zamen genomen, waren opgegeven voor 492 bouws sawavelden, doch bij meting bevonden zijn te bevatten 719 bouws. Het aantal sawavelden in de residentie bedraagt 87,720 bouws, waarvan 83,392 bouws tot de rijstkultuur gebezigd worden, en 4328 bouws voor de gouvernements kultures zijn afgezonderd. Die voor de rijstkultuur komen hier in aanmerking.

Hier nu wederom van uitgaande, dan volgt, dat de residentie, welke is opgegeven 83,392 bouws sawa's tot de rijstkultuur gebezigd wordende, te bezitten, in dezelfde verhouding zooveel meer, of 121,867 bouws sawa's daartoe heeft.

De opgemeten dessa's hebben, gezamenlijk, gemiddeld per opgemeten bouw *f* 43.61 aan produkt, in geldswaarde berekend, afgeworpen, en daar de konstatering zoowel als de ondervinding heeft getoond, dat de bovenlanden der residentie de strandvlakten in vruchtbaarheid overtreffen, (hetwelk uit den vergelijkenden staat almede blijkt,) zoo zou men deze som, zonder de bevolking te benadeelen, en de produktie der residentie, daarop afgaande, kunnen berekenen; doch ook hier is het raadzaam die produktie eenigzins lager te stellen, en die op *f* 35.— te bepalen.

Het vermoedelijk produkt der natte rijstkultuur, in geldswaarde berekend, wordt dus ook hier weder gevonden, door het vermoedelijk aantal sawa's, tot die kultuur gebezigd wordende, te vermenigvuldigen met het gemiddeld produkt per bouw; doch ook hier moeten de sawa's, welke 's jaars gemiddeld niet slagen en niet beplant worden, eerst weder worden afgetrokken. Deze zijn, volgens opgave der ambtenaren, echter zeer gering, en bedragen, te zamen genomen, slechts 514 bouws voor de geheele residentie; doch het is wel waarschijnlijk dat er jaren zullen zijn, welke meer misgewas opleveren. Ik wil derhalve voor een en ander hier 4000 bouws afzonderen; dan blijven 117,867 bouws over, welke met het gemiddeld produkt per bouw, in geldswaarde, of met *f* 35.— moeten worden vermenigvuldigd, hetwelk uitmaakt *f* 4,125,345.—

De gemiddelde landrenten der residentie Cheribon bedragen 's jaars, als:

| | |
|---|---:|
| Van de natte rijstkultuur . . . . . . . . . . . . | *f* 483,374.— |
| *»*  *»* drooge *»* ' . . . . . . , . . . . . . | - 10,722.— |
| *»*  *»* gronden voor gouvernements kultures afgezonderd . | - 43,280.— |
| Totaal . . *f* 587,376.— | |

Doch die der natte rijstkultuur dienen tot het vinden der verhouding, welke bestaat tusschen de landrenten en het vermoedelijk produkt |in geldswaarde berekend, hier in aanmerking te komen. Dus *f* 488,374.— landrenten in verhouding tot *f* 4,125,345.— vermoedelijk produkt, in geldswaarde, en zulks toont aan: dat Cheribon nog geen 12 percent aan landrenten van de natte rijstkultuur opbrengt.

En om ook hier weder te ontwaren, in hoever de lasten door de ressources gedekt worden, zal ik die weder met elkander vergelijken.

*Lasten.* Aan landrenten in 't algemeen . . . . . . . *f* 537,876.—
Aan huis- en tuin-tax . . . . . . . . . . . . . - 34,298.—

Totaal . . f 571,674.—

*Ressources.* Aan tweede gewas 11791 bouws tegen *f* 10.—
de bouw . . . . . . . . . . . . . . . . . . *f* 117,910.—
Aan 7169 pikols koffij, tegen *f* 12.— per pikol . . . . - 86,028.—
Aan 18,197 pikols suiker, tegen *f* 3.50 per pikol, welke
de bevolking daarvan ontvangt . . . . . . . . . . - 63,689.—
Aan 164,642 ponden indigo, tegen *f* 1.50 het pond . . . -246,963.—

Totaal . . f 514,590.—

De lasten en ressources zijn hier nagenoeg gelijk; doch weldra zullen die ressources aanmerkelijk worden, want de koffijkultuur, welke sedert eenige jaren zeer verminderd was, belooft thans schoone resultaten.

Ik vertrouw dat men, gedurende den loop van dit verslag, genoegzaam zal hebben ontwaard, hoezeer de resultaten der drie onderzochte residentiën met elkander verschillen; doch om de ongelijkheid der werking van het landelijk stelsel met een oogopslag te ontdekken, is het genoeg, om de ressources even ter zijde te stellen, en de aandacht te vestigen op de verhouding, welke bestaat tusschen den . aanslag der landrenten en het vermoedelijk produkt, in geldswaarde berekend, en men zal alsdan ontwaren :

dat Pekalongan 28 percent ⎫
  *Tagal*     33 *    * ⎬ van het produkt aan landrenten opbrengt.
  *Cheribon* 12 *    * ⎭

Deze ongelijkheid is zeer groot, en men ziet dat Tagal, in vergelijking met de twee overige residentiën, al zeer stiefmoederlijk behandeld is.

Trouwens, om zulks te ontwaren, behoeft men geen omslagtig onderzoek te doen; doch slechts den staat van welvaart der bevolking na te gaan, en alsdan bespeurt men weldra het groote onderscheid, hetwelk tusschen Tagal en Cheribon ten dezen opzigte bestaat. (*)

---

(*) De kommissarissen-generaal verklaarden in 1818, (zie konsiderans van het Staatsblad van dat jaar, no. 14,) dat het landelijk stelsel, zoo als het door het Britsch bestuur was ingevoerd, »wel verre van eene algemeene en geregelde werking te hebben, integendeel nimmer naar behooren was nagekomen, maar *naar de*

Ik zal mij daarom van alle verdere bespiegelingen onthouden en overgaan tot het laatste gedeelte van dit verslag.

Niettegenstaande de moeite welke men zich heeft gegeven en nog geeft om, al ware het ook slechts plaatselijk, de zoo ongelijke werking van belasting te doen ophouden, zoo blijft die ongelijkheid nog steeds bestaan. Eene ondervinding van meer dan twintig jaren heeft hierin niet voorzien.

Het is dus waarschijnlijk, dat de oorzaken in het .stelsel zelf moeten worden opgespoord, en daarin zoodanige veranderingen moeten plaats grijpen, als noodzakelijk zijn om het gewenschte doel te bereiken.

Hierover heb ik, gedurende den tijd dat ik in de mij opgedragen kommissie ben werkzaam geweest, rijpelijk nagedacht; en zonder te beweren van tot iets goeds te zijn gekomen, of mijne denkbeelden te willen doen gelden, vermeen ik het echter niet ongepast, deze denkbeelden hier te laten volgen, te minder, daar bij art. 10 van mijne instruktie zulks speciaal bevolen wordt.

*Ontwerp van wijziging, welke aan het landelijk stelsel zou kunnen worden gegeven, ten einde het aan meer vaste bepalingen te binden, en op een meer gelijkmatigen voet te doen werken.*

1. Men zal elk distrikt, van elke afdeeling of regentschap, in zoo vele onderdeelen scheiden, als er zich gelijksoortige gronden in dat distrikt bevinden.

Ik versta door gelijksoortige gronden de zoodanige, welke in vruchtbaarheid en ligging het meest overeenkomen, zonder de klassifikatie van 1e, 2e, of 8e soort hierdoor te willen uitdrukken. Bijvoorbeeld: een distrikt bevat een zeker aantal dessa's; van deze komen de dessa's A, B, C, D en E in hoedanigheid van grond het meest met elkander overeen, en maken dus een onderdeel van het distrikt uit. Een tweede onderdeel bestaat uit de dessa's F, G, H, I en K. Een derde onderdeel uit de dessa's L, M, N, O en P; enz. enz. En men bevindt op die wijze, dat het distrikt bestaat uit, bij voorbeeld, tien onderdeelen.

2. Men zal de vruchtbaarheid der gronden van elk dezer onderdeelen, door herhaalde konstateringen onderzoeken, en zoodoende bekend worden met de gemiddelde opbrengst padi, per bouw van 500 vierkante roeden, van elk onderdeel van het distrikt. Hierbij zal men naar billijkheid te werk gaan en het belang van den Javaan niet uit het oog verliezen.

---

zinnelijkheid der onderscheiden residenten en andere ambtenaren, onderscheidenlijk was uitgelegd en toegepast, of wel geheel voorbijgezien." In 1836 werd dat stelsel, zooals wij hier vernemen, in twee aan elkander grenzende residentiën, *dermate uitgelegd en toegepast*, dat in de eene residentie bijna driemaal meer betaald moest worden, dan in de andere! Men was dus van kwaad tot erger gekomen, alleen omdat men niet had willen regelen. En zou dit thans geschieden, nu de hier medegedeelde beschuldigende bevinding zoo luide om regeling vroeg?.... Nog heden ten dage is het landelijk stelsel op denzelfden onzekeren grondslag dobberende, als in 1818 en 1836.

3. Intusschen zal men, op de wijze als tot nog toe heeft plaats gehad, de sawavelden, tot elke dessa van elk distrikt behoorende, doen opmeten door inlandsche kommissiën doch die meting naauwkeurig gadeslaan, ten einde den waren vlakte-inhoud van elke dessa zoo veel mogelijk nabij te komen.

4. Wanneer men de gemiddelde opbrengst in padi per bouw, van elk onderdeel van het distrikt kent, zal men die toepassen op de dessa's welke daartoe behooren, of, met andere woorden: — wanneer bij voorbeeld de gronden der dessa's A, B, C, D en E, uitmakende één onderdeel van het distrikt, bij herhaalde konstatering, gemiddeld per bouw 20 pikols padi hebben afgeworpen, of in geldswaarde, berekend tegen $f$ 1.50 de pikol padi, $f$ 30.—, dan worden die dessa's, elk afzonderlijk, bekend gesteld als bezittende gronden, welke gemiddeld $f$ 30.— aan produkt, in geldswaarde berekend, 's jaars afwerpen. — De dessa's F, G, H, I en K daarentegen, hebben bij voorbeeld per bouw, in geldswaarde berekend, bij konstatering $f$ 33.— afgeworpen, dan worden deze, elk afzonderlijk, bekend gesteld als bezittende gronden, welke 's jaars $f$ 33.— per bouw opbrengen; enz.

5. De opbrengst per bouw, dessa'sgewijze, eens bekend zijnde, alsmede de uitgestrektheid grond welke tot elke dessa behoort, zal men de klassifikatie der velden van 1e, 2e en 3e soort, welke thans bestaat, ter zijde latende, de produkten per bouw vermenigvuldigen met het bevonden aantal bouws, van elke dessa, en zoodanig de opbrengst in padi van elke dessa bekomen. Bij voorbeeld: De dessa A, behoorende tot het onderdeel hetwelk bij konstatering is bevonden 's jaars $f$ 30.— aan produkt af te werpen, bezit 80 bouws sawavelden, dan is het produkt der geheele dessa $f$ 2400.— De dessa F, behoorende tot het onderdeel hetwelk bij konstatering $f$ 33.— aan produkt heeft afgeworpen, bezit 120 bouws sawa's, dan is de opbrengst $f$ 3960.— (*)

6. Men zal een percentsgewijze betaling voor landrenten vaststellen, en die bij voorbeeld bepalen op één derde, of 33 percent van het padiprodukt. Heeft dan een dessa 's jaars $f$ 2400.— inkomsten aan produkt, dan moet zij $f$ 800.— daarvan aan landrenten opbrengen.

7. Van deze vaste bepaling zal men niet afgaan, dat is, men zal de landrenten, zoo lang de sawa's niet uitgebreid worden, nimmer verhoogen, en ze alleen verminderen in jaren, waarin een werkelijk misgewas heeft plaats gehad, alsmede wanneer, door verloop van volk of anderzins, velden onbebouwd blijven liggen. Zulks heeft bij gevestigde dessa's echter zelden plaats.

8. Wanneer eene dessa eenige nieuwe sawa's heeft aangelegd, zullen die dadelijk worden gemeten en bij de boeken opgenomen.

---

(*) Hier schijnt van de onderstelling te worden uitgegaan, dat elke dessa slechts ééne soort gronden bezit. In het algemeen is dit het geval niet, en het is juist die omstandigheid, welke de regeling van het landelijk stelsel moeijelijk maakt.

9. Gedurende de drie eerste jaren zullen zoodanige sawa's, even als thans plaats vindt, van landrenten vrij zijn; doch na dien tijd met de overige in gelijke betaling vallen.

10. De dessahoofden zullen de evenredige verdeeling der te betalen landrenten, elk voor zijne dessa, gezamenlijk met de oudsten der dessa, regelen, en de vruchtbaarheid der verschillende soorten sawa's daarbij in aanmerking nemen.

11. De aanslag der tegalvelden zal blijven bestaan zooals die thans plaats heeft, want de groote wisselvalligheid in deze kultuur, zoomede het gedurig verwisselen van gronden, maakt alle verandering daarin moeijelijk.

---

In deze 11 artikelen is de wijze volgens welke ik vermeen dat eene regeling voor het landelijk stelsel, op vaste gronden steunende, uitvoerbaar is, begrepen. Ik zal hierover nog eenigzins uitweiden, en mijne gedachten deswege meer aan den dag leggen.

De regeling in het doen van den aanslag, zooals hiervoren is uiteengezet, geeft een groot gemak boven de thans bestaande bepalingen; want men zal alsdan niet meer elk jaar op nieuw eene taxatie van het gewas behoeven te houden, en alleen bij *merkelijke* misgewassen zich daarvan moeten overtuigen; terwijl men dan die dessa's zal kunnen aanteekenen, welker sawa's voor eene kwijtschelding in aanmerking komen.

De gemeene man zal dan niet meer zoo zeer bloot staan aan knevelarijen, en de Europeesche zoowel als de Inlandsche ambtenaren, zullen een grooter deel van hun tijd kunnen besteden aan het heerschende stelsel van kultures.

Daarenboven leeft de inlander alsdan niet meer in een gedurige vrees dat men zijne velden een volgend jaar hooger zal aanslaan, en hij kan dus, gerust op de toekomst, zich door eigen industrie voordeelen verschaffen, welke hij thans, uit vrees om daarvan landrenten te moeten betalen, welligt achterwege laat.

Het is niet doenlijk, en ook van geen dadelijk nut voor het landelijk stelsel, om eene kadastrale meting te doen plaats grijpen, en het is genoeg, wanneer men door herhaalde opnamen, zooals die overal thans bestaan, de werkelijke uitgestrektheid der velden, zoo nabij mogelijk tracht te komen, en hierin zal men langzamerhand meer en meer slagen. De meting te Pekalongan, bij voorbeeld, is reeds op tien percent na juist, en daar men overal dezelfde hulpmiddelen bezit, lijdt het geen twijfel, dat men mettertijd ook elders de uitgestrektheid der sawavelden vrij naauwkeurig zal leeren kennen, indien men zich slechts gaandeweg daarmede bezig houdt.

De reden waarom ik er geen gewag van maak, om, wanneer *kleine* misgewassen plaats hebben, alsdan, even als bij grootere, de landrenten te verminderen, is: dewijl het bijna zeker is, dat wanneer men bij zoodanige gevallen eene geringe som minder doet betalen, de dessahoofden deze kleine vermindering alsdan voor den gemeenen man zullen trachten te verbergen, en indien laatstgenoemde zulks al eens van ter zijde verneemt, dan nog valt het hem moeijelijk, om de eerlijkheid van het hoofd en het opzamelen der te ontvangen gelden te kontroleren, zoodat het doel, waarom men vermindering verleent, dan evenwel verloren gaat. Het is dus verkieslijk, om, bij het bepalen van de opbrengst per bouw voor elke dessa, matig te werk te gaan, en die produktie zóódanig te nemen, dat.bij een voordeelig jaar, de landbouwer er altijd winst bij heeft.

Het is overbodig, hierbij langer te blijven stilstaan; doch ik houde mij verzekerd, dat het invoeren der hierboven opgegeven veranderingen, geen moeite in zich zal bevatten. Indien slechts degeen die er mede belast wordt, deze veranderingen toegedaan is; daarbij een fermen wil aan den dag legt, en bovendien het gezag geheel in handen heeft; zal men zich weldra overtuigen, dat tot het daarstellen van vaste bepalingen voor het landelijk stelsel, de mogelijkheid bestaat.

En hiermede zal ik eindigen, na vooraf nog te hebben opgemerkt, dat het mij voorkomt, dat een verder onderzoek, als het onderwerpelijke, in andere residentiën overtollig is, en, met eenige variatie, waarschijnlijk overal dezelfde resultaten zal geven, als die welke thans verkregen zijn.

De assistent-resident in kommissie.

(was get.) P. F. CLIGNETT.

**A.**

## VERGELIJKENDE STAAT der resultaten van de opgemeten dessa's in de residentiën Pekalongan, Tagal en Cheribon.

| RESIDENTIE. | REGENTSCHAP. | DISTRIKT. | DESSA. | Getal huisgezinnen. | Getal planters, onder die huisgezinnen begrepen. | Getal zielen. | Opgegeven aantal sawa's van ieder van iedere dessa. Bouws | Roeden | Bevonden aantal sawa's van iedere dessa. Bouws | Roeden | Produkt padi van elke dessa, berekend naar de door meting bevonden uitgestrektheid sawa's. Pikols | Katti's | Gaat af aan snijloon. Pikols | Katti's | Rest zuiver produkt padi van iedere dessa, na aftrek van het snijloon. Pikols | Katti's | Marktprijs per pikol padi, tijdens den oogst. | Geldwaarde van het zuiver produkt padi, berekend naar de door meting bevonden uitgestrektheid sawa's, en den bekend gestelden marktprijs. per dessa. | per bouw. | Gemiddeld bedrag der landrenten, over de jaren 1833, 1834 en 1835. Voor elke dessa. | Voor elke opgegeven bouw. | Verhouding van den opgegeven aanslag der landrenten van elke dessa, tot het opgenomen produkt in geldwaarde, na aftrek van het snijloon. Voor elke opgegeven dessa. | Voor elke bevonden bouw. |
|---|---|---|---|---|---|---|---|---|---|---|---|---|---|---|---|---|---|---|---|---|---|---|---|
| Pekalongan. | Pekalongan. | Wiradessa. | Bebel. | 110 | 126 | 591 | 64 | — | 72 | — | 2832 | — | 472 | ⅙ | 2360 | — | 1.50 | ƒ3540 | ƒ49.16 | ƒ700 | ƒ10.93 | ƒ9.72 | 19 percent |
| | id. | Bandar. | Loewoek. | 22 | 19 | 83 | 28 | 150 | 32 | 384 | 551 | 43 | 91 | 90 | 459 | 53 | 1.50 | 689.29 | 21 | 204.66 | 7.20 | 6.20 | » 29 » |
| | Batang. | Batang. | Poelosto. | 39 | 29 | 228 | 87 | — | 93 | 347 | 3079 | 57 | 513 | 26 | 2566 | 31 | 1.50 | 3849.46 | 41.68 | 1050 | 12.07 | 11.20 | 27 » |
| | Pamalang. | Pamalang. | Tamon. | 54 | 40 | 270 | 56 | — | 68 | — | 1902 | — | 380 | 40 | 1521 | 60 | 1 | 1521.60 | 22.37 | 447 | 7.98 | 6.57 | ruim 22 » |
| Tagal. | Tagal. | Krandong. | Krandong. | 143 | 143 | 715 | 99 | — | 194 | — | 5587 | — | 1117 | 40 | 4469 | 60 | 1.50 | 6704.40 | 34.56 | 871 | 8.80 | 4.49 | » 12 » |
| | id. | Gantoengan. | Djatti-negara. | 68 | 53 | 340 | 41 | — | 34 | — | 1106 | — | 184 | 40 | 921 | 60 | 1.50 | 1382.40 | 40.66 | 161 | 3.92 | 4.73 | » 11 » |
| | Brebes. | Brebes. | Terlangoe. | 44 | 61 | 220 | 123 | — | 164 | — | 4985 | — | 997 | — | 3988 | — | 1.10 | 4386.80 | 26.75 | 1155 | 9.39 | 7.04 | » 26 » |
| | Cheribon. | Cheribon. | Kali-kowak. | 27 | 27 | 118 | 40 | — | 82 | — | 1989 | — | 331 | 50 | 1657 | 50 | 1.50 | 2486.25 | 30.32 | 230 | 5.75 | 2.80 | » 9 » |
| Cheribon. | id. | Soerarmangala. | Soerarntaka. | 368 | 415 | 1220 | 243 | — | 373 | — | 9526 | — | 1587 | 67 | 7938 | 33 | 1.50 | 11907.50 | 31.92 | 4405 | 6.49 | 3.76 | » 12 » |
| | Madja. | Telaga. | Sliado. | 43 | 43 | 197 | 32 | — | 51 | — | 1008 | — | — | — | 1008 | — | 2 | 2046 | 39.53 | 331 | 10.34 | 6.49 | » 11 » |
| | Galoe. | Tjiamis. | Klappa-noengal. | 52 | 48 | 260 | 55 | — | 79 | — | 3264 | — | 544 | — | 2720 | — | 1.50 | 4080 | 51.64 | 403 | 7.32 | 5.10 | bijna 10 » |
| | Koeningan. | Koeningan. | Karang-tawang. | 80 | 66 | 366 | 122 | — | 134 | — | 4822 | — | 482 | 20 | 4339 | 80 | 2 | 8679.60 | 64.77 | 1266 | 10.37 | 9.49 | 14 » |

(*) Het is opmerkelijk, dat in alle de hier vermelde vier dessa's van de residentie Tagal, het zieltal juist het vijfvoudige zijn zou van het getal huisgezinnen. Zulk eene toevallige bevinding kan niet wel voorondersteld worden. Het komt ons dus niet gewaagd voor, aan te nemen, dat de assistent-resident Olignett hier is afgegaan op de cijfers, hem door de hoofden opgegeven. Trouwens zijne instruktie schreef hem geene volkstelling voor, maar alleen het opmeten der velden, het konstateren van het produkt en het naspooren van de ressources van elke dessa.

(†) Hier is het snijloon niet opgegeven, en blijkt niet, of dat niet uitgekeerd werd, dan wel of verzuimd is daarnaar onderzoek te doen.

## II.  *Voorgenomen verhooging der landrenten.*

Wij hebben vroeger vermeld, dat de minister, bij kabinets-missive van 8 November 1836 lett. K⁵, den gouverneur-generaal had aanbevolen, om de meeste bezuinigingen in te voeren, en tevens pogingen aan te wenden, om 's lands inkomsten zóódanig te vermeerderen, dat de territoriale uitgaven werden gedekt door de territoriale inkomsten, waartoe in de eerste plaats de landrenten in aanmerking zouden kunnen komen. (*)

Naar aanleiding hiervan werd in Indië overwogen, of de landrenten voor verhooging vatbaar waren.

De direkteur der kultures berigtte deswege, bij zijne aan de generale direktie van financiën gerigte geheime missive, van 31 Maart 1838 n°. 1, het volgende:

»Dat de opbrengsten der landelijke inkomsten, zonder meer bijzondere behandeling, een vooruitgaanden tred houden met de ontwikkeling van nijverheid en welvaart onder de bevolking: en dat het nog eene onzekerheid blijft, of eene geheele herziening van de werking van dat stelsel, belangrijke vermeerdering van inkomsten, beter dan op den nu steeds vooruitgaanden voet, zou opleveren. Het ontwerpen van een plan tot zoodanige herziening, dat nog steeds eene wenschelijke zaak wordt geacht en al meermalen, zonder eenig afdoend gevolg echter, een punt van overweging en behandeling bij het gouvernement heeft uitgemaakt, beschouw ik, met de daaraan te geven leiding, als een arbeid van zoodanig belangrijken en uitgebreiden omvang, dat naar mijn oordeel geen ambtenaar, bij dagelijksche drukke bezigheden, immer in de gelegenheid komen zal, dien behoorlijk te kunnen aanvatten en voortzetten, en alzoo, wanneer het gouvernement mogt willen besluiten, om dat onderwerp in bepaalde overweging te brengen, daarmede bekwame en ondervindingrijke personen dienen te worden belast, die voor den tijd welke daartoe gevorderd zal worden, geen andere zorgen van een druk dagelijksch beheer te dragen hebben: maar zich uitsluitend met dat onderwerp kunnen bezig houden, onder al zoodanige medewerking, als de aard der zaak vorderen zal."

Bij de aan den gouverneur-generaal gerigte missive van denzelfden direkteur, dd. 26 October 1838 n°. 2940/26, werd dezelfde beschouwing;woordelijk overgenomen. Daaruit blijkt tevens, dat het hiervoren opgenomen rapport van den assistent-resident Clignett, uitgebragt naar aanleiding der resolutie van 16 April 1836 n°. 1, zich onder berusting van hem direkteur bevond, en dat hij, naar aanleiding van het hem te dien aanzien van regeringswege medegedeeld denkbeeld, als voorloopigen maatregel, om tot eene verhooging der landrenten te geraken, het nuttig achtte, dat aan de betrokken autoriteiten mededeeling werd gedaan, van het resultaat der bij dat rapport omschreven opnamen in de residentiën Pekalongan, Tagal en Cheribon, nopens de verhouding van het bedrag der landrenten tot de waarde van het produkt, of het vermogen van den grond.

(*)  Zie hiervoren pag. 25.

III.                                                                                   5

Dientengevolge droeg de gouverneur-generaal, bij art. 2 van zijn geheim besluit van 15 Februarij 1839 lett. O, aan den direkteur der kultures op: — „Om aan de gekoncerneerde ambtenaren op Java mededeeling te doen van den inhoud van het verslag, ingediend ten gevolge van de kommissie welke, bij resolutie van 26 April 1836 no. 1, aan den assistent-resident Clignett is opgedragen geweest, voor zoover zulks strekken kan ter bevordering der belangen van het gouvernement, met betrekking tot de landrenten."

Van een en ander werd den minister kennis gegeven, bij geheime missive van 15 Februarij 1839 lett. O, n°. 11.

Intusschen waren ook andere voorstellen gedaan, tot vermeerdering der territoriale inkomsten. Naar aanleiding daarvan, opperde de raad van Indië, bij advies van 7 Julij 1839 n°. 1023, de vraag: „Of niet de direkteur der kultures, indien hij tot die voorstellen had gekonkurreerd, andere meer doelmatige middelen, meer dadelijk tot zijn bestuur behoorende, zou hebben aangewezen, zooals b. v. eene vermeerdering der landrenten?" Dit punt was, naar 's raads meening, een naauwkeurig onderzoek overwaardig, en bovendien ook door het opperbestuur in Nederland aanbevolen. De raad gaf daarom in overweging om, alvorens op de even-bedoelde voorstellen te beschikken, aan den direkteur der kultures op te dragen: „een opzettelijk onderzoek, ter verhooging der landrenten, en om casu quo daartoe voorstellen te doen, met overleg van de generale direktie van financiën."

De gouverneur-generaal herinnerde alstoen den raad van Indië, bij missive van den algemeenen sekretaris, dd. 17 Julij 1839 no. 729, aan hetgeen deswege in het vorig jaar was verhandeld en beslist, (hiervoren medegedeeld,) met verzoek evenwel om, ingeval de raad mogt willen terugkomen op zijn in 1838 uitgebragt advies, en van oordeel was, dat alsnog tot eene betere regeling van de heffing der landrenten, met het doel om derzelver opbrengst te vermeerderen, behoorde te worden overgegaan, alsdan de middelen te overwegen, welke daartoe zouden kunnen leiden, en voorstellen te doen.

Het betrekkelijk advies van het raadslid Merkus, dd. 9 Augustus 1839, (*) luidt als volgt:

„Wat aangaat de vermeerdering van inkomsten, door middel der landrenten, waartoe het advies van den raad heeft gestrekt, moet ik, naar aanleiding van het schrijven van den algemeenen sekretaris, vermoeden, dat 's raads bedoeling, en zeker de mijne, niet wel is begrepen. Die bedoeling is namelijk, voor zoo veel mij betreft, geweest: eene verhooging van landrenten onder het thans werkende stelsel voor die belasting, en

---

(*) Merkus was den 10en Junij 1839 uit Nederland te Batavia teruggekeerd, en had weinige dagen later zitting genomen in den raad van Indië. Drie dagen na het uitbrengen van het hier vermelde advies, den 12en Augustus 1839, vertrok hij, als gouvernements-kommissaris, van Batavia naar Sumatra.

geenszins eene herziening van dat stelsel, met oogmerk om de opbrengst der landrenten daardoor te vermeerderen.

„Dat de direkteur der kultures tegen zoodanige herziening, en zoogenaamde betere regeling heeft opgezien en geadviseerd, is niet te verwonderen, daar dit eene onderneming zou zijn, aan zoovele voorbereidende werkzaamheden en aan zoovele moeijelijkheden onderhevig, en daarbij nog zoo onzeker in hare geldelijke resultaten, dat men er niet dan met de uiterste voorzigtigheid toe moet overgaan.

„Om die reden is het ook zeer te betwijfelen, of het ministerie, met de aanwijzing der landrenten als bron van meerdere inkomsten, zoodanige herziening en regeling wel in den zin heeft gehad.

„Alle verbeteringen in het geheel van het stelsel vooralsnog daarlatende, zou ik van oordeel zijn, dat de bedoeling geene andere kan wezen, dan de verhooging van den aanslag der landrenten. En wanneer men, in aanmerking neemt:

„1°. Dat de marktprijs van het gewas, welke tot maatstaf van den aanslag dient of moet dienen, sedert eenige jaren steeds toenemende is.

„2°. Dat de rijstteelt, met de uitbreiding van de suiker-, indigo- en andere kultures, is vooruitgegaan.

„3o. Dat, door de uitbreiding der kultures, grooter rijkdom onder den Javaan is verspreid geworden, en het belastbaar vermogen juist van die klasse is vermeerderd, van welke de landrenten worden geheven.

„Wanneer men dit in aanmerking neemt, dan volgt daaruit als van zelfs, dat de aanslag der landrenten voor verhooging vatbaar moet zijn.

„Men beweert wel, dat de residenten, assistent-residenten en kontroleurs, door de kultures zoodanig met werkzaamheden zijn bezet, dat zij hunne aandacht op landrenten niet genoegzaam meer kunnen vestigen.

„Dat de werkzaamheden dier ambtenaren zijn vermeerderd, lijdt geen twijfel; maar zij genieten er meer voordeelen door; men kan dus meer van hen vergen. Hierbij valt bovendien aan te merken, dat zoo de gouvernements ambtenaren, bij de invoering en regeling der kultures, daaraan veel tijd hebben moeten wijden, die bemoeijingen, nu de zaken een vasten loop hebben genomen en meer toezigt dan arbeid wordt gevorderd, langzamerhand verminderen en hen in de gelegenheid stellen, om ook andere belangen waar te nemen.

„De middelen tot eene vermeerdering van opbrengst der landrenten zijn, mijns inziens, in de instruktiën opgesloten van den direkteur der kultures en van de residenten. Deze ambtenaren met hunne ondergeschikten, hebben die in handen, en zij zullen die weten te vinden, wanneer zij zich daartoe aangespoord zullen zien.

„Zijn die middelen niet voldoende, dan zou aan een of meer hooge ambtenaren, der zaak het meeste kundig, de taak, met overleg van den direkteur der kultures en van de residenten, opgedragen kunnen worden. Bij mij zouden daartoe het meest in aanmerking komen de heeren Halewijn, Valck, Smissaert en Baud."

Het raadslid van Hogendorp vereenigde zich geheel met deze beschouwing.

Het raadslid van Schoor, na over de andere middelen ter vermeerdering der inkomsten te hebben geadviseerd, besloot zijne beschouwing aldus:

„Het is ook niet in die soort van hulpmiddelen, dat de bijstand dient gezocht te worden dien wij nog noodig hebben, om de voorgeschreven balans tusschen de zoogenaamde territoriale inkomsten en uitgaven te verkrijgen. Zoo als door onze vergadering in overweging is gegeven, zijn het de landrenten, die denkelijk nog een krachtiger bijdrage tot 's lands financiën kunnen opleveren, dan thans het geval is. De heer raad Merkus heeft de gronden voor dat gevoelen, nader hiervoren uiteengezet. De bedoeling onzer vergadering was niet eene herziening of omwerking van het landelijk stelsel; maar een eenvoudig onderzoek, (hetwelk aan een enkel geschikt inspekteur van financiën zou kunnen worden opgedragen,) of de bestaande bepalingen niet, door meer speciale zorg van de zijde der ambtenaren, een hooger geldelijk resultaat zouden kunnen opleveren; of, in één woord, de landrenten, tot groot nadeel van het gouvernement, niet te veel aan haar lot zijn overgelaten."

Naar aanleiding hiervan besloot de gouverneur-generaal, bij geheim besluit van 27 September 1839, lett. Q Q Q, art. 2:

„Den direkteur der kultures, onder toezending van een extrakt uit de, bij 's raads advies van den 19en Augustus jl. no. 1219, overgelegde nota van het raadslid Mr. Merkus, dd. 6 te voren, bij deze aan te schrijven: om, in verband met de redeneringen daarin vervat, er zich op nieuw en met den meesten ernst op toe te leggen, en met de residenten in overleg te treden, om de landrenten, door gepaste middelen en in evenredigheid met den vooruitgang van den landbouw en met den steeds stijgenden marktprijs van het gewas, tot het cijfer op te voeren, waarvoor dat middel in billijkheid vatbaar is; met aanbeveling tevens, om van zijne zijde datgene aan te wenden, waardoor het Indisch bestuur zou kunnen worden in staat gesteld, om aan de op hetzelve van hooger hand verstrekte bevelen en gegeven wenken, op de meest volledige wijze te kunnen voldoen."

Van het ten deze op nieuw gehouden overleg en genomen beslissing, werd den minister kennis gegeven, bij geheime missive van den gouverneur-generaal dd. 27 September 1839 no. 26 lett. Q Q Q. Omtrent het hier besproken onderdeel, komt daarin het volgende voor:

„Alsnu overgaande tot de behandeling van het door den raad van Indië voorgesteld nader onderzoek, of het middel der landrenten niet voor verhooging vatbaar zou zijn, moet ik voor een oogenblik terugkomen op mijne geheime missive, van den 15en Februarij jl. lett. O, no. 11, en op de beschouwingen vervat in de missive van den algemeenen sekretaris, dd. 17 Julij jl. no. 729, waaruit blijkt, dat de landrenten, door den ijver en de belangstelling der daarmede belaste ambtenaren, van jaar tot jaar zijn vooruit gegaan.

»Dat deze vooruitgang steeds toeneemt, wordt bevestigd door de onderstaande vergelijkende opgave van den aanslag der landrenten. Volgens opgave, overgelegd bij mijn laatstgenoemde geheime missive, bedroeg de aanslag:

over 1836 . . . . . ƒ 7,598.600.—
„ 1837 . . . . . „ 7,672.208.—
„ 1838 . . . . . „ 7,900.854.—

»Het gunstig verschil tusschen 1837 en 1838, beloopt alzoo het niet onaanzienlijk cijfer van circa ƒ 230,000.—

»Desniettegenstaande is de direkteur der kultures, bij mijn besluit van heden, lett. Q Q Q, aangeschreven, om: (zie de hiervoren reeds medegedeelde bewoording.)

»Om ter bereiking van het in deze beoogde doel, volgens 's raads advies, speciaal een ambtenaar in kommissie te stellen, is mij, om meer dan ééne reden, minder doelmatig voorgekomen, daar het van bekende notoriteit is, dat de residenten tegen alle opnemingen en inspektiën zijn ingenomen, en zonder de zaak dadelijk tegen te werken, evenwel voor het grootste deel minder hulpvaardig en medewerkende zijn, om een dusdanig ambtenaar in zijne kommissie krachtdadig te ondersteunen.

»Wil men alzoo eenige gunstige resultaten verwachten, dan zou een ambtenaar moeten gevonden kunnen worden, wiens hooge rang en meerdere lokale kennis van dat overwigt zijn, om alle moeijelijkheden en redeneringen der residenten te beoordeelen en te wederleggen.

»Zoo als het raadslid, de heer Merkus, te regt aanmerkt, behoort de aangelegenheid der landrenten tot de attributen van den direkteur der kultures en van de respektieve residenten, en is het alzoo van deze ambtenaren, dat men de middelen kan verwachten, om tot het gewenschte oogmerk te kunnen geraken.

»Mijn onderwerpelijk schrijven leidt mitsdien tot geene voorstellen, enz."

Deze missive werd in Nederland ontvangen, na de aftreding van den minister van den Bosch. De minister ad interim Baud deed, onder dagteekening van 24 April 1840, daarop deze, door hem geparafeerde, kantteekening stellen: — »Bij resumtie aangenomen voor informatie; — als zijnde de onderscheidene in deze missive aangehaalde zaken en brieven van den gouverneur-generaal over Nederlandsch Indië, òf bereids behandeld, òf wel thans onder behandeling."

III. *Hoofdelijke uitbetaling van het loon voor kultuurdiensten; geen verrekening met landrenten.*

Wij moeten thans de aandacht vestigen, op eenige zinsneden uit de memorie van den kommissaris-generaal van den Bosch, in Januarij 1834 opgesteld en, bij zijn vertrek van Java, als instruktie achtergelaten aan den gouverneur-generaal ad interim J. C. Baud. Wij hebben reeds gemeld, (tweede deel, pag. 610,) dat *Zakelijke Extrakten* van die memorie zijn opgenomen in het Indisch Staatsblad van 1834 no. 22, en dat het geheele dokument voorkomt in de *Bijdragen voor taal-, land- en volkenkunde van Nederlandsch Indië*, uitgegeven door het koninklijk instituut voor de taal-, land- en volkenkunde van N. I., (nieuwe volgreeks, 7e deel, bladz. 295—481,) waaruit het overgedrukt en afzonderlijk verkrijgbaar gesteld is, bij den boekhandelaar Frederik Muller te Amsterdam.

De door ons bedoelde zinsneden komen ook in de *Zakelijke Extrakten* voor. Wij zullen bij de aanhaling, de bladzijden vermelden van het Staatsblad van 1834 (Ned. off. uitgave), van het betrekkelijk deel der Bijdragen en van den afzonderlijken afdruk, waar die zinsneden worden aangetroffen. Wij zullen de zinsneden gemakshalve nommeren. Zij luiden aldus:

1. "Zou dus een stelsel van kultuur op Java gelukken en aan de bevolking welgevallig zijn, dan moest het in dier voege zijn ingerigt, dat daardoor de huishoudelijke wijze van bestaan der bevolking niet geschonden, maar veeleer bevorderd werd, en dat het duidelijk voor haar was, dat zij door zulk een stelsel werd bevoordeeld." (*)

2. "Uit dien hoofde werd als beginsel aangenomen:

"Dat eene dessa, welke het een vijfde harer rijstvelden afzonderde voor de teelt van een gewas voor de markt van Europa geschikt, niet meer arbeid vorderende dan de rijstkultuur, van het betalen der landrente zou zijn verschoond.

"Dat die dessa bovendien zou genieten de meerdere voordeelen, die het produkt bij taxatie blijken zou te zullen opleveren, dan het bedrag der verschuldigde landrenten.

"Dat de misgewassen loopen zouden voor rekening van het gouvernement, voor zoover zij namelijk niet aan gebrek aan ijver en arbeidzaamheid van de zijde des Javaans waren toe te schrijven. (†)"

3. "Daar de Javaan tevens ongaarne onder het opzigt van Europeanen arbeidt, en de leiding en het bestuur zijner hoofden verkiest, werd dan ook hierin aan zijne geaardheid te gemoet gekomen, en het opzigt der Europeesche ambtenaren zooveel mogelijk beperkt en alleen bepaald, tot de bewaking van de tijdige en behoorlijke bewerking der velden, en tot het gadeslaan, dat het produkt ter regter tijd geoogst en vervoerd wordt.

"Deze algemeene beginselen, ten grondslag aangenomen, hebben nog in de toepassing zoodanige wijzigingen ondergaan, als plaatselijke omstandigheden of gebruiken vorderen. Zoo bij voorbeeld is, in eenige residentiën aan het verlangen der Javanen toegegeven, om, voor eigen rekening, de

---

(*) Zak Extr. pag. 63; Bijdragen, pag. 425 en 426; Afz. afdruk, pag. 131 en 132.

(†) Zak. Extr. pag. 63 en 64; Bijdragen, pag. 426; Afz. afdruk, pag. 132. In de Zak. Extr. zijn de drie laatste zinsneden geheel kursijf gedrukt.

gewassen te telen, waartoe zij alsdan dikwerf het grootste gedeelte hunner rijstvelden bezigden, omdat die nieuwe gewassen hun meer voordeel dan de rijstkultuur verschaffen, niettegenstaande zij, in dat geval, toch met de betaling der gewone landrente voor de rijstvelden belast bleven" (*).

4. *In het vervolg zal men, inzonderheid dáár waar dit stelsel van kultuur nog moeijelijkheden ondervindt, zich streng moeten houden aan het beginsel: *dat de bearbeiding van een vijfde der gronden met gewassen voor de markt van Europa geschikt, den Javaan vrij kent van de verschuldigde landrente, en dat de planter aan zijne verpligtingen voldaan heeft, wanneer hij het gewas tot rijpheid heeft gebragt"* (†).

5. *Daar echter, waar de kultures op een goeden voet zijn ingerigt, en zooals in de Oostelijke distrikten in een bloeijenden toestand verkeeren, zullen geene veranderingen in dezelve raadzaam zijn, althans niet, *zoolang zulks door de bevolking niet wordt verlangd.* De Javaan, in het algemeen, houdt niet van veranderingen." (§)

6. *De arbeid zal, onder de leiding van bekwame Chineesche mandoors en onder het oppertoezigt der Javaansche hoofden, geschieden en de bevolking daartoe geroepen, met geen anderen arbeid belast worden dan dien, welke gevorderd wordt om het gewas tot rijpheid te brengen..... Alle personen, aan deze kultuur volgens de bovengemelde wijze dienstbaar, moeten van het betalen van landrente worden vrijgesteld.... De arbeid eindelijk aan de fabriek zelve, behoort zooveel mogelijk door vrijwillige arbeiders te geschieden, of dáár, waar die niet te verkrijgen zijn, op gelijke wijze als voor den overigen arbeid is bepaald, in welk geval de arbeiders, behalve de vrijstelling van landrente, dagelijks rijst en zout behooren te genieten, omdat deze arbeid meer oordeel en inspanning vordert." (**)

7. *Bij de geheele inrigting wordt overigens bestendig in het oog gehouden, den Javaan zoo min mogelijk aan het gezag van vreemden te onderwerpen, en hem onder de leiding zijner eigene hoofden te doen arbeiden." (††)

8. *Beter geen produkten, dan die met krenking der pligten, die wij aan de bevolking verschuldigd zijn, te verkrijgen.... Ook de te groote ijver van eenigen, moet worden bewaakt, voorzoover die namelijk de strekking heeft, om van den Javaan meer te vorderen, dan hij *gaarne* verrigt. Het veld is ruim genoeg om geen overdrijving te behoeven, en het produktief vermogen van Java zal het best door een gematigde handelwijze verzekerd worden." (§§)

---

(*) Zak. Extr. pag. 64 en 65; Bijdragen, pag. 427; Afz. afdruk, pag. 133.
(†) Zak. Extr. pag. 65 en 66, het kursijve van deze gevolgd; Bijdragen, pag. 428; Afz. afdruk, pag. 134.
(§) Zak. Extr. pag. 66; Bijdragen, pag. 428; Afz. afdruk, pag. 134.
(**) Zak. Extr. pag. 66 en 67, Bijdragen, pag. 429; Afz. afdruk, pag. 135.
(††) Zak. Extr. pag. 73, Bijdragen, pag. 436; Afz. afdruk, pag. 142.
(§§) Zak. Extr. pag. 76, Bijdragen, pag. 442; Afz. afdruk, pag. 148.

Uit de medegedeelde, door den kommissaris-generaal persoonlijk voorgeschreven beginselen, blijkt alzoo:

*a.* Dat de vruchten van den arbeid der bevolking, zouden worden verrekend, met het bedrag der door haar verschuldigde landrenten.

*b.* Dat daarin echter verandering kon worden gebragt, *op het verlangen der bevolking;* maar dat, in het algemeen, geen veranderingen, *zonder dat zij door de bevolking verlangd werden*, raadzaam voorkwamen.

*c.* Dat hetgeen de bevolking meer toekwam, dan het bedrag der verschuldigde landrenten, *dessa'sgewijze* aan haar zou worden voldaan.

*d.* Dat de arbeid niet mogt worden overdreven; dat van den Javaan geen meer arbeid mogt worden gevorderd, dan hij *gaarne* verrigten zou, en dat men verklaarde liever geen produkten te ontvangen dan die te verkrijgen met verzaking der pligten, jegens de bevolking verschuldigd.

*e.* Dat de bevolking aan de leiding van haar eigen hoofden zou worden overgelaten; dat zij zoo min mogelijk aan het gezag van *vreemden*, waaronder de Europeesche ambtenaren, zou zijn onderworpen; maar dat zij daarentegen, in strijd hiermede, zou arbeiden *onder de leiding van Chineesche mandoors.*

In 1836, naauwlijks twee jaren nadat van den Bosch de hiervermelde instruktie gaf, werden door den adjunkt-inspekteur der kultures Ament, met betrekking tot de levering aan het gouvernement van het koffijprodukt, en de betaling daarvan aan de bevolking, bedenkingen geopperd, in de hoofdzaak hierop nederkomende: — Dat de bepalingen nergens gelijkmatig werkten. Dat, door de verrekening van hetgeen der bevolking voor de koffij toekwam met hetgeen zij aan landrenten verschuldigd was, de administratie wel gemakkelijk werd gemaakt, doch de individueele belangen der planters geenszins bevorderd werden, vermits, in residentiën waar het individueel sawabezit bestond, personen, die veel sawa's in eigendom hadden en dus in evenredigheid dáárvan landrenten verschuldigd waren, zeer bevoordeeld werden boven hunne dorpsgenooten, welke geen of slechts weinig sawa's hadden, maar desniettemin denzelfden arbeid voor de kultures hadden verrigt. Dat bovendien de kampong- of pagger-koffij individueel eigendom is, en dat dus belooning voor deze, zonder tusschenkomst van het dessahoofd, door den regtmatigen eigenaar behoort te kunnen worden ontvangen.

De direkteur der kultures erkende de juistheid dezer bezwaren, als noodwendig moetende voortvloeijen uit het tot dusver gevolgde beginsel, en beschouwde, even als de adjunkt-inspekteur Ament, eene dadelijke betaling bij de aflevering van het produkt, als de beste aanmoediging voor de koffijkultuur.

Dientengevolge werd, bij art. 8 der resolutie van 21 Mei 1836. n°. 13, bepaald:

„De koffij, hetzij die door een dessahoofd, voor en van wege de bewoners zijner dessa, bij groote hoeveelheden, dan wel door een afzonderlijk persoon in geringe hoeveelheid, geleverd wordt, zal, dadelijk na de aflevering en in dezelfde dessa, tegen den vastgestelden prijs worden voldaan, hetzij door den pakhuismeester, dan wel door een ander ambtenaar aan wien de betaling zal worden opgedragen; zullende daarbij zooveel mogelijk worden vermeden, alle verrekeningen met landrenten, ten einde een ieder het hem aankomende in specie ontvange, en voorts in geen geval verrekeningen met landrenten plaats hebben, *dan voor zoover die het debet betreft van ieder belanghebbende respektievelijk.* (*)"

De nuttigheid eener hoofdelijke betaling, zonder verrekening met landrenten, meer en meer ingezien zijnde, stelde de direkteur der kultures, bij missive van 25 Mei 1887 n°. 1355/8, ook naar aanleiding van een door hem overgelegden brief van den resident van Cheribon, dd. 15 April te voren n°. 744, aan de regering voor: dáár, waar geene overwegende redenen zulks onraadzaam deden voorkomen, de belooningen of prijzen, voor de door de bevolking geleverd wordende produkten voor de Europeesche markt, zooveel mogelijk hoofdelijk, dadelijk, en dus zonder verrekening met de door die bevolking verschuldigde landrenten, te doen uitbetalen, even als dit, met betrekking tot de koffij, reeds bepaald was, bij de zoo even vermelde resolutie van 21 Mei 1886 n°. 13 (†).

De direkteur merkte daarbij op, dat hem geene bepaling bekend was, krachtens welke die betaling *moest* plaats vinden bij wege van verrekening met de landrenten, en dat vermoedelijk alleen een veeljarig gebruik, deze wijze van verrekening had doen volgen; terwijl hij de aandacht vestigde op de erkende wenschelijkheid, om de zaak, waar dit kon geschieden, op den door hem voorgestelden voet te regelen: met aantooning verder van de wijze, waarop die regeling in het algemeen, met betrekking tot de betaling aan de bevolking van het suikerriet en den indigo, zou kunnen plaats hebben.

De regering magtigde daarop, bij besluit van 14 Julij 1887 no. 4, genoemden direkteur der kultures: — Om overal, waar daartegen geene overwegende bedenkingen bestonden, alle belooningen of prijzen voor de door de bevolking geleverd wordende produkten, te doen uitbetalen zonder verrekening met landrenten, overeenkomstig de beginselen, door hem direkteur aangegeven, dan wel op zoodanige andere wijze, als hem, in dien geest, na overleg met de betrokken residenten, oorbaar zou voorkomen: met aanbeveling tevens, om bij die regeling in het oog te doen houden: of,

---

(*) De hier aangehaalde beschikking is reeds medegedeeld, op bl. 721 en 722 van ons tweede deel, maar zij moest hier herhaald worden.

(†) Reeds was, bij besluit van 28 Februarij 1837 no. 3, bepaald: dat de in de residentie Banjoemas door de bevolking vervaardigd en aan het gouvernement geleverd wordende indigo, in stede van *dessa'sgewijze* met de verschuldigde landrenten te worden verrekend, *hoofdelijk* aan de belanghebbenden zou worden voldaan.

door dezen maatregel, de konditie van den planter wel zou verbeteren op plaatsen, alwaar de verrekening der geleverde produkten met het verschuldigde wegens landrenten ten gevolge had, dat hij geheel bevrijd was en bleef van de betaling van landrenten en daarenboven nog het genot had van het meerder bedrag dier produkten; hetgeen het geval niet zou zijn, indien er, bij de moeijelijkheid om den planter te verzekeren dat hij hoofdelijk de waarde van zijn produkt erlangt, vrees mogt zijn, dat hetgeen hem daarvan in handen komt en wordt gelaten, minder zou bedragen dan de landrente, welke van hem werd of zou worden gevorderd.

Op de hier medegedeelde beschikking maakte de minister van koloniën aanmerking.

Ten einde den oorsprong en de strekking, nu van deze, en welligt later van andere aanmerkingen van den minister, begrijpelijk te maken, moeten wij ons eene kleine uitweiding veroorloven.

Afschriften van de door den gouverneur-generaal genomen besluiten, (*) werden geregeld, ter kennisneming, aan het opperbestuur in Nederland gezonden. In het tijdvak dat wij thans behandelen, stelde de minister van den Bosch die besluiten, ten fine van konsideratiën en advies in handen van den staatsraad adviseur J. C. Baud, die, bij de terugzending, schriftelijk zijne bemerkingen daarop mededeelde.

Zoo werden in handen van Baud gesteld, bij kommissoriaal van 4 April 1838 no. 1 de openbare Indische besluiten van April en Mei 1837, en bij kommissoriaal van 16 Maart 1838 no. 8, de besluiten van Julij 1837. Baud beantwoordde deze kommissorialen: het eerstgenoemde bij missive van 3 Junij 1838 no. 296, en het laatstvermelde bij missive van 21 Maart 1838 no. 237. Naar aanleiding hiervan, deelde de minister zijne bedenkingen aan den gouverneur-generaal mede: — tegen de besluiten van April en Mei 1837, bij missive van 30 Junij 1838 no. 36/328, en tegen de besluiten van Julij 1837, bij missive van 16 Augustus 1838 no. 5/434, bij welke laatste missive de minister tevens aan den gouverneur-generaal schreef, dat het hem aangenaam was te kunnen berigten, „dat in het register der besluiten over de maand Junij 1837, geen aanleiding gevonden is, tot het voorbrengen van eenige bedenkingen."

De gouverneur-generaal de Eerens beantwoordde de in beide genoemde missives vervatte bemerkingen, bij zijn kabinets-brief van 5 Februarij 1839 no. 31, lett. N. — Hetgeen hij in den aanhef van dien brief zegt, met betrekking tot het maken van bemerkingen in het algemeen, is van genoegzaam belang, om hier te worden medegedeeld. Wij lezen daar hetgeen volgt:

„Zoo ik wel ben onderrigt geworden, is dit de eerste maal, dat het

---

(*) Sedert de invoering van het regerings-reglement van 1836, zijn de resolutiën vervallen.

hoofd des Indischen bestuurs de openlijke blijken ontving, dat zijne handelingen en besluiten, zoodanig als die bij de naar Nederland gezonden wordende registers zijn opgeteekend, door eene, naar het mij voorkomt opzettelijke lezing, onderzocht en beoordeeld worden.

»Het nut, hetwelk in de mededeeling dier beoordeelingen kan gelegen zijn, vooral wanneer zij komen van hen, welke vroeger het bestuur van Nederlandsch Indië, met evenveel bekwaamheid als met de meeste onderscheiding, hebben gevoerd, valt gewis niet te ontkennen, en ik althans, die dagelijks de rijke gevolgen van dat bestuur onder het oog heb, ben, *wat mijn persoon betreft*, geneigd om de nuttige wenken, welke mij door Uwe Excellentie gegeven worden, als het gevolg van uwe uitgebreide en grondige kennis der Indische aangelegenheden, met erkentelijkheid aan te nemen.

»Maar ik veroorloof mij, de aandacht van Uwe Excellentie te vestigen op de verdere uitwerking, welke die mededeelingen hebben, en reeds in ruime mate ondervonden zijn van de herhaalde bedenkingen en aanmerkingen van het ministerie, op onderscheiden mijner beschikkingen of voordragten.

»Ik ga er van uit, dat elke verrigting mijnerzijds, gegrond is op de, hetzij gezamenlijk met den raad van Indië, hetzij door mij alleen, goed overwogen en beoordeelde voordragten van bevoegde autoriteiten en departementen; — dat dus niet wel verondersteld kan worden, dat die verrigtingen alleen het uitvloeisel zijn van mij, als hoofd des bestuurs, en dat evenmin als de eer van doelmatige en nuttige besluiten bij uitsluiting aan mij alleen zou toekomen, ook evenmin bepaaldelijk aan mij kan worden toegeschreven, dat soms hier en daar wordt misgetast.

»Als stelregel geloof ik voorts te mogen aanvoeren: dat zeker geen bestuur of geene administratie, van welken aard ook, bestaan heeft, bestaat, of immer bestaan zal, hetwelk geen mistastingen op zijne rekening heeft. Volmaaktheid bestaat nergens; doch het is de pligt van elken administrateur, om altijd te trachten, der volmaaktheid nabij te komen, en het is zijn natuurlijke wensch om, alleen het goede bedoelende, zich zooveel mogelijk te vrijwaren voor verkeerde beschouwingen en ondoelmatige handelingen. Een en ander is altijd mijn streven geweest, zooals naauwelijks behoeft gezegd te worden.

»De administrateur of bewindvoerder mag in billijkheid vertrouwen, dat zijne handelingen kollektief worden beoordeeld; slechts dáárop kan het oordeel gegrond zijn, of hij al dan niet heeft voldaan aan zijn lastbrief. Wanneer hij, in stede daarvan, gedurig in zijne handelingen gegispt wordt, hetzij met, hetzij zonder gegronde redenen, dan kan het niet missen, of hij verliest het zoo noodzakelijke zelfvertrouwen. En wanneer het bekend wordt, dat zijne handelingen herhaaldelijk stof tot aanmerkingen opleveren, dan is het natuurlijk gevolg daarvan, dat zijne geadministreerden ophouden hem te beschouwen als de man, die zich met het vertrouwen zijner meerderen vereerd ziet; zulks ontaardt spoedig in mistrouwen, en eindigt met de verzaking der deferentie, welke zij hem schuldig zijn.

„Zoowel in het belang van de zaak, als in dat van mij zelven, moet ik dus wenschen dat vermeden worde, om mijne handelingen, ieder op zich zelve, te beoordeelen, althans om bedenkingen en aanmerkingen op dezelve, in openbare stukken (*) mede te deelen, welke in de bureaux moeten cirkuleren, en waarvan de publiekwording niet kan worden voorgekomen.

„Afgescheiden hiervan, moet ik in opmerking brengen, dat het bijna tot d onmogelijkheden behoort, om, met voldoende kennis van zaken, in Nederland te beoordeelen, de noodzakelijkheid of meerdere of mindere graad van doelmatigheid der handelingen, welke, een jaar te voren, bij het bestuur in Indië plaats hadden. De besluiten zelve zijn daartoe niet genoegzaam. Deze worden gewoonlijk gesteld in zoodanigen zin, als vereischt wordt voor de beslissing, maar niet om de waarde of het juiste dier beslissing te doen uitkomen. Zelfs in de dagelijksche behandeling van zaken, ontwaart men gestadig, dat de lezing van een voorafgegaan, met de zaak in verband staand besluit, niet voldoende is om het oordeel te vestigen. Daartoe moeten bijna altoos de bijlagen van het besluit worden in de hand genomen, en dan moet men zich nog dikwerf denkbeeldig verplaatsen in den tijd, waarin het besluit genomen werd. Nog zooveel te eerder is het gewaagd, op zóó verren afstand een oordeel te vellen over *de noodzakelijkheid en het doelmatige* van een zoodanig besluit, gegrond op de eenvoudige lezing van hetzelve.

„Evenzoo moet ik in opmerking brengen, dat de beantwoording der uit Nederland gemaakte aanmerkingen, veel moeite, dikwerf noodeloos te weeg brengt. Ik beroep mij hier, op den verderen inhoud dezes, en op de volgende zinsnede uit een rapport der generale direktie van financiën, van den 9en Januarij jl. no. 22, geschreven ten gevolge der ministeriële depeche dd. 26 Februarij 1838 no. 10/78. Die zinsnede luidt:

„„Bij den dagelijks toenemenden arbeid, ten gevolge, onder anderen, van „de menigvuldige aanmerkingen van het ministerie van koloniën, welker „wederlegging, zoowel eene meer dan gewone werkzaamheid oplevert, (door, „na jaar en dag, de zaken ten tweedemale te moeten behandelen,) als de „beantwoording van deszelfs aanschrijvingen, nopens zoovele punten van „bespiegeling van onderscheiden aard, een moeijelijke taak daarstelt voor „de kollegiën van algemeen bestuur, daarbij betrokken, is het niet opmer„kelijk, dat vele der kollegiën en andere hoofdambtenaren, behoefte ge„voelen aan eene uitbreiding van personeel."

„Ook uit dezen hoofde zou het mij zeer aangenaam zijn, indien Uwe Excellentie dit onderwerp geliefde te overwegen, en zich daarbij dan de vraag voor te stellen: of het mij persoonlijk welgevallig kan zijn, niet alleen dat vele aanmerkingen gemaakt worden en dat derzelver ruchtbaarheid nadeelig werkt, maar ook dat mij, gelijk geschied is, bij wijze van goed-

---

(*) Uit het medegedeelde is gebleken, dat 's ministers aanmerkingen niet bij *geheime*, maar bij *openbare* missives aan den gouverneur-generaal werden mededeeld.

keuring, de betuiging gedaan wordt : «dat in het register mijner besluiten
«over de maand Junij 1887, geen aanleiding gevonden is, tot het voorbren-
«gen van eenige bedenkingen." Mij komt het voor, en Uwe Excellentie
denkt er gewis evenzoo over, dat de gouverneur-generaal van Nederlandsch
Indië op een te gewigtig, te eervol en te verheven standpunt geplaatst is,
om dusdanige goedkeuring met genoegen te kunnen ontvangen, en dat hij
niet wel op gelijke lijn kan worden gesteld met de ondergeschikte plaatselijke
besturen, voor welke afkeuringen, berispingen of aanmerkingen volstrekt
dezelfde hoogst gevaarlijke uitwerking niet kunnen hebben, als zij kunnen
na zich slepen voor den gouverneur-generaal van Zijner Majesteits Indische
bezittingen."

Na deze uitwijding vatten wij den afgebroken draad weder op.

De bemerking op het vorenvermelde besluit, voorkomende onder § c van
's ministers missive dd. 16 Augustus 1838 n°. 5/484, was van van den Bosch
zelven. Baud had op dat besluit alleen zijne aandacht gevestigd, zonder
daarbij iets te voegen. De bemerking van den minister luidt aldus :

«c. Besluit van den 14en Julij 1887 no. 4. Daarbij is als beginsel aangenomen, om de produkten zooveel doenlijk hoofdelijk te betalen, en niet
met de landrenten te verrekenen.

«Het zou naar mijn inzien voorzigtig zijn, in het te dien aanzien bestaande geen verandering te maken, dan met toestemming van de belanghebbenden ; moetende ik Uwe Excellentie, in het algemeen, tegen het maken
van veranderingen waarschuwen, als liggende zulks niet in den geest van
den, inlander."

De gouverneur-generaal de Eerens antwoordde daarop, bij zijne aangehaalde kabinets-missive van 5 Februarij 1839 no. 31, lett. N, in de volgende bewoordingen :

«Ik moet Uwer Excellentie hieromtrent opmerken, dat tot het aannemen
van het onderwerpelijk beginsel niet is overgegaan, dan nadat door de verkregen ondervinding overtuigend gebleken was, welke ongelijkmatigheid,
uit de verrekening der aan de bevolking toekomende voordeelen van haren
arbeid met de verschuldigde landrenten voortvloeide, en hoe wenschelijk
het was, eene gereede en zooveel mogelijk hoofdelijke betaling, voor de aan
het gouvernement geleverd wordende produkten voor de Europeesche markt,
in te voeren.

«De voordeelen welke, voor den wezenlijken planter, uit dezen maatregel voortvloeijen, zijn niet onbelangrijk, en zullen niet weinig toebrengen,
om zijn lust voor de kultures op te wekken en zijne tevredenheid te bevorderen.

«Een man die b. v. een bouw sawavelden bezit, en dus een grooter
aandeel heeft in de landrenten dan een ander, die slechts een halve bouw
heeft, geniet alzoo bij de verrekening met landrenten dubbel zooveel als
deze; terwijl hij daarenboven een gelijk aandeel bekomt in de overwinsten,

of van hetgeen het voortbrengsel meer opbrengt dan het bedrag der landrenten. Intusschen is de arbeid van beide gelijk, als wordende deze wel
naar persoonlijke krachten, maar zeer zelden naar het aandeel in de sawavelden geregeld, ja, zelfs mag worden aangenomen, dat een man die weinig
sawavelden bezit, eerder *meer* dan *minder* arbeid aan de kultures verrigt,
dan een die er veel bezit, want de billijkheid wordt, ten aanzien der min-
vermogenden, wel het minst door de dessabesturen in acht genomen.

„Geschiedde de aanslag der belasting op het gewas hoofdelijk en vond
ook de betaling der geleverde voortbrengselen hoofdelijk plaats, dan zou
de verrekening der verschuldigde landrenten doelmatig kunnen zijn;
doch dit is het geval niet. Overal geschiedt de aanslag der landrenten
door het plaatselijk bestuur dessa'sgewijze, en wordt de regeling, hoeveel
ieder landbouwer daaraan moet bijdragen, geheel aan het dessa-bestuur
overgelaten, hetwelk daarbij niet zelden persoonlijke of familiebelangen in
aanmerking neemt.

„Bij de jaarlijksche verdeeling der sawavelden, waar die bestaat, zijn
het doorgaans de leden van het dessabestuur en hunne aanverwanten of
vrienden, aan welke de beste velden ten deel vallen, en die gevolgelijk
de grootste sommen in de landrenten opbrengen; terwijl zij door hun stand
veelal ontheven zijn, om aan de werkzaamheden der gouvernements kultures
deel te nemen.

„De onderwerpelijke maatregel is derhalve geheel in het belang der arbeidende klasse, en ik durf mij dan ook vleijen, dat, hoezeer het maken
van veranderingen in het algemeen niet in den geest ligt van den inlander,
hij echter met de verandering, waarvan hier de rede is, tevreden zal zijn."

Deze missive werd in het laatst van Mei 1839 in Nederland ontvangen,
en door den Minister in handen gesteld van den staatsraad adviseur Baud.

## IV. *Verschillende mededeelingen.*

1. *Penatoes in Kadoe en aanslag der landrenten aldaar.* Wij moeten
nog eenmaal terugkomen op de hoofden, bekend onder den naam van *penatoes*, ook ten blijke hoe de *adat* op Java wordt begrepen en opgevolgd. (*)
Nadat in 1819 nog de sporen bestonden, dat in de residentie Kadoe,
aan elken individueelen landbouwer een piagem of huuroedul van zijn aanslag in de landrenten, werd afgegeven; bevond de inspekteur van financiën,
in het begin van 1820, dat de aanslag in die residentie *distriktsgewijze*
geschiedde. Hij verzocht den resident dit te veranderen, en de voorschriften
op te volgen, die een *dessa'sgewijzen* aanslag geboden. De resident bezwaarde
zich hierover bij de regering, die echter, bij besluit van 12 April 1820 no. 7,
de opvolging gelastte der bepalingen, vervat in Staatsblad 1819 no. 5,
alzoo den aanslag *dessa'sgewijze*, en wel, zoo als bij gemeld besluit gezegd
wordt, *van elke dessa in eens*. (†)

(*) Zie, omtrent de beteekenis van het woord penatoes, bladz. 189 van ons
eerste deel, en de daarbij gevoegde noot.
(†) Zie ons tweede deel, pag. 10—12.

Later bleek uit eene missive van den resident van Kadoe, dd. 5 November 1833 no. 1165: (*) — dat de aanslag NIET *dessasgewijze* geschiedde, maar *glandongsgewijze*, namelijk: over zulk een getal dessa's in eens, als waarover een demang of penatoes het gezag voerde, aan wien dan ook de piagem van den aanslag werd uitgereikt. Uit diezelfde missive bleek verder: dat in Kadoe de personen, bekend onder den naam van penatoes, bestendig, *sedert de invoering van het stelsel van landrenten aldaar*, als de eigenlijke dessahoofden waren beschouwd geworden. Dit een en ander berigtende, gaf de resident van Kadoe tevens zijn voornemen te kennen, om langzamerhand aan de penatoes invloed en gezag te ontnemen.

De direkteur der kulturen merkte echter, bij zijne missive van 22 November 1833 no. 3602, aan de regering op: dat de invloed, dien deze penatoes op de bevolking uitoefenden, tot bewijs strekte, dat zij hun bestaan uit de aloude Javaansche instellingen ontleenden, en alzoo geen opgeworpen, onwettig in funktie gestelde hoofden waren.

De regering schreef, dientengevolge, den resident van Kadoe, bij art. 3 der resolutie van 19 December 1833 no. 8, aan, om aan zijn uitgedrukt voornemen geen gevolg te geven, *met verderen uitdrukkelijken last* op hem resident, om den aanslag der ongebouwde eigendommen, *bij voortduring glandongsgewijze* te doen, en daarvan niet af te gaan, zonder eene uitdrukkelijke autorisatie der regering.''

Deze resolutie was alzoo lijnregt in strijd met de vigerende algemeene bepalingen, welke een *dessasgewijzen aanslag* bepaald voorschrijven, en waarvan de opvolging, voor de residentie Kadoe in het bijzonder, bovendien uitdrukkelijk bevolen was bij het vorenvermeld besluit van 12 April 1820 no. 7.

Naauwelijks twee jaren nadat de resolutie van 19 December 1833 no. 8 genomen was, bood de resident van Kadoe, bij missive van 18 Januarij 1836 no. 38, der regering eene nota aan, waarbij onder anderen de wenschelijkheid werd betoogd, om de jaarlijksche piagems der belastingen, voortaan aan de dessahoofden af te geven, in stede van aan de penatoes.

Dientengevolge werd die resident, bij art. 3 van het besluit van 13 Julij 1837 no. 12, aangeschreven:

*a. Om op eene geleidelijke wijze te trachten, om gevolg te geven aan de betoogde wenschelijkheid, om de jaarlijksche piagems der belastingen, voortaan aan de dorpshoofden af te geven, in stede van aan de penatoes.

*b. Om in overweging te nemen, in hoever de aldaar (in Kadoe) bestaande penatoes verminderd kunnen worden, dan wel geheel vervallen.''

Deze beschikking in Nederland ontvangen zijnde, maakte de staatsraad adviseur J. C. Baud, bij zijne aan den minister gerigte missive van 21 Maart 1838 no. 237, daarop de volgende bemerking:

*Besluit* 13 *Julij* 1837 no. 12, omtrent de aangelegenheden der residentie Kadoe: waarin opzigtelijk de afschaffing der *penatoes*, (eene klasse van inlandsche hoofden, tusschen het dorps- en het distriktshoofd,) eene

(*) Zie ons tweede deel, pag. 580.

neiging doorstraalt, om plaatselijke instellingen op te offeren aan afgetrokken theoriën, en om de bestaande inlandsche kleine aristokratie van haar invloed te berooven, die in dit geval niet het geldelijk belang der schatkist ten grond hebben kan, vermits de *penatoes* geen inkomsten uit 's lands kas trekken. Zoodanige *penatoes*, ook wel *wedono's* genaamd, bestaan in vele residentiën van Java, hoezeer dan ook niet officiëel erkend. Het zijn de geschiktsten onder de dorpshoofden, welke, door het distriktshoofd of den regent, met de policie over 3 tot 10 dessa's worden belast, waardoor het tweeledig nut wordt bereikt: dat de uitvoering der bevelen van het gouvernement, behalve door het distriktshoofd, nog door eene op de plaats aanwezige autoriteit, en dus van nabij wordt gadegeslagen; — en dat de demangs of distriktshoofden die, als alle ambtenaren, nu en dan verplaatst worden, in de *penatoes* vinden, eene klasse van *inamovibele* medehelpers voor de uitoefening der policie, bijzonder geschikt om aan hunne eigene onervarenheid (wanneer zij in een nieuw distrikt komen) te hulp te komen. — Het zou welligt niet zonder nut zijn, den gouverneur-generaal tegen het invoeren van de hier bedoelde veranderingen, die ligtelijk van de eene residentie tot de anderen zouden kunnen overslaan, te waarschuwen." (*)

In den geest dier bemerking, verzocht de minister den gouverneur-generaal, bij missive van 16 Augustus 1838 no. 5/434, "om, zonder zeer dringende redenen, geen veranderingen in het inlandsch bestuur in werking te brengen."

De gouverneur-generaal antwoordde hierop, bij kabinets-missive van 5 Februarij 1839 no. 31 lett. N., hetgeen volgt:

"Het zij mij vergund hierop te doen dienen, [dat bij het onderwerpelijke besluit geen dadelijke afschaffing der *penatoes* in de residentie Kadoe is bepaald, of eenige bepaalde neiging aan den dag is gelegd, om plaatselijke instellingen op te offeren aan afgetrokken theoriën, en de bestaande inlandsche kleine aristokratie van haar invloed te berooven; — zijnde daarbij slechts de resident aangeschreven, om *in overweging te nemen*, in hoever de *penatoes* verminderd kunnen worden, dan wel geheel afgeschaft.

"Tot deze aanschrijving heeft aanleiding gegeven, het voorkomende in het rapport van den inspekteur der kultures Vitalis, nopens zijne gehouden inspektie in 1834, (†) houdende, — met betrekking tot het buitengewoon groot

_____

(*) De resolutie van 19 December 1833 no. 8, was genomen door den gouverneur-generaal a. i. Baud, nog tijdens het aanwezen in Indië van den kommissaris-generaal van den Bosch. In de daarbij genomen beschikking, bragt het nu besproken besluit van 13 Julij 1837 no. 12, eene groote verandering, door den geleidelijken overgang te bevelen van den *glandongsgewijzen aanslag* tot den *dessa'sgewijzen*. Opmerkelijk is het, dat de bemerking van het opperbestuur tegen dit besluit, niet doelde op dat hoofdbeginsel, hetwelk geheel werd voorbijgezien; maar alleen betrof *het in overweging nemen* van het verminderen of afschaffen der penatoes!

(†) De aanleiding was dus reeds gevonden, zeer kort nadat de resolutie van 19 December 1833 no. 8, genomen was.

inlandsch personeel, vooral van de sub-demangs, in de residentie Kadoe, hetwelk ook reeds bij eene andere gelegenheid door den direkteur der kultures is opgemerkt, — dat de penatoes, welke eenige dessa's onder zich hebben, door welke zij tot hunne waardigheid worden verkozen, een grooten invloed uitoefenen op de bevolking, welke grooter is, naar mate van de uitgestrektheid van het penatoeschap, doch welke invloed thans wordt verminderd, doordien de sub-demangs, welke trachten hun gezag te doen toenemen, door een zoo groot mogelijk aantal penatoes onder hunne bevelen te hebben, het getal dezer laatsten zóódanig vermeerderen, dat weldra elk dorp een penatoe zal hebben.

„De resident achtte het, even als de direkteur der kultures, nuttig, het getal dier „inlandsche hoofden te verminderen, in evenredigheid waarvan hun invloed zal vermeerderen, hetgeen in overeenstemming is met de resolutie van den 19en December 1833 no. 8, welke bij de behandeling dezer zaak is geraadpleegd geworden.

„Totdusver zijn echter, te dezer zake, nog geen voorstellen van den resident ingekomen; doch mogten zij worden ontvangen, dan zal, bij derzelver overweging, in het oog worden gehouden om, zonder zeer dringende redenen, geen veranderingen in het inlandsch bestuur in werking te brengen."

Intusschen werd in Kadoe *de dessa'sgewijze aanslag der landrenten* geleidelijk hersteld, en is die daar tot heden in werking; althans dit is, uit een in het begin van het loopende jaar 1866 opzettelijk ingesteld onderzoek, gebleken.

De aanleiding tot dit onderzoek was deze:

In het laatst van 1865 ontving de minister, een staat van den aanslag over 1865 van de dessa Djampiroso, distrikt en demangschap Temangong, regentschap van dien naam, residentie Kadoe. Op dien staat waren de belastingschuldigen der gezegde dessa met namen genoemd, met vermelding van de uitgestrektheid velden in elks bezit, en van het cijfer door ieder aan landrenten verschuldigd. (\*) De minister, aan wien bovendien was medegedeeld, dat zoodanige staten ter plaatse in het openbaar werden aangeplakt, meende uit een en ander te mogen afleiden, dat in de betrekkelijke landstreek, en misschien ook in andere gedeelten der residentie Kadoe, de aanslag der landrenten *individueel* geschiedde. Voor die onderstelling bestond te meer reden, omdat, zoo als wij gemeld hebben, in 1819 in Kadoe nog sporen aanwezig waren van een *individueelen aanslag*, althans van het aan ieder individu uitreiken van een huurcedul of piagem. (†) Uit het, naar aanleiding hiervan, op last van den minister, ingesteld onderzoek, bleek echter, dat de aanslag in de bovenvermelde dessa, even als

---

(\*) Dit is dezelfde staat die, als bijlage no. 2, door den minister is gevoegd geworden bij zijne, onder dagteekening van 6 April 1866, ingediende memorie van beantwoording van het voorloopig verslag van de kommissie van rapporteurs uit de 2e kamer, omtrent het wets-ontwerp tot vaststelling der grondslagen, waarop ondernemingen van landbouw en nijverheid in N. I. kunnen worden gevestigd.

(†) Zie ons tweede deel, pag. 10 en 11.

III.                                                                                                6

in alle overige gedeelten van Kadoe, dessa'sgewijze plaats had, en dat de vorenbedoelde staat van de dessa Djampiroso, de regeling van het dorpshoofd aanwees.

2. *Periodieke opgaven van de landelijke inkomsten.* Bij besluit van 16 Maart 1837 no. 17, werd bepaald: dat de inzending der staten, aantoonende hetgeen op de landelijke inkomsten is aangezuiverd, in stede van *maandelijks*, — zoo als bij art. 65 van het, bij besluit van 2 Maart 1828, gearresteerde reglement op de inrigting en inzending van periodieke stukken was vastgesteld, — voortaan door de betrokken residenten en op zich zelf staande assistent-residenten op Java, *om de drie maanden* en wel onder den laatsten van ieder kwartaal, aan den direkteur der kultures moest geschieden.

Bij besluit van 27 November 1837 no. 15, werd een model voor dien staat vastgesteld, en tevens bepaald, dat daarbij, onder ultimo Junij van elk jaar, volgende op dat waarover de verantwoording van den aanslag loopt, eene nota of memorie moet worden gevoegd, omtrent de alsdan nog onaangezuiverde sommen, met bijvoeging van de vereischte bescheiden, betrekkelijk de middelen die tot de invordering van den achterstand zijn aangewend; terwijl daarentegen verviel, de inzending der vroeger gevorderde jaarlijksche verantwoording der landelijke inkomsten.

3. *Belasting op het bedrijf in de residentie Madioen.* Bij besluit van 8 Junij 1837 no. 6 (Staatsblad no. 26) werd bepaald, dat de voorschriften, vervat in Staatsblad 1829 no. 19, regelende den aanslag en de heffing der belasting, bekend onder den naam van *huistax*, voortdurend zouden worden opgevolgd, behoudens enkele daarbij vermelde wijzigingen, waaronder ook, dat de benaming dezer belasting zou worden vervangen door die, van *belasting op het bedrijf.* (*)

Bij art. 3 van dat besluit, (niet in het Staatsblad opgenomen,) waren de residenten van Kediri en Madioen aangeschreven: „om, met in achtneming van het bij art. 1 en 2 bepaalde, de bedoelde belasting mede toe te passen op alle, eenig bedrijf uitoefenende, geene landbouwers noch ambtenaren zijnde ingezetenen van de residentiën onder hun beheer, onverschillig of die personen al dan niet in de dessa's wonen, alwaar de heffing der landrenten door het ingevoerd stelsel van kultures is vervangen geworden(†); en om den aanslag *hoofdelijk* te doen, volgens den geest van het Staatsblad 1829 no. 19, en de verdeeling niet aan de dessa- en kampongs-hoofden over te laten."

---

(*) De vroegere *huistax*, thans *belasting op het bedrijf*, is, als onderdeel van de landelijke inkomsten, bekend onder den naam van *belasting op de gebouwde eigendommen*, in tegenstelling van de *landrente*, die genoemd wordt *belasting op de ongebouwde eigendommen.*

(†) Zie, omtrent het bijzondere stelsel, destijds werkende in Madioen en Kediri, het medegedeelde op pag. 439—447 van ons tweede deel, en de volgende §.

De resident van Madioen opperde, bij zijne missive van 8 Augustus 1887 no. 953, bedenkingen tegen den voorgeschreven *hoofdelijken aanslag*, en meende dat een *dessa'sgewijze aanslag*, zooals tot dusver in die residentie had plaats gehad, te verkiezen was. De direkteur der kultures wederlegde, bij missive van den 22en dier maand no. 2268/15, de door den resident van Madioen medegedeelde bezwaren, en de regering gelastte dien resident, bij besluit van 29 September 1837 no. 4, om de bepalingen van het besluit van 8 Junij te voren no. 6, "zonder eenige veranderingen" op te volgen.

4. *Voorgenomen herziening van het in de residentiën Kediri en Madioen werkende stelsel.* De resident van Kediri stelde, bij missive van 11 Julij 1837 no. 24, voor, om de indigo-planters in zijne residentie ƒ 2.— per pond geleverd wordende indigo te goed te doen, in stede van ƒ 1.—, zoo als bepaald was bij resolutie van 3 Februarij 1833 no. 4, (*) ter verrekening der landrenten, van welker betaling zij waren vrijgesteld. De resident voerde aan: — dat de indigo-kultuur voor de bevolking zeer bezwarend was, aangezien de bladeren driemaal 's jaars gesneden en naar de fabrieken gebragt moesten worden, en het schoonhouden der tuinen een onafgebroken arbeid vorderde: — dat in 1836 gemiddeld 40 pond indigo per bouw was verkregen, waarvoor à ƒ 1.— per pond ƒ 40.— was te goed gedaan; terwijl 5 man voor elken bouw waren afgezonderd, welke, in vergoeding voor de vrijstelling van landrenten, in produkten moesten leveren, elk voor een waarde van ƒ 7,40, of te zamen voor ƒ 37.—, zoodat aan hen slechts ƒ 3.— koper, of 60 centen per hoofd in het jaar was uitgekeerd; — dat eene verhoogde betaling wenschelijk was, ook ter voorkoming dat de voor de indigokultuur afgezonderde bevolking, gelijk reeds had plaats gevonden, verhuisde naar de dessa's die bij de suiker- en koffijkultuur waren werkzaam gesteld.

De direkteur der kultures gaf deswege, bij missive van 5 September 1837 no. 2263/3, te kennen: dat vermits het voorstel eene verandering beoogde, in het voor Kediri en Madioen ingevoerde bijzonder stelsel, hij ter zake den resident van Madioen had gehoord, die, bij schrijven van 8 Augustus te voren no. 975, had berigt, dat hij eene herziening van dat stelsel, ter gelegener tijd wenschelijk achtte. De direkteur merkte daarbij op: — Dat het aangevoerde, betrekkelijk de verhuizing van de voor de indigokultuur afgezonderde bevolking in Kediri, naar de dessa's met andere kultures belast, niet ongegrond was en bevestigd werd door een rapport van den waarnemend inspekteur der kultures in de vierde afdeeling (†). —

(*) _ Vergelijk, tweede deel, pag. 443.
(†) Ook uit het rapport van den inspekteur der kultures in de 3de afdeeling, betreffende eene in Mei 1839 in Kediri gehouden inspektie, (welk rapport verhandeld is bij besluit van 30 December 1839 no. 3,) blijkt: »dat de indigo-kultuur in die residentie meer en meer verminderde en mogelijk langzamerhand geheel zou moeten worden gestaakt, als een gevolg van de verhuizingen der indigo-planters naar die distrikten, welke voor de aanplanting van koffij en suiker waren afgezonderd.'

Dat hij desniettemin, in overeenstemming met het gevoelen van den resident van Madioen, van oordeel was, dat het niet raadzaam zijn kon, zonder geheele herziening van het stelsel, een onderdeel te veranderen, zoo als in de bedoeling lag van den resident van Kediri. — Dat, met bijberekening der kosten van opbouw en onderhoud der fabrieken, en alle andere onkosten, waarmede de indigo in Madioen en Kediri, ten gevolge van het daar werkende bijzondere stelsel, moest bezwaard worden, dat produkt, sedert de invoering van het stelsel tot over den oogst van 1835, in Kediri te staan kwam op ƒ 5.60 het pond. — Dat, bij eene voortzetting van die berekening, de indigo tot en met 1837, welligt nog slechts op ƒ 2.— het pond, en mogelijk op nog minder zou te staan komen; maar dat die in allen gevalle zeker meer kosten zou dan ƒ 1.50 het pond, welke som daarvoor, in het algemeen in de andere residentiën, aan de bevolking betaald werd. — Dat alzoo eene verhooging der belooning aan de indigo-planters in Kediri, een maatregel zou zijn, dien men zich later zou kunnen beklagen, omdat daarop bezwaarlijk kon worden teruggekomen.

Bij besluit van 12 October 1837 no. 19, werd aan den resident van Kediri medegedeeld, dat het gouvernement, op de vorenvermelde gronden, vooralsnog niet in zijn voorstel kon treden, doch werd, aan hem en aan den resident van Madioen, uit hoofde van de erkende wenschelijkheid eener herziening van de grondslagen, waarop het stelsel van kultures in die beide residentiën rust, opgedragen: om zich onderling te verstaan, nopens het tijdstip en de wijze eener herziening van de regelingen, vervat in de resolutiën van 10 December 1832 no. 1 en 8 Februarij 1833 no. 4; met last om, te zijner tijd, deswege gezamenlijk, door tusschenkomst van den direkteur der kultures, te dienen van konsideratiën en advies."

Naar aanleiding van het daartoe door de Indische regering, bij missive dd. 16 Mei 1838 no. 266/4 (besluit van dien dag no. 4) gedaan voorstel, werd door den Koning, blijkens missive van den minister, dd. 5 Augustus 1839 no. 52/457, magtiging verleend, om de betaling aan de indigo-planters in Kediri te verhoogen, in dier voege, dat een montant van ƒ 1.80 per pond als maatstaf genomen, en alzoo aan de planters betaald werd, het verschil tusschen dat bedrag en den prijs waarop de indigo in Kediri aan het gouvernement te staan kwam, destijds berekend op ƒ 1.54 het pond. Deze beschikking werd verhandeld bij het Indisch besluit van 30 December 1839 no. 2.

Intusschen hadden de residenten van Kediri en Madioen, bij rapport van 30 Augustus 1838 no. 1286, voldaan aan de opdragt, bedoeld bij het hiervoren vermeld besluit van 12 October 1837 no. 19. Uit dat rapport en uit het naar aanleiding daarvan uitgebragt advies van den direkteur der kultures bleek, dat er tusschen deze autoriteiten geen eenstemmigheid bestond, niet alleen omtrent de bijzonderheden van het in Kediri en Madioen werkende stelsel, maar ook ten aanzien van de meerdere of mindere doelmatigheid van het stelsel zelf. De residenten van Madioen en

Kediri meenden dat het stelsel moest behouden worden, eerstgemelde echter voor nog slechts zekeren tijd. De direkteur der kultures daarentegen keurde het stelsel om zijne vele gebreken af, en achtte het wenschelijk dat het ingetrokken, en voorzigtig vervangen werd door het algemeen op Java werkende stelsel van kultures.

De beslissing des ministers werd in deze aangelegenheid ingeroepen, bij missive van 3 Mei 1839 no. 247/11 (besluit van dien dag no. 11), waarbij alle betrekkelijke stukken werden opgezonden. Wij vermelden hier alleen dit feit en gaan de bijzonderheden met stilzwijgen voorbij, even als de détails van daaruit voortgevloeide nadere korrespondentie, tusschen den minister en de Indische regering, waarop wij in het volgende hoofdstuk nog even zullen terugkomen. Wij kunnen ons te eerder van eene meer uitvoerige behandeling dezer aangelegenheid onthouden, omdat de feitelijke toestand in Madioen en Kediri, sedert 1 Januarij 1859 is veranderd. Daartoe werd bij koninklijk besluit van 24 Julij 1842 no. 52 reeds magtiging verleend, waaraan echter eerst uitvoering is gegeven bij de Indische publikatie van 8 April 1858 (Staatsblad no. 46), waarbij werd bepaald: — «Ingaande met het jaar 1859, wordt in de residentiën Madioen en Kediri, met buiten werking stelling van de resolutiën van 10 December 1832 no. 1 en van 3 Februarij 1833 no. 4, weder ingevoerd de kwijting der landrenten in geld;" — en zulks tegen voldoening van den arbeid aan de gouvernements kultures in geld, naar den algemeen werkenden maatstaf van betaling, in de residentiën, waar landrenten worden geheven.

5. *Afschrijving van landrenten.* Onder meerdere zullen wij, even als vroeger, ook nu weder een paar voordeelen van zoodanige afschrijvingen vermelden.

a. De resident van Cheribon deed het voorstel, (missives 10 Februarij en 10 Maart 1837 no. 252 en 589,) om aan de bevolking der distrikten Gegerik en Palimanang, welke was afgezonderd voor de suikerkultuur bij het etablissement te Ardja Winangon, kwijtschelding te verleenen van hetgeen zij nog, na aftrek van het door haar geleverde suikerriet en brandhout, wegens landrenten en verstrekte landbouwgereedschappen, over de jaren 1833, 1834, 1835 en 1836, verschuldigd was, bedragende te zamen eene som van ƒ 59,169.86. De direkteur der kultures gaf te dier zake te kennen: (*)

«Dat men, bij de regeling der suikerkultuur voor het etablissement te Ardja Winangon, schijnt afgeweken te zijn van den maatstaf van belooningen, die bij de beginselen voor de suikerkultuur, vastgesteld bij besluit van 28 Maart 1834 no. 1 (Staatsblad no. 22), als billijk zijn aangenomen; zoodat, bijaldien die maatstaf ware gevolgd, thans in stede van ƒ 59,169.86,

---

(*) De volgende bewoordingen, zijn, uit het betrekkelijk besluit, van 22 Augustus 1837 no. 16, overgenomen.

slechts eene som van ƒ 22,111.52 nog ter verrekening zou overblijven.

„Dat de regeling der suikerkultuur, ten behoeve van meermeld etablissement, van den beginne af aan, niet alleen verkeerd is behandeld, maar dat daarin op eene onregelmatige en, voor de belangen van het gouvernement en van al de betrokkenen, schadelijke wijze is voortgegaan, zonder dat daarvan behoorlijk aan het gouvernement mededeeling is gedaan, hetwelk in dat geval, door eene betere regeling, de schade had kunnen voorkomen, of ten minste aanzienlijk verminderen.

„Dat er thans voor het gouvernement niets overblijft, dan de verzochte kwijtschelding te verleenen, vermits het niet billijk zou wezen, om den achterstand van de bevolking, die buiten hare schuld gedurende de voormelde jaren geen vruchten van haar arbeid heeft getrokken, in te vorderen; terwijl voorts de overtuiging bestaat, dat de aanzuivering van een zoo aanzienlijken achterstand niet mogelijk, en in ieder geval voor haar zeer ontmoedigend zou zijn."

Op grond hiervan, werd gemelde som van ƒ 59,169.86, bij besluit van 22 Augustus 1837 no. 16, kwijtgescholden.

b. Even als over 1834 en 1835, (*) werd ook over 1836 autorisatie verleend tot afschrijving, en wel bij besluit van 22 Junij 1837 no. 11, eener som van ƒ 43,725, en bij besluit van 19 December 1838 no. 11 van nog ƒ 5,779.06, dus te zamen van ƒ 49,524.06; zijnde het bedrag der landrenten over duizend bouws, waarvoor vrijstelling was verleend aan de voor de suikerkultuur afgezonderde bevolking van de afdeeling Kendâl, in de residentie Samarang.

c. Bij besluit van 14 Mei 1839 no. 5, werden goedgekeurd de volgende afschrijvingen bij de kasrekening van Pekalongan, als

in 1834 van ƒ 21,066.75 landrenten,
„ 1835 „ „ 20,427.—  „
„ 1836 „ „ 20,422.56  „

6. *Stelsel in Dayoeloehoer, in de residentie Banjoemas.* Wij hebben vroeger melding gemaakt van het, bij resolutie van 22 Augustus 1831 no. 1, bij wijze van proefneming, in Dayoeloehoer ingevoerde bijzonder stelsel, zoo ook van de, bij resolutie van 22 April 1835 no. 2, genomen afwijzende beschikking op het voorstel van den resident van Banjoemas, om dat stelsel in te trekken. (†)

Bij besluit van 11 Januarij 1838 no. 1, werd op die afwijzende beschikking teruggekomen, en bepaald: — „Dat het, ten gevolge der resolutie van 22 Augustus 1831, no. 1, in het Pattehschap Dayoeloehoer (residentie Banjoemas) werkende stelsel, van gedwongen kultuur tegen vrijstelling van landrenten, ingetrokken, en dat daarentegen aldaar weder inge-

_____

(*) Zie tweede deel, pag. 750.
(†) Zie tweede deel, pag. 432 en 749.

voerd zal worden, hetzelfde stelsel van landrenten, hetwelk in het overige gedeelte der residentie Banjoemaas, en meer algemeen op Java, bestaat; zullende zulks gerekend worden te zijn ingegaan, met den aanvang dezes jaars."

Ten vervolge hierop werd, bij besluit van 18 Maart 1838 no. 3, bepaald: dat het der bevolking van Dayoeloehoer zou vrijstaan, om over de door haar gekultiveerd wordende peper naar goedvinden te beschikken, met vrijlating tevens om die, des verkiezende, aan het gouvernement te leveren, tegen betaling van *f* 10.— koper per pikol, in plaats van *f* 6.— koper, waarvoor die bevolking tot dusver was verpligt geweest de peper aan het gouvernement te leveren. (*)

7. *Heerendiensten.* Bij besluit van 14 Mei 1838 no. 1, art. 1, werd de direkteur der kultures aangeschreven:

„Om de inspekteurs der kultures aan te bevelen, om bij hunne inspektiën naauwkeurig te onderzoeken, of en in hoever de bestaande bepalingen, tegen het onwettig vorderen van diensten of levensbehoeften van den inlander, (†) behoorlijk worden gehandhaafd; speciaal of, bij de inspektiën der residenten, assistent-residenten en andere ambtenaren, leveringen van levensmiddelen of andere behoeften, zonder behoorlijke betaling, plaats vinden; en voorts, of de inlandsche hoofden niet zoodanige gelegenheden te baat nemen, ten einde aan de bevolking ongeoorloofde en bezwarende opbrengsten op te leggen; — zullende de gemelde inspekteurs, na eene gehoudene inspektie, omtrent de voorschreven punten, bij een afzonderlijk stuk behooren te dienen van konsideratiën en advies."

Op deze aanschrijving door den minister bemerking gemaakt zijnde, bij missive van 27 April 1839 no. 8/217, liet de gouverneur-generaal, bij missive van den algemeenen sekretaris, dd. 8 November daaraanvolgende no. 1126, den direkteur der kultures aanschrijven: „om zich te verzekeren, of de inspekteurs, in de opvolging van gemelde aanschrijving, ook welligt verder gegaan zijn, dan de bedoeling van het gouvernement is; waarmede, bij den bestaanden maatschappelijken en zedelijken toestand van den Javaan, niet zou strooken, indien zij zich hadden *beijverd* tot het *opzettelijk opsporen* van bedoelde misbruiken, zoo die door regenten en hoofden begaan zijn, zonder dat zij als misdadig kunnen worden aangemerkt. Naar aanleiding van het hierop ontvangen antwoord, toonde de gouverneur-generaal, bij kabinetsmissive van 18 Februarij 1840 no. 20, lett. O, door toezen

---

(*) In andere residentiën bleef de levering der peper, tegen *f* 5.— zilver de pikol, verpligtend, tot dat die dwangkultuur van zelf te niet ging, en eindelijk ook in Patjitan, — het laatste gewest waar ze nog bestond, maar waar in 1862 slechts 3 pikols en 59 pond peper geleverd werden, — blijkens Staatsblad van 1863 no. 182, werd ingetrokken.

(†) Staatsbladen 1834 no. 52 en 1836 no. 15, zie ons tweede deel, pag. 50 § 8 en 763 § 4.

ding van stukken, den minister aan, dat zijne vorenvermelde aanschrijving de door den minister gevreesde uitwerking niet gehad had.

Bij besluit van 13 Junij 1838 no. 11, werd de resident van Bagelen aangeschreven, "om op daartoe geschikte plaatsen, bij voortduring, geregelde aanplantingen van djattiboomen te doen plaats hebben;" — terwijl bij art. 2 van datzelfde besluit, werd bepaald: — "dat de bevolking, welke belast zal wezen met het aankweeken en onderhouden der djattiboomen in de residentie Bagelen, en met hetgeen daaromtrent verder wordt vereischt, bevrijd zal zijn van alle andere werkzaamheden der kultures, zoomede van het verrigten van heerendiensten, namelijk: voor zooveel en voor zoolang de resident die vrijstelling noodzakelijk zal achten."

8. *Algemeene regeling der heerendiensten.* De direkteur der kultures bood, bij missive van 7 Junij 1838 no. 1757/17, ter voorloopige voldoening aan art. 6 der resolutie van 23 Februarij 1836 no. 1 (Staatsblad no. 15) der regering aan, een algemeen register der heerendiensten over geheel Java, opgemaakt naar aanleiding der deswege, van de onderscheiden residenten en assistent-residenten, ontvangen opgaven; waarbij door den direkteur werd aangetoond, de moeijelijkheid die er in gelegen was, om zoodanige staten met de vereischte naauwkeurigheid en juistheid op te maken, en het weinige vertrouwen dat daaraan, dientengevolge, kon worden geschonken (*).

Dezelfde direkteur toonde, bij missive van 19 Junij 1838 no. 1894/17, nader aan, de moeijelijkheid welke er in gelegen was, om — bij de groote uitgebreidheid van land en volk, bij de menigvuldige werkzaamheden van Europeesche en Inlandsche ambtenaren, en bij de geringe beschaving der mindere Inlandsche ambtenaren, — in den geest der voren aangehaalde resolutie, de daarbij gevorderde regeling der heerendiensten al dadelijk daar te stellen', zonder tot aanzienlijke uitgaven over te gaan, door het in dienst nemen van genoegzaam bekwame inlanders, aan welke, de tot die regeling gevorderde voorbereidende werkzaamheden en de handhaving in de eerste jaren, zouden kunnen worden opgedragen, en zonder vele der aloude volksinstellingen te kwetsen, hetgeen voorzien werd, vermits die regeling, hoezeer ook in het belang der bevolking daargesteld, geacht werd aan haar, althans in de eerste tijden, onaangenaam te zullen zijn, uithoofde van hare gehechtheid aan die instellingen, haar weinig doorzigt en geringe beschaving. De direkteur vroeg, uit dien hoofde, de beslissing der regering op de twee volgende vragen:

"a. Of de regeling der heerendiensten, niettegenstaande de nu bekend geworden bezwaren, overeenkomstig de bepalingen der resolutie van 23 Februarij 1836 no. 1, (Staatsblad no. 15) uitgevoerd en gehandhaafd moet worden? — dan wel

---

(*) De grootste moeijelijkheid was gelegen, aan het onbegrensde der vorderingen van heerendiensten, die aan paal noch perk gebonden waren.

*b. Of daaromtrent, op grond der thans bekende moeijelijkheden, met wijziging voor zooveel noodig dier resolutie, in de uitvoering langzamerhand en naar voorkomende omstandigheden, kan worden te werk gegaan?"

Naar de meening van den direkteur zou, in het eerste geval, waarschijnlijk aan ieder distriktshoofd een Inlandsch beambte, op eene bezoldiging van ƒ 20.— 's maands, moeten worden toegevoegd, waardoor eene jaarlijksche uitgaaf van ƒ 100,820.— zou ontstaan. In het tweede geval zou, wel is waar niet met denzelfden spoed, ja zelfs zeer langzaam en minder regelmatig, maar daarentegen op eene, voor de Inlandsche hoofden meer geleidelijke en voor den lande onkostbare, wijze worden gehandeld.

De regering overwoog:

*Dat, uit het breedvoerig in des direkteurs bovengemelde missives voorkomende betoog, voldoende blijkt, dat de invulling der door hem direkteur ontworpen model-registers gevorderd werdt, om tot eene naauwkeurige kennis te geraken van de wijze, waarop in elke residentie de regeling der heerendiensten zou behooren plaats te hebben, op eene met 's lands belang meest strookende, en aan de Inlandsche bevolking en derzelver hoofden meest aangename wijze;

*Dat zonder die kennis, de regeling der heerendiensten niet, op eene aan het oogmerk beantwoordende wijze, zou kunnen geschieden, en eindelijk

*Dat die kennis niet kan verkregen worden, zonder tot aanzienlijke uitgaven over te gaan, tot welke, in verband tot de minder dadelijke noodzakelijkheid derzelve, en de hier te lande bestaande financiëele bepalingen en geldelijke verpligtingen van de kolonie jegens het moederland, voorshands niet kan en niet mag worden overgegaan."

Op die gronden besloot de regering, bij besluit van 3 October 1838 no. 4:

*Den direkteur der kultures, onder mededeeling van het vorenstaande, aan te schrijven, gelijk geschiedt bij deze, om de regeling der heerendiensten in de onderscheidene residentiën op Java, in den geest der aangehaalde resolutie van 28 Februarij 1836 no. 1, (Staatsblad no. 15) op zoodanige wijze te doen plaats hebben, als, ter bereiking van het daarbij voorgestelde doel, naar gelang der omstandigheden en plaatselijke gesteldheden, het meest doelmatig zal voorkomen."

9. *Heerendiensten aan de vestingwerken.* Bij het verslag van den inspekteur der kultures in de 2e afdeeling, dd. 26 Junij 1837 lett. E., betrekkelijk de bestaande heerendiensten in de residentie Kadoe, werd, in het belang der bevolking, onder anderen voorgesteld: — *Om het dagloon der koelies, aan de vestingwerken te Ambarawa werkzaam, in evenredigheid tot hunne behoeften en van die hunner huisgezinnen, te verhoogen, en die dagloonen ook te berekenen over de dagen, welke de arbeiders noodig hebben om (uit Kadoe) aldaar (te Ambarawa) aan te komen en weder naar hunne woningen terug te keeren."

Het gouvernement schreef het militair departement, bij besluit van 13 Januarij 1838 no. 14, onder toezending van een extrakt uit bedoeld ver-

slag, aan: "om te dienen van konsideratiën en advies, omtrent de mogelijkheid tot het daarstellen van nadere regelingen, waardoor de bevolking
ten dezen opzigte minder worde bezwaard dan zulks thans het geval is."
Wij zullen de onderscheidene besluiten aanteekenen, die daarna genomen
zijn, gedurende het tijdvak dat wij thans behandelen, waaruit de loop der
zaak voldoende blijken zal."

Op voorstel van het militair departement, dd. 24 Maart 1888 n°. 1,
werden, bij besluit van 22 April 1888 n°. 7, de residenten van Kediri,
Rembang en Soerakarta aangeschreven om, voor de fortifikatiewerken te
Ngawi, residentie Madioen, uit hunne residentiën te doen leveren, res-
pektivelijk honderd man daags; met last tevens op den resident van Rembang, om in de eerste vier maanden, ten dienste van die werken, te
doen bezorgen 15,000 stuks bamboezen, tegen ƒ 12, de 100 stuks. Aan
genoemde residenten werd daarbij de verpligting herinnerd, om, indien de
levering van het volle getal benoodigde koelies hun ondoenlijk of onraadzaam mogt voorkomen, alsdan daartegen hunne bedenkingen in te brengen. Het militair departement werd belast met de zorg voor de voeding
en betaling dezer koelies, tegen *éénmaal daags* voeding en 5 cent dagloon, of wel 12 cent per dag zonder voeding.

De resident van Kediri bragt, voor zooveel hem aanging, bezwaren
tegen deze beschikking in, en verzocht bij missive van 1 Mei 1888 n°. 13,
dat de bevolking zijner residentie geheel van deze levering mogt worden
ontheven. Dientengevolge werd, bij besluit van 16 derzelfde maand n°. 1,
bepaald: dat uit Kediri, in stede van honderd, vijftig man daags tot voorschreven einde zouden worden geleverd, en dat de overige 50 man zouden
moeten worden geleverd uit de residentie Japara.

De bevolking van Salatiga bragt bezwaren in, tegen de levering van
brandhout, op de destijds bepaalde wijze, ten dienste der vestingwerken
te Ambarawa. De gegrondheid dier bezwaren erkend zijnde, magtigde de
regering den resident van Samarang, bij besluit van 9 Mei 1888 no. 13,
tot den inkoop van 1200 vademen brandhout, tegen ƒ 3.— de vadem,
van de bevolking van Pringapoes, en tot het opstapelen van dat hout aldaar, ten einde later, op 's lands kosten, met karren van daar naar Ambarawa te worden vervoerd.

Bij besluit van 4 Junij 1888 no. 2, werd de resident van Japara gemagtigd, om aan de 50 koelies, uit zijne residentie te leveren voor den
arbeid aan de fortifikatiewerken te Ngawi, uit 's lands kas te betalen 36
cent ieder, of 12 cent daags *voor drie dagen reiskosten van Japara naar
Ngawi.*

Door den direkteur der genie werd, bij missive van 18 Julij 1888 no.
30, de noodzakelijkheid betoogd, om het dagloon der koelies bij de verde-
digingswerken op Java te verhoogen, en voorgesteld om, *in afwachting
der hieromtrent nader in te dienen meer algemeene voorstellen*, voorloopig dusdanige verhooging toe te kennen aan de werklieden bij de fortifikatiewerken te Ngawi, vermits, in verband tot de geopperde bezwaren tegen de

levering van werkvolk uit de residentie Soerakarta, het gebrek aan handen bij die werken zich reeds sterk deed gevoelen.

Dienovereenkomstig werd, bij besluit van 11 Augustus 1888 no. 1, besloten, en bepaald:

*a.* Dat aan het werkvolk bij de fortifikatiewerken te Ngawi, residentie Madioen, zou worden betaald als dagloon: aan de mandoors 25 cent zonder voeding, of 18 cent met voeding; en aan de koelies 20 cent zonder voeding, of 13 cent met voeding.

*b.* Dat, met intrekking van het evenvermeld besluit van 4 Junij te voren no. 2, de residenten van Rembang, Japara en Kediri werden gemagtigd, om aan de voor Ngawi bestemde koelies, voor de reis derwaarts, zoodanig voorschot uit te betalen, als noodig en wenschelijk zou worden geoordeeld, welk voorschot, *door inhoudingen op de vormbedoelde dagloonen,* moest worden terugbetaald en met de civiele autoriteiten verrekend.

*c.* Dat de resident van Soerakarta vooreerst werd ontheven, van de levering van koelies ten dienste der fortifikatiewerken te Ngawi, bedoeld bij het (hiervoren vermeld) besluit van 22 April 1888 no. 7.

Eindelijk werd, naar aanleiding van een voorstel van het militair departement, dd. 28 September 1888 no. 2, eene algemeene beslissing genomen, bij besluit van 23 October daaraanvolgende no. 9. Daarbij werd bepaald:

*»Eerstelijk.* Dat, te rekenen van 1 Januarij 1889, het loon van de koelies, gebezigd wordende ten dienste der onderscheiden buitengewone fortifikatiewerken op Java, zal zijn vastgesteld, als volgt:

voor Batavia, op 30 cent voor iederen koelie daags

»   Samarang,  »  20  »  »  »  »  »  »
»   Ambarawa,  »  20  »  »  »  »  »  »
»   Ngawi,    »  20  »  »  »  »  »  »
»   Soerabaya,  »  20  »  »  »  »  »  »

alles zonder verstrekking van vivres; met bepaling dat, wanneer plaatselijke omstandigheden mogten vorderen, dat aan de koelies, vivres in natura moeten worden verstrekt, het kostende daarvan, volgens een door den direkteur der genie voor iedere plaats vast te stellen nabijkomenden prijs, op het te verdienen loon zal worden gekort.

*»Ten tweede.* Aan te teekenen, dat ten behoeve van de in art. 1 vermelde werken, gedurende het aanstaande jaar (1889), zullen benoodigd zijn de volgende koelies, als:

»Voor Batavia, 900 à 1100 man daags.

»Voor Samarang, van 1 Mei tot 1 December 2000 man daags, en de overige maanden 1000 man daags, of zooveel minder, als de eerst aanwesende ingenieur alsdan mogt noodig hebben.

»Voor Ambarawa, van 1 Mei tot 1 December 1700 man daags, en de overige maanden 1100 man daags.

»Voor Ngawi, van 1 Mei tot 1 December 1000 man daags, en de overige maanden 500 man daags.

„Voor Soerabaya, van 1 Mei tot 1 December 2500 man daags, en de overige maanden 1500 man daags."

Verder werd bij datzelfde besluit bepaald, dat de vorenvermelde koelies zouden moeten worden geleverd, als volgt:

*Voor de werken te Batavia*, uit Bantam 500, uit Cheribon (\*) 300 à 400 man daags, en de overigen uit Batavia.

*Voor de werken te Samarang*, geheel uit die residentie.

*Voor de werken te Ambarawa*, uit Samarang, van 1 Mei tot 1 December 500, en de overige maanden 300 man daags, en uit Kadoe, van 1 Mei tot 1 December 1200, en de overige maanden 800 man daags.

*Voor de werken te Ngawi*, uit de residentiën Madioen, Japara, Rembang en Kediri, om te slaan volgens nader te maken regeling.

*Voor de werken te Soerabaya*, geheel uit die residentie, met last op den resident, om te beproeven, daarin ten deele te voorzien door bemiddeling van den sultan van Madura.

De resident van Bantam stelde voor, om het loon voor de koelies uit zijne residentie te verhoogen tot 50 cent per man daags, doch werd hem, bij besluit van 28 December 1838 no. 4, te kennen gegeven, dat in dit voorstel niet kon worden getreden, aangezien een loon van 30 cent daags, voor een koelie te Batavia genoegzaam voorkwam. Hij mogt echter aan ieder koelie een voorschot geven van *f* 1.—, dat moest worden terugbetaald door korting op het daggeld gedurende de eerste tien dagen; terwijl de koelies uit Bantam, voor zooveel zij zulks verlangden, maandelijks konden worden verwisseld.

In de maand Julij 1839 werden, in de residentie Bantam, pogingen om opstand te verwekken aangewend, maar in tijds ontdekt en verijdeld. Uit het ingesteld onderzoek, waarvan de uitslag vermeld wordt bij besluit van 14 April 1840 no. 6, bleek onder anderen, dat als reden voor den bijval welken die oproerige pogingen bij de bevolking had gevonden, werd opgegeven: dat de bevolking, door zich bij zekeren Mas Djebeng (een der hoofden van den voorgenomen opstand) aan te sluiten, gezegd werd bevrijd te zullen worden van de koeliediensten aan de vestingwerken te Batavia.

10. *Dorpsbesturen en grondbezit in Cheribon*. Uit eene missive van den resident van Cheribon, dd. 5 December 1838 no. 2391, bleek, dat bij dien hoofdambtenaar het voornemen bestond, *om de dorpsbesturen in zijne residentie te verkleinen en, zoo mogelijk, geheel af te schaffen*.

De raad van Indië merkte te dien aanzien, bij zijn advies van 24 Januarij 1839 no. 12, op: dat de rust, welke gedurende de laatste tijden

---

(\*) De hoofdplaats Batavia, waar de koelies noodig waren, is van de hoofdplaats Cheribon verwijderd, 205 palen, dat zijn nagenoeg 70 uren gaans. Vergelijk overigens, hetgeen op bladz. 316 en volgende van het tweede deel, gezegd is omtrent de *boedjangs van Cheribon*.

in Cheribon geheerscht had, en de toenemende bloei en welvaart van die residentie, voor een groot deel moest worden toegeschreven aan de weder-invoering der dorpsbesturen, weshalve aan het door den resident uitgedrukte voornemen, niet dan met de meeste omzigtigheid moest worden gevolg gegeven.

Dientengevolge werd de resident van Cheribon, bij besluit van 6 Februarij 1839 no. 2, onder toezending van een extrakt uit 's raads bovenvermeld advies, aangeschreven: »om zijne pogingen, om de dorpsbesturen te verkleinen, niet verder uit te strekken dan geschieden kan, zonder vrees voor ontevredenheid op te wekken, hetzij bij die klasse der dessabewoners, die de ambten in de dessa's bekleeden, dan wel bij de bevolking, welke al zeer ligt in de meening zou komen, dat hare regten of haar adat verkort werden."

Ten aanzien van deze zaak, laten wij hier volgen, een extrakt uit een partikulieren brief van den minister van koloniën a. i. J. C. Baud, aan den gouverneur-generaal, dd. 7 Maart 1840 no. 5. (*) Het luidt aldus:

»Bij het doorloopen van de besluiten, door Uwe Excellentie gedurende de maand Februarij 1839 genomen, heb ik, uit dat van den 6en dier maand no. 2 met verbazing gezien, dat de resident van Cheribon het plan heeft gevormd, om de dorpsbesturen in zijne residentie te verkleinen, en zoo mogelijk zelfs geheel af te schaffen.

»Ik kan Uwer Excellentie niet genoeg aanbevelen, om aan de onderscheiden ambtenaren, en speciaal aan de residenten, bij elke voorkomende gelegenheid, nadrukkelijk te gelasten, om zich zorgvuldig te onthouden van alle onnoodige bemoeijenis met de huishoudelijke instellingen en gebruiken der Inlandsche bevolking, waaronder de inrigting van het dessabestuur in de eerste plaats behoort.

»De oorsprong dier inrigting, hare primitieve vormen en de oorzaken der vele wijzigingen, die men daarin hier en daar ontmoet, zijn niet met zekerheid aan te wijzen, maar het is welligt geen gewaagde onderstelling, het dáárvoor te houden, dat het aloude dessabestuur in een naauw verband stond met den aard van het grondbezit (†), en met de noodzakelijkheid die er onder het bestuur der Inlandsche vorsten heeft bestaan, voor eene municipale bescherming tegen de overdreven vorderingen en afpersingen van het oppergezag.

»Dat deze noodzakelijkheid niet meer aanwezig is, ter afwending van het vorige kwaad, moge waar zijn; maar het is niet minder waar, dat die dorpshuishouding nu eenmaal geworden is, een deel der, hoewel onbeschrevene, echter zeer algemeene en geliefde konstitutive instellingen van het land, en dat de aanranding daarvan de heilloosste gevolgen zou doen vreezen.

---

(*) Dit extrakt werd, bij eene latere gelegenheid, waarop wij ter zijner tijd terugkomen, den Koning aangeboden.

(†) Zie de noot, aan den voet van dit extrakt geplaatst.

*Het dorpsbestuur bedekt, wel is waar, vele zaken met een sluijer, en is in zekeren zin belemmerend voor de spoedige werking van het administratief gezag; maar het levert daarentegen waarborgen voor de rust des lands en de tevredenheid der bevolking op, die onder het systema van centralisatie te vergeefs worden gezocht, en die door zijne eigenaardige nadeelen worden opgewogen.

*Het dorpsbestuur is, mijns inziens, het palladium der rust van Java. Daarin noodeloos eene verandering te maken, kan geen andere uitwerking hebben, dan verwarring te stichten en ontevredenheid bij de ingezetenen te verwekken.

*Ik heb daarom dan ook met genoegen gezien, dat Uwe Excellentie het voornemen van den resident van Cheribon afgekeurd en hem tot voorzigtigheid heeft aangespoord; maar ik geloof dat dit niet genoeg is, en dat het wenschelijker zal zijn, hem het verkeerde van zijn denkbeelden alsnog met ernst onder het oog te brengen, om hem de overtuiging te geven, dat soortgelijke innovatiën bij Uwe Excellentie geen ingang kunnen vinden; maar integendeel ten hoogste worden afgekeurd. (*)

11. *Verkiezing van dessahoofden.* De assistent-resident van Patjitan verzocht, bij missive van 25 September 1838 no. 259/2, goedkeuring op de door hem genomen maatregelen, ten einde de misbruiken te doen ophouden, welke in zijne afdeeling, in afwijking der publikatie van 8 Januarij 1819 (Staatsblad no. 18), plaats hadden bij de verkiezing van dessahoofden, zijnde door hem aan de fungerende dessahoofden een piagem of bewijs van aanstelling, waarvan model werd overgelegd, uitgereikt. De gevraagde goedkeuring werd verleend, bij besluit van 5 November 1838 no. 12, en de assistent-resident aangeschreven, om in het vervolg de bepalingen van Staatsblad 1819, no. 18 op te volgen, en de bevolking met die bepalingen bekend te maken.

12. *Kollekteloon aan de dessahoofden.* De assistent-resident voor de komptabiliteit te Samarang, verzocht ontheven te worden van de hem, door de algemeene rekenkamer opgelegde vergoeding eener som van ƒ 48.12, voor door hem aan de betrokken dessahoofden uitbetaald kollekteloon van

---

(*) Wij willen hier, in verband met 's ministers medegedeelde beschouwing, melding maken van een anderen niet minder willekeurigen maatregel, vroeger in Cheribon genomen. Naar aanleiding van het, in den laatsten tijd ingesteld onderzoek, naar het landbezit op Java, berigtte de resident van Cheribon, bij missive van 29 Julij 1864 lett. B. aan de regering: dat het individueel landbezit vroeger ook bestaan had in het district Gegesik-lor, regentschap Cheribon, grenzende aan het regentschap Indramayoe, alwaar dat individueel bezit bestaat. In 1833, dus kort na de invoering van het kultuurstelsel, was dat individueel landbezit in genoemd distrikt vernietigd, door den toenmaligen regent, raden tommengong ario Kerta di Ningrat. Die regent vorderde alle registers en eigendomsbewijzen van dessahoofden en landbouwers in dat distrikt op, en die ontvangen hebbende, liet hij ze verbranden.

8 percent, over eene som van *f* 601.50, welke op den aanslag der landrenten, bij resolutie van 1 Augustus 1836 no. 4, was kwijtgescholden.
De regering wees dit verzoek van de hand, bij besluit van 11 November
1838 no. 10, uit aanmerking dat het, bij Staatsbladen 1819 no. 5,
art. 19 en 1827 no. 87 bepaalde kollekteloon van 8 percent, moet worden
voldaan over de som, welke door de dessahoofden aan den lande wordt
opgebragt, en niet over het bedrag van den aanslag der landrenten. (*)

13. *Onderkollekteurs.* Bij besluit van 5 Maart 1839 no. 3, gerektifi-
ceerd bij besluit van 11 April daaraanvolgende no. 1, werd bepaald:
»Dat, van af 1 Januarij 1839, aan de te min bezoldigde onderkollekteurs
der landelijke inkomsten, in verband tot de bij resolutie van 19 Augustus
1835 no. 7 aangenomen klassifikatie, (†) zal worden toegekend eene trak-
tementsverhooging van *zes-en-twintig percent* op het bedrag hetwelk zij
thans, volgens die klassifikatie, te min genieten."

14. *Rijstkultuur.* De resident van Kediri verzocht, bij missaive van 2
Maart 1839 no. 158, autorisatie om, ter voorkoming van gebrek aan
rijst in zijne residentie, den uitvoer van dat artikel, voor eenigen tijd,
geheel of gedeeltelijk te mogen tegengaan. In dispositie daarop werd hem,
bij besluit van den 25ᵉⁿ dierzelfde maand no. 1, te kennen gegeven: »dat
er geene termen bestonden, om den uitvoer van rijst uit zijne residentie
te verbieden; met aanbeveling om, wanneer er vrees was voor een min
gunstigen of onvoldoenden oogst, alsdan de bevolking in tijds aan te
sporen, tot het planten van spoedig rijp wordende aardvruchten, djagong,
of zoodanig ander voedsel, als geschikt geacht kan worden om, bij on-
verhoopt gebrek aan rijst, ter vervanging van dat artikel te dienen." De
direkteur der kultures werd, bij hetzelfde besluit, gelast om in het algemeen op Java, bij mogelijk te ontstaan gebrek aan rijst, voorzieningen in
voorschreven geest te bevelen.

Bij besluit van 24 Mei 1839 no. 5, werd goedgekeurd een, door den
resident van Cheribon geautoriseerden inkoop van 2197 pikols padi, voor
*f* 4174.80, ter verstrekking aan 736 huisgezinnen, in het distrikt Soeramangala, welke aan dat artikel volslagen gebrek hadden, en vooralsnog
niet in de gelegenheid waren om, door eigen middelen, in de behoefte
aan voedsel te voorzien.

15. *Begrooting der kultures.* De begrooting van uitgaven voor de kultures, voor 1835 gearresteerd op *f* 10,397,154.—, (§) was vier jaren later
verdubbeld, zijnde die begrooting voor 1839, bij besluit van 30 April van
dat jaar no. 9, gearresteerd tot een bedrag van *f* 20,786,370.—

---

(*) Vergelijk tweede deel, pag. 749, § 6.
(†) Zie tweede deel, pag. 747.
(§) Zie tweede deel, pag. 745.

16. *Katoenteelt.* Bij besluit van 16 Mei 1839 no. 14, werd bepaald: »dat de tot dusver op Java genomen proeven met de teelt van vreemde katoensoorten, zullen gestaakt worden; met last op den direkteur der kulturen, om daartoe het noodige te verrigten, en de bevolking, thans voor die kultuur afgezonderd, voor andere werkzaamheden te doen bestemmen, alsmede om den assistent-resident van Patjitan te magtigen, om de gronden, thans aldaar voor de kultuur van vreemde katoensoorten afgezonderd, te stellen ter beschikking van de bevolking. (*)"

17. *Gronden voor de koffijkultuur.* In het verslag over de reis, welke de gouverneur-generaal a. i. Baud, in September 1835, in de Preanger-regentschappen deed, werd door dien landvoogd de vrees uitgedrukt, dat ten laatste schaarschheid zou ontstaan aan geschikte gronden voor de koffijkultuur, en daarbij opgemerkt, dat het overweging verdiende: of niet maatregelen behoorden te worden genomen, om gronden, voor de koffij-kultuur bijzonder geëigend, ook daarvoor te bewaren, wanneer de tuinen ophielden vruchtdragende te zijn. (†)

Die maatregelen zijn, een jaar later, door den gouverneur-generaal de Eerens genomen, en vervat in de resolutie van 25 September 1836 no. 128, waarbij bepaald werd:

»1. Dat in zoodanige streken, alwaar met der tijd gebrek zou kunnen bestaan aan geschikte gronden voor het aanleggen van koffijtuinen, de gronden van afgeschreven koffijtuinen, van welke het bewezen is dat zij oorspronkelijk van goede hoedanigheid zijn geweest, gedurende den tijd van tien jaren, of zooveel langer of korter als bevonden zal worden noodzakelijk te zijn, braak zullen blijven liggen, om, desgevorderd wordende, na ommekomst van dien tijd, weder tot het aanleggen van nieuwe koffij-tuinen te kunnen worden gebezigd.

»2. Dat, in de bovenbedoelde streken, de gronden van afgeschreven koffijtuinen, tot geene beplanting met padi, djagong, tabak, of andere voortbrengselen van inlandsche nijverheid mogen worden gebezigd, dan alleen wanneer zoodanige beplanting, in het belang der inlandsche bevolking, als volstrekt noodzakelijk mogt worden beschouwd, ter beoordeeling van de hoogste plaatselijke autoriteit."

De minister van den Bosch keurde, bij kabinetsmissive van 1 November 1838 lett. B 8, ten hoogste af, een besluit van den gouverneur-generaal van 31 Januarij 1837 no. 19, houdende vaststelling van bepalin-

---

(*) Ten aanzien van Patjitan werd, bij het besluit van 11 Augustus 1839 no. 4, in het algemeen nog bepaald: »dat in de strandvlakten dier afdeeling, geen aanplantingen voor de Europeesche markt zouden worden gedaan, met uitzondering der kaneel, en dat de in die vlakten bestaande tuinen, in overeenstemming met de bevolking, zouden worden vernietigd, en het territoir overgelaten aan de bevolking, ter uitbreiding van de rijstkultuur."

(†) Zie tweede deel, pag. 731.

gen omtrent den afstand van woeste gronden op Java. Hij schreef daarin onder anderen:

»Hetgeen echter de strekking van dat besluit nog te bedenkelijker maakt, is vooral de omstandigheid, dat men inzonderheid de keus schijnt gevestigd te hebben op gronden, voor de koffijteelt geschikt; omdat die gronden van jaar tot jaar in uitgestrektheid verminderen, als een gevolg der toenemende rijstkultuur, die zich gaarne op verlaten koffijtuinen vestigt, waarschijnlijk om de reden, dat aldaar het werk der ontginning reeds voor een groot gedeelte is tot stand gebragt.

»Werden de afgeschreven koffijtuinen gedurende eenige jaren braak gelaten, (*) dan zouden zij langzamerhand hunne uitgeputte vruchtbaarheid terugbekomen, en op nieuw aan de koffijteelt dienstbaar gemaakt kunnen worden; — maar de rijstplanter volgt den koffijplanter bijna overal op de hielen, en zoo wordt telken jare de ontginning van nieuwe koffijgronden onvermijdelijk, waaraan eenmaal een einde komen zal.''

Wij merken met betrekking tot deze redenering op, dat wanneer men den rijstplanter den koffijplanter op de hielen had laten volgen, in stede van de afgeschreven koffijtuinen *tien jaren en langer* braak te laten liggen, men de bevolking gehouden zou hebben in de nabijheid der nieuw aangelegde koffij-aanplantingen. De rijstproduktie ware daardoor gebaat geworden, en de bevolking zou met meer lust den haar opgelegden arbeid voor de koffij-teelt vervuld hebben, dan het geval zijn kon, nu men de nieuwe aanplantingen van koffij al verder en verder moest aanleggen van de plaats, waar de planter zijne rijstvelden aangelegd en zijne woning opgeslagen had.

Ofschoon niet behoorende tot het tijdvak dat wij thans behandelen, is het hier nogtans de plaats om te vermelden, dat bij het Indisch besluit, van 30 Augustus 1854 (†) no. 3, werd goedgevonden en verstaan, de hoofden van gewestelijk bestuur op Java:

»1°. Te herinneren aan eene oordeelkundige opvolging der voorschriften, vervat in de resolutie van 25 September 1836 no. 128, en hunne aandacht te vestigen op het hoog belang, hetwelk, ook voor de toekomst, gelegen is in het behoud der koffijkultuur; met last, om niet dan bij de dringendste noodzakelijkheid, gronden van afgeschreven koffijtuinen, welke geschikt worden geacht, om later weder voor die kultuur te worden gebezigd, aan de bevolking voor eigen landbouw terug te geven, en om, indien de onvermijdelijke noodzakelijkheid bestaat, om zoodanige gronden voor dien landbouw af te staan, daartoe vooraf een voorstel aan den direkteur der kultures in te dienen.

»2°. Aan te schrijven, om met de meeste zorg het aanhouden van de

---

(*) Toen van den Bosch dit, den 1ᵉⁿ November 1838, schreef, scheen de Indische resolutie van 25 September 1836 no. 128, hiervoren medegedeeld, waarbij *dat braak liggen* bepaald werd, aan zijne aandacht ontglipt te zijn.

(†) In de noot op bladz. 731 van het tweede deel, is dit jaartal abusivelijk vermeld als 1834.

III.

koffijtuinen, door uitkapping of kapping op stomp, waar de gelegenheid het best zich daartoe aanbiedt, ten uitvoer te doen brengen; met last, om van den uitslag dier maatregelen, jaarlijks melding te maken in de kultuurverslagen.

„3o. Aan te bevelen om, voor het behoud eener goede produktie, niet over te gaan tot de bewerkstelliging van nieuwe aanplantingen, dan·nadat overtuigend is gebleken, dat, niettegenstaande de meest mogelijke zorg voor de bestaande aanplantingen en voor de inzameling van het produkt, die aanplantingen weinig meer opleveren dan eene zeer middelmatige produktie."

Dat de hier vermelde bepalingen niet altijd konden worden opgevolgd, toonde een, in 1865, in de afdeeling Pandeglang, van de residentie Bantam, gehouden onderzoek, ten duidelijkste aan. Daaruit bleek : dat in die afdeeling, op 15 bouws woeste gronden na, de gronden der meeste afgeschreven koffijtuinen, nog hunne eigenaren hadden, en dat er als zoodanig nog eene uitgestrektheid van $1632\frac{1}{2}$ bouw grond te boek stond, welke echter, dadelijk nadat de koffijboomen waren afgeschreven, door de eigenaren zelven werden beplant, meestal met voedingsmiddelen, als : padi, cassave, ketella, katjang enz. — Bij besluit van 25 Augustus 1865 no. 3, bepaalde de regering mitsdien : „dat de (hierbedoelde) $1632\frac{1}{2}$ bouw afgeschreven koffijgronden in de afdeeling Pandeglang, waarvan trouwens de bevolking feitelijk reeds weder bezit heeft genomen, aan haar zullen worden teruggegeven."

Uit het rapport van den inspekteur der kultures, die met het hier bedoeld onderzoek belast was, bleek : dat de bevolking, tot het dadelijk weder beplanten der gemelde gronden, door den nood gedwongen was geworden, vermits zij geen voldoende voedingsmiddelen had, daar men de gronden voor de koffijkultuur, waartoe zij niet eens geschikt waren, genomen had *rondom de dessa's zelve*, zonder de bewoners dier dessa's te raadplegen over hunne regten op die gronden, of over de tot levensonderhoud benoodigde velden. — Sprekende over het *individueel grondbezit* in Bantam, waar het zelfs door het kultuurstelsel niet is kunnen verdrongen worden, zegt gemelde inspekteur, in datzelfde rapport (dd. 13 Julij 1865 no. 22) het volgende : — „Mutatiën onder de grondbezitters, hebben zich weinig voorgedaan door overgang op vreemden ten gevolge van verkoop; bijna al de tegenwoordige eigenaren kwamen, door erfenis in de regte lijn, in het bezit van den grond."

# ACHTTIENDE HOOFDSTUK.

## Het landelijk stelsel van 1840 tot 1845.

### I. *Hooge Regering.*

Het tijdvak dat wij thans behandelen, vangt aan met de optreding van den minister van koloniën J. C. Baud, die, aanvankelijk ad interim en daarna definitief, fungeerde tot Maart 1848.

In het opperbestuur over Indië hadden onderscheiden veranderingen plaats. Omstreeks medio April 1840 werd te Batavia het berigt ontvangen, van de aftreding van den minister van den Bosch, en de optreding als minister a. i. van Baud. Kort daarna, en wel op den 30sten Mei 1840, had te Buitenzorg het overlijden plaats van den gouverneur-generaal D. J. de Eerens.

In het personeel der Indische regering hadden inmiddels velerlei mutatiën plaats gehad.

Aan het lid in den raad van Indië Jonkheer J. C. Reijnst was, in April 1838, en aan het raadslid J. J. van Sevenhoven in Maart 1839, verlof naar Nederland verleend. Het raadslid Merkus was, zoo als wij gezien hebben, in Augustus 1839, in buitengewone zending, naar Sumatra vertrokken. Kort na zijn vertrek, en wel bij besluit van 20 September 1839 no. 8, werd aan den vice-president van den raad, Jonkheer J. C. Goldman, die in deze waardigheid tot dusver was blijven fungeren, pensioen verleend, krachtens de daartoe vroeger door den Koning verstrekte magtiging. Bij datzelfde besluit, werd de direkteur-generaal van financiën J. du Puy, benoemd tot waarnemend raad van Indië, en tevens tijdelijk voorzien in de vervulling der waardigheid van vice-president van dien raad. Merkus was, na de aftreding van Goldman, het eenig overgebleven lid der hooge Indische regering, zoo als die bij koninklijk besluit van 6 Junij 1829 no. 125, (Indisch Staatsblad 1830 no. 9,) was gekonstitueerd. Vermits hij, bij zijne wederbenoeming tot raadslid, werd hersteld in zijne ancienniteit, was hij nu het oudste lid der regering; maar hij bevond zich op Sumatra. Daarom werd, bij art. 2 van gemeld besluit dd. 20 September 1839 no. 8, bepaald: — „De waarneming van het vice-presidium in den raad van Nederlandsch Indië provisioneel op te dragen, gelijk geschiedt bij deze, aan het aanwezig oudste lid in dien raad, C. S. W. graaf van Hogendorp, onder genot der daartoe staande jaarwedde."

Na den dood nu van den gouverneur-generaal de Eerens, ging, blijkens Staatsblad 1840 no. 13, „dientengevolge, de tijdelijke waarneming van deszelfs funktiën," den 1en Junij 1840 over op genoemden graaf van Hogendorp, „als benoemd provisioneel waarnemend vice-president van den raad van Indië, en aanvaardde hij die, „onder den titel van *waarnemend gouverneur-generaal van Nederlandsch Indië.*"

Op ontvangst in Nederland, van het berigt van het overlijden van den gouverneur-generaal de Eerens, behaagde het den Koning, bij besluit van 3 October 1840 lett. A, „te benoemen tot vice-president van den raad van Ned. Indië, het lid van dien raad, Mr. P. Merkus, met bepaling dat hij, in afwachting van Zijner Majesteits nadere beschikking omtrent de opengevallen waardigheid van gouverneur-generaal van Ned. Indië, die funktiën zal uitoefenen." Dientengevolge trad Merkus, die den 4en December 1840 van Sumatra te Batavia was teruggekeerd, den 6en Januarij 1841 (Staatsblad no. 1), op als *vice-president, waarnemende gouverneur-generaal van Nederlandsch Indië.*

Bij koninklijk besluit van 11 October 1842 no. 140, werd Merkus definitief benoemd tot gouverneur-generaal, en aanvaardde hij die waardigheid op den 14en Februarij 1843, zie Staatsblad no. 3.

Op den 2en Augustus 1844, overleed de gouverneur-generaal Merkus te Soerabaya.

Den 5en derzelfde maand, (Staatsblad 1844 no. 20,) ging het bestuur over op den toenmaligen vice-president van den raad, jonkheer J. C. Reijnst, onder den titel van *vice-president van den raad, waarnemenden gouverneur-generaal van Nederlandsch Indië.*

Bij koninklijk besluit van 5 Februarij 1845 no. 14, werd de minister van staat J. J. Rochussen, benoemd tot gouverneur-generaal van Ned. Indië, die op den 30en September daaraanvolgende (Staatsblad no. 25), die waardigheid aanvaardde.

II. *Memorie, door J. I. van Sevenhoven aan den Koning ingediend, betreffende den verkoop van erven aan de Javanen.*

Toen het lid van den raad van Indië J. I. van Sevenhoven zich met verlof in Nederland bevond, diende hij, na daartoe van den Koning de vergunning te hebben ontvangen, in Maart 1840, aan Zijne Majesteit in, de navolgende

MEMORIE.

Indien er middelen kunnen worden aangewezen, om de welvaart en het maatschappelijk geluk der Javanen te bevorderen, tevens den invloed en de klem van het Nederlandsch gezag op Java te versterken, en bovendien aanzienlijke geldelijke voordeelen aan Nederland op te leveren, dan kunnen zij, aan de eigene aanbeveling die zij medebrengen, worden overgelaten, zonder dat het noodig zal zijn ze anders aan te prijzen dan door, bij de bloote aanwijzing, hunne aanwendbaarheid in het licht te stellen.

Als een zoodanig middel, beschouw ik den afstand in eigendom aan de Javanen, van de erven waarop hunne woningen in de dessa's gelegen zijn, tegen betaling, en voor zoo veel zij daarom aanvrage zullen doen.

Thans is de gelegenheid van zaken zoodanig dat, over het algemeen, niemand *eigendom* van grond bezit, maar dat de geheele uitgestrektheid land van eene dessa, zoowel als de erven, of plekken waarop de woningen opgeslagen zijn, aan allen gezamenlijk in gebruik behooren, en dat, vooral over de laatste, het dorpsbestuur een onbepaald gezag oefent. Die woningen zijn voorts, zonder eenigen regel, ordeloos en wild door elkander geplaatst, en missen de vereischte middelen van afsluiting.

Het gevolg daarvan is, behalve het gevaar van brand en berooving door diefstal, dat de Javaan in zijn eigen huis onvrij en onveilig is. Hij vindt er geene plaats van afzondering, waar zijn doen en laten door niemand wordt bespied, en een en ander maakt hem zeer los en onverschillig ten aanzien der plaats van zijn verblijf. — Dat hem deze toestand, hoezeer hij zich, door gewoonte, daaronder lijdzaam gedraagt, niet aangenaam is, blijkt uit het gedrag van de hoofden en enkele gegoede Javanen, die op afgesloten erven wonen, en welk een gunstigen invloed zulks op deze oefent zal ieder erkennen, die gelegenheid heeft gade te slaan, hoe zij dáár beschaafder en in handel en wandel als geheel andere menschen zich voordoen.

Het is derhalve te verwachten, dat de Javaan, eenmaal in bezit van eigen huis en eigen erf, zich daardoor van eene menigte belemmeringen en hindernissen ontheven ziende, de waardij van dat voorregt hoe langer zoo meer zal hoogschatten. — Zijn erf zal hij met een pagger of heg omheinen en afsluiten, en binnen zijne woning zal hem niemand in den weg zijn, om zijne huishouding zóó in te rigten, als hij zal goedvinden.

Aan vrouw en kinderen, die hem dan, in den gezelligen kring van het op zich zelf staande gezin, eerst regt zullen toebehooren, zal hij zich inniger hechten. Zijn bedrijf, zijn arbeid, zijne kunst, zoo hij er eene verstaat, zijne eigene industrie, zal hij vrij kunnen beoefenen en ontwikkelen, zonder vrees voor de afgunst of bedilzucht zijner buren. Vrijer in zijn huis, en naauwer gehecht aan zijn gezin, zal hij een beter mensch en waardiger huisvader worden. Hij zal niet nalaten, zijn erf in goeden zindelijken staat te onderhouden, het met vruchtboomen te beplanten, of er andere gewassen tot nut of genoegen van zijn huisgezin te telen, zich er op toeleggen het te verbeteren, en wat zijn huis betreft, niet meer te vreezen hebbende dat hij het zal moeten opbreken, zal hij het hecht en sterk bouwen, tot gemak der zijnen inrigten, en het niet zoo digt bij dat van zijn buurman plaatsen, dat de minste brand bij dezen ook zijne woning aantast, zoo als thans zoo menigmaal het geval is. Eindelijk, wanneer hij aan zijn doodsuur denkt, zal hij het kunnen doen met meerder gerustheid ten aanzien van het lot zijner achterblijvende betrekkingen. Wanneer tegenwoordig een Javaan sterft, die geen eigen erf bezit, wordt dadelijk over het erf, vooral als het gunstig gelegen is, beschikt, en zijn nagelaten huisgezin gaat over bij zijne bloedverwanten, of, wanneer hij er geen heeft, bij degenen die er zich mede willen belasten; en vrouw en kinderen, die heden nog onder de welgestelde lieden behoorden, zijn dadelijk in eenen afhankelijken toestand gebragt.

Maar behalve deze gunstige uitwerkselen, der verbetering van het lot des Javaans in zijn bijzonder leven, is er nog een ander groot nut te wachten voor de meer algemeene aangelegenheden, inzonderheid voor de policie.

Niemand, die Java heeft leeren kennen, zal het ontgaan zijn, dat de dorpen, op enkele uitzonderingen na, verward, morsig en haveloos, noch door afsluiting, noch door eenigen anderen maatregel van voorzorg, tegen dieven en roovers beveiligd zijn; dat zij, bij het ontstaan van brand, gevaar loopen van algeheele vernieling; dat gemis van regelmatige wegen en onzindelijkheid, ongemak en ongezondheid te weeg brengen; dat een en ander op de zins- en geestgesteldheid der inwoners zeer nadeelig werkt, en eindelijk, dat het houden eener goede en geregelde policie bijna als eene onmogelijkheid is te beschouwen, daar de toegang overal moeijelijk en op vele plaatsen ondoenlijk is. Het spreekt van zelf, dat men de verbetering dezer ongelegenheden, bij het verkoopen der gronden, voor oogen zou moeten houden.

Het zou in mijn plan liggen, den verkoop der erven te regelen naar platte gronden, vooraf voor elk dorp te ontwerpen, in dier voege dat, behoudens de afwijkingen welke hier en daar de lokale gesteldheid mogt vorderen, elk dorp een vierkant zou beslaan, met twee of vier toegangen, en even zoo veel breede wegen of straten door het dorp, op de allong-allong (*) uitkomende, doorsneden van smaller wegen of paden.

Van binnen alzoo vrijen onbelemmerden toegang tot al de woningen hebbende, zou het dorp, van buiten, door eene gracht, of levende heg, of steenen muur behooren te worden afgesloten. Tusschen deze en de erven, zouden breede wegen rondom het dorp moeten loopen, en de twee of vier groote wegen zouden voorzien moeten zijn van toegangen met hekken, die men des nachts zou moeten sluiten en bewaken.

Zoodanige inrigting der dorpen zou het tevens mogelijk maken, de sterkte der bevolking met juistheid te leeren kennen, hetwelk, ondanks

---

(*) De allong-allong is eene vierkante ruimte om welke de misdjid, de woning van het dessahoofd, van andere hoofden, de bali-bali of het gebouw voor de afdoening der publieke zaken, andere publieke gebouwen, de bazaar enz. opgerigt zijn.     (*Noot van den heer van Sevenhoven.*)

alle aangewende pogingen, tot heden niet is gelukt (*). Bovendien zou men, langs dien weg, bekend worden met de meerdere of mindere gegoedheid der ingezetenen, en de vermogendste zoowel als de armste bij name kennen, dat van hoog belang zou zijn voor de hoofdbesturen van regentschappen en residentiën, zoo ;bij de verkiezingen van hoofden der dessa's of leden der dessa-besturen, als wanneer het er op aan mogt komen om, in zaken van hooge policie of algemeene veiligheid, den invloed van het Nederlandsch gezag te doen werken.

Lieden van allerlei slag, waaronder slechte en gevaarlijke, die thans onbemerkt de dorpen binnen sluipen en er zich blijven ophouden, zou het dan zoo ligt niet vallen zich aan de oogen der policie te onttrekken, vermits deze, bij den gemakkelijker toegang tot ;de huizen en de meerdere bekendheid met het personeel der ingezetenen, bovendien op zekere dienstvaardigheid van hunne zijde zou kunnen rekenen, daar de Javaan, eenmaal eigen huis en erf bezittende, en daardoor aan het dorp zijner inwoning naauwer gehecht, in deszelfs welvaart en in alles wat tot beveiliging strekken kan, meer belang zal stellen.

Ik meen aangaande de nuttige en heilzame strekking genoeg gezegd te hebben om, bij eenig nadenken, den wensch te doen ontstaan, dat de maatregel uitvoerlijk mogt zijn. Wat dit betreft, zal ik het er voor kunnen houden zulks betoogd te hebben, wanneer ik de bedenkingen, die zich voordoen zal hebben opgelost. Vooraf zal ik evenwel nog zeggen, dat, daar ik met dit plan, waarvan ik zoo veel heil voor Java verwacht, altijd ingenomen was, ik bij mijne onderscheidene reizen over Java, als direkteur der kultures, het aan onderscheiden Inlandsche regenten, residenten en andere kundige mannen heb medegedeeld, die mij, na overweging van eenige bedenkingen, volmondig hebben verklaard, dat de zaak uit te voeren en hoogst wenschelijk was, en dat de regent en hoofden van het regentschap Koeningan, in het Cheribonsche, er zóó mede ingenomen waren, dat zij mij de vraag hebben gedaan, of zij ook niet ,den ledigen grond, aan hun dorp gelegen, zouden kunnen koopen en zelfs de rijstvelden.

De toenmalige regent van Koeningan behoorde tot die Javanen, welke het meest gehecht waren aan de oude Javaansche gewoonten, en om die reden had ik bij hem de proef genomen, namenlijk om de geheele hoofddessa in afzonderlijke erven te verdeelen.

Hunne Excellentiën de Baron van der Capellen, Baron de Kock en Graaf van den Bosch, hebben alle, toen zij op Java waren, het plan zeer goed en nuttig gevonden.

De boven bedoelde bedenkingen zijn :

1o.  Dat het, om een groot gedeelte van het voorgestelde nut te verwezenlijken, noodig zou zijn de Javaansche huizen te verplaatsen.

(*) In een dorp, waar ik met dit plan eene proeve heb genomen te Cheribon, werden reeds bij eene oppervlakkige opneming, honderd huisgezinnen meer geteld, dan opgegeven waren.

(*Noot van den heer van Sevenhoven*.)

2o. Dat de maatregel, zonder de vrijwillige toetreding der Javanen, niet verwezenlijkt zal kunnen worden.

3o. Dat het gezag van het dorpsbestuur en dat der stamvaderen, in werking of invloed, welligt te zeer zou worden verzwakt.

De eerste bedenking zou, als het plan op eene stad van het beschaafd Europa moest worden toegepast, genoegzaam zijn om het als volstrekt onuitvoerlijk ter zijde te stellen; doch het betreft Java, en de kenner van dat eiland en zijn inwoners weet, dat in het algemeen de woningen opgeslagen zijn van bamboeriet of hout, dat zich gemakkelijk uiteen laat nemen. Hij weet, dat de Javaan met zeer weinig moeite zijne geheele woning opbreekt en elders weder nederslaat; dat hij zulks, bij het bestaan van eenige reden, menigwerf doet, en dat hij er inderdaad minder tegen opziet, dan een huisvader in Nederland tegen het gewone zoogenaamd verhuizen. Deze opmerking zal voldoende zijn om de eerste bedenking weg te nemen.

De tweede is van meer gewigt, en zou bijna afdoende zijn, bijaldien het plan achter moest blijven, wanneer het niet op eens algemeen kon worden ingevoerd. Zulks is echter het geval niet, daar het zeer wel allengs kan worden toegepast, en dit doende, zal het zonder eenigen dwang, van lieverlede, geheel tot stand komen. Op grond van ondervinding, hierboven vermeld, te Cheribon, kan ik verzekeren dat zeer velen, de gelegenheid om een eigen erf te verkrijgen, met gretigheid zullen benuttigen.

Wel is het te verwachten, dat er gevonden zullen worden, die uit vooroordeel en verkeerde inzigten van belang, hunne toetreding zullen weigeren, doch deze tegenstand zal den maatregel niet verijdelen, en weldra onder de uitzonderingen behooren, mits men de taak der verdeeling en toekenning van de erven opdrage aan verstandige, met het Javaansche volkskarakter bekende ambtenaren, die zich daarnaar weten te schikken, en zoodoende den weg bewandelen, langs welken het niet moeijelijk is den Javaan te leiden, waar men hem wenscht te zien komen.

Vooral zal men op de hoofden en dessabesturen moeten werken, hen in de zaak moeten kennen en, in overleg met hen, te werk behooren te gaan, terwijl men eindelijk op de adats, gebruiken en wat dies meer zij, zoodanig als die door plaatselijke omstandigheden gewijzigd zijn, met groote naauwgezetheid zal hebben te letten. Door zoodanig te handelen, zal men de zwarigheden, die zich mogten voordoen, met gemak wegruimen, en op die wijze is het welslagen van den wenschelijken maatregel, in dit opzigt verder aan geen twijfel onderworpen. Indien het plan werd aangenomen, zou ik gaarne eene instruktie ontwerpen, op welke wijze men te werk zal moeten gaan, om aangenaam aan hoofden en mindere Javanen te zijn.

De derde bedenking heeft betrekking tot het gezag der dorpsbesturen en stamvaderen.

Het is eene bekende zaak, dat bij de Inlandsche bevolking, de regenten

en hoofd-ambtenaren hun gezag oefenen door tusschenkomst van het bestuur, of gewoonlijk van het hoofd der dessa, door wien de bevelen aan
de individuën worden uitgevaardigd.

Elke dessa heeft haar eigen bestuur, bestaande uit een hoofd (*) en
eenige oudsten, die de algemeene belangen gezamenlijk behartigen, en in
buitengewone gevallen worden de *Sikeps*, of welke namen anders nog dragen de stamhouders, die alleen gebruikers van bebouwde velden zijn, bij-
eengeroepen, om gemeenschappelijk met hen te raadplegen. Deze inrigting
is zeer goed; doch zij bevat geen genoegzame waarborgen, daar meestal
het dorpsbestuur, en zelfs in sommige dessa's het hoofd of de *koewoe* alleen,
het willekeurigst gezag uitoefent, dat zwaar drukt, op alles ingrijpt, en
alles aan zich dienstbaar maakt. Onder dit gezag is nog een ander, dat
als een overblijfsel der aartsvaderlijke regering voorkomt, en mede veel
invloed oefent, het gezag namelijk van de stamhouders in de dessa's over
de jongere leden, of met andere woorden, het gezag der afstammelingen
van de stamvaders, naar het eerstgeboorteregt overgaande op de oudste
zoons (in sommige streken ook dochters) of erfgenamen van elke familie.
Zij zijn onder anderen de gebruikers der velden, en hunne *aliinangs* of
familiën, daarin deel hebbende, zijn gehouden hen te helpen in het dragen der gemeene lasten, die overigens ook slechts kunnen worden gevorderd van hen die velden in gebruik hebben. (†)

Bij deze splitsing en ondervervardeeling der gezagoefening, is het vooral
het dorpbestuur, dat voor het Nederlandsch gezag nuttig en noodzakelijk
is te beschouwen. Wij kunnen op den Javaan niet anders dan door tusschenkomst van hetzelve werken, en in oorsprong of eerste beginselen is
het zoo vol wijsheid, naar de behoeften van een Aziatisch volk ingerigt,
dat het allezins verdient gehandhaafd te worden, behoudens eene verstandige tegenwerking en zoo veel mogelijke wegneming van de willekeur
die, op de oorspronkelijke inrigting niet gegrond, voor de welvaart en het
zedelijk geluk van den Javaan ten hoogste nadeelig is. De opvolging van
het plan, om de Javanen eigenaars van hunne erven te maken, zou van
zelf strekken, om de werking van die willekeur in hare uitersten tegen
te gaan, zonder verder het nuttig gezag van het dorpsbestuur in eenig
opzigt te verzwakken of te belemmeren.

Hiermede de derde of laatste bedenking opgelost hebbende, vlei ik mij
genoeg gezegd te hebben, om het nut en de heilzame strekking van het
plan, zoowel als de uitvoerlijkheid te betoogen. Het volgt als van zelf
uit het boven ter neder gestelde, en ligt in den aard van het plan, dat
het, wat den invloed der Nederlandsche gezagvoering betreft, dien zal bevestigen en uitbreiden, daar onder de Javanen ook de kortzigtigsten de

---

(*) Zoodanig hoofd wordt in Cheribon *Koewoe*, in andere residentiën *Petingi*,
*Loera*, en te Bantam *Mandor*, enz. genaamd.

(*Noot van den heer van Sevenhoven.*)

(†) Vergelijk deze beschrijving der dorpsinrigting, met die, voorkomende
in eene noot, op bladz. 269 van ons tweede deel.

hand zullen bemerken, aan welke zij de weldaden, die hun op die wijze ten deel vallen, onmiddellijk te danken zullen hebben, en op hun zacht en volgzaam gemoed zal zulks ·de werking niet missen, van het te stemmen tot waardering van de wijsheid en zorg der Nederlandsche regering, welke alzoo op hunne trouw en aanhankelijkheid te meer zal kunnen rekenen.

Ik zou mij gelukkig achten, indien ik mijne overtuiging genoeg mogt hebben overgestort, om de overreding te bewerken, die de hand ter uitvoering vaardig maakt.

Moge daartoe nog de volgende berekening der geldelijke voordeelen dienstbaar zijn.

Eene oppervlakkige opneming en berekening ten aanzien van het bovengenoemde dorp in de residentie Cheribon, gaf tot resultaat, dat daar wel voor ƒ 10,000.— zilver aan erven zou worden gekocht, en ik geloof dat ik mij niet bedrieg als ik aanneem, dat er wel 100 zulke dorpen in die residentie gevonden worden. — Hetzelfde dorp betaalde ƒ 50.— à ƒ 60.— s jaars huistax; doch zou, na den tot stand gekomen verkoop der erven, ƒ 100.— 's jaars aan verponding opbrengen. De meerdere inkomsten, langs dien weg te verkrijgen, op eene wijze welke, verre van de ingezetenen te drukken, hen integendeel zou beweldadigen, kunnen bijgevolg voor de genoemde residentie alleen op ƒ 4500. — 's jaars worden geschat, boven de som van honderdmaal ƒ 10,000.— of ƒ 1,000,000.—, welke het verkoopen der erven zou opleveren. Er zijn op *Java* (NB. in 1840) 16 residentiën, en de genoemde sommen moeten derhalve zooveelmalen vermenigvuldigd worden, om tot het resultaat te komen, dat de maatregel, bij algemeene invoering over geheel Java, in het geldelijke zou opleveren.

Vermits echter al de residentiën niet even aanzienlijk zijn, en het bij berekeningen en ramingen steeds zaak is voor tegenvallende kansen en onvoorziene omstandigheden genoegzame ruimte over te laten, willen wij, ten einde geene verwachtingen te hoog te spannen, op niet meer dan tienmaal de genoemde sommen rekenen. Voorzeker eene matige berekening, die intusschen nog eene vermeerdering van inkomsten aanwijst van ƒ 45,000.—, 's jaars, boven en behalve de opbrengst van den verkoop, beloopende ƒ 10,000,000.— zilver, doch het kan zeer veel meer zijn. Wij hebben gezien, hoe boven alle verwachting het stelsel van kultuur is toegenomen, wie kan voorzien welke uitwerking het plan zou hebben; op hoeveel schatten men rekenen kan, vooral ook als men ledige stukken grond, om de dorpen gelegen, aan de Javanen wilde verkoopen.

Welligt zou er twijfel kunnen ontstaan, of de Javanen in staat zouden zijn het bovengenoemde kapitaal dadelijk in specie te voldoen. Te dien aanzien valt op te merken: vooreerst, dat er volstrekt geene bedenking in kan gelegen zijn, om de betalingstermijnen, naar verkiezing der koopers, over twee, drie, en in enkele gevallen over vier of vijf jaren te verdeelen; en ten andere, dat er jaren lang aanzienlijke kapitalen in specie op Java zijn ingevoerd, en dat, schoon er ook uitvoer heeft plaats gehad, de

Javanen niettemin een groot gedeelte daarvan onder zich hebben gehouden. Men kent hunne gewoonte om hun geld in juweelen, enz. te besteden, of, indien zij niet tot een zekeren staat zijn gekomen, die hun veroorlooft met die kostbaarheden te pronken, hun geld ter bewaring in den grond te begraven. Die het laatste doen, of hun geld op andere wijze bewaren, zijn het talrijkst, en de ondervinding, die ik gedurende mijn bijna veertigjarig verblijf in Neêrlandsch Oost-Indië heb opgedaan, geeft mij grond om het als zeker te stellen, dat er groote sommen op die wijze verborgen en bewaard zijn, welke het onderwerpelijk plan aan den omloop zou teruggeven, tot groot nut der tegenwoordige bezitters, die er thans geen de minste vrucht van trekken, tot bevordering van den bloei der Nederlandsche Oost-Indische bezittingen, en tot vermeerdering der welvaart van het dierbaar vaderland.

Indien men tegen het verkoopen van erven of kleine stukken grond mogt inbrengen, het algemeen (hypothekair) verband van 200 millioen gulden, antwoord ik daarop, dat het bij mij vast staat, dat dit algemeen verband niets kan verhinderen, waardoor het groote pand zoo veel meer waardig zou worden; maar wil men het verband anders beschouwen, welnu, dan kunnen de sommen die van het verkoopen van erven worden verkregen, gebruikt worden tot aflossing van het kapitaal; hoezeer ik wenschen zou dat deze sommen werden besteed tot nut van *Java*, als: tot daarstelling van kanalen, transportwegen, en zoo veel andere zaken, die zoo veel voordeel zouden opbrengen, als zij nuttig en noodzakelijk zijn.

's Gravenhage den 28 Maart 1840.

(was get.) J. I. VAN SEVENHOVEN.

De minister Baud bragt, met betrekking tot deze memorie, rapport uit aan den Koning, bij zijne geheime missive van 14 Mei 1840 no. 178. De minister verklaart daarbij, dat hij, zonder de beschouwingen van van Sevenhoven geheel als de zijne te willen overnemen, er echter, onder de nader te vermelden restriktiën, geene bedenking tegen zou hebben, „dat door het Indisch bestuur algemeen bekend werd gemaakt, dat wie onder de Javanen het erf koopen wil waarop zijn huis staat, den eigendom van hetzelve zal kunnen verkrijgen." De minister meende echter dat de maatregel niet nieuw was, en beriep zich daarbij op de volgende omstandigheid.

Het afstaan in eigendom aan partikulieren, tegen billijken prijs, van stukken grond in den omtrek der hoofdplaatsen op Java, voor het bouwen van woonhuizen, was in 1827 door den Koning goedgekeurd. Maar destijds werd Java onbezwaard bezeten. Toen echter voor de schulden, bedoeld bij de wetten van 24 April 1836, (Nederlandsche Staatsbladen van dat jaar no. 11 en 12,) hypothekair verband gelegd was op alle de territoriale en andere bezittingen van den staat in Oost-Indië, rees bij de Indische regering de vraag: of die afstand van kleine stukken grond, wel kon worden overeengebragt met dat hypothekair verband, dat zich niet alleen uitstrekte *tot het domein*, maar ook *tot de daaruit voortspruitende revenuën*. De gouverneur-generaal verzocht, bij missive van 2 October 1837 no. 473/12, de beslissing van het opperbestuur in deze kwestie. Na verkregen magtiging van den Koning, autoriseerde de minister, bij missive van den 13ᵈ April 1838 no. 4/171, — „tot het voortdurend ver-koopen van kleine stukjes grond, in en nabij de steden en dessa's, mits de waarde van hetgeen, op die wijze, van het grondkapitaal in een jaar afgaat, worde opgewogen door eene, ten minste gelijke, vermeerdering of verbetering van dat kapitaal in hetzelfde tijdvak, middelens het uitvoeren van publieke werken, of andere maatregelen van algemeen nut."

Op deze omstandigheid nu: het vroeger en later afstaan van kleine stukken grond, baseerde de minister zijne meening, dat de door van Sevenhoven voorgestelde maatregel niet nieuw was; maar dat de magtiging reeds bestond, om de erven waarop de Javanen hunne woningen hebben gebouwd, aan hen te verkoopen. Hij betoogde wijders, bij zijn aange-haald rapport, dat er zich weinig Javanen aanbieden, om bedoelde erven in eigendom te verkrijgen, tot staving waarvan hij mededeelde, dat in 1837 voor niet meer dan ƒ 14,000.— aan erven was verkocht, zonder dat echter kon worden opgegeven, voor hoeveel de Javanen daarin betrokken waren.

De hier medegedeelde beschouwing van den minister Baud, is, naar onze bescheiden meening, niet juist. De aan het Indisch bestuur verleende vergunning, om in en nabij de steden en dorpen kleine stukken grond te verkoopen, had alleen betrekking op de woonerven in de hoofdnegorijen, waardoor die gronden dan vielen in de termen van de bepalingen, voor de verponding vastgesteld. Die vergunning is dan ook nooit anders toegepast. Tot beter begrip hiervan, zal het alleen noodig zijn, de ter zake bestaande bepalingen, hier kortelijk te vermelden.

Bij publikatie van 28 Januarij 1823 (Staatsblad no. 5), werd eene or-donnancie vastgesteld, volgens welke op Java en Madura de belasting der verponding zou worden geheven. Aan die belasting werden onderworpen: alle vaste en onroerende goederen, huizen en andere gebouwen, erven en bebouwde gronden, het eigendom zijnde van bijzondere personen, korpo-ratiën, genootschappen of maatschappijen; waarop echter eenige uitzonde-ringen werden gemaakt. Van die belasting werden, onder anderen, vrij-gesteld: volgens art. 14, alle perceelen eene mindere waarde hebbende dan *twee honderd Indische gulden*, en volgens art. 18 „alle zoodanige erven en gronden, waarvan de *landrenten* geheven worden, en aldus onder het *stelsel der landelijke inkomsten* zijn gebragt."

Nu is het bekend, dat *de landelijke inkomsten*, niet alleen uit de *land-renten*, maar uit de volgende middelen bestaan:

a. Ongebouwde eigendommen, dat zijn de landrenten.

*b.* Gebouwde eigendommen, vroeger bekend onder den naam van huistax, later onder dien van belasting op het bedrijf.

*c.* Tuinen en nipabosschen.

*d.* Vischvijvers of tambaks.

Vroeger behoorden daaronder ook de koffijtuinen en paggerkoffij : hetgeen het geval niet meer was, sedert bepaald werd, dat alle op Java
geteelde belastingschuldige koffij aan het gouvernement moest worden geleverd.

De hier vermelde publikatie, werd nader, krachtens publikatie van 20
October 1826 (Staatsblad no. 58), beginnende met het jaar 1827, ook in
werking gebragt in alle residentiën van Java, waar zulks om plaatselijke
omstandigheden nog niet was geschied, met provisioneele uitzondering van
de Vorstenlanden en het eiland Madura.

Bij besluit van 4 October 1837 no. 4 (Staatsblad no. 49) werd, met
wijziging van het hiervoren vermelde art. 14 van Staatsblad 1828 no. 5,
bepaald: „dat alle perceelen, mindere waarde hebbende dan *vier honderd
gulden*, voortaan, te beginnen met het jaar 1838, van die belasting zullen
zijn vrijgesteld; maar niettemin bij de registers van vastigheden ingeschreven zullen blijven."

Verder werd, bij art. 8 van het besluit van 18 September 1841 no. 8,
„den direkteur der middelen en domeinen, ter mededeeling aan de plaatselijke besturen, opgemerkt: dat de voor den afstand van een perceel als
minimum gestelde waarde van ƒ 400.—, geen reden moet zijn, om heen
te stappen over den omslag en de verwarring, welke bij verponding en
kadaster volgen moeten, uit den eigendom van kleine of te menigvuldige
afzonderlijke perceelen." (*)

Eindelijk, en hierop komt het voornamelijk aan, werd, bij art. 2 van
het besluit van 9 November 1841 no. 9, den direkteur der middelen en
domeinen te kennen gegeven: „dat de gouverneur-generaal (bijzondere gevallen uitgezonderd) geen perceelen meer in partikulier eigendom verlangt
af te staan, dan die welke, met de daarop op te rigten gebouwen, minstens eene waarde bezitten van *duizend gulden zilver*." (†)

---

(*) Deze bepaling was het gevolg van een berigt van den direkteur der middelen en domeinen, omtrent den afstand van perceelen in de afdeeling Grissee,
waarbij was te kennen gegeven, dat van sommige dier perceelen de uitgestrektheid niet kon worden opgegeven; maar dat daarin zou kunnen worden berust,
aangezien die perceelen alle eene grootere waarde hadden dan die van ƒ 400.—

(†) Deze bepaling was haar oorsprong verschuldigd aan de volgende omstandigheid. Bij besluit van 22 Augustus 1841 no. 40, werden veertig perceelen in
de residentie Madioen afgestaan, te zamen voor ƒ 5546,92, berekend tegen 60
cent de vierk. rijnl. roede. Bij art. 1 van het in den tekst vermelde besluit,
werd verklaard, dat die som moest beschouwd worden te zijn *kopergeld*. Gemiddeld was dus de waarde der perceelen ƒ 140.—; maar het kleinste had eene waarde
van slechts ƒ 13.50. Ter voorkoming van zoodanige onbeduidende toekenningen van
grond in eigendom, diende de hier vermelde bepaling.

Wij gelooven, door de eenvoudige vermelding van dit een en ander, voldoende te hebben aangetoond, dat de bedoelde beschouwing van den minister Baud, niet juist was.

De slotsom van het advies van Baud aan den Koning, betrekkelijk de memorie van van Sevenhoven was:

"Dat er reeds gelegenheid voor Javanen bestaat, om kleine erven te kunnen koopen, zoodat daarvan gebruik kan worden gemaakt, overal waar daartoe de geneigdheid is, en waar zich geene plaatselijke omstandigheden daartegen verzetten.

"Dat er voorts geen bedenking bestaat, tegen het meer algemeen bekend maken van de alzoo bestaande gelegenheid, mits het bestuur overigens lijdelijk blijve afwachten, dat zich Javanen tot het koopen van erven aanmelden; — maar dat er gewigtige bedenkingen aanwezig zijn, tegen het doorzetten van dusdanige verkoopingen, en de daarmede in verband staande ingrijpingen van het Europeesch gezag, in de huishoudelijke aangelegenheden van het Javaansch dorpsbestuur."

Na verkregen magtiging des Konings, zond de minister, bij geheime missive van 2 Junij 1840 no. 203 N, de memorie van van Sevenhoven, met zijn even vermeld rapport, aan den gouverneur-generaal, hem "vrijheid latende, om te handelen in den zin bij dat rapport aangewezen, dat wil zeggen, behoudens stipte opvolging van den tweeledigen regel: dat alles vermeden worde, wat zou kunnen zweemen naar eene opdringing des maatregels aan de Javanen, en dat daarbij worde geëerbiedigd de onafhankelijkheid der Javaansche dorpsbesturen, met welker inwendige huishouding geenerhande regtstreeksche bemoeijing behoort plaats te hebben."

Hoe de gouverneur-generaal gebruik maakte van deze vrijlating tot handelen, is gebleken, uit zijn hiervoren vermeld besluit van 9 November 1841 no. 9, houdende: dat hij (bijzondere gevallen uitgezonderd) geen perceelen meer in partikulier eigendom verlangde af te staan, dan die, met de daarop op te rigten gebouwen, eene waarde zouden bezitten van minstens duizend gulden. Van Sevenhoven nu, wenschte den door hem voorgestelden maatregel, niet in *bijzondere gevallen*, maar zoo algemeen mogelijk toegepast te zien, op de eenvoudige dessabewoners, en dat een erf van deze, met de daarop staande gebouwen, geen waarde heeft van *duizend gulden*, behoeft geen betoog.

Het voorstel van van Sevenhoven had dus geen gevolg. Hij zelf kon daarop niet aandringen, want bij zijn terugkeer naar Java, stierf hij, aan boord van het schip de Twee Cornelissen, in Straat Sunda, op den 13en Maart 1841. Zijn lijk werd den 20en dier maand te Batavia ter aarde besteld, en mogt dus het overschot van den edelen man rusten in den schoot van Java, het land dat hem, gedurende zijn nuttig leven, zoo dierbaar was geweest.

Het is hier de plaats mede te deelen, dat de Koning, bij kabinets-brief van 5 Januarij 1841, ten fine van konsideratiën en advies, in handen van den minister deed stellen, eene aan Zijne Majesteit ingediende *Nota*, *betrekkelijk het aflossen der op de Oost-Indische koloniën gevestigde schuld, door verkoop van landerijen.*

De minister voldeed aan dien last, bij missive van 18 Januarij 1841 no. 1, luidende, na den aanhef, als volgt:

»De schrijver (der nota) schijnt te beseffen, dat een verkoop van landerijen *in het groot*, aan ernstige bedenkingen kan onderhevig zijn, en bepaalt zich voorshands tot het aanraden, bij wijze van proeve, van den verkoop *in het klein*, namelijk: van de erfjes, waarop de Javanen hunne huisjes hebben gebouwd.

»Vergund moge het mij zijn op te merken, dat deze niet de eerste keer is, dat dit onderwerp ter sprake is gekomen. — In het afgeloopen jaar, en wel bij mijn geheim.rapport van den 14<sup>en</sup> Mei van dat jaar, no. 178, is daarvan nog de rede geweest, toen ik daarbij behandelde, eene memorie van den raad van Indië J. I. van Sevenhoven, destijds met verlof hier te lande.

»Uwe Majesteit gelieve mij te veroorloven, dat ik mij in het algemeen, aan de beschouwingen in dat rapport vervat, (welke bestendig de mijne blijven,) gedrage, en uit welke blijkt: dat de gelegenheid, die men wil geopend hebben, reeds sedert lang bestaat; doch dat onder de Javanen niet veel lust wordt betoond, om daarvan gebruik te maken. Ik helderde daarbij op hoe gering de verkoop van die erven in 1837 geweest was, (*) en heb daarbij, tot regt verstand hoe gevaarlijk eenige doordrijverij van den kant des bestuurs in deze zou zijn, onder anderen overgelegd, een uittreksel uit een partikulieren brief, dien ik, op den 7<sup>en</sup> Maart 1840, aan den nu overleden gouverneur-generaal heb geschreven, over het eerbiedigen van het Javaansche dorpsbestuur. (†)

Uit een en ander zal Uwe Majesteit zien, uit welk staatkundig oogpunt, ik meen die zaak te moeten beschouwen, en dat die beschouwing voor het

---

(*) De Minister had medegedeeld: »dat, gedurende 1837, de geheele verkoop van erven niet meer heeft bedragen, dan ruim ƒ 14,000.— , waaronder aan Europeanen voor omstreeks ƒ 2400.— , aan Arabieren, voor ƒ 460.— ; aan diverse bruikleeners ƒ 11.200.— ; terwijl nog blijkt, dat drie perceelen, tegen 20 cent de vierkante roede aan een Europeaan, en eenige stukken aan twee Chinezen, tegen 50 cent de roede verkocht zijn, zonder dat kan worden nagegaan, tegen welk bedrag en welk aandeel de Javanen, (van welke hier meer bijzonder sprake is) zijn betrokken geweest in den aangegeven post van ƒ 11,200.—" Wij merken hierbij op, dat alle hier bedoelde erven waren gelegen in de hoofdnegorijen, en werden aangeslagen in de belasting der verponding. Er was daaronder niet, en, wij hebben het aangetoond, er kon daaronder niet zijn, een enkel erf, als waarop het voorstel van van Sevenhoven doelde.

(†) Medegedeeld in het vorige hoofdstuk, pag. 93.

overige geleid heeft tot het betoog : dat er voor de Javanen reeds gelegenheid bestaat, om hunne erven te kunnen koopen, en ik geene bedenking heb geopperd tegen het meer algemeen bekend maken van die gelegenheid, onder de door mij aangegeven mits, en zonder ingrijpingen van het Europeesch gezag in de huishoudelijke aangelegenheden van het Javaansche dorpsbestuur.

„De gouverneur-generaal in dezen zin, op 's Konings bevel, aangeschreven zijnde, bij mijn brief van 2 Junij jl. no. 203 N, geheim, zoo komt het mij voor, dat de zaak voorshands geene verdere overweging vereischt, en dat de ontvangene nota door Uwe Majesteit zou kunnen worden ter zijde gelegd."

In weerwil van alle door ons aangewende moeite, hebben wij nergens eenig spoor van die nota kunnen vinden. Toch kwam het ons van genoeg belang voor, het vorenstaande mede te deelen, omdat daaruit blijkt : dat de minister Baud, tot tweemalen toe, heeft verklaard: *dat de Javanen de erven die zij bewonen kunnen koopen.*

## III. *Regeling der heerendiensten.*

De met verlof in Nederland aanwezige raad van Indië, J. I. van Sevenhoven diende, onder dagteekening van 25 Mei 1840, aan den Koning eene memorie in, over de heerendiensten waaraan de Javaan onderworpen is, en de middelen om dien last te verminderen. Hij stelde de oprigting voor, in alle residentiën van transport-etablissementen. Hij verstond daaronder, inrigtingen, bij welke op aanvraag beschikbaar zouden zijn ; werklieden, draagbeesten, karren, praauwen en, zooveel mogelijk, gereedschappen. De hiertoe gevorderde uitgaven, zouden bestreden worden door eene opbrengst in geld van de heerendienstpligtigen, berekend naar de uitgestrektheid hunner sawa's en andere bebouwde gronden, of naar de in iedere residentie, met betrekking tot de heerendienstpligtigen, bestaande gebruiken. Hierdoor zouden zij zijn vrijgesteld van alle heerendiensten, met uitzondering van die, gevorderd voor het bewaken en in orde houden van de dessa, en ook van buitengewone gevallen, in welke dadelijke hulp gevorderd werd.

Op magtiging des Konings werd die memorie, met het daarop door den minister uitgebragt advies, bij 's ministers geheime missive van 8 Augustus 1840 no. 268 P, aan den gouverneur-generaal gezonden, „om daarvan het noodig gebruik te maken met die voorzigtigheid, welke het belang der zaak gebiedt." Tevens werd den heer van Sevenhoven, namens Zijne Majesteit, dank betuigd voor de aanbieding dier memorie.

De waarnemend gouverneur-generaal Merkus maakte den minister Baud, bij missive van 3 Augustus 1841 no. 402/13, (besluit van dien dag no. 13) bekend met hetgeen, naar aanleiding der resolutie van 23 Februarij 1836 no. 1, (Staatsblad no. 15) voorloopig gedaan was tot regeling der

heerendiensten op Java, zoo als dit in het vorige hoofdstuk is vermeld (\*).
Het gevolg daarvan was geweest, zoo als wij gezien hebben, dat de direkteur der kultures, bij besluit van 3 October 1838 no. 4, was aangeschreven: om bedoelde regeling, in den geest van gemeld Staatsblad van 1836
no. 15, zóódanig te doen plaats hebben, als naar gelang der omstandigheden en plaatselijke gesteldheden, het meest doelmatig zou voorkomen.

Na dit te hebben medegedeeld, vervolgt de gouverneur-generaal zijne
gezegde missive aan den minister, aldus:

»Men had mogen verwachten, dat van de zijde der direktie van kultures, ten gevolge dezer aanschrijving, langzamerhand met de regeling der
zaak zou zijn voortgegaan, en dat overeenkomstig het voorschrift van art.
8 der resolutie van 1836 (Staatsblad no. 15), één of meer residentiën,
tot veld van onderzoekingen en regelingen zouden zijn gekozen geworden,
tot welker bevordering men zich eene geringe uitgaaf had kunnen getroosten. Op deze wijze, zou welligt reeds nu eenig resultaat zijn verkregen.

»De direkteur heeft echter gemeend, zoodanige onderzoekingen te kunnen
achterwege laten, en een geheel anderen weg te moeten volgen.

»Bij brief van 25 Maart 1840 no. 1053/17, zijn namelijk door hem aan
het bestuur aangeboden, de hiernevensgaande stukken, bestaande uit eene
gedrukte ontwerp-regeling der heerendiensten, met een modelstaat, welke
door hem bij cirkulaire aan alle residenten, ter spekulatie en beoordeeling,
zijn toegezonden."

Alvorens verder te gaan, laten wij hier volgen, de bedoelde

ONTWERP-REGELING VAN DE HEERENDIENSTEN, door den direkteur der
kultures gezonden aan alle plaatselijke autoriteiten op Java, met uitzondering van die te Soerakarta en Djokjokarta, bij cirkulaire van 29
Februarij 1840 no. 797/17.

### A. *Wie daartoe verpligt is.*

Art. 1. Alle inlanders, hoofden van huisgezinnen of derzelver vertegenwoordigers (†), en welke zich met handenarbeid generen, dus landbouwers en anderen, zijn tot het doen van heerendiensten verpligt; zoodat
alleen de hoogere en lagere inlandsche hoofden, de door het gouvernement
of de plaatselijke autoriteit erkende priesters, en overigens al de zoodanigen, welke daaraan volgens gewettigd gebruik of de *adat* geen deel be-

---

(\*) Zie hiervoren, pag. 80.

(†) Door vertegenwoordigers worden verstaan de weduwen, onmondige kinderen, enz., van zoodanige hoofden van huisgezinnen, welke op eigen verlangen,
dan wel op grond van de regeling van het dessahoofd blijven leveren een werkbaren man, omdat zij daarvoor voorregten boven anderen genieten, hetzij in
velden als anderzins, of dat zulks zoodanig in billijkheid oorbaar voorkomt.

III.                                                                          8

hoeven te nemen, benevens de oude of gebrekkige lieden, welke geen naastbestaanden of middelen bezitten om het werk voor hen te doen verrigten, van de heerendiensten zijn vrijgesteld, ter beoordeeling, in de eerste plaats, van het dessabestuur.

De vrije inlandsche gehuwde bedienden van de Europeesche en Inlandsche ambtenaren en ingezetenen, ook die van Chinezen en andere Oostersche natiën, voorzooveel die bedienden niet een deel uitmaken van het huisgezin en niet op de erven hunner meesters, maar afzonderlijk wonen, zijn heerendienstpligtig.

De zoodanigen zullen echter bij voorkeur en zooveel mogelijk eenlijk gebezigd worden tot het bezetten van wachthuizen, het doen van nachtwachten of patrouilles, of wel tot alle die andere diensten welke, als in de nabijheid der woning hunner meesters, gemakkelijk kunnen worden verrigt, zonder dat zij daardoor te kort behoeven te doen aan hunne andere dienstpligten.

Wanneer bij kontrakt, voor landbouw-ondernemingen als anderzins, door het gouvernement met partikulieren aangegaan, door deze laatsten de vrijstelling van heerendiensten voor hunne werklieden is bedongen, alsdan moet daaraan natuurlijk de hand worden gehouden.

Art. 2. Het bepaalde bij art. 1 brengt mede, dat al de daarbij bedoelde inlanders, onverschillig of zij al dan niet bij gouvernements kultures zijn ingedeeld, dan wel of zij in de belasting der landrente, of in die op het bedrijf of de nering zijn aangeslagen, of geene direkte belasting aan het gouvernement opbrengen, ieder op zijne beurt, zooveel mogelijk in eene gelijke en billijke verhouding, tot het doen van heerendiensten moeten worden opgeroepen, met dien verstande nogtans, dat elk heerendienstpligtig huisgezin slechts één werkbaren man zal behoeven te leveren.

Bewonen echter meerdere gehuwde lieden of derzelver plaatsvervangers hetzelfde huis, alsdan moet, door elk in zoodanig huis wonend huisgezin, één man worden geleverd.

### B. *Wat door heerendiensten verstaan wordt.*

Art. 3. Als heerendiensten worden eenlijk beschouwd zoodanige diensten, waarvoor geene betaling van gouvernementswege geschiedt, zoodat het vervoeren van gouvernements of andere goederen, op last van de plaatselijke autoriteit en tegen betaling, niet onder de heerendiensten behoort gerangschikt te worden; — wanneer de afstanden ter verwisseling van de dragers groot, de wegen door gebergte moeijelijk en voor zoodanige transporten geen vrijwillig in te huren lieden voor het bij tarief bepaalde loon te verkrijgen zijn, alsdan kunnen deze diensten, bij wege van uitzondering op den regel, onder de verpligte worden gerangschikt.

Art. 4. Er zal zooveel doenlijk moeten gewaakt worden, dat niemand tot het doen van heerendiensten buiten het distrikt, hetwelk hij bewoont, worde opgeroepen. De afwijkingen hiervan worden als onvermijdelijke uitzonderingen beschouwd.

C. *Benaming en verdeeling der onderscheidene bij het gouvernement erkende heerendiensten.*

Art. 5. *Vernieuwing en onderhoud van wegen, bruggen, passangrahans en sommige poststations.* Tot het verrigten van deze werkzaamheden, waaraan somwijlen veel handen op eens, bij wijze van korvée (de inlander noemt zulks *pakredjaän ramé ramé*) benoodigd zijn, terwijl ze ook dikwerf maanden achtereen geen of weinig arbeid vorderen, zal geen bepaald getal mannen daags, maar zal aan elke dessa of kampong een vast te stellen aandeel worden aangewezen. Ten dien einde zal de lengte en aard der te onderhouden wegen, benevens het getal en de soort der bruggen, der passangrahans en poststations, worden opgenomen. Bij deze verdeeling zal niet alleen gelet moeten worden op het getal dienstpligtigen in elke dessa, maar ook op de afstanden waarop te werken is, in verband tot den aard van het werk en tot de andere diensten, welke van de betrokken dessa worden gevergd en bij art. 6 en volgende vermeld.

Het principe is dus, dat in de bij art. 5 genoemde diensten zooveel mogelijk en doenlijk, behoudens uitzondering wegens te groote afstanden, *alle dessa's* zonder onderscheid deelnemen.

Behalve geringe, nu en dan gevorderd wordende verbeteringen, zullen de wegen, bruggen, passangrahans en poststations, slechs tweemaal in het jaar volkomen hersteld moeten worden, waartoe het geschiktst voorkomen, de twee maanden na den padi-oogst en vóór het invallen der zware regens, en de twee eerste maanden na het eindigen van den regentijd, vóór dat de werkzaamheden bij de koffijoogst en bij de suikerkultuur beginnen, alles natuurlijk gewijzigd naar de plaatselijke omstandigheden, en in verband gebragt tot de behoefte en den aard van het werk.

Art. 6. *Bezetten der wachthuizen.* Tot deze dienst wordt veelal, in vergelijk van andere heerendiensten, het grootste getal menschen onophoudelijk, of dagelijks vereischt, welke daartoe geregeld des avonds voor de groote wachthuizen langs de heerenwegen *over dag* worden opgeroepen.

De dessa's welke tot het leveren van het vereischte getal menschen, buiten hunne woonplaats, voor deze dienst worden opgeroepen, behooren dan ook, voor zoover doenlijk, het naast bij de wachthuizen, die bezet moeten worden, gelegen te zijn.

Art. 7. *Kemiets of nachtwachters en patrouilles ter bewaking* van: gevangenissen, 's lands pakhuizen, woningen van Europeesche en Inlandsche ambtenaren, passangrahans en poststations; waartoe in de eerste plaats kunnen worden aangewezen, de heerendienstpligtige bewoners der hoofdnegorijen of dessa's, alwaar of in welker nabijheid de gebouwen, die bewaakt moeten worden, gelegen zijn.

Art. 8. *Transport-inrigtingen (djangols),* bestaande in het dagelijksch of bij meerdere tijdruimte, opkomen, op bepaalde plaatsen, van een zeker getal menschen en paarden, buiten de zoogenaamde *koelie-etablissementen*, welke vrijwillige overeenkomsten met inlanders onder een speciaal hoofd bevatten.

Deze inrigtingen van djangols, behooren eenlijk in zoodanige afdeelingen of distrikten daargesteld of onderhouden te worden, alwaar bij ondervinding gebleken is, dat die ter bevordering van de openbare dienst, volstrekt noodig zijn, en dan nog moet, met het aanwijzen van dessa's en personen voor de transport-inrigtingen, met de meeste spaarzaamheid gehandeld worden; want veelal wordt het na zekere tijdsruimte opgeroepen getal lieden, niet tot het vervoeren of geleiden van goederen en paarden dagelijks gebezigd, en brengt dan den dag in ledigheid door, of wel wordt tot andere, niet door het gouvernement als heerendiensten erkende werkzaamheden, gebezigd en waardoor alzoo, op dien voet, behalve voor eigen kostwinning van den inlander, ook aan de gouvernements kultures, aanzienlijke getallen nutteloos zouden worden onttrokken.

De dessa's, welke voor de djangol-dienst worden afgezonderd, kunnen op verdere afstanden gelegen zijn dan die, voor de diensten bedoeld bij art. 6 en 7, uit hoofde de te verrigten diensten, òf spaarzaam voorkomen, òf tegen betaling geschieden.

Wanneer belangrijke transporten voorkomen, kan een grooter dan het gewone getal lieden, uit dezelfde dessa's, of wel, het alsdan nog ontbrekend getal, uit de naastbij gelegen reeds voor andere diensten afgezonderde dessa's, opgeroepen worden, hetgeen als geen bezwaar te beschouwen is, wanneer slechts worde gezorgd, dat de vastgestelde betaling aan de geregtigden in handen komt.

Art. 9. *Binnenlandsche brievenpost.* Deze dienst vordert een bepaald, doch geen groot getal menschen en paarden daags; het juiste getal, voor elk distrikt benoodigd, bekend zijnde, zullen eenige langs de wegen, daartoe het meest geschikt, gelegen dessa's, bepaaldelijk voor deze dienst worden afgezonderd.

Art. 10. *Begeleiden van gevangenen en gekondemneerden.* Valt in dezelfde termen als de dienst bij art. 8 bedoeld, uitgezonderd, dat de geleiders van gevangenen en gekondemneerden geen betaling daarvoor genieten.

Ook met de aanwijzing van dessa's, om een bepaald getal personen daags, voor deze dienst op de hoofdplaatsen der distrikten te leveren, zal derhalve spaarzaam gehandeld moeten worden; terwijl, wanneer een grooter dan het gewoon getal begeleiders vereischt mogt worden, het ontbrekende getal alsdan uit andere dessa's opgeroepen kan worden.

Art. 11. *Onbezoldigde policiedienaren.* Vallen in dezelfde termen als de dienst bij art. 9 vermeld.

Art. 12. Behalve de heerendiensten bij de vorige artikelen beschreven, bestaan in sommige afdeelingen of distrikten, inrigtingen voor de levering, tegen betaling, van paarden ten behoeve van reizigers, ook wel voor de levering van binnenlandsche brievenpost-paarden, op bepaalde plaatsen.

Daar alwaar dusdanige inrigtingen bestaan en onvermijdelijk worden beschouwd, zijn ook personen voor het snijden van gras en voor de oppassing der bedoelde paarden afgezonderd, en welke diensten, als door de aloude gewoonte gewettigd en als zoodanig door het gouvernement toegelaten wordende, voor de afdeelingen of distrikten, alwaar die bestaan, op het register der heerendiensten moeten opgebragt worden.

De personen door welke, op de dagen dat dezelve benoodigd zijn, paarden worden geleverd, zijn voor henzelven, voor die dagen, van het doen van persoonlijke diensten vrijgesteld; verrigten zij echter bij de levering van paarden ook zelf heerendiensten, dan moet de dagdienst van een man en een paard, voor *twee* dagdiensten gerekend worden.

### D. *Algemeene opmerkingen.*

Art. 13. Er moet voor zooveel mogelijk getracht worden, dat de heerendiensten voor de bewoners van een en hetzelfde distrikt, ja zelfs voor een en dezelfde residentie, en des mogelijk in verband tot de naburige, *gelijk zijn*, dat is: dat door personen in hetzelfde distrikt, dezelfde residentie woonachtig, niet bijvoorbeeld door hen die voor het bezetten van wachthuizen zijn afgezonderd, om de *vijf* dagen, en door hen, die tot de binnenlandsche brievenpost behooren, om de *acht* dagen dienst worde gedaan, maar dat, wanneer het cijfer van al de in een jaar benoodigde dagdiensten, met uitzondering van die bij art. 5 bedoeld, gedeeld door het getal heerendienstpligtigen, aantoont dat dagelijks de *zesde* man ten arbeid moet opkomen, dit dan ook voor al de verschillende heerendiensten slechts de *zesde* man zij; die bij art. 5 aangehaald, altoos daarvan uitgezonderd.

Tot meerdere opheldering van het vorenstaande diene het volgende:

Wanneer, bijvoorbeeld in het distrikt Waroe, bevonden worden aanwezig te zijn 5,400 heerendienstpligtigen, en tot de onderscheidene diensten, met uitzondering van die bij art. 5 genoemd, in dat distrikt dagelijks benoodigd zijn 900 personen, dan blijkt het, dat iedere dessa, dagelijks den *zesden* man moet leveren; en wanneer nu bijvoorbeeld tot het bezetten der wachthuizen dagelijks 42 personen benoodigd zijn, dan volgt hieruit, dat voor die dienst 252 dienstpligtigen moeten worden afgezonderd, en evenzoo met alle andere soorten van heerendiensten, die een dagelijksch getal personen vereischen, voor dat distrikt in gelijke verhouding.

Art. 14. Wanneer het *na* de alzoo ingevoerde regeling der heerendiensten blijkt, dat in hetzelfde regentschap of in dezelfde residentie, de bevolking van een distrikt zwaardere diensten verrigt of meermalen ten arbeid moet opkomen, dan de bevolking van eenig ander distrikt, dan kan hierin met eenig beleid worden te gemoet gekomen, door de bevolking van te zwaar belaste distrikten, geheel of gedeeltelijk te ontheffen van het verrigten der, door 's lands gebruiken gewettigde, diensten bij de regenten en andere inlandsche hoofden op de hoofdplaats van het regentschap, zoo als het herstellen van woningen, het schoonhouden van erven, als anderzins.

Art. 15. Het beleid en het toezigt der billijke regeling der heerendiensten wordt aan de residenten, met beraad der regenten, overgelaten.

Van deze regeling zal een register worden opgemaakt, hetwelk bij den resident zal berusten en waarvan de inspekteurs inzage kunnen erlangen.

Van dit algemeen register zullen de regenten extrakten opmaken en aanhouden, en daarvan weder uittreksels aan de respektieve distriktshoofden uitreiken. Van deze laatste mogen de kontroleurs inzage nemen, en dezelve vergelijken met den legger ten residentie-kantore aangehouden.

De uittreksels aan de inlandsche hoofden te geven, zullen in de landstaal moeten zijn geschreven.

---

De bij deze *ontwerp-regeling* behoorende *modelstaat* (genaamd: *Register van heerendiensten*,) behoeven wij niet in zijn geheel over te nemen; maar kunnen volstaan met de mededeeling van de verschillende kolommen, zijnde:

1. Naam van het regentschap.
2. Naam van het distrikt.
3. Doorloopend nommer.
4. Naam der dessa of kampong, de onderdeelen daaronder begrepen.
5. Getal dienstpligtigen. NB. Wil men deze met het getal zielen, landbouwende huisgezinnen en werkbare mannen, vergelijken, dan zal dit gemakkelijk gaan, door konfrontatie met de registers der bevolking.
6. Hun aandeel in de wegen, bij ellen lengte.
7. Namen der bruggen, waarin zij aandeel hebben.
8. Namen der passangrahans, poststations en wachthuizen, waarin zij aandeel hebben.
9. Getal dienstpligtigen daags voor:
*a.* Wachthuizen aan de groote wegen, dag en nacht.
*b.* Wachthuizen, des nachts alleen. NB. Hieronder begrepen alle wachten in de dessa's en kampongs, ook het getal personen, waarmede de bezetting der groote wachthuizen *des nachts* vermeerderd moet worden, benevens alle patrouilles of wachtrondes, wanneer die, boven het getal nachtwachters, worden gebezigd enkel en alleen voor die rondes.
*c.* Nachtwachten bij Europeesche en Inlandsche ambtenaren, en bij 's lands gebouwen. NB. Eene specifikatie voor iedere bijzondere bestemming, kan op eene afzonderlijke bladzijde worden aangehouden, waarvan het totaal met deze kolom moet slaan.
*d.* Onbezoldigde policie-dienaren.
*e.* Begeleiders van gevangenen, enz.
*f.* Djangols.
*g.* Diversen. NB. Kan gespecificeerd worden op eene afzonderlijke bladzijde, als bij *c* bedoeld, en gezegd worden, hoeveel paarden worden

onderhouden voor brievenposterijen, hoeveel oppassers en grassnijders daarvoor zijn afgezonderd, enz.

λ. Te zamen daags.

10. Aanmerkingen.

---

Wij keeren nu terug tot den brief van den wd. gouverneur-generaal, dd. 3 Augustus 1841 no. 402/13.

Na de verwijzing tot de vermelde stukken, wordt daarin gezegd, dat de direkteur der kultures, bij missive van 11 Januarij 1841 no. 155/17, de van de residenten ontvangen antwoorden medegedeeld, en voorgesteld had, om de ontworpen regeling te bekrachtigen en de verdere invoering aan hem op te dragen. De gouverneur-generaal was echter van oordeel, dat de verrigting van den direkteur niet strookte met den geest der resolutie van 28 Februarij 1836 no. 1, (Staatsblad no. 15), en meende daarin eene strekking te zien, om de neteligste kwestiën zonder voldoend onderzoek te beslissen. Hij miste daarin den waarborg, dat geen der volksinstellingen zou worden aangerand, terwijl des direkteurs regeling bovendien, naar zijn gevoelen, geenszins zou leiden tot eene beperking van het beschikken over den arbeid en den tijd der Javasche bevolking door de ambtenared. Het verwonderde hem dan ook niet, dat de meeste residenten zich geredelijk met de ontwerp-regeling hadden vereenigd. De ondervinding had hem geleerd, dat de plaatselijke besturen, over het algemeen weinig angstvallig waren om den inlander te werk te stellen, wanneer zij vermeenden dat zulks diende ter bevordering van 's lands belangen. Hoewel dit doel prijzende, vreesde hij toch voor te ver gedreven en onverstandigen ijver. Het voornaamste bezwaar tegen de ontwerp-regeling was echter, dat zij ten gevolge zou hebben, eene bemoeijing met de inwendige gesteldheid van het bestuur der dessa's en de daarin bestaande gebruiken. Deze redenen hadden den gouverneur-generaal geleid, om de voorgestelde ontwerp-regeling niet te bekrachtigen, hoewel hij erkende, dat eenige der daarin voorkomende bepalingen goed en doelmatig zouden kunnen zijn, indien de behoorlijke toepassing daarvan, bij de onbekendheid der zaak, niet als zeer twijfelachtig moest worden beschouwd.

„Ik heb dientengevolge (zegt de gouverneur-generaal:) den direkteur der kultures te kennen gegeven: dat met het maken van regelingen betreffende de heerendiensten, vooralsnog moet worden gewacht, tot dat de zaak langzamerhand tot meerdere klaarheid zal gebragt zijn, en men eene op goede gronden verkregen overtuiging zal bezitten, dat eene algemeene regeling, zonder inbreuk op de gewoonten en instellingen der Javanen, kan gehandhaafd worden; — dat, tot de verkrijging van die kennis en overtuiging, geen andere maatregelen behooren te worden aangewend, dan die, welke overeenkomen met den geest der resolutie van 28 Februarij 1836 no. 1, waarin het beoogde doel en de te vermijden punten duidelijk zijn aangewezen; — en dat men zich dus vooreerst moet bepalen, tot een naauwkeurig en met oordeel ingesteld onderzoek, in een of twee residentiën, welke de beste gelegenheid aanbieden, om langzamerhand tot de verlangde kennis te komen; met last om daartoe het noodige te verrigten en voor zooveel noodig voor te dragen.

„Ik heb voorts den direkteur bekend doen maken, met de memorie van wijlen den raad van Indië van Sevenhoven, medegedeeld bij Uwer Excellenties depeche van den 8en Augustus jl. no. 268 P., zoomede met de deswege door Uwe Excellentie aan den Koning gediende konsideratiën en advies.

„Het is te verwachten, dat het een en ander met der tijd leiden zal, tot eene betere kennis van deze aangelegenheid en tot wenschelijke verordeningen.

„In afwachting daarvan is het echter vooruit te zien, dat de voortgaande ontwikkeling der Indische huishouding, welke van lieverlede het geheele werkvermogen der arbeidende klassen begint te omvatten, enkele plaatselijke voorzieningen en afzonderlijke tegemoetkomingen dringend zal vorderen."

Zoo was den gouverneur-generaal, in den aanvang van 1841, bekend geworden, dat in de residentie Samarang, van Demak naar Kradenan, eene binnenlandsche paardenpost bestond, ten laste der bevolking. De afstand tusschen de twee genoemde plaatsen was 50 palen; daarop werden 10 stations en 40 paarden aangetroffen. Die paarden waren in 1833, door de gezamenlijke ingezetenen van Demak en Grobogan geleverd, en tot in 1839 gestationeerd bij de regenten en distriktshoofden, die ze door de bevolking lieten onderhouden en voeden. Door den toen opgetreden resident werd deze zaak onder kontrole gebragt, de paarden op bepaalde stations geplaatst, en voor elk station van 4 paarden eene dessa afgezonderd, die verpligt was de paarden te verwisselen, te onderhouden en te voeden, waarvoor zij van andere heerendiensten ontheven, en in het genot gesteld werd van hetgeen voor het gebruik der paarden door reizigers werd betaald. De resident van Samarang berigtte, dat het bestaan dezer posterij ten koste der bevolking, gelijk zulks in verschillende andere residentiën het geval was, moest worden beschouwd als een van die misbruiken, welke door de omstandigheden worden gewettigd, en dat de voortduring daarvan werd gevorderd, zoowel om de bevolking voor grövere misbruiken te vrijwaren, als om eene goede policie en geregeld bestuur mogelijk te maken.

De gouverneur-generaal had geen aanleiding gevonden, om daarin vooreerst verandering te bevelen, ook omdat hem voorloopig geen andere middelen aanwendbaar waren voorgekomen, om in de bestaande behoefte te voorzien. Hij had dus den resident te kennen gegeven, dat de bedoelde posterij kon blijven bestaan, zoo lang zij was overeen te brengen met art. 1 der resolutie van 23 Februarij 1836 no. 1, (Staatsblad no. 15,) dat was alzoo: met de uiterste spaarzaamheid in de beschikking over heerendiensten.

Na de mededeeling hiervan, eindigt de gouverneur-generaal zijne missive aldus :

»Intusschen ware het wenschelijk, dat in soortgelijke gevallen van landswege eenige tegemoetkoming kon worden daargesteld. De toenemende welvaart der bevolking en de steeds stijgende waarde van den arbeid, blijkbaar uit de zeer aanmerkelijke verhooging der werkloonen, maken het noodzakelijk, om geene middelen te verzuimen, welke kunnen strekken, om het verleenen van diensten *voor niet* te verligten, en die zooveel mogelijk te beperken. Enkele zware lasten van dien aard, kunnen aanleiding geven tot algemeene bezwaren tegen de anders door gewoonte onopgemerkte dienstpligtigheid. Eene geringe voorziening van wege het gouvernement zou, in vele gevallen, voldoende zijn om zulks te voorkomen.

»Intusschen worden de daartoe strekkende maatregelen verlamd en zelfs onmogelijk gemaakt, door de uiterst beperkende voorschriften omtrent het beheer van 's lands gelden.

»De staathuishoudkundige gesteldheid van Java wordt jaarlijks volmaakter. Naarmate daarin vorderingen worden gemaakt, worden meer uitgaven ten laste van 's lands kas vereischt, zoowel door het ontdekken van misbruiken, welke al meer en meer moeten vervallen, of uitdrukkelijk zouden behooren te worden verboden, als door het ontstaan van nieuwe behoeften voor het verbeterde bestuur.

»Evenwel is het, bij de voorgeschrevene spaarzaamheid, onvermijdelijk, vele misbruiken te laten bestaan; kunnende zij, als gegrond op wezenlijke behoefte, niet worden afgeschaft, zonder in die behoefte op eene andere wijze te voorzien, hetwelk onmogelijk kan geacht worden, ten gevolge van de door het opperbestuur gegeven bevelen : dat geen uitgaven mogen worden gedaan, die niet in den striktsten zin onvermijdelijk zijn, terwijl billijkheid en doeltreffendheid daartoe geen aanleiding mogen geven.

»Het komt mij voor, dat die beperking moet leiden, om niet gewettigde gebruiken, welke misschien wel met kwellingen gepaard gaan, te laten voortduren; zijnde zij ook in zoover als onstaatkundig te beschouwen, dat, wanneer eene nuttige voorziening niet tijdig wordt daargesteld, daaruit soms eene onvermijdelijke schade voortvloeit, die veel duurder te staan komt.

»De streng volgehouden afwijzing van nuttige en noodige voorstellen, heeft ten gevolge, dat de plaatselijke besturen van de herhaling daarvan worden afgeschrikt, en bewogen om naar andere middelen dan de tusschenkomst van het gouvernement om te zien, ten einde het gewenschte tot stand te brengen; waarvan het gevolg is, dat inrigtingen als de bovenbedoelde posterij, worden daargesteld zonder voorkennis van het gouvernement, hetwelk er daarna te laat mede bekend wordt, om er niet in te moeten berusten.

»Het een en ander heeft bij mij de overtuiging versterkt, dat het in het algemeen belang wenschelijk is, dat aan het bestuur in deze eenige meerdere ruimte worde gelaten; zijnde het naar mijn gevoelen ontwijfelbaar, dat het geringe bezwaar, dat daaruit voor 's lands kas zou voortvloeijen, niet kan opwegen tegen de nadeelen, welke de tegenwoordige beperking op den duur na zich moet slepen.

„Men zou welligt, door den nood gedrongen, meermalen daarover moeten heenstappen, en daardoor aanleiding geven, dat de anders zeer nuttige regel van kracht wordt beroofd.

„Het zal mij aangenaam zijn, dat Uwe Excellentie dit onderwerp in bepaalde overweging gelieve te nemen, waarna ik vertrouw dat er geen bedenkingen zullen zijn, om in de door mij gewenschte meerdere ruimte in de beschikking over 's lands gelden, in gevallen als de onderwerpelijke, te bewilligen."

Op deze missive plaatste de minister Baud, onder dagteekening van 17 Januarij 1842, het volgende kantschrift:

„Deponeren; zijnde de wettiging, door den waarnemenden gouverneur-generaal, van eene posterij van Demak naar Grobogan, (moet zijn *Kradenan*,) in eenen afkeurenden zin behandeld geworden, bij des ministers partikulieren en vertrouwelijken brief aan den waarnemenden gouverneur-generaal, van den 10en Januarij 1842 no. 11."

In de bedoelde vertrouwelijke missive, schreef de minister onder anderen: „De boog is hier te lande bij voortduring sterk gespannen. Ik kan en mag niet adviseren tot het verlaten van een stelsel, welks strekking is: om ruime bijdragen uit de koloniale geldmiddelen te verzekeren, en te verhoeden dat die boog kome te barsten." De minister verzocht den gouverneur-generaal, de vorenbedoelde posterij op officiëele wijze in te trekken, en desgelijks te doen met alle posterijen, in dezelfde kathegorie vallende, die elders mogten bestaan. „Het gerief van eenige heeren kontroleurs, (zoo schreef hij:) behoort geen aanleiding te kunnen geven, tot de verlating van het eenige stelsel, waardoor Java blijven kan, *de kurk waarop Nederland drijft*." Geen vermeerderingen van uitgaven moesten worden ingewilligd of voorgesteld, die niet, *in den strengsten zin*, door de noodzakelijkheid geboden werden.

## IV. *Volksverloop uit de residentie Japara.*

Bij besluit van 25 Junij 1841 no. 6, werd aan den ambtenaar Buyskes, gewezen inspekteur der kultures, een plaatselijk onderzoek opgedragen, naar de oorzaken der volksverhuizingen uit de residentie Japara naar de afdeeling Grobogan der residentie Samarang; met last om na te gaan, of er in Japara werkelijk bezwaren bestonden tegen den een of anderen tak van kultuur.

Die ambtenaar bood zijn ter zake opgemaakt rapport, dd. 14 Augustus 1841 lett. A., der regering aan bij missive van den 23en derzelfde maand.

Daaruit blijkt, dat gedurende het eerste halfjaar van 1841, uit Japara naar Grobogan waren verhuisd, 2118 personen, en dat die verhuizingen nog steeds voortduurden. Vele van die personen, omtrent die verhuizing ondervraagd, hadden verklaard: dat zij in Japara bij meer dan één tak van kultuur werkzaam moesten zijn en, behalve met de gewone heeren-diensten, nog belast werden met het kappen van houtwerken, het trans-porteren van suikerriet en van brandhout, zoodat hun bijna geen tijd overbleef voor het bewerken hunner eigene velden, die dan ook meerma-len verwaarloosd waren. Sommigen hadden nog verklaard: dat van hen, voor den inkoop van kalk en steenen, heffingen in geld waren gevorderd.

Uit het daarna, in de residentie Japara, ingesteld onderzoek bleek: dat ofschoon voor de bevolking aldaar vele velden overbleven, welke niet met gouvernements kultures beplant waren, het grootste gedeelte daarvan echter van min goede hoedanigheid was, en dat van de goede velden nog moesten worden afgetrokken die, welke aan de onderscheiden regenten waren afgestaan, en voorts de zoodanige, waarop, voor eigen rekening van eenige dessahoofden, suikerriet-aanplantingen waren bewerkstelligd.

Verder wordt, bij het rapport van Buyskes, het volgende medegedeeld, omtrent de onderscheiden in Japara werkende kultures en diensten, het-welk wij afschrijven uit het, nader te vermelden, betrekkelijk besluit van 10 November 1841 no. 1.

*Suikerkultuur*. Daaromtrent wordt medegedeeld:

«Dat in Japara eene uitgestrektheid van 5455 bouws met suikerriet is beplant, waarvoor zijn afgezonderd, 19,992 werkbare mannen, en dus, naar den algemeen aangenomen maatstaf van 4 man per bouw, nog 1828 personen te min.

«Dat de bevolking, bij sommige fabrieken, niet alleen voor de suiker-kultuur gebezigd wordt, maar ook bij de nopal- en koffij-kultuur werk-zaam moet zijn, bij eerstgenoemde tegen betaling van 15 cent daags per man, doch bij de koffijkultuur zonder betaling, bij wijze van heerendien-sten, onder welke benaming zij ook nog somwijlen, voor het kappen en slepen van houtwerken, tot den opbouw van pakhuizen ten behoeve der nopalkultuur, wordt gebezigd.

«Dat, gedurende den maaltijd, dagelijks bijna een vierde gedeelte van het getal werkbare mannen in de residentie Japara, voor deze kultuur werkzaam moet zijn, hetwelk genoegzaam doet zien, dat aan die kultuur eene al te groote uitbreiding is gegeven, welke voor de bevolking nood-wendig drukkend moet zijn, vooral wanneer daarbij in aanmerking wordt genomen, dat de koelies welke op de fabrieken werken, grootendeels op een afstand van 15 tot 30 palen van deze verwijderd wonen.

«Dat door de meeste suikerfabrikanten, met de dessahoofden kontrakten worden aangegaan, voor de levering van koelies, waarin daarenboven nog gedeeltelijk door het plaatselijk bestuur moet worden voorzien; terwijl die kontrakten het gezag van het Inlandsch bestuur ondermijnen, en boven-dien de heerendiensten voor de overige bevolking vermeerderen.

«Dat al de voor de fabriek Pakeringan afgezonderde dessa's, op een afstand van 9 tot 12 palen van dezelve gelegen zijn, waardoor het bestuur welligt verpligt zal wezen, om, in stede van *vier*, *acht* man voor elke bouw te nemen, in welk geval de voordeelen voor de planters zooveel minder zullen zijn.

„Dat voorts op verschillende plaatsen, ten behoeve der dessahoofden en zelfs der regenten, partikuliere suikerriet-aanplantingen bestaan; waarbij de bevolking, bij wijze van heerendiensten, wordt genoodzaakt te werken, en waarvan het produkt gedeeltelijk in trekmolens, waartoe veel volk vereischt wordt, wordt vermalen, of wel aan Chinezen verkocht.

„Dat het wenschelijk is, dat de gelden welke door de fabrikanten aan het gouvernement worden betaald voor de koelies welke zij in hunne dienst nemen, worden uitgekeerd aan zoodanige dessabewoners, welke de heerendiensten moeten verrigten waarvan die koelies zijn vrijgesteld."

*Indigokultuur.* Deswege wordt aangeteekend:

„Dat ook de voor deze kultuur afgezonderde bevolking, naar den aangenomen maatstaf, te gering in getal is, en dat de daarvoor gebezigd wordende gronden te slecht zijn, zoodat zij tot dusver geen noemenswaardige voordeelen voor de planters heeft opgeleverd, hetwelk ook voor eenigen de aanleiding is geweest, om naar Grobogan te verhuizen; terwijl de oogst van het loopende jaar zeer ongunstig is, en er stellig nog minder indigo zal vervaardigd worden dan in het afgeloopen jaar heeft plaats gehad; weshalve het te voorzien is, dat ook de overige planters naar elders zullen trekken."

*Theekultuur.* Hieromtrent wordt vermeld:

„Dat de in de residentie Japara bestaande aanplant van 100,000 theeheesters, voortdurend slechte resultaten afwerpt, en in dit jaar slechts eene hoeveelheid van 800 pond thee zal opleveren, zoodat van de daarvoor afgezonderde 50 huisgezinnen, die bij deze kultuur zwaar moeten werken en weinig belooning genieten, reeds 10 huisgezinnen naar elders zijn vertrokken.

„Dat, ter aanvulling der daarvoor benoodigde bevolking, de ontbrekende zijn genomen uit de voor de koffijkultuur afgezonderde personen, hetwelk voor hen zeer onbillijk is, aangezien zij bij laatstgenoemde kultuur voordeelen genieten, en bij de theekultuur veel zwaarder moeten werken.

„Dat de slechte resultaten grootendeels zijn toe te schrijven, aan de voor deze kultuur gebezigde slechte gronden, welke niet met andere kunnen worden verwisseld, uithoofde van de groote uitbreiding die aan de suikerkultuur is gegeven, waarom het raadzaam voorkomt, de theekultuur in de residentie Japara in te trekken."

*Nopalkultuur.* Daaromtrent vinden wij het volgende medegedeeld:

„Dat de bestaande aanplantingen in bijzonder goeden staat zijn, en voor den vervolge veel voordeelen beloven; doch dat de daarbij werkzame bevolking, ten getale van 1291 werkbare mannen of huisgezinnen, te veel met werk is overladen, zoodat reeds 216 hunner naar elders zijn verhuisd.

„Dat voorts het grootste gedeelte dier personen, nog daarenboven bij de koffijkultuur, zonder eenige betaling, moet werken, waardoor deze laatste noodwendig moet lijden, uithoofde van het minder toezigt dan bij de nopalkultuur is toegestaan.

„Dat wijders het getal van 1291 huisgezinnen, reeds thans, nu de geheele aanplant nog niet eens met het kochenielje-insekt is bevolkt, geheel ongenoegzaam is geweest, zoodat men zich reeds verpligt heeft gezien, om bij de suikerkultuur werkzame personen daarvoor te nemen, terwijl de werkzaamheden nog zullen vermeerderen, en de voor de nopalkultuur afgezonderde bevolking tevens gebezigd moet worden voor den aanmaak, gedurende dit jaar, van afdakjes boven de planten, en voor den opbouw van twee pakhuizen, doch waarvoor de houtwerken (voor de pakhuizen) zijn gekapt en geleverd, door de bij de suikerkultuur werkzame bevolking; voor alle welke werkzaamheden, het genoemd getal huisgezinnen geheel ongenoegzaam is.

„Dat nog, als een punt van bezwaar voor de bevolking, kan worden aangemerkt, de levering van de benoodigde bamboezen, tegen *drie* cent het stuk, waarvoor zij van de fabrikanten *zeven* à *acht* cent kunnen erlangen; terwijl voorts, met betrekking tot de dagloonen, wordt aangevoerd, dat de koelies die de pakhuizen moeten opbouwen, slechts 8 cent per dag krijgen, en die belast met het sorteren 4 à 7 cent voor een pond, naar gelang der soorten, zoodat zulks, aangezien een man slechts één pond per dag kan sorteren, niet in evenredigheid staat met de betaling van 15 cent daags, vastgesteld voor hen die in de nopaltuinen werken, en waardoor eerstgenoemden benadeeld worden."

*Koffijkultuur.* Het rapport behelst deswege hetgeen volgt:

„Dat, zoo als reeds boven is vermeld, de koffijplanters in de residentie Japara, ook bij de nopal- en thee-kultuur moeten werken, waardoor eerstgenoemde verwaarloosd wordt, en de planters bijna geen tijd over hebben, om hunne eigene velden te bewerken; terwijl de gronden almede niet geschikt zijn, en den planter, bij veel werk, dus weinig voordeel doen genieten.

„Dat eene aanplanting in het distrikt Mergotoekoe, waar de gronden zeer geschikt voor de koffijkultuur zijn, ten gevolge der uitbreiding van de suikerkultuur, is omgekapt, en de gronden bij laatstgenoemde kultuur zijn getrokken; en dat eene regeling, zoo als die thans bestaat, noodwendig strekt tot nadeel van het gouvernement en de bevolking, daar het voor de laatste eene onbillijkheid is, om genoodzaakt te worden, om op ongeschikte gronden koffij te planten."

*Rijstkultuur.* Deswege wordt vermeld:

„Dat hiertegen geene andere bezwaren bestaan, dan dat de vele werkzaamheden, waarmede de bevolking voor andere kultures is belast, haar verhinderen om de benoodigde waterleidingen daar te stellen en te onderhouden, waaraan dan ook de vele misgewassen worden toegeschreven, die in de laatste tijden hebben plaats gehad.

„Dat de bevolking, ten gevolge van die meerdere werkzaamheden voor andere kultures, niet meer, zoo als vroeger, uithoofde van de ongenoegzaamheid van het rijstgewas in de residentie Japara, tot het snijden van padi naar andere residentiën kan gaan, en dat de prijs der rijst aldaar zeer is toegenomen.

*Heerendiensten.* Het volgende wordt deswege opgemerkt:

„Dat behalve de gewone werkzaamheden, welke onder deze benaming verrigt moeten worden, een gedeelte der bevolking nog gebezigd wordt tot andere, zoo als: de aankap en het transport van djattihouten balken en sirappen, ten behoeve der op te bouwen woning voor den regent van Patti, alsmede het branden en leveren van kalk, hetwelk voor haar zeer drukkend is, in verband beschouwd tot de menigvuldige werkzaamheden welke op haar rusten; terwijl voor de in aanbouw zijnde vestingwerken te Ngawi, een getal van 120 man daags uit de residentie Japara moet geleverd worden, welk getal, om den verren afstand, slechts om de maand wordt afgelost.

„Dat nog een bezwaar gelegen is in de overvaarten in de residentie Japara, waardoor de koelie, van de *acht* centen per dag die hem betaald worden, minstens *één* moet missen.

„Dat de gelden, door de fabrikanten betaald voor de koelie's in hunne dienst, zoo zij niet, gelijk hiervoren onder suikerkultuur is opgeteekend, worden uitgereikt aan de dessabewoners, die zooveel meer heerendiensten moeten verrigten, alsdan behooren te dienen tot betaling van spijkers en andere bouwmaterialen, tot welk einde thans gelden van de bevolking worden geheven."

Het hier geresumeerde rapport werd besloten met eenige voorstellen, strekkende ter verligting van de op de bevolking in Japara rustende zware werkzaamheden.

De resident van Japara trachtte, bij missive van 22 September 1841 no. 2229/1, te betoogen: dat de ambtenaar Buijskes zich niet genoegzaam had overtuigd van de waarheid van eenige door hem opgegeven bezwaren, welke tot de bedoelde volksverhuizingen aanleiding hadden gegeven, onder anderen met betrekking tot het aangevoerde, dat niet overal de maatstaf van vier werkbare mannen per bouw was in acht genomen, waarvan het tegendeel werd aangetoond door den resident, die evenwel instemde met de wenschelijkheid, om de thee-kultuur in te trekken, en om de werkzaamheden voor de bevolking in het algemeen te verminderen.

De direkteur der kultures berigtte ter zake, bij zijne missive van 30 September 1841 no. 3118/26. Hij was van oordeel, dat de residentie Japara in een bijzonderen toestand verkeerde, als zijnde van alle kanten omringd door onvruchtbare landen, waar weinig of geen gouvernements kultures bestonden, en dat de bevolking aldaar, niettegenstaande de verhuizingen, *welke reeds sedert jaren hadden plaats gevonden*, evenwel steeds, hoewel in geringe mate, was toegenomen. Hij trachtte de omkapping van de koffij-aanplanting in het distrikt Mergotoekoe, te verklaren door de omstandigheid dat die, grootendeels in 1810 aangelegd op schrale gronden, (Buijskes had de gronden *zeer geschikt voor de koffijkultuur* genoemd,) slechts weinig vruchten gaf en, door het onophoudelijk onderhoud, tot beswaar voor de bevolking strekte.

De regering zag in, dat de betrokken autoriteiten niet van verzuim waren vrij te pleiten, en dat eene dadelijke voorziening dringend gevorderd werd, ofschoon de bepaalde bevelen van hoogerhand niet toelieten, die voorziening afdoende te maken. Zij nam daarop het besluit van 10 November 1841 no. 1, bepalende:

*„Eerstelijk*. Alhier aan te teekenen, dat aan de suikerkultuur, alsmede aan de nopalkultuur en kochenielje-teelt in de residentie Japara, vooreerst geen verdere uitbreiding meer zal gegeven worden.

*„Ten tweede*. Den resident van Japara aan te bevelen, om zooveel mogelijk zorg te dragen:

*„a*. Dat aan de suikerfabrikanten in die residentie geen koelie's worden verstrekt, om te worden gebezigd tot den overvoer van brandhout of van suikerriet, dan wel om partikuliere diensten te verrigten.

*„b*. Dat de voor de suikerkultuur afgezonderde bevolking, bij geen anderen tak van kultuur worde werkzaam gesteld, en dat zij, gedurende den planttijd, zoo min mogelijk tot het verrigten van heerendiensten gebruikt worde.

*„c*. Dat alle betalingen aan de bevolking voortaan op of in de nabijheid der fabrieken geschieden, en niet, zoo als thans plaats heeft, op de hoofdnegorij.

*„d*. Dat bij den opbouw van pakhuizen, loodsen, enz., ten behoeve der nopalkultuur, daarvoor niet alleen de bevolking der afdeeling Koedoes, maar ook die der afdeelingen Japara en Patti, gedeeltelijk gebezigd worde, en dat ook de tot dat einde benoodigde 36,000 afdakjes voor deze kultuur, mits tegen billijke betaling, gedeeltelijk door de bevolking der twee laatstgenoemde afdeelingen worde geleverd.

*„e*. Dat van de bevolking in zijne residentie geen andere heerendiensten gevorderd worden, dan het onderhouden van bruggen en wegen, het bezetten der wachthuizen en zoodanige werkzaamheden, welke hen in billijkheid kunnen worden opgelegd; zullende voor alle andere diensten eene behoorlijke betaling moeten worden te goed gedaan.

*„Ten derde*. (Het voorstel tot intrekking der indigo-fabriek te Dollaton, voorloopig gehouden in advies.)

*„Ten vierde*. Den resident voornoemd op te merken:

*„a*. Dat de betaling van 8 cent per dag, aan de koelie's werkzaam bij

den opbouw der pakhuizen ten behoeve der nopalkultuur, als ongenoegzaam moet worden beschouwd, en dus zoodanige betaling door hem niet had behooren te zijn begroot geworden.

*b.* Dat voor de sortering der kochenielje, alsmede voor de levering van het benoodigde bamboes, door hem eene genoegzame betaling, geëvenredigd aan die voor andere werkzaamheden, had behooren te zijn geprovoceerd.

*c.* Dat, overeenkomstig de resolutie van 18 Maart 1835 no. 15, spijkers en andere ijzerwerken, ten behoeve van bruggen benoodigd, niet mogen komen ten laste der bevolking.

*d.* Dat het voor de bevolking gelegen bezwaar, in het verleenen van hulp bij den opbouw van regentswoningen, naar aanleiding der resolutie van 20 April 1836 no. 10 (Staatsblad no. 29), zooveel mogelijk behoort te worden verligt.

*e.* Dat, zonder 's gouvernements autorisatie, van de bevolking geen gelden mogen worden geheven, voor den inkoop van kalk, steenen, enz.

*Met* aanbeveling op hem resident, om de belangen der onder zijn bestuur gestelde ingezetenen ten meeste te behartigen, en toe te zien dat zij ook door de regenten niet uit het oog worden verloren.

*Ten vijfde.* (Last op den resident om, naar aanleiding van het drukkende der koeliediensten op de suikerfabrieken, deswege nader te berigten.)

*Ten zesde.* Te bepalen, dat de aandeelen, welke een gedeelte der suikerrietplantende bevolking in de residentie Japara nog in de koffijtuinen heeft, langzamerhand, bij het schraal worden dier tuinen, zullen worden ingetrokken, zoodat voor die aandeelen dus geen nieuwe aanplant of inboeting meer zal mogen plaats hebben.

*Ten zevende.* Met betrekking tot de nopalkultuur in de residentie Japara, te bepalen:

*a.* Dat, bij de daarvoor afgezonderde bevolking, nog zullen gevoegd worden, de bewoners der dessa's Djebreng, Pellang, Tergadeng, Gentoengan, Boeijoetan, Gentoeng en Passerang, Kadelangoe, Patjikaran en Laoe, allen van het distrikt Tjendono, afdeeling Koedoes, alsmede die der dessa's Kedongkang, Sompit en Sendang, van het distrikt Maijong, afdeeling Japara, te zamen uitmakende ongeveer een getal van 513 werkbare mannen.

*b.* Dat alle de koffijtuinen der gemelde dessa's, als zijnde hare gronden voor die kultuur ongeschikt bevonden, zoomede de aandeelen in koffijtuinen van personen die reeds vroeger bij de nopalkultuur zijn afgezonderd, zullen worden afgeschreven.

*c.* Dat, ingeval de voor deze kultuur afgezonderde bevolking, met de hierboven vermelde uitmakende een getal van 1588 werkbare mannen, alsnog ongenoegzaam voor de daaraan verbonden werkzaamheden mogt zijn, op voordragt van den resident, door tusschenkomst van den direkteur der kultures in te dienen, een gedeelte der nopaltuinen zal worden ingetrokken.

*d.* Dat voor de geleverd wordende bamboezen, voortaan zes cent per stuk zal moeten worden betaald.

*e.* Dat de betaling aan de koelie's, bij den opbouw der pakhuizen en loodsen gebezigd wordende, ingeval zij niet bij aanneming worden daargesteld, van 8 tot 15 cent zal worden verhoogd, en dat ook de dagloonen, voor de bevolking belast met de sortering van de kochenielje, met de overige betalingen in evenredigheid zullen worden gebragt.

»Met aanschrijving op den resident voornoemd, om aan het vorenstaande de noodige exekutie te geven, dan wel om, wanneer daartegen bij hem overwegende bedenkingen mogten bestaan, hierop terug te komen, en om tevens te dienen, van konsideratiën en advies op het voorstel, om de voor den opbouw der nopalpakhuizen benoodigde 45,000 stuks stijlen, niet van bamboe, maar van djattihout te doen vervaardigen, en wel op den zaagmolen te Japara.

»*Ten achtste.* Alverder te bepalen:

*a.* Dat de nieuwe aanplant van 148,000 koffijboomen, in het distrikt Oendaän, geheel zal worden afgeschreven.

*b.* Dat de bevolking der distrikten Oendaän, Tjengkalsewoe en Glongang, voortdurend, op eene matige wijze, met de koffijkultuur en het onderhoud der thans bestaande aanplantingen zal blijven belast; doch dat aldaar geen nieuwe bijplantingen zullen worden gedaan, dan bij het vervallen van een belangrijk gedeelte van den tegenwoordigen aanplant.

»*Ten negende.* Den resident van Japara te magtigen, om de voor de suikerkultuur afgezonderde bewoners der dessa's, gelegen aan de zuidzijde der rivier van Antroe, gerekend van den 1en Januarij 1842, van de belasting der overvaarten vrij te kennen, en zulks op den voet en de wijze, als hem resident het meest doelmatig zal voorkomen.

»*Ten tiende.* De theekultuur in de residentie Japara in te trekken, gelijk geschiedt bij deze, met magtiging op den resident aldaar, om de daarbij te werk gestelde bevolking ten dienste der koffijkultuur te bezigen: en om de fabriek, het pakhuis en toebehooren, publiek voor rekening van den lande te verkoopen; — zullende het bij deze kultuur in dienst zijnde Inlandsche personeel, moeten worden ontslagen en, bij voorkomende gelegenheid, voor eene andere plaatsing in de residentie Japara in aanmerking kunnen komen.

»*Ten elfde.* (Last om berekening van de resultaten der nopalkultuur in te dienen, in verband tot de nu genomen beschikkingen.)

»*Ten twaalfde.* (Verstrekking aan de bevolking van Koedoes, als tegemoetkoming bij het leggen van een brug, van eenige bij den houtzaagmolen te Japara aanwezige defekte houtwerken.)

»*Ten dertiende.* (Vergoeding aan den ambtenaar Buijskes van de kosten zijner kommissie.)

»*Ten veertiende.* Aan den resident van Japara . . . . . te kennen te geven: dat het gouvernement met leedwezen heeft ontwaard, dat de regeling der onderscheidene in zijne residentie aanwezige kultures, veel te wenschen

III.                                                                                   9

overlaat; en dat het vertrouwt dat de leiding, door het gedaan onderzoek gegeven, tot betere resultaten zal doen geraken; onder opmerking, dat bij de uitbreiding van kultures en vermeerdering van produkten, welke het gouvernement verlangt, met beleid moet worden te werk gegaan en vooral voorgekomen, door onberedeneerde maatregelen onvruchtbaren en daardoor drukkenden arbeid te veroorzaken.

*Ten vijftiende.* Den direkteur der kultures te kennen te geven: dat met bevreemding uit de boven omschreven rapporten is ontwaard, met welke bezwaren de kultures in de residentie Japara gepaard zijn gegaan, en nog gaan, zonder dat van zijn kant voorstellen zijn gedaan, om die op te heffen of te verminderen, gelijk had mogen worden verwacht; — wordende hem direkteur thans aanbevolen, om speciaal zijne aandacht op de aangelegenheden dier residentie te vestigen, en tot dat einde zijne inspektiën in het bijzonder te doen strekken, daarbij in het oog houdende, dat de bij dit besluit bevolen maatregelen, de gebrekkige regeling van het werk, na de verkeerde plooi die het genomen heeft, niet in eens zullen kunnen verbeteren, en dat mitsdien gestadig middelen zullen moeten worden aangewend, om dat doel te bereiken."

In verband tot het hier medegedeelde, moeten wij het volgende opmerken.

Kort vóór dat de treurige toestand van de residentie Japara, had geleid tot zóó zorgverwekkende volksverhuizingen, dat de regering, bij besluit van 25 Junij 1841 no. 6, een opzettelijk onderzoek deed instellen, waren op Java, op last van den minister Baud, van de residenten informatiën ingewonnen, ten aanzien van een verondersteld misbruik: *het straffen der dessahoofden met rottingslagen.* Wij hebben, hetgeen dientengevolge aan het licht kwam, reeds vroeger medegedeeld; (*) maar destijds de namen verzwegen van de residentiën, in welke dat misbruik, volgens de eigen bekentenis der residenten, bewezen werd te bestaan. Thans moeten wij, tot aanvulling van het hiervoren vermelde, op die reserve eene uitzondering maken, door aan te teekenen: dat het de residentie Japara was, waar bedoeld misbruik, altijd volgens de eigen bekentenis van den betrokken resident, in de ergste mate bestond. Het (1e deel, pag. 418, § 5,) door ons in de vijfde plaats vermelde rapport, is de geheime missive van den resident van Japara, dd. 15 Januarij 1841 no. 153/3, gerigt aan den prokureur-generaal bij het hooggeregtshof van Nederlandsch Indië. Daaruit blijkt: dat in de residentie Japara in 1839—281 en in 1840—275 dessahoofden waren gestraft; terwijl de resident daarin, met blijkbare zelfvoldoening, de naïve bekentenis aflegt, dat hij in 1840 op de dessahoofden ook had toegepast, de straf van rottingslagen *in de koffij- en suikertuinen*, welke *openlijke* schande zijne voorgangers aan die hoofden had-

---

(*) Zie eerste deel, pag. 415—419.

den bespaard; — en dat, alleen onder zijn bestuur, die hoofden met rottingslagen waren gestraft, *zonder ontslag uit hunne betrekking* ; terwijl onder zijne voorgangers die straf steeds was vergezeld gegaan *met het ontslag* als dessahoofd.

Deze bekentenis legde de resident van Japara af in het begin van 1841, en wij hebben hiervoren medegedeeld, hoe de toestand zijner residentie was in het midden van datzelfde jaar. Waar wij hier deze beide feiten, aan de regering bekend, met elkander in verband brengen, durven wij elken onpartijdige vragen: of de vaderlijke vermaning, bij art. 14 van het medegedeelde besluit van 10 November 1841 no. 1, aan den resident van Japara gegeven, niet wat al te zacht was? en of het wel aan redelijken twijfel kan onderhevig zijn, dat *de uitbreiding van kulturen en vermeerdering van produkten, welke het gouvernement*, blijkens dat artikel, *verlangde*, de voornaamste oorzaak was, dat in deze met zooveel toegevendheid moest worden te werk gegaan?

## V. *Grond-eigendom en Grond-bezit op Java.*

In onze Bijdragen komen, hier en daar verspreid, vele bijzonderheden en mededeelingen voor, die belangrijk zijn tot vermeerdering van de kennis omtrent het begrip, hetwelk de regering, vroeger en later, heeft gehad en geproklameerd ten aanzien van grond-eigendom en grond-bezit op Java. Dat begrip vertoont zich echter niet duidelijk en bepaald, zoodat onze kennis zich niet tot volkomen wetenschap kan uitbreiden. De overtuiging, dat al wat dienaangaande kan worden medegedeeld, nuttig is, leidt ons tot de vermelding van hetgeen volgt.

1. *Bebouwde gronden van de inlandsche bevolking in Cheribon.* Wij hebben in het vorige hoofdstuk vermeld, dat het individueel landbezit in het distrikt Gegesik-lor, van het regentschap Cheribon, — grenzende aan het regentschap Indramayoe, alwaar dat individueel bezit bestaat, — in 1833, alzoo kort na de invoering van het kultuurstelsel, was vernietigd door den regent, die alle *registers* en *eigendomsbewijzen* van de dessahoofden en landbouwers in genoemd distrikt had opgevorderd en toen deed verbranden. (*)

In 1839 werden, door den resident van Cheribon, bij de regering bezwaren ingebragt tegen den in die residentie gevestigden suikerfabrikant L. Vitalis. Destijds bleek, onder anderen, dat de bevolking der dessa Djatti-pring, gelegen in de nabijheid van het suiker-etablissement van genoemden fabrikant, geweigerd had de haar opgedragen aanplantingen van suikerriet te bewerkstelligen; hetgeen den resident aanleiding had gegeven, om die bevolking te bedreigen: dat zij, in deze weigering volhardende, zou beschouwd worden niet meer te behooren tot de landbouwende klasse der bevolking, en dat mitsdien *de rijstvelden, tot hare*

(*) Zie hiervoren, pag. 94, in eene noot.

*dessa behoorende, onder de ingezetenen van andere dessa's zouden verdeeld worden.*

De inspekteur van financiën Stolte, werd bij geheim besluit van 5 Julij 1889, lett. M M, belast met een plaatselijk onderzoek naar alle bijzonderheden van de, tusschen den resident van Cheribon en den suikerfabrikant Vitalis, gerezen kwestie, die van ingewikkelden en neteligen aard was, en waarvan wij slechts een enkel punt, het zoo even vermelde, hier bespreken.

Het rapport van den inspekteur Stolte, leidde tot het besluit van 25 Februarij 1840 n°. 2, bij welks eerste artikel verklaard werd: dat geen overeenkomsten met de inlandsche bevolking voor nuttige ondernemingen en bedrijven van nijverheid, op den voet der publikatie van 25 December 1838, Staatsblad n°. 50, mogen worden aangegaan, die blijkbaar ten nadeele van 's gouvernements kultures zouden kunnen strekken. (*)

Bij art. 3 van datzelfde besluit, werd den resident van Cheribon te kennen gegeven: — *Dat, — aangezien verondersteld mag worden, dat de bevolking der dessa Djatti-pring niet zóódanig zou gehandeld hebben als zij gedaan heeft, zonder dat daartoe invloed van buiten had medegewerkt, waarvan dan ook in het deswege gehouden onderzoek voldoende blijken zijn aangetroffen, — het in die omstandigheden onnoodig en ondoelmatig is voorgekomen, om die bevolking daarvoor te doen boeten, *door aan dezelve hare sawa's te ontnemen, hetgeen moet beschouwd worden als een zeer strenge maatregel, waartoe niet dan bij volstrekte en dringende noodzakelijkheid moet en kan worden overgegaan*, te meer, daar hij resident, als zoodanig in de gelegenheid is en de magt heeft, om zoodanige andere schikkingen te treffen of maatregelen te nemen, als waardoor de bevolking en hare hoofden, tot hun pligt zouden kunnen worden teruggebragt, of de oorzaak, welke daartoe aanleiding heeft gegeven, weggenomen."

Zonder te blijven stilstaan, bij de verwijzing van regeringswege naar de hierbedoelde huishoudelijke maatregelen, willen wij alleen de aandacht vestigen op dat gedeelte der hier vermelde beschikking, waaruit blijkt: dat het gouvernement, in Februarij 1840, van meening was dat, bij volstrekte en dringende noodzakelijkheid, aan de Javasche bevolking hare sawa's konden worden ontnomen.

---

2. *Grondbezit in de residentie Japara.* Niet minder verdient de volgende mededeeling de aandacht.

Vermits de regering van oordeel was, dat de resident van Japara, met betrekking tot het tegengaan van partikuliere suikerriet-aanplantingen in zijne residentie, eigendunkelijk van de gegeven voorschriften was afgeweken, werden hem deswege opmerkingen gemaakt, bij de kabinetsmissive van 22 October 1844 no. 191.

---

(*) Hetgeen betrekking heeft tot deze overeenkomsten met de bevolking, is reeds door ons afgehandeld, in het eerste deel dezer Bijdragen, bladz. 408—412, waarnaar wij dus overwijzen.

De resident antwoordde daarop, bij missive van 11 November daaraan-volgende, no. 2910*/40, waarbij hij beweerde niet eigendunkelijk te hebben gehandeld, en voorts mededeelde, dat door hem, ten einde verder in den geest van 's gouvernements bedoelingen deswege ·te doen handelen, aan de regenten in zijne residentie was geschreven, den in afschrift overgelegden brief, dd. 4 November 1844 no. 2910/40, hoofdzakelijk voorschrijvende:

*a.* Dat, in den omtrek van 3 palen van de fabrieken of aanplantingen van suikerriet, van ondernemers in kontrakt met het gouvernement, geen partikulier suikerriet meer in de kampongs of op de sawavelden mogt wor-den geplant.

*b.* Dat dit verbod ook van toepassing is op zoodanige dessa's, wier sawavelden meer dan drie palen van de bedoelde fabrieken of aanplan-tingen zijn gelegen, wanneer die dessa's bij de suikerkultuur zijn ingedeeld.

*c.* Dat de *eigenaars van gronden*, die daarop suikerriet planten, geen verlof meer zullen bekomen, om het produkt te vermalen.

*d.* Dat het gouvernement verlangt, dat niet meer worde toegestaan, de oprigting van partikuliere suikermolens in die distrikten, waar gouverne-ments-aanplantingen bestaan.

*e.* Dat geen Chinezen, zonder bepaalde vergunning, in de dessa's mo-gen worden toegelaten, en dat zij met de dessahoofden geen mondelinge, maar wel schriftelijke overeenkomsten mogen aangaan, welke bij den resident behooren te worden geregistreerd.

Gelijktijdig adresseerde zich de gepensioneerde ambtenaar F. M. van Raadshoven tot de regering, met bezwaren tegen een besluit van den re-sident van Japara, van 30 November 1844 no. 3227/10, houdende, dat geen vergunning meer mogt worden verleend, tot vermaling van partiku-lier geplant wordend suikerriet, en verzoekende, dat hem mogt blijven toegestaan, het op de *door hem bezeten wordende perceelen* geplant suikerriet, tot suiker te vermalen.

De direkteur der kultures, ter zake gehoord, merkte bij zijne missive van 26 November 1844 no. 4079,2 op: dat de, bij kabinetsmissive van 22 October te voren no. 191 gegeven wenken, door den resident van Ja-para niet schenen te zijn begrepen, vermits hij anders geen aanschrijvin-gen zou hebben doen afgaan, waarbij aan den inlander zelfs de aanplant van suikerriet voor de konsumtie wordt verboden; weshalve het noodig was hem nader in te lichten.

Dientengevolge werd, bij besluit van 17 Januarij 1845 no. 15.

*»Eerstelijk.* Ten vervolge der kabinetsmissive van 22 October 1844 no. 191, aan den resident van Japara te kennen gegeven:

*»1°.* Dat het planten van suikerriet door den inlander, voorzooveel het voor de konsumtie, en niet om er suiker van te maken, bestemd is, niet behoort te worden verboden.

*»2°.* Dat het verleenen van vergunning, tot het oprigten van suiker-molens, door *eigenaars van gronden*, op dezelve, wel kan worden geweigerd aan Chinezen, die, tot nadeel van het gouvernement en de bevolking, in

*het bezit* zijn gekomen van kleine stukjes grond in verschillende dessa's; doch dat zoodanige weigering in billijkheid niet kan worden uitgestrekt tot Europeanen en Inlanders, die mede *gronden in eigendom* of, voorzoveel de laatsten betreft, voor' onbepaalden tijd *in bruikleen bezitten ;* minstens niet, zoolang op hen geen verdenking rust, dat zij zich schuldig maken, aan het opkoopen van riet, stroop of suiker, van ondernemers of ondernemingen in kontrakt met het gouvernement.

»3o. Dat het gouvernement verlangt, dat niet alleen in die distrikten, waar ondernemingen in kontrakt met hetzelve bestaan, maar ook overal elders in de residentie Japara, worde tegengegaan, de oprigting van partikuliere suikermolens op *gouvernements gronden*, vooral door Chinezen; — met last aan genoemden resident, om de bevelen, vervat in zijnen aan de regenten gerigten brief, van 4 November ll. no. 2910/40, speciaal die, vermeld bij § I van gemelden brief, in verband met het vorenstaande, onverwijld te wijzigen.

*» Ten tweede.* Den rekwestrant F. M. van Raadshoven, met zijn onderhavig verzoek, over te wijzen, tot den resident van Japara, die bij besluit van heden, omtrent 's gouvernements bedoelingen ten aanzien van den aanplant en de vermaling van suikerriet door partikulieren, voorzooveel noodig is voorgelicht."

---

8. *Ontginning van gronden in Tagal.* Krachtens besluit van 12 October 1844 no. 2, werd eene waterleiding aangelegd, waardoor ongeveer 2000 bouws gronden, in de vlakte van Bantar Bollang, regentschap Pamalang, residentie Tagal, van levend water voorzien, en alzoo ontgonnen konden worden. De direkteur der kultures bood der regering, bij missive van 20 September 1844 no. 3245/14, een voorstel aan van den resident van Tagal, strekkende om : ter bevordering van die ontginning, aan de daartoe genegen bevolking voorschotten te verleenen ; de ontgonnen velden gedurende *vijf jaren* van de betaling van landrenten vrij te stellen, en de gepensioneerde inlandsche ambtenaren in Pamalang in deze voorregten te doen deelen. Tot ondersteuning van deze voordragt, voerde de resident aan :

»Dat geen vrees bestond, dat de voorgestelde aanmoediging der ontginningen in de vlakte van Bantar Bollang, tot nadeel der gouvernementskultures of inkomsten zou strekken, omdat, 1o de gevestigde bevolking, die door haar aandeel in sawavelden en kultuur-inkomsten een genoegzaam bestaan had, vermoedelijk niet naar de te ontginnen wildernissen zou trekken, en 2o gewaakt kon worden, dat de bovenbedoelde voordeelen aan geen andere bevolking werden gegund, dan aan die der aan de te ontginnen gronden grenzende distrikten Bongas en Mandiradja, alwaar ruim 1600 huisgezinnen werden aangetroffen, die alleen gaga's en geene sawavelden bezitten ; zoomede aan de in Tagal aanwezige *orang mondok*, die noch in sawa's, noch in kultuur-werkzaamheden aandeel hebben.

»Dat aanzienlijke voordeelen worden gevorderd, om den Javaan tot het ontginnen van woeste gronden te bewegen, en mitsdien eene vrijstelling van landrenten gedurende *vijf jaren*, niet te lang is.

„Eindelijk, dat de gepensioneerde ambtenaren, aan wie het ontginnen der bedoelde gronden mede zou worden toegestaan, al hun invloed op de bevolking verloren hebben, en zoodanige vergunning alzoo geen nadeelige gevolgen kon hebben."

Bij besluit van 17 Januarij 1845 no. 17 werd :

„1° Ter bevordering der ontginning van de daartoe geschikte gronden in de vlakte van Bantar Bollang, (Tagal) bepaald :

„*a.* Dat de resident, gedurende het loopende jaar 1845, zal kunnen beschikken over eene som van *f* 5000.— koper, tot den aankoop van buffels, om paarsgewijze aan de zich daartoe aanmeldende bevolking te worden verstrekt, tegen het kostende, nader, na ommekomst der drie eerste jaren, te verrekenen.

„*b.* Dat de op gemelde vlakte ontgonnen sawa's, gedurende *drie jaren* van de betaling van landrenten zullen zijn vrijgesteld.

„*c.* Dat, voor zoo veel noodig, aan de gepensioneerde Inlandsche ambtenaren, woonachtig in het regentschap Pamalang, vergund zal zijn om, onder genot der bovenvermelde voordeelen, aan de onderwerpelijke ontginningen deel te nemen.

„2o De resident van Tagal aangeschreven, om te waken, dat bedoelde ontginningen niet strekken ten nadeele van 's lands werken, inkomsten of kultures, en dat de door gepensioneerde inlandsche ambtenaren te ontginnen gronden, door hen niet worden beschouwd als *eigendom* ; zullende die gronden, bij eventueele vestiging eener bevolking, moeten vallen in de kategorie van *gewone gouvernements gronden, bij de gemeente in gebruik.*"

Hier zien wij dus, het gouvernement zich niet alleen *eigenaar* verklaren van nog te ontginnen gronden; maar, in strijd met Javaansch en Javaansch-Mohammedaansch grondregt, het eigendomsregt door ontginning te niet doen.

---

4. *Grensscheiding tusschen Soerabaya en Kediri.* Naar aanleiding eener bij besluit van 31 Mei 1844 no. 1, door de regering verlangde grensbeschrijving van de verschillende gewesten in Nederlandsch Indië; bleek het, dat er onzekerheid bestond, of eene uitgestrektheid van 41⅗ bouws grond, behoorde tot het gebied der residentie Kediri, of tot dat der residentie Soerabaya. De resident van Soerabaya stelde, bij missive van 3 Maart 1845 no. 128/6, voor, te bepalen dat bedoelde gronden zouden beschouwd worden tot Kediri te behooren, waartegen geene bedenkingen bestonden, aangezien de betrokken dessa's in de afdeeling Modjokerto (Soerabaya), geen gebrek aan sawa's hadden.

Dien ten gevolge bepaalde de regering, bij besluit van 31 Maart 1845 no. 8: — „dat de grond, ter inhoudsvlakte van 43⅗ bouw, gelegen tusschen de dessa's Bandjardowo, Krembong en Sawahang, in het district Modjokerto, afdeeling Modjokerto der residentie Soerabaya, en de dessa's

Karongpakkis, Dayoe en Dawoehan, in de residentie Kediri, zullen worden beschouwd tot laatstgemelde residentie te behooren."

De hier bedoelde 141⅜ bouws grond, gelegen te midden van dessa's, behoorden dus tot geen van deze dessa's, want anders had er geen kwestie kunnen bestaan tot welke residentie, Soerabaya of Kediri, zij behoorden.

5. *Gronden, ingenomen door de suikerfabrieken en bijbehoorende gebouwen.* Deze gronden werden, wanneer de suikerfabrikanten dit verlangden, aan hen in *eigendom* afgestaan. Bij besluit van 3 November 1841 no. 5, werd de prijs voor die gronden vastgesteld op 25 cent de vierkante rijnlandsche roede. De direkteur der kultures vroeg, bij missive van 30 Maart 1842 no. 1021/2, aan de regering inlichting: of die prijs moest worden beschouwd als koopsom, te betalen aan het gouvernement, onverminderd de verpligting van de fabrikanten, om daarenboven nog eene schadeloosstelling aan de betrokken bevolking uit te keeren voor het gemis harer velden? dan wel, of de vermelde betaling alleen voldaan, en de vergoeding door het gouvernement toegekend moest worden? Bij besluit van 10 Julij 1842 no. 4 werd daarop, ╱met intrekking van het bepaalde bij art. 2 van het besluit dd. 3 November 1841 no. 5 (zoo even vermeld), de direkteur der kultures aangeschreven: om bij elken afstand van gronden, waarop suikerfabrieken zijn of zullen worden gebouwd, nopens den prijs derzelve een afzonderlijk voorstel te doen, daarbij lettende op de bestaande *adat* en, voor zoo veel noodig, op het bepaalde bij de missive van den algemeenen sekretaris, gedagteekend 28 April 1842 no. 576."

Daarop volgden talrijke autorisatiën tot het afstaan van gronden in eigendom, als hier bedoeld. Wij bepalen ons tot de mededeeling van die, welke kort daarna verleend werden, ten behoeve van de suikerfabrikanten in de residentie Japara, die wij zamenvatten in de volgende tabel.

| Gouvernements-besluiten, waarbij de autorisatie tot afstand van grond werd verleend. | Naam van den belanghebbenden suikerfabrikant in Japara. | Uitgestrektheid afgestane grond in vierk.rijnl. roeden. | Prijs van den grond | |
|---|---|---|---|---|
| | | | per vierk. rijnlandsche roede. | voor het geheele afgestane perceel. |
| | | | koper. | koper |
| 20 December 1842 nº. 8. | M. A. van Amstel. | 4012 | 18 cent. | ƒ 722 16 |
| 26 December 1842 nº. 25. | P. E. Savard. | 4000 | 40 » | - 1600 — |
| idem. | H. J. Netscher. | 4000 | 36 » | - 1440 — |
| 2 Februarij 1843 nº. 8. | J. G. Frederiksz. | 3447 | 8 » | - 275 76 |
| 2 Februarij 1843 nº. 9. | G. P. E. Vroom. | 3948 | 8 » | - 315 84 |
| 2 Februarij 1843 nº. 10. | C. H. Frederiksz. | 3980 | 6 » | - 238 80 |

Alzoo werden afgestaan 23,387 v.k. roed. voor ƒ 4592 56,

of gemiddeld de vierkante rijnlandsche roede voor 19½ cent koper. Volgens den hoogsten prijs werd ƒ 200.— koper, en volgens den laagsten ƒ 30.— koper, voor den bouw grond van 500 vierkante roeden betaald. Men ziet overigens, dat de prijzen nog al uiteen liepen. Omtrent de bestemming der voor de gronden ontvangen gelden, werd bij alle de aangehaalde regeringsbesluiten aangeteekend, dat daaromtrent nader zou worden beslist.

Die beslissing, genomen bij besluit van 26 Junij 1848 no. 9, hield in:

»1. Den resident van Japara te magtigen, om voor de in eigendom afgestane gronden, bedoeld bij besluit van 20 December 1842 no. 8 en bij dat van 26 December 1842 no. 25, aan de daarop regthebbende bevolking uit te keeren, eene schadeloosstelling van *tien cents* per vierkante roede.

»2. Aan te teekenen: dat voor de gronden, bedoeld bij besluit van 2 Februarij 1848 no. 8, reeds schadeloosstelling is uitgekeerd door den fabrikant J. G. Frederiksz, en dat voor die, bedoeld bij de besluiten van 2 Februarij 1843 no. 9 en 10, geen schadeloosstelling behoeft gegeven te worden."

Het blijkt uit het hier medegedeelde besluit niet, hoeveel door J. G. Frederiksz werd uitgekeerd, en evenmin waarom, in de beide laatste gevallen, geen schadeloosstelling gevorderd werd.

Wij willen nog een ander geval mededeelen.

Bij besluit van 25 Maart 1843 no. 6, werd magtiging verleend: »om aan de daarop regthebbende bevolking, in de residentie Tagal, uit te keeren eene som van ƒ 1650.— koper, als schadeloosstelling voor het gemis der, bij besluit van 11 September 1842 no. 4, aan de suikerfabrikanten van Vloten aldaar, in eigendom afgestane uitgestrektheid van 18 bouws en 90 vierkante rijnlandsche roeden (dus 9090 vierkante roeden) sawa- en tegal-velden, tot den prijs van 25 cents koper per vierkante roede, met last aan den resident om, van de wijze waarop de uitdeeling zal zijn gedaan, berigt in te zenden, met opgave van degenen die dezelve zullen hebben genoten."

Hier had dus het gouvernement van den fabrikant ontvangen, voor 9090 vierkante roeden grond, tegen 25 cent de roede, ƒ 2272.50 koper; van welke som de regering ƒ 1650.— koper, als schadeloosstelling uitkeerde aan de regthebbende bevolking.

De hiervorenbedoelde aan de suikerfabrikanten in *eigendom* afgestane gronden, werden in de grondbelasting aangeslagen; maar bij besluit van 28 Julij 1843 no. 8, werd in het algemeen bepaald: »Dat de belasting der verponding van suikerfabrieken, zoolang zij ten behoeve van het gouvernement zijn gehypothekeerd, zal worden geheven, niet over de waarde van de gebouwen en den grond, te zamen genomen, maar alleen over de som, mits niet minder bedragende dan ƒ 1000.— waarvoor die grond aan de fabrikanten in eigendom is afgestaan, tenzij in de gevallen, dat belanghebbenden zelve een hoogéren aanslag mogten verlangen."

6. *Gronden, ingenomen door de indigofabrieken in Bantam.* De hier bedoelde indigofabrieken behoorden aan het gouvernement. Bij besluit van
8 Junij 1848 no. 7, werd magtiging verleend, om in de residentie Bantam
te beschikken over eene som van *f* 550.—, ten einde daaruit schadeloosstellingen te doen betalen aan de bruikleeners der gronden, waarop, krachtens besluit van 7 September 1841 no. 5, *veertien* indigofabrieken waren
gebouwd. De uitgestrektheid van den ingenomen grond, waarvoor schadeloosstelling verleend werd, is in het besluit niet vermeld; maar vermits,
gemiddeld, voor den grond van elke indigofabriek *f* 40.— werd toegestaan,
zal men toestemmen dat dit niet veel was, als men nagaat, dat zoodanige
fabriek, met bakken, kookhuis, pakhuis, enz. geen onbeduidend stuk grond
inneemt.

De aanleiding tot het geven van deze schadeloosstelling was, blijkens
de praemisse van het besluit, *»gelegen in de omstandigheid, dat in die
residentie (Bantam), het zoogenaamd vruchtgebruik van den grond individueel is, zoodat degenen, wier gronden voor de bedoelde fabrieken zijn afgezonderd geworden, zonder de schadeloosstelling, een dadelijk nadeel zouden ondervinden; waarbij nog in aanmerking moet komen, dat de indigo-
plantende bevolking aldaar, slechts de ruwe grondstof levert, en dus minder dadelijk belang heeft bij de fabrieken dan elders.''*

---

7. *Onteigening van gronden voor vestingwerken.* Het militair departement
zond, bij missive van 30 November 1839 no. 5, eene opgaaf aan de regering, van de, ten behoeve der belangrijke vesting Willem I, sedert 15
September 1838, afgestane perceelen sawa's; met voorstel om daarvoor,
in alles *f* 452.71½ als schadeloosstelling aan de bevolking toe te staan;
onder opmerking: *»dat, alhoewel het gouvernement op Java kan beschikken
over den benoodigden grond, tot het aanleggen van publieke werken, de billijkheid echter medebrengt, dat* IN DIT GEVAL *schadeloosstelling worde verleend.''* — Dien overeenkomstig werd, bij besluit van 8 Januarij 1840 no.
5, magtiging verleend tot de uitbetaling der genoemde som van *f* 452.71½,
aan de bevolking der dessa's, vermeld op de door het militair departement overgelegde opgave. Die opgave is niet gevoegd bij het besluit, zoo als dat
bij het ministerie van koloniën in afschrift aanwezig is: zoodat wij de
uitgestrektheid van de onteigende gronden der in deze bedoelde dessa's, niet
kunnen mededeelen.

Bij besluit van 24 November 1841 no. 3, werd de opbouw geautoriseerd van een kampement te Gombong, in de residentie Bagelen. Blijkens besluit van 1 Maart 1842 no. 10, werden daarvoor onteigend: de
dessa Djenkok en een gedeelte der dessa Semanding, waarvoor te zamen
eene vergoeding werd toegestaan van *f* 423.—.

---

8. *Westelijk Java en Kadoe.* Hoogst merkwaardig zijn de beschouwingen, voorkomende in de navolgende missive van den minister Baud

aan den gouverneur-generaal, waarom wij dien brief hier in zijn geheel overnemen. Het zijn hier niet vlugtige woorden, welke men zeggen kan, onbedachtzaam te zijn uitgesproken. Het zijn ernstige geschreven woorden, die de vrucht bevatten van bedaard en rijp overleg, van naauwkeurig op de plaats persoonlijk ingesteld onderzoek. Het zijn woorden, die verdienen door ieder te worden gekend en overwogen.

No. 2/591. Lett. A.                    's Gravenhage den 15en October 1844.

Uwer Excellenties missive van den 18en April jl. no. 209/11, strekte tot beantwoording der, bij mijn geheim schrijven van 6 October 1843 no. 105,K1, gedane vraag: of en in hoever de suikerteelt op Java nog voor eenige uitbreiding vatbaar is? Ik heb daaruit gezien dat die vraag, met eenig voorbehoud, ontkennend is beantwoord.

De inhoud van Uwer Excellenties aangehaalden brief, zou door mij blootelijk voor informatie zijn aangenomen geworden, om daarop bij voorkomende gelegenheid te letten, zoo ik mij bij de lezing niet gedrongen had gevoeld, tot het maken van eenige aanmerkingen, die ik, om het hoog gewigt der zaak, vermeend heb niet te mogen terughouden.

De inhoud der nu voor mij liggende stukken, doet namelijk de vraag ontstaan: of het er niet te onbepaald voor gehouden wordt, dat er, voor eene invoering of uitbreiding van dwangkultures, niets meer vereischt wordt, dan het aanwezen van eene zekere uitgestrektheid geschikt land, en eene zekere evenredigheid van landbouwers, niet bij andere kultures ingedeeld?

Uit deze beschouwing der zaak zou volgen, dat, wanneer men ergens dit een en ander aantrof, alsdan eene nieuwe kultuuronderneming, aldaar zonder bedenking zou kunnen worden tot stand gebragt.

Ik kan in die beschouwing geenszins onvoorwaardelijk deelen. Behalve eene zamentreffing toch der aangeduide materiëele omstandigheden, wordt er nog iets anders vereischt, om eene kultuuronderneming, zonder krenking der regten van de bevolking, tot stand te zien brengen, althans wanneer er rede is van eene *beschikking over hare rijstvelden.* Mijns inziens kan over die velden *alleen dan* tot kultuurondernemingen van het gouvernement beschikt worden, wanneer zij, volgens den plaatselijken adat, niet het eigendom van bijzondere personen, maar gemeentegronden zijn, aan niemand uitsluitend toebehoorende.

Bedrieg ik mij niet, dan bestaat er *een erkend eigendomsregt der sawa's in geheel het westelijk gedeelte van Java.* Dáár worden de sawa's, meen ik, gekocht en verkocht, geërfd en vermaakt, onder geen anderen last dan de kwijting der belasting, die er als erfpacht op kleeft, en de prestatie van zekere diensten. Op die sawa's andere en wel onaangename lasten te leggen, zoo als: de verpligting om een gedeelte derzelve, ten behoeve van partikuliere ondernemers of van het gouvernement, te moeten beplanten met suikerriet of *tarum-kembang* (indigo), zou een inbreuk zijn op den adat, die niet zou nalaten om groote en regtmatige ontevredenheid te verwekken.

Toen ik, in eene andere betrekking, geroepen werd om, door de publikatie van 28 Februarij 1836 (Indisch Staatsblad no. 19), de zoo lang gerekte 'gedachtenwisseling over een reglement voor de *partikuliere landerijen*, ten einde te brengen, heb ik naauwkeurig en plaatselijk onderzocht, welke, in het westelijk gedeelte van Java, de regten der sawahouders zijn. Met de volle overtuiging, dat dit slechts was de wettelijke bekrachtiging van een onbeschreven regt, heb ik in die publikatie doen opnemen: (art. 21) *dat de landeigenaar over geen sawa-, tuin- of anderen gekultiveerden grond, door een opgezetene of zijne voorouders aangelegd of in erfpacht verkregen, anders dan bij minnelijke overeenkomst mag beschikken.* Is nu die bepaling werkelijk de uitdrukking van den plaatselijken adat, dan volgt daaruit ook, dat het gouvernement, in het gedeelte des eilands, waarvan thans rede is, slechts ten gevolge van eene minnelijke schikking, en niet krachtens een bloot bevel, suikerriet of *tarum-kembang* kan doen planten op de rijstvelden der bevolking.

En echter is dit, bedrieg ik mij niet, wel eens uit het oog verloren, bij het invoeren van kultuur-ondernemingen in Bantam. Welligt ligt juist in die plaats gehad hebbende krenking van den adat, de oplossing, waarom die ondernemingen, van den aanvang af, door oorzaken, waarvan men zich geen rekenschap wist te geven, zijn mislukt.

Ik noem hier bepaaldelijk Bantam, omdat ik, in den brief van den direkteur der kultures van 8 April jl. no. 117 geheim, die residentie genoemd vind, als een van degene, alwaar men, door een plaatselijk maar, zoo het mij toeschijnt, geheel *materiëel* onderzoek, den weg tot verdere kultuur-ondernemingen denkt te banen. (*)

---

(*) De vroeger in Bantam, naar wij vermeld hebben, ingetrokken suikerkultuur, was daar op nieuw ingevoerd, om weinige jaren later, na herhaalde mislukte proeven, andermaal te worden ingetrokken. Blijkens besluit van 15 Januarij 1842 no. 8, waren in 1841 in Bantam, van gouvernements wege beplant 500 bouws met suikerriet, 1626 bouws met indigo en 10 bouws met nopal. Zoo als uit den tekst blijkt, was men er op bedacht, aan de gouvernements kultures in die residentie meer uitbreiding te geven.

Ten aanzien van het onderzoek, waarvan de minister spreekt, noteren wij, dat de direkteur der kultures, naar aanleiding eener in 1843 in Bantam gehouden inspektie had voorgesteld, om in die residentie onderzoek te doen, ter verkrijging van de ontbrekende kennis van: »het vermogen der bevolking, der belastingschuldigen, het vermogen van den grond, de waarde der belastbare voorwerpen, het bezit en de verdeeling der velden, enz. met het doel om de grondbelasting en de kultures naar behooren te regelen.''

De direkteur der kultures had tevens, in het laatst van 1843, berigt, ten aanzien van het in Bantam bestaande gebruik, omtrent het aangaan van overeenkomsten met de inlandsche bevolking, voor de levering van padi, alsmede omtrent het bezitten en voor eigen rekening bewerken van sawavelden door de Europeesche ingezetenen, en zulks naar aanleiding van de plaats gehad hebbende overname van eenige sawa's van den heer G. P. Servatius, door den suikerfabrikant J. Speet. — Hierin was, blijkens de missives van den algemeenen sekretaris, dd. 19 Januarij 1844 no. 97 en 98, voorloopig berust, met aanschrijving echter aan den

Al wat aldaar op *woeste gronden* kan worden geteeld, (zoo als de koffij,) valt van zelf buiten het bereik mijner bedenkingen, en zal geen reden tot ontevredenheid geven, mits blijvende binnen eigenaardige grenzen.

In de residentie Kadoe schijnt iets dergelijks te bestaan. Immers ik verneem dat, toen men aldaar, nu een paar jaar geleden, de indigo-kultuur op de sawavelden heeft willen invoeren, eene *zeer talrijke* verzameling van sawahouders daarover is komen klagen, als over eene inbreuk op hunne regten, en zich niet huiswaarts heeft begeven, vóór dat de intrekking dier kultuur aan hen is toegezegd geworden.

In het algemeen moeten wij zorgvuldig toezien, om de plaatselijke gebruiken en regten der inlanders niet te kwetsen. Het opvolgen van dezen regel, wordt in dezelfde mate belangrijker, als het stelsel der dwangkultuur zich uitbreidt. (*) Krenkingen, die op eene kleine schaal niet gevaarlijk

---

resident van Bantam: »om, zooveel mogelijk, te waken tegen het verkoopen van sawa's en anderen velden aan Europeanen, waardoor de bevolking zou worden benadeeld, en zulks in afwachting van nader onderzoek en beschikking, *omtrent den eigendom der velden in het Bantamsche.*"

Toen nu, bij kabinets-cirkulaire van 20 Junij 1844 no. 126, (in ons volgend hoofdstuk op te nemen) onderzoekingen van gelijken aard over geheel Java werden bevolen, smolt daarmede natuurlijk het speciale onderzoek in Bantam ineen

Opmerking echter verdienen de volgende aanschrijvingen, door de regering gezonden aan den resident van Bantam, bij §§ *c*, *d* en *e* van art. 2 van het besluit dd. 18 October 1844 no. 5. Die aanschrijvingen, welke dus afgingen op denzelfden tijd, waarop de minister Baud zijne, in den tekst medegedeelde missive deed afgaan, luiden als volgt:

»c. Om te waken, dat voor dessahoofden zooveel mogelijk worden gekozen, personen die landen hebben, en dus geacht kunnen worden invloed op de bevolking uit te oefenen, ten einde zoodoende een (zóó onmisbaar) beter dorpsbestuur te erlangen.

»d. Om te waken, dat velden, die aangelegd *worden* ten gevolge van door het gouvernement bekostigde en daargestelde waterleidingen, niet worden beschouwd als *eigendom der bevolking*, maar blijven (?) *gemeentegronden*, met welker *gebruik*, menschen, niet in het bezit van land zijnde, kunnen worden geriefd en bevoordeeld.

»e. Om alverder te waken, dat *de eigendom van grond* niet, door willekeur van den gemeenen man in handen der hoofden overga, en dat velden, die door de *zoogenaamde eigenaars* niet bebouwd worden, en dus tot nadeel van land en volk, alsmede van 's gouvernements inkomsten, braak blijven liggen, door intermediair van de dessahoofden, aan zoodanige personen *ter bewerking* worden aangewezen, die geen land bezitten."

(*) Wij zullen nog een enkel voorbeeld mededeelen, omtrent de opvolging van dien regel in de praktijk. Kort nadat de hier medegedeelde missive van den minister in Indië ontvangen was, werd aan den inspekteur der kultures S. D. Schiff, een onderzoek opgedragen, naar de ongunstige uitkomsten der indigokultuur in de residentie Pekalongan, welk onderzoek door hem, naar de eigen verklaring der regering, »met de meeste naauwkeurigheid," werd volbragt. Daaruit bleek: — dat de indigo-kultuur »op sommige plaatsen voor de bevolking zeer bezwarend was, *vermits eenige dessa's daarvoor* DE HELFT *harer sawa's hadden moeten missen.*" Zie besluit 4 December 1845 no. 4.

waren, kunnen het op eene groote worden; en men moet nimmer vergeten, dat de regering zich, ten opzigte van het bestaande stelsel, bevindt
in de zeer bijzondere positie, dat alle de plaatselijke ambtenaren, Europeesche zoowel als Inlandsche, door persoonlijk belang genoopt kunnen
worden, om bedenkingen, van den aard als door mij hierboven geopperd,
voorbij te zien of ligt te achten. Het gouvernement heeft derhalve weinig
kans, van tegen kultuur-uitbreidingen, die krenkend zijn voor verkregen
regten, te worden gewaarschuwd; en dit levert eene reden te meer op,
om daarin met de uiterste omzigtigheid te werk te gaan.

Ik geef Uwer Excellentie in overweging om, ten aanzien van dit een en
ander, de noodige mededeelingen te doen aan den kundigen en ijverigen
direkteur der kultures; (*) waarbij dan ook zou kunnen ter sprake komen
het denkbeeld, hetwelk als van zelf uit het zoo even opgemerkte voortvloeit: *of het niet raadzaam zou zijn, om, althans de residenten, te plaatsen
op een geheel onzijdig standpunt, door namelijk aan hen de procentos der
kultures te ontnemen, die vervangende door eene vaste toelage.*

De minister van koloniën<br>(was get.) J. C. BAUD.

Op dezen merkwaardigen brief, werd geantwoord bij missive van den
waarnemend gouverneur-generaal, dd. 20 Augustus 1845 no. 502/18.
Daaruit blijkt, dat de direkteur der kultures, ter zake gehoord, had over-
gewezen naar de aan den minister medegedeelde stukken, handelende over
een door den gouverneur-generaal Merkus bevolen onderzoek, ten doel hebbende: *om het stelsel van grondbelasting en kultures op Java op duurzame
grondslagen te kunnen regelen.* Die stukken zullen wij in het volgende
hoofdstuk mededeelen, en behoeven daarover thans niet verder uit te weiden
De direkteur verwees naar die stukken, omdat daaruit bleek, dat het
*eigendomsregt op de bebouwde velden* in het westelijk gedeelte van Java,
bij het bevolen onderzoek niet uit het oog was verloren. Hij merkte tevens
op, dat hem niet bekend was, dat in de residentie Kadoe *grondbezit*
bestond, maar wel dat de hoofden aldaar, met betrekking tot den aanslag en de voldoening der landrenten, in eene andere verhouding als elders
op Java schenen te verkeeren, vermits zij in zeker opzigt als huurders
der dessa's beschouwd worden.

„Wat hiervan zij, (schreef de wd. gouverneur-generaal verder :) zal
nader blijken, wanneer eventueel de voorgenomen onderzoekingen en opnamen, boven bedoeld, mogten worden ten einde gebragt; zijnde het mij
inmiddels voorgekomen, dat de beschouwingen van Uwe Excellentie voorloopig geen ander antwoord vereischen, dan de mededeeling dat zij, voorzooveel noodig, door mij, bij besluit van heden (no. 18), zijn ter kennis
gebragt van den tegenwoordigen direkteur der kultures, (†) om daarvan

---

(*) De heer G. L. Baud.
(†) De heer A. A. Buijskes; aan den direkteur G. L. Baud was, bij besluit
van 7 Maart 1845, verlof verleend naar Nederland.

het noodige gebruik te maken: met last om zorgvuldig toe te zien, dat de plaatselijke gebruiken en regten der inlanders niet worden gekwetst, en om zulks bij gelegenheid aan te bevelen aan de betrokken residenten en op zich zelven staande assistent-residenten op Java.

„Ik acht het te dezer gelegenheid niet ondienstig, Uwer Excellentie aan te bieden, afschrift van mijn besluit van den 19en April jl. no. 24, waaruit blijkt, hoe de aanslag der landrenten in de residentie Bantam over 1844 heeft plaats gehad, en waarbij op nieuw de noodige omzigtigheid is aanbevolen met de voorgenomen volkstelling. (*)"

Het overig gedeelte der bedoelde missive van den waarnemend gouverneur-generaal, handelt over het door den minister in overweging gegeven denkbeeld, om de kultuurpercenten van de residenten in te trekken en te doen vervangen door vaste toelagen. De waarnemend gouverneur-generaal stelde den minister voor: — De aan de residenten en op zich zelven staande assistent-residenten op Java, toegekende procenten der kultures, gerekend van 1 Julij 1846 of van 1 Januarij 1847, in te trekken. De inkomsten der residenten van Batavia, Samarang, Soerakarta en Djokjokarta, te brengen op ƒ 2000.— 's maands, en die der overige residenten op Java, op ƒ 1600.— 's maands. De afdeeling Patjitan te stellen onder een resident 3e klasse, met ƒ 1000.— 's maands. De afdeeling Krawang met Buitenzorg te vereenigen, te Buitenzorg te vestigen een resident 2e klasse op ƒ 1600.— 's maands, en, aan dezen ondergeschikt, in Krawang een gewoon assistent-resident op 500.— 's maands; — dan wel beide afdeelingen, Buitenzorg en Krawang, te maken tot residentiën der 3e klasse, gelijk ten aanzien van Patjitan werd voorgesteld. (†)

---

(*) De resident van Bantam had, bij den aanslag der landrenten in zijne residentie over 1844, eene veranderde regeling gemaakt, waarbij was uitgegaan: van hetgeen in 1843 betaald was, maar tevens van het beginsel eener heffing van *een vijfde* van het produkt van sawa's, en een derde van het produkt van tegal-velden, »over de volgens eene nieuwlings bewerkstelligde registratie aanwezige gronden." Dientengevolge had de aanslag over 1844 in Bantam bedragen:

aan vrijgestelde landrenten . . . . . . . . . . . . . ƒ 32,474.—
». betaling in geld . . . . . . . . . . . . . . . » 522,211.—
of te zamen ƒ 554,685.—

dat was ƒ 35,138.— meer dan de aanslag over 1843.

Na gehouden onderzoek, werden de verrigtingen van den resident van Bantam in deze, bij het in den tekst aangehaalde besluit van 19 April 1845 no. 24, goedgekeurd, »zonder echter te bevestigen, de belasting van een vijfde voor sawavelden, en een derde voor tegalvelden." Die goedkeuring was blijkens den konsiderans van het besluit, gegrond op de gegeven verzekering, dat bij de bedoelde regeling in Bantam was in acht genomen, het bepaalde bij art. 3 van het besluit van 9 Maart 1818 no. 1 (Staatsblad no. 14), houdende: dat, omtrent de bepaling van het bedrag van den aanslag, met de hoofden en oudsten van elke dessa, eene overeenkomst moet getroffen worden. Verder werd bij dat besluit, den resident van Bantam de aanbeveling gedaan, hier in den tekst bedoeld.

(†) Banjoewangi behoorde destijds tot de residentie Bezoeki.

Op deze missive is geen beschikking genomen. Wel bleef het netelige vraagstuk der kultuurpercenten, het onderwerp uitmaken van aanhoudende korrespondentie tusschen den minister en de Indische regering; maar het is overbodig daarover verder uit te weiden, nu die kwestie onlangs is opgelost. — Welke denkbeelden de minister had over het, door den gouverneur-generaal Merkus, op Java bevolen en hiervoren bedoeld onderzoek, zal uit het volgende hoofdstuk blijken.

---

9. *Grondbezit en apanage-bezit in Bezoeki, waaronder destijds behoorde de tegenwoordige residentie Probolingo.* Bij onze nu volgende beschouwingen over dit onderwerp, moeten wij, om het verband der zaak te behouden, een weinig verder gaan dan het tijdvak, dat in dit hoofdstuk wordt behandeld.

De assistent-resident van Probolingo, van Herwerden schreef, bij missive van 4 Januarij 1842 no. 516/16, aan den resident van Bezoeki, hetgeen volgt:

"Bij de nu onlangs volbragte opname der bevolking, heb ik het niet ondienstig geacht, tevens aanteekening te doen houden, niet slechts van de eigenlijke landbouwers, of van dat gedeelte hetwelk zich door eigen handenarbeid met den landbouw erneert, maar ook van de uitgestrektheid grond, die door de eigenaars zelven wordt bewerkt of, voor deze, door anderen, tegen afstand van de helft of een gedeelte van het gewas, bearbeid wordt, — en wel met inzigt om eenigzins meer van nabij, dan mij anders mogelijk was, met het landbezit en de voordeelen der landerijen, onder hoofden en bevolking, bekend te worden.

"De bedoelde opname, door de hoofden zelven, onder mijne leiding, bewerkstelligd, heeft dienaangaande de volgende resultaten opgeleverd:

"Dat, van de werkbaren of dienstpligtigen in de beide onder-afdeelingen, Probolingo en Kraksan, uitmakende te zamen 23,400 huisgezinnen, de landbouwers die *eigen velden* bearbeiden, een aantal bedragen van   17,231

"Die velden *voor anderen* bearbeiden, tegen de helft of een derde van het gewas. . . . . . . . . . . . . . . .   4,512

"Terwijl diegenen, welke geen velden bewerken, maar als koelies, visschers, enz. den kost verdienen, een aantal uitmaken van   1,657

"Totaal werkbare huisgezinnen. . . . .   23,400

"Diegenen dus, welke in genoemde afdeelingen, niet in het dadelijk bezit van sawa- of tegalvelden zijn, maken ruim *een vierde* van het geheel uit. Maar nog opvallender is het verschil, dat eene vergelijking der velden, door de grondbezitters zelven en, voor deze, door anderen bewerkt wordende, oplevert, en waarvan de bij de opname verkregen uitkomsten zijn, als volgt:

"De sawa's, door de eigenaars zelven bearbeid wordende, bedragen
16,433 bouws van 500 vierk. roeden.

"De sawa's, niet door de eigenaars maar, voor deze, door anderen, zoogenaamde paroeans, bewerkt wordende . 8,020 *   "   "   "   "

„Tegal- en gogo-velden, door de eige-
naars zelven in bewerking . . . .   8,274 bouws van 500 vierk. roeden.
„Terwijl die, voor de eigenaars door
anderen bewerkt wordende, een aantal
beloopen van . . . . . . . . .   1,271 „   „   „   „   „

„Men zal uit deze resultaten ten duidelijkste ontwaren, hoe onevenredig
de landerijen onder de bevolking zijn verdeeld."

Wij merken hieromtrent al dadelijk op, dat bij individueel grondbezit,
zooals dat in Bezoeki destijds bestond, en thans in Bezoeki en Probolingo
nog bestaat, de grond niet gelijkmatig onder de bevolking kan zijn verdeeld. Dat een gedeelte der bevolking geen gronden bezit, is zeer natuurlijk; men merkt dit verschijnsel evenzeer op in dat gedeelte van Java,
waar het kommunaal bezit bestaat. De medegedeelde verhouding tusschen
de grondbezitters en hen die dit voorregt misten, wel verre van ongunstig
te zijn, gelijk van Herwerden meende, komt ons zeer gunstig voor.

Genoemde assistent-resident had voornamelijk bezwaar dáárin: dat een
gedeelte der gronden, ook van die welke de hoofden in bezit hadden, jaarlijks door de suikerriet-aanplantingen, die meer voordeelen opleverden dan
de padi-kultuur, werd ingenomen, en dat het daarvoor betaald wordende
plantloon, voor een groot deel in handen kwam van dengeen, wien de
grond toebehoorde; — „daar (zegt hij:) even als bij de padi, bewerker en
bezitter van den grond, in dat geval, gelijk op deelen, en eerstgenoemde
dus slechts de helft van de hem toegekende ƒ 3.50 (plantloon) per pikol
suiker erlangt."

Dit bezwaar was een gevolg van het kultuurstelsel. Bij de padikultuur
zoekt de grondbezitter, die zelf den veldarbeid niet verrigten wil, de personen, die dus *vrijwillig*, tegen genot van een zeker deel van den oogst, het
werk doen. Bij de dwangkultuur, staat de grondbezitter, wiens velden
daarvoor aangewezen worden, die tijdelijk af, maar bemoeit zich niet met
het werk, dat het bestuur regelt door *gedwongen* diensten. En dat nu,
het voor dien gedwongen arbeid door het bestuur bepaalde loon, voor de
helft slechts werd uitgekeerd aan dengeen die het werk verrigtte, en de
wederhelft aan den grondbezitter, was zeker een groot bezwaar.

De assistent-resident onthield zich dan ook van het doen van voorstellen in deze, en bepaalde zich alleen, tot de kennisgeving aan den resident
van zijne bevinding.

Nader door den resident, bij diens *geheime* missive van 7 Junij 1844,
lett. A, gehoord en tot het doen van bepaalde voorstellen, tot wijziging
van den bestaanden toestand uitgenoodigd, gaf de assistent-resident, bij
geheimen brief van den 26en dier maand, lett. A, te kennen: dat hij het
voorkomende bij zijn vroeger vermeld schrijven, alleen wenschte beschouwd
te zien als eene *vertrouwelijke* mededeeling. Hij zegt daaromtrent verder,
hetgeen volgt:

„De voorstellen, in dezen te doen, zouden voornamelijk de strekking
moeten hebben, om de planters of bewerkers der gronden, de *geheele* be-

III.                                         10

taling van het suikerriet te verzekeren; maar daartoe zou een eerst vereischte zijn, om van nabij, ja zelfs individueel bekend te wezen met de gronden, waarop het landbezit van hoofden en geringen berust: — of het, zooals hier bij velen het geval schijnt te zijn, een regt is, door eerste ontginning · verkregen, of door erfregt op anderen overgegaan; — dan wel, of de thans als eigendom opgegeven wordende landerijen, hetzij door afsterving of verhuizing der vroegere eigenaren, *hier* aan anderen vervallen, *elders* (mede door aanmatiging, vooral van den kant der hoofden) als eigendom zijn beschouwd geworden; — daar, in het eerste geval, eene toewijzing der gronden aan anderen, door de verzekering der geheele opbrengst van dezelve aan de bruikleeners, als eene inbreuk op het alom bestaand en erkend grondbezit zou kunnen worden aangemerkt, en niet onwaarschijnlijk een ongunstigen indruk veroorzaken."

Een onderzoek in deze zou, naar de meening van den assistent-resident van Herwerden, niet gemakkelijk zijn, en moest met omzigtigheid gedaan worden. Hij verklaarde dit, bij zij~e menigvuldige gewone werkzaamheden, vooralsnog niet te kunnen doen. Hij wilde niet beslissen, of eene verandering in den bestaanden toestand, vooral eene meer evenredige verdeeling der velden, mogelijk, nuttig en wenschelijk moest geacht worden; maar hij had het pligtmatig geoordeeld, de aandacht van den resident op zijne bevindingen te vestigen.

Zoo bleef de zaak tot in 1844.

Bij brief van 5 April 1844 n°. 6 stelde de regent van Bezoeki aan den resident voor, het landbezit *gedeeltelijk* af te schaffen, en den gekultiveerden grond meer gelijk onder de bevolking te verdeelen. De resident vroeg omtrent dit voorstel, bij apostille van den 8en dier maand lett. A, de konsideratiën en het advies van den assistent-resident van Probolingo, en van den kontroleur van Bondowosso.

De kontroleur van Bondowosso antwoordde onmiddellijk, bij missive van 10 April 1844 n°. 42. Hij vereenigde zich geheel met het voorstel van den regent, en zou het, in het belang van den landbouwer wenschelijk achten, "bijaldien eene verdeeling der sawavelden, gelijk op, jaarlijks kon plaats vinden." Hij keurde het echter af, dat slechts een *gedeelte* zou genomen worden van de velden, die gezegd werden aan de hoofden of aan den kleinen man te behooren, als afkomstig van nalatenschappen hunner voorvaderen, hetgeen hij, zoowel in het belang der bevolking, als in dat van het gouvernement, niet doelmatig achtte. Hij licht dit aldus toe:

"Immers wordt hierdoor al dadelijk erkend, *het eigendommelijk bezit der sawa's.* Zoo de een, ten prejudice van een ander, van meerdere velden het vruchtgebruik mag genieten, en zulks op grond dat hij voorgeeft, dat deze velden de nalatenschap zijner voorvaderen zijn, en alzoo als erfenis hem toebehooren; dan zou het hoogst onbillijk wezen, dat hem een derde, of onverschillig welk gedeelte het ook zij, van deze erfenis wordt ontnomen.

»Naar mijn gevoelen zou mitsdien dienen te worden overgegaan, hetzij tot eene gelijke verdeeling van *alle* velden onder de landbouwende bevolking, dan wel, om de zaken ten deze te laten zoo als zij zijn. Een middenweg kan niet gevonden worden, dan door *het eigendommelijk bezit van de velden* te erkennen en, volgens het voorstel arbitrairement te werk gaande, *de eigenaren*, voor een grooter of kleiner aandeel, van deze hunne bezittingen te berooven."

De regent had tevens voorgesteld, om den door hem aangeprezen maatregel, niet te doen werken in de afdeeling Bondowosso, (destijds nog behoorende tot het regentschap Bezoeki,) op grond dat aldaar genoeg sawa's aanwezig waren, en eene herziening nadeelig zou werken op het ontginnen van gronden tot sawa's. De kontroleur vereenigde zich hiermede niet : maar meende dat Bondowosso niet boven andere streken moest bevoorregt worden. Naar zijn inzien, zou eene verdeeling der sawa's, de ontginning van gronden niet doen verminderen. Hij betoogt dit, in de volgende woorden:

»Wie zijn het thans, die de sawa's bewerken? de hoofden zelve voorzeker niet; maar de kleine man. Door wie worden successivelijk gronden tot sawa's ontgonnen? almede zijn dit geen personen die reeds soortgelijke gronden bezitten; maar wel vreemdelingen. Worden thans de sawa's, welke de hoofden zich toeëigenen, gelijk verdeeld onder hen die ze moeten bewerken zonder het gebruik van het produkt, dan zullen evenwel nieuw aankomenden, gronden zoeken en die ontginnen tot sawa's."

Zich dus niet vereenigende met dit gedeelte van 's regents voorstel, bleef hij het wenschelijk achten, dat de verdeeling der gronden, ook in Bondowosso, plaats vond.

De assistent-resident van Probolingo, (toen de heer Potter) antwoordde bij missive van 16 Januarij 1845 no. 4/2. Hij verklaarde, dat het *individueel eigendom van den gekultiveerden grond* in Probolingo, sedert zijne komst in die afdeeling, voor hem een punt van ernstige overweging had uitgemaakt. Door hem was eene latere opname gedaan, dan die van van Herwerden, maar met gelijk doel en strekking. De aanhef der gemelde missive is dan ook woordelijk gelijk aan die van van Herwerden; maar de cijfers zijn anders.

Destijds telden de onder-afdeelingen Probolingo en Kraksan, te zamen 28,096 huisgezinnen. De landbouwers, die eigen velden bearbeidden, bedroegen een aantal van . . . . . . . . . . . . . . . . . . 17,040.

Die welke velden voor anderen, tegen de helft of een derde van het gewas, bewerkten . . . . . . . . . . . . . . . . . 4,366.

En die welke geen velden bewerkten, maar als koelies, visschers, of anderzins den kost verdienden . . . . . . . . . 1690.

Totaal werkbare huisgezinnen . . . . . . . . . . . . . 23,096.

De sawa's, door de eigenaren zelf bearbeid wordende,
hadden eene uitgestrektheid van . . . . . . . . . 19,277 bouws.
Die niet door de eigenaars, maar door paroean's be-
werkt. . . . . . . . . . . . . . . . . . . . 5,465 „
De tegalvelden, door de eigenaars bewerkt . . . . 7,635 „
Die door paroeans bewerkt. . . . . . . . . . 664 „

De assistent-resident beschouwde het grondbezit, „niet alleen van schadelijken invloed op den landbouw en een hinderpaal voor het toenemen der
bevolking; maar tevens een prikkel voor de hebzucht, en een bron van
velerlei misbruiken, aanmatigingen en kwade praktijken, van de zijde der
Inlandsche groote en mindere hoofden." Hij bragt daarvoor eenige bewijzen bij. Verder was hij van gevoelen, dat de afschaffing van het landbezit, aan den geregelden gang der kultures voor de Europeesche markt,
geen afbreuk zou doen.

„Doch hoe dit ook zij, (zoo schrijft hij:) en hoe wenschelijk de afschaffing van het landbezit, als het eenige middel om vele misbruiken af te
schaffen, en het toenemen der populatie, zoomede land-ontginningen te
bevorderen, mij ook voorkomt; — zou ik echter, uit eerbied voor het
*regt van eigendom*, tot het nemen van zoodanigen maatregel nimmer willen
medewerken, bijaldien de door mijn voorganger (van Herwerden) geopperde
meening: *dat dit regt niet zal kunnen betwist worden*, door mij niet in
twijfel werd getrokken, en ik niet vermeende mij overtuigd te mogen houden, dat daardoor op dat regt geen inbreuk zal worden gemaakt."

Tot den oorsprong van het landbezit opklimmende, meende de assistent-
resident dat daarvoor door de hoofden in het geheel geen, en door de overige
landbouwers geen anderen grond kon worden aangevoerd, dan die van
eerste ontginning. Maar dan werd het onderzoek, door zijn voorganger
als onvermijdelijk beschouwd, geheel overbodig, en bleef het alleen de
vraag: „of, volgens de begrippen van den Inlander, uit eene eerste ontginning, al dan niet een *regt van eigendom* op den alzoo ontgonnen grond
voortvloeit?" Die vraag meende hij ontkennend te mogen beantwoorden.
Het oordeel van den kommissaris-generaal van den Bosch, opgenomen bij
de *Zakelijke Extrakten* (Staatsblad 1834 n°. 22) dat bij den Javaan wel
degelijk een denkbeeld van het regt van eigendom op den grond bestaat; —
doelde, naar de meening van den assistent-resident, alleen op den Sunda-
nees der Preanger-regentschappen. De door den kommissaris-generaal gemaakte aanmerking: dat Europeesche invloed de oorspronkelijke begrippen,
betrekkelijk het regt op den grond, heeft uitgeroeid; verloor hare
kracht, wanneer men lette op de Vorstenlanden, waar de vorst als eenige
bezitter van den grond wordt aangemerkt, zonder dat Europeesche invloed
daar de van ouds bestaande begrippen heeft uitgeroeid. „Dit regt (schrijft
de assistent-resident:) op het Nederlandsch gouvernement overgegaan zijnde, was dit dan ook bevoegd, om over het door hetzelve bezeten land
naar welgevallen te beschikken, en van dat regt, zonder afwijking van de
bestaande adat, gebruik makende, te bepalen, zoo als zulks bij § 3 der

piagems voor de landrente wel uitdrukkelijk is gelast: dat het dessahoofd de velden, naar billijkheid en zonder partijdigheid, onder de ingezetenen zal moeten verdeelen." (*)

De assistent-resident kon zich evenmin vereenigen met het voorstel van den regent van Bezoeki, als met het denkbeeld van zijn voorganger, om de zaak op haar beloop te laten; want, daar het kwaad diep geworteld was, moesten doortastende middelen worden aangewend om het uit te roeijen.

Hij stelde voor: "het afschaffen van het landbezit in de afdeeling (tegenwoordige residentie) Probolingo, en het, in de plaats daarvan, invoeren van eene gelijke verdeeling van den gekultiveerden grond."

De resident van Bezoeki deed alstoen, bij missive van 25 Junij 1845 n°. 828/1, een voorstel in dien geest, waarbij tevens in overweging werd gegeven, te bepalen: dat de bewerker van een stuk grond, zich zou moeten vestigen in de dessa, waartoe die grond behoort.

De direkteur der kultures stelde die missive in handen van den inspekteur der kultures de Munnick, welke hoofdambtenaar daarop, de navolgende merkwaardige missive aan genoemden direkteur schreef.

N°. 68.                                        Soerabaya den 20 September 1845.

De missive van den resident van Bezoeki, mij gerenvoijeerd bij schrijven van den 8en Julij ll. no. 2503/15, bevat het voorstel: om in de regentschappen van Probolingo en Bezoeki, alwaar het individueel grondbezit bestaat, voortaan de gronden onder de bevolking te verdeelen, zoo als elders op Java gebruikelijk is, en tevens om den landbouwer te verpligten, zich te vestigen in de dessa waartoe het stuk grond behoort, dat hem wordt aanbedeeld; of in andere woorden: aan de tegenwoordige grondbezitters geen regt op den grond toe te kennen, maar alle gronden als gemeente-gronden aan te merken.

Alle ambtenaren, zegt de resident, die deze aangelegenheid hebben onderzocht en overwogen, zijn het daaromtrent eens, dat eene gelijke verdeeling der velden tot eene dessa behoorende, onder de gezeten inwoners van zoodanige dessa, over het algemeen *billijk* en in het belang van 's gouvernements dienst is; terwijl hij meent, dat de tegenwoordige grondbezitters geen ander regt op den grond kunnen doen gelden, als dat, hetwelk ontleend wordt uit in bezitname van verlatene, of eerste ontginning van woeste gronden. Op deze motieven schijnt het voorstel gegrond te zijn.

Bij de overweging intusschen van dit belangrijk voorstel behoort, dunkt

---

(*) Deze piagem, vastgesteld bij Staatsblad 1819 no. 36, is door ons medegedeeld in het tweede deel, pag. 38. De hier bedoelde zinsnede, is overgenomen uit de bepalingen omtrent den aanslag en invordering der landrenten, namelijk uit die van 1818, Staatsblad no. 14, art. 8, en uit die van 1819, Staatsblad no. 5, art. 12.

mij, meer te worden onderzocht; en wel in de eerste plaats, of de maatregel is *wenschelijk* en *noodzakelijk;* en in de tweede plaats, of hij zoude zijn *billijk*, en zoo niet, of er middelen te vinden zijn om hem met de billijkheid overeen te brengen.

Het komt mij voor, dat de bij het voorstel overgelegde stukken, die vraagpunten niet, of althans niet voldoende beantwoorden, waarom ik daaromtrent in een nader onderzoek zal treden.

Eene gelijke verdeeling van gronden onder de landbouwers, schijnt voor deze klasse wenschelijk: omdat de voordeelen die de grond oplevert, dan onder allen worden gedeeld; omdat die klasse daardoor in aantal toeneemt, en omdat de oogst van den akker daarbij den eigenlijken landbouwer of grondbewerker onverdeeld aankomt.

Voor het gouvernement is zoodanige verdeeling wenschelijk, omdat daarbij de kultuur- en alle andere werkzaamheden, ook de heerendiensten, gemakkelijker en billijker te regelen zijn, dan bij het bestaan van individueel en blijvend grondbezit.

Wat de landbouwende klasse betreft, zou ik niet positief durven bepalen, of het individueel, dan wel gemeenschappelijk bezit, (beide zoo als dit hier wordt bedoeld), voor haar verkieselijk is.

Bij het gemeenschappelijk bezit, staan alle landbouwers gelijk. Nieuwe aankomelingen hebben gelijke, of althans weinig minder regten dan gevestigde dessa-bewoners, waaruit volgt dat allen even rijk zijn, maar ook, dat alle even arm zijn en blijven, en dat niemand 'in den landbouw het middel kan vinden om zijn toestand te verbeteren.

Bij het individueel grondbezit daarentegen, kan de landbouwer, door vlijt en spaarzaamheid, zich den weg banen tot fortuin.

Men hoort wel eens aanvoeren: dat de prikkel der fortuin op den Inlander weinig vermag; dat hij, tevreden met zijn toestand zoodra in zijne behoefte is voorzien, geen standverwisseling verlangt; waaruit zou zijn af te leiden, dat hij het gemeenschappelijk bezit zou moeten verkiezen.

Dan het is, in de regentschappen Probolingo en Bezoeki, geen vreemd verschijnsel, dat Inlanders, die aldaar als koelies beginnen, welgestelde landbouwers worden, in het bezit geraken van vele sawa's en, wanneer zij eindelijk genoeg meenen vergaard te hebben, hunne bezittingen 'te gelde maken en met den buidel huiswaarts keeren. Dit toch bewijst, dat de prikkel der fortuin ook op den Inlander werkt, en dat hij, wanneer hem de mogelijkheid daartoe niet benomen is, wel naar lotsverbetering haakt.

Het uitzigt op lotsverbetering vervalt bij gemeenschappelijk bezit. Ik trek derhalve in twijfel, of over het algemeen de Inlander dat bezit wel zou verkiezen. Ik geloof dit te minder, omdat de landbouwer der onderwerpelijke regentschappen, eigenlijk te Madura te huis behoort; dat hij, veelal door den honger gedreven, zijn minder vruchtbaar land verlaat; doch zeker de hoop blijft koesteren, om nog eenmaal naar de graven zijner voorouders terug te keeren, een denkbeeld, dat de inboorling dezer gewesten zeldzaam geheel laat varen.

Men beweert dat, bij gemeenschappelijk bezit, meer volk dan thans van Madura, zal overkomen. Dit is dunkt mij geenszins bewezen, en zelfs komt het mij voor, dat het tegendeel zou kunnen plaats hebben, wanneer de kans, om eenmaal met fortuin terug te keeren, werd benomen.

Hoezeer het voor het gouvernement wenschelijk moge zijn, het individueel grondbezit door het gemeenschappelijk bezit te doen vervangen, geloof ik, op grond van het hiervoor bijgebragte, dat het voor de bevolking wenschelijker is, de zaken te laten op den bestaanden voet.

Noodzakelijkheid tot den voorgestelden maatregel zie ik niet. De bevolking der onderwerpelijke regentschappen neemt van jaar tot jaar toe, dus is de toestand van den landbouwer niet ondragelijk; want in dat geval, zou de aankomende niet bij voorkeur Probolingo en Bezoeki tot zijn verblijf kiezen, daar hij in de nabij gelegene residentiën Pasoeroean en Soerabaya, alwaar het individueel grondbezit niet bestaat, dadelijk als sawa-houder kan optreden.

Het kultuurstelsel werkt, in meergenoemde regentschappen, niet minder goed dan elders; integendeel zijn de resultaten aldaar gunstiger, en hoezeer nu de regeling der werkzaamheden aldaar, wellevt eenigzins moeijelijker is dan in andere residentiën, kan dit dunkt mij geen motief opleveren, om een geheelen ommekeer van zaken daar te stellen.

Het voordeel dat men zich van den maatregel belooft, is hoofdzakelijk: vermeerdering van volk, uitbreiding van kultuur en bijgevolg vermeerdering van landrenten. Hiervoren heb ik uiteen gezet, op welke gronden ik vermeen, dat die voordeelen zeer spekulatief te noemen zijn.

Het schijnt mij derhalve toe: dat de voorgestelde maatregel slechts wenschelijk is voor het gouvernement, doch minder wenschelijk voor de bevolking; dat er geen noodzakelijkheid bestaat om daartoe over te gaan, en dat de voordeelen welke men er zich van belooft, voor het minst genomen, nog twijfelachtig zijn.

Wat de billijkheid betreft, begrijp ik niet, hoe een maatregel billijk te noemen is, waarbij verkregene en *erkende* regten, als het ware met één pennestreek, worden vernietigd.

Het individueel grondbezit bestaat in de residentie Bezoeki sedert vele jaren, waarschijnlijk wel sedert de eerste vestiging der Madurezen aldaar. Dat bezit is meermalen door het bestuur erkend. Ten tijde van den resident de Bruin Prince onder anderen, moeten *eigendomsbewijzen* zijn afgegeven, en zelfs nu geschiedt de verdeeling van het plantloon der suikerrietvelden, onder de sawa-houders der velden, waarin de erkenning van hun bezitregt op de velden, ligt opgesloten.

De overgang der velden van den een op den ander, nu eens ten gevolge van het erfregt, dan eens bij koop, heeft immer ongestoord plaats gehad. De bezitter moet zich derhalve *eigenaar* wanen, want hij verkreeg zijne velden op eene wijze, die hij niet anders dan wettig mogt en kon beschouwen. De hoofden mogen zich soms op eene minder wettige wijze van velden hebben meester gemaakt; doch de gemeene man is zeker in het algemeen op eene eerlijke wijze in het bezit zijner velden gekomen; hij toch had geen middel om door dwang of afpersing zich die toe te eigenen.

Het is, meen ik, een aangenomen regtsbeginsel: dat langdurig ongestoord bezit eigendom daarstelt; terwijl tevens lang bestaan hebbend gebruik (*adat*) op Java immer geëerbiedigd wordt.

Volgens *adat*, bestaat in de residentie Bezoeki het individueel grondbezit. Tegen dien *adat* en het hiervoren gemeld regtsbeginsel zou het regtstreeks aandruischen, wanneer dat bezit werd te niet gedaan, en het lijdt geen twijfel, of zoodanige maatregel zou bij de tegenwoordige grondbezitters, die zich eigenaars wanen en het ook volgens *adat* zijn, een misnoegen verwekken, dat niet onbillijk zou zijn te noemen.

Men zegt dat, toen de eigenlijke bevolking van Bezoeki, door oorlog en andere omstandigheden, was uitgeroeid, de Madurees zich in het bezit der gronden stelde, (*) en wil, dat hem uit dien hoofde niet meer regt op den grond zal worden toegekend, dan overal elders op Java, uit in bezit name van verlatene, of eerste ontginning van woeste gronden ontstaat. Die redenering is dunkt mij niet billijk; want waarom moest de Madurees juist volgen wat elders bestond? en waarom zou hij zijne huishouding niet naar eigen begrippen en inzigten hebben mogen inrigten? Verdienen die inrigtingen minder te worden geëerbiedigd dan andere, alleen omdat zij daarvan verschillen?

Het zou, meen ik, eene schreeuwende onregtvaardigheid zijn, de regten der tegenwoordige grondbezitters niet te erkennen; terwijl ik niet inzie, dat tot zoodanigen maatregel de minste drang noch noodzakelijkheid bestaat.

Kan de noodzakelijkheid worden bewezen, om in den stand van zaken in de residentie Bezoeki een geheelen ommekeer daar te stellen, hetgeen tot nog toe bij geen der stukken is geschied; wordt besloten, het gemeenschappelijk bezit voor het individueel bezit in de plaats te stellen; dan mag daartoe niet worden overgegaan, dan *met erkenning der règten van de tegenwoordige grondbezitters;* zij moeten dan, op de eene of andere wijze, worden schadeloos gesteld.

Niet voldoende met alle de bijzonderheden van het grondbezit in de residentie Bezoeki bekend, om bepaald het middel aan te wijzen, waardoor de voorgestelde maatregel met de billijkheid zoude zijn overeen te brengen, zal ik echter bekend stellen, wat mij oppervlakkig toeschijnt, dat daartoe zou kunnen strekken.

Eene gedetailleerde opname van de velden zou behooren plaats te hebben. Men zou moeten weten: wie de bezitters zijn, hoeveel ieder bezit, van welke geaardheid de velden zijn, en op wat wijze het bezit is ontstaan. Als wettig bezit zou moeten worden aangemerkt, wat verkregen was bij koop of door erfregt. De gronden zouden moeten worden getaxeerd naar

---

(*) Zie ons eerste deel, pag. 194 en volgende.

een aan te nemen maatstaf, gebaseerd op de gemiddelde opbrengst der velden. Die taxatie zou aan de als wettig erkende bezitters, voor schadeloosstelling moeten worden uitbetaald, waarna de grond aan de dessa zou komen te vervallen. De dessa zou met het montant der schadeloosstellingen moeten worden belast. Het gouvernement zou de schadeloosstelling moeten voorschieten, en zich die dan doen terugbetalen in een zeker getal jaren, bij wijze van opcenten boven de gewone landrenten.

Op deze of soortgelijke wijze, werd de billijkheid ten minste eenigermate in het oog gehouden, en dan mogt ook worden verwacht, dat de maatregel geen al te ongunstigen indruk zou maken. Maar om, zoo als is voorgesteld, zonder eenige erkenning van de regten der grondbezitters, te bepalen: dat het individueel grondbezit niet meer geldig is; dat voortaan alle gronden worden beschouwd aan de gemeente te behooren; — zoude een daad van willekeur zijn, waarvan ik althans, de gevolgen niet op mijne verantwoording zou durven nemen.

Het behandeld onderwerp is van genoegzaam aanbelang, om daarop de meest mogelijke inlichtingen in te winnen, waarom ik de eer heb in overweging te geven: de daartoe betrekkelijke stukken te renvoijeren aan den resident van Herwerden, die, als lang in de residentie Bezoeki gediend hebbende, welligt beter dan iemand in staat is, over deze aangelegenheid een juist oordeel te vellen.

De inspekteur der kultures.

(was get.) De Munnick.

Aan het voorstel, om den heer van Herwerden, destijds resident van Madioen, ter zake te hooren, werd door den direkteur der kultures voldaan, die daarbij echter den brief van den inspekteur de Munnick, niet schijnt te hebben overgelegd. De heer van Herwerden voldeed aan den hem opgedragen last, bij missive van 6 November 1845.

Hij herinnerde er aan, dat hij de eerste ambtenaar was geweest, die de aandacht van het bestuur der residentie Bezoeki, althans in geschrifte en met aanwijzing van cijfers, op het grondbezit in Probolingo had gevestigd. De bevolking dier afdeeling stond bekend als te bedragen 184,787 zielen; terwijl door zijne opname gebleken was, dat destijds 219,819 zielen aanwezig waren. Ook ten aanzien der bebouwde velden, en derzelver bewerking en verdeeling onder de bevolking, waren vroeger onbekende gegevens verkregen. Hij had dus daarover_ het eerste licht verspreid, en vermeldde dit alleen om, in verband tot de nu door den assistent-resident van Probolingo gemaakte bemerking, te doen gevoelen, dat hij dien omslagtigen en moeijelijken arbeid niet verrigt had, alleen om het daarbij te laten blijven, veel minder om de bestaande misbruiken en ongeregeldheden, indien eene verandering slechts eenigzins doenlijk ware, te laten voortduren.

Hij wenschte daarom, het bij zijne voren vermelde missives voorkomende, alleen beschouwd te hebben, als eene voorloopige mededeeling, waartoe hij zich dadelijk had verpligt geacht, nadat de resultaten der opname hem bekend waren. Dat hij zich aanvankelijk van het doen van bepaalde voorstellen had onthouden, in een aangelegenheid die geen overhaasting toeliet; was alleen geschied, omdat hij nader, verschillende tot de zaak betrekkelijke punten, moest onderzoeken, niet alleen omtrent het landbezit der hoofden, maar ook en vooral omtrent de vermeende of werkelijke regten, waarop het grondbezit kon geacht worden te berusten. Menigvuldige bezigheden, de verplaatsing en vervanging van den regent, waren, zijns ondanks, dat verder onderzoek hinderlijk geweest, totdat hij, in Mei 1843, als resident van Madioen werd overgeplaatst.

Aangenaam was het hem, te mogen ontwaren, dat deze belangvolle aangelegenheid op nieuw een punt van overweging was geworden, en zelfs bepaalde voorstellen gedaan waren, om in Probolingo eene billijke verdeeling der velden onder de ingezetenen der dessa's in te voeren. Hij vereenigde zich in zoo ver met die voorstellen, dat hij het ten volle eens was met den resident van Bezoeki, dat het individueel grondbezit tot vele misbruiken, van den kant der hoofden, aanleiding gaf, en dat eene verdeeling der landerijen, in tegenoverstelling van de bestaande orde van zaken, alleen genoegzame zekerheid kon geven, dat de landbouwer zijn billijk loon, of geregt aandeel in de opbrengst zijner velden, verkreeg.

Daarna vervolgt en besluit de heer van Herwerden aldus:

»Minder aannemelijk echter komen mij de gronden voor, waarop vermelde resident voor de afschaffing van het grondbezit adviseert. Dat de sporen nog voorhanden zijn, dat de afdeelingen Bezoeki, Probolingo en Banjoewangi, in vroeger tijden, eene talrijke Javaansche bevolking hebben gehad; dat deze oorspronkelijke bevolking, door verschillende omstandigheden, grootendeels van daar verdwenen is; dat sedert, die afdeelingen grootendeels door overkomelingen van Madura zijn bevolkt geworden, ja, dat deze, de nog overgebleven Javaansche bevolking naar de binnenlanden schijnt teruggedrongen te hebben, en mitsdien het zoogenaamd regt van eigendom op den grond, op eene eerste inbezitname van verlaten, of op ontginning van woeste gronden berust; — bewijst wel, dat de aldaar in deze bestaande gebruiken, geheel en al van die, op de ontginning van velden elders aangenomen, verschillen; maar niet ten volle, dat de bevolking van Bezoeki niet welligt eenige aanspraak zou kunnen maken op eigendom van grond, méér dan de overige bevolking van de meeste oorden van Java; daar deze ontginning van woeste gronden kan zijn gebaseerd geweest op omstandigheden, op regten, aan die eerste ontginning door de destijds bestaande regering toegekend, naar aanleiding der geldelijke opofferingen, waarmede die ondernemingen zijn vergezeld geweest.

Het regt van eigendom op den grond, hoezeer ook later in de meeste oorden van Java verloren gegaan, is van echt Javaansche herkomst, en deszelfs oorsprong verschuldigd aan de meerdere gegoedheid der klasse van hoofden, die hunne middelen aanwendden om door hunne afhangelingen woeste gronden te doen ontginnen; maar ook daardoor als eigenaars van die gronden werden aangemerkt. Herinner ik mij wel, dan wordt ook in andere residentiën, — behalve Bantam, de Preanger-landen, Krawang en Buitenzorg, waar zelfs het regt in deze bedoeld zóó ver gaat, dat de inlander aldaar zijne sawa's op publieke veiling verkoopt, — een dergelijk grondbezit onder den naam van *sawa yosso* aangetroffen.

»In de residentie Samarang, vooral in de afdeelingen Demak en Grobogan, moet nog hier en daar ditzelfde regt, alleen ter zake van eerste ontginning verkregen, gevonden worden, en wel op dien voet aldaar bestaan, dat zoo lang de eerste ontginner of zijn wettige opvolger, den alzoo in bezit genomen grond jaarlijks behoorlijk gebruikt of bebouwen laat, en niet in gebreke blijft de belasting daarvan geregeld te voldoen, hij als wettige eigenaar daarvan blijft aangemerkt, zonder dat het bestuur voor alsnog in de mogelijkheid is geweest, dit gebruik geheel af te schaffen, of overeenkomstig de gewoonte omtrent de dessagronden elders bestaande, te wijzigen.

»En dat ook, onder gelijke regten, wel vroeger de meeste landontginningen in de residentie Bezoeki zullen hebben stand gegrepen, kan, ook zonder de mededeelingen mij daaromtrent in der tijd door wijlen den pangerang regent van Bezoeki gedaan, wel voor stellig aangenomen worden, juist op grond der belangrijke volksverhuizing van Madura naar opgenoemde residentie.

»Volgens zijn, (des genoemden regents) mij daaromtrent gedane opgave, moeten, vooral in den beginne, toen de thans alom bebouwde vlakten van het Noorderstrand nog onbenut en woest lagen, aanzienlijke grond-ontginningen door voorname Inlandsche hoofden, zoo van Madura overgekomen als in den Oosthoek te huis behoorende, ondernomen zijn; deze door hunne middelen de derwaarts gelokte bevolking daarin zijn behulpzaam geweest, en hun op die wijze een regt, door werkelijk aanzienlijke geld-opofferingen verkregen, zijn toegekend, dat, gedurende een reeks van jaren en onder zoo vele verschillende besturen, is in stand gebleven en gehandhaafd geworden.

»Uit dit oogpunt dus, geloof ik mij alsnog, aan het daaromtrent bij mijne hiervoren bedoelde brieven voorkomende, te mogen gedragen; dat namelijk, alvorens in deze bepaalde voorstellen tot verandering te hebben kunnen doen, een opzettelijk en, vooral wat de daarin betrokken inlandsche hoofden betreft, onpartijdig onderzoek, naar den oorsprong en de gronden waarop het aldaar bestaand landbezit berust, wel als een eerste vereischte mogt worden aangemerkt; dat is: of niet welligt op de regten, gedurende een zoo lang tijdvak aan de oorspronkelijke landontginners of derzelver nakomelingen toegekend, door eene algeheele afschaffing van dat landbezit, inbreuk zal gemaakt worden.

»In hoever nu dit belangrijk punt later voldoende en naar genoegen opgehelderd is geworden, kan ik als van zelf niet beoordeelen. Het daaromtrent voorkomende bij de missive van den assistent-resident van Probolingo, dat het door mij genoemd regt van eigendom, geenszins door

eene toewijzing der gronden aan de gezamenlijke dessa-ingezetenen zal
worden verkort, steunt alleen op hetgeen elders bestaat, waar de eerste
ontginner gedurende een zeker tijdvak, gewoonlijk drie jaren, vrij van
belasting is, zonder dat echter daarbij wordt aangetoond: — op welke
gronden, in het algemeen genomen, zich de aanspraken op het landbezit
in de residentie Bezoeki baseren; — of voorts in de residentie Bezoeki
nog landbezitters, minstens van eenigen naam en invloed, in wezen zijn,
die, op den voet en naarvolgens de regten daaromtrent vroeger toegekend, gronden ontgonnen hebben; — of de velden der oorspronkelijke
landontginners, waarvan hiervoren melding is gemaakt, welligt reeds voor
lang in handen van anderen zijn overgegaan, in dier voege, dat zij, die
zich daarover nog tegenwoordig een vermeend regt willen aanmatigen,
wel en te regt als voorlang daarvan vervallen kunnen worden beschouwd; —
of eindelijk, aan de betrekking, van welken rang dan ook, het dessabestuur hier niet onder begrepen, vroeger en nog heden, eene zekere uitgestrektheid gronds, als middel van inkomst, verbonden was; dan wel,
hoedanig het gaat met de velden, die zij thans als hun eigendom opgeven,
ingeval van ontslag, overlijden, als anderszins. Dit alles wordt daarbij
onbeslist gelaten, en is het dan ook voor mij, die door verschillende omstandigheden niet in de mogelijkheid ben geweest, een en ander volledig
te onderzoeken, hoogst moeijelijk op eene zaak te adviseren, die plaatselijk dient behandeld te worden, wil men niet gevaar loopen, in zijne
beoordeeling welligt in meer dan één opzigt mis te tasten.

„Wat ten aanzien van dit punt: dat de velden het gemeenschappelijk
eigendom der gezamenlijke dessa-ingezetenen zijn, in andere oorden van
Java bestaat, kan geenszins ten grondslag of tot maatstaf verstrekken,
van hetgeen elders, waar geheel andere instellingen gevonden worden,
*dient* en vooral *kan* gedaan worden.

„Bestaat echter, door het onderzoek dat in deze later schijnt gehouden
te zijn, de overtuiging: dat, door eene afschaffing van het grondbezit,
de regten van hen die nog tegenwoordig daarop hunne aanspraken gronden, niet zullen worden te kort gedaan, uithoofde de oorspronkelijke landontginners, niet alleen voor lang niet meer in wezen zijn, maar ook de
velden van lieverlede in handen van anderen zijn overgegaan, in dier
voege, dat men laatstgenoemden, des noodig, van de ongegrondheid en
onbillijkheid hunner vordering zou kunnen overtuigen; — in dat geval, kan
ik mij ten volle met het denkbeeld vereenigen, om dat landbezit af te
schaffen; dewijl ook alsdan de onaangename indruk en nadeelige invloed,
die eene verandering in het aldaar bestaande anders wel eens zou kunnen
te weeg brengen, van minder beteekenis wezen zal; het tegendeel waarvan
wel niet zal kunnen worden ontkend, ingeval het regt van eigendom op
de velden, zoo als waarschijnlijk aanvankelijk, ook nog tegenwoordig, op
goede gronden berustte.

„Ik erken dat de inlander, ook bij de ruimste betaling voor zijnen arbeid, ook bij de grootste voordeelen aan de verbouwing van deze of gene

kultuur verbonden, nog altijd het toezigt, en dat wel van zeer nabij, en eene gedurige aansporing van den kant der Europeesche ambtenaren noodig heeft; maar kan ik mij geenszins met het gevoelen van den assistent-resident van Probolingo, bij zijne meergenoemde missive uitgedrukt, ver-eenigen, dat, uithoofde hiervan, de algeheele intrekking van die voor-deelen, voor ieder hunner aan het landbezit totdusverre verknocht ge-weest, als het ware als eene zaak van geheel ondergeschikt belang zou moeten worden aangemerkt, daar het toch wel zeker is, dat zij voor die voordeelen geenszins onverschillig zijn, en eene openlijke verklaring, vol-gens het door dien ambtenaar voorgestelde, dat het de uitdrukkelijke wil is van het gouvernement, om het landbezit af te schaffen en de velden gelijkelijk onder de dessa-ingezetenen te verdeelen, minstens, indien eene zoodanige afkondiging gehandhaafd werd, onder die totdusver bevoorregte klasse van hoofden, wel een onaangename stemming zou kunnen veroor-zaken, van nadeelige terugwerking op den gang der werkzaamheden bij de suikerkultuur; daar het een groot verschil oplevert met welgezinde hoofden, dan met kwalijk gestemden te doen te hebben. Wel verre van niet volkomen met het gevoelen van dien ambtenaar in te stemmen : dat naarmate het kwaad dieper wortel geschoten heeft, ook des te meer door-tastende maatregelen dienen genomen te worden, om het uit te roeijen ; kan, naar mijn inzien, de welgezindheid der hoofden, welke de eerste zijn waarmede men werken moet, dan toch niet zoo geheel en al worden voorbij gezien, en in het onderwerpelijk geval wel een punt van over-weging uitmaken; vooral daar het hier eene residentie geldt, bijna geheel en al voor de teelt van produkten voor de Europeesche markt afgezonderd, bij welke die hoofden totdusver zulke groote voordeelen hebben ingeoogst.

»Ik vermeen, door het bovenstaande, zoo veel mij dit thans mogelijk is, aan den op mij verstrekten last voldaan te hebben."

Deze zaak bleef geruimen tijd onafgedaan bij de direktie der kultures. In het algemeen jaarlijksch verslag van de residentie Bezoeki over 1847, werd over het landbezit uitgeweid. Dit gaf der regering aanleiding om, bij missive van den algemeenen sekretaris, dd. 3 Mei 1848 no. 1254, den toenmaligen direkteur der kultures de Munnick, (dezelfde wiens rap-port, als inspekteur uitgebragt, hiervoren is opgenomen,) te herinneren aan de afdoening der zaak; waarop die direkteur de gewisselde stukken, bij missive van 16 Mei 1848 no. 1376/15, het gouvernement aanbood. Zich refererende aan zijn evenbedoeld rapport, als inspekteur uitgebragt, besloot hij zijne missive aldus :

»Geenszins wil ik ontkennen, dat aan het individueel grondbezit, zoo als het in Bezoeki en elders op Java is opgemerkt, nadeelen verbonden zijn, vooral voor de laagste volksklasse en voor de regeling van 's gouver-nements kultures; noch dat het gemeenschappelijk bezit van velden vele voordeelen aanbiedt, in het bijzonder voor het tegenwoordig stelsel van beheer op Java.

»Maar dit neemt niet weg, dat in deze belangrijke maatschappelijke aangelegenheid, niet willekeurig verandering mag worden gebragt; dat vooraf grondig moet worden onderzocht: op welke regten het individueel grondbezit berust; in hoever zij moeten worden erkend en geëerbiedigd, en welke middelen behooren te worden aangewend, om eene gewenschte verandering, met regelen van billijkheid in overeenstemming te brengen.

»Zoodanig onderzoek heb ik bedoeld, bij het slot van mijn hiervoren vermeld rapport, en blijf ik als noodzakelijk beschouwen, wanneer het gouvernement vermeent, dat aan het voorstel van den resident van Bezoeki gevolg moet worden gegeven."

Dientengevolge werd de resident van Bezoeki, bij missive van den algemeenen sekretaris, van 1 Junij 1848 no. 1489, uitgenoodigd, om: na volledig onderzoek, omtrent deze aangelegenheid nogmaals te dienen van konsideratiën en advies.

De resident van Bezoeki voldeed hieraan, bij zijn schrijven van 1 December 1848 no. 1016/1, hetwelk eindigde met de verklaring: — dat, zijns inziens, het individueel landbezit zeer nadeelig werkt op de algemeene belangen, zoowel van den lande als van de bevolking; — dat dit nadeel zich doet gevoelen: op landbouw en produktie, op handel en nijverheid, op orde, veiligheid en rust; tevens het toenemen der bevolking in den weg staat, en allen vooruitgang van welvaart tegenwerkt; — en dat het individueel grondbezit strijdig is met beginselen van regt en billijkheid, en dat het eene algemeene weldaad zal zijn, wanneer daaraan een einde zal kunnen gemaakt worden.

De direkteur der kultures, berigtte hierop, bij missive van den 30en December 1848 no. 3920/15: — dat, zijns inziens, de beschouwingen van den resident van Bezoeki over het landbezit aldaar, te oppervlakkig en te weinig gegrond waren op behoorlijk gestaafde daadzaken, om de boven omschrevene konklusie aannemelijk te doen achten; eene konklusie, met welke hij direkteur zich ook in zoo verre niet kon vereenigen, dat hij de afschaffing van het landbezit in Bezoeki, voor de rijke grondbezitters, het beste gedeelte der bevolking, als zeer nadeelig moest beschouwen, zoodat die maatregel geenszins kon worden genoemd eene algemeene weldaad voor de bevolking. — Dat, zoo als reeds vroeger was opgemerkt bij zijn brief van 16 Mei 1848 no. 1376/15, hier veel ontbrak wat tot eene juiste beoordeeling der zaak werd vereischt, en dat in deze belangrijke maatschappelijke aangelegenheid geene verandering mogt gebragt worden, zonder grondig onderzoek, op welke regten het individueel grondbezit berust, in hoever die moeten worden erkend en geëerbiedigd, en welke middelen kunnen worden aangewend, om eene gewenschte en billijke verandering daar te stellen. — Dat hij direkteur tevens van meening zou zijn, dat de resident van Bezoeki bepaaldelijk zou behooren op te geven, welke wijze van verdeeling der velden hij, in plaats van de bestaande, zou willen zien ingevoerd, en hoedanig dit zou kunnen geschieden, zonder vrees voor: verzet van de zijde der bevolking; terwijl de regering alsdan nog moeijelijk bepaaldelijk ter zake zou kunnen beslissen, zonder een dieper onderzoek naar de voor- en nadeelen van het gemeenschappelijk landbezit OP JAVA, dan tot dusver had plaats gehad. — Dat onderzoekingen als deze, welligt met eenig succes zouden kunnen plaats hebben, bijaldien de vroeger geautoriseerde opnamen, enz. voor de landrenten, niet waren gestaakt, door gebrek aan de daartoe vereischte fondsen; zonder welke zij tot niets zullen leiden.

De regering nam daarop, bij besluit van 16 Januarij 1849 no. 1, de volgende beschikking:

»De missive van den direkteur der kultures, van 16 Mei 1848 no. 1876/15, met de aan hem gerigte brieven van den inspekteur der kultures, de Munnick, van 20 September 1845 no. 68, en van den gewezen assistent-resident van Probolingo, van Herwerden, van 6 November 1845 no. 2610/15, te stellen in handen van den nieuw benoemden resident van Bezoeki, J. L. B. Engelhard, met aanschrijving: om, ter zake van het individueel grondbezit in die residentie, zijne beschouwingen mede te deelen, en speciaal te dienen van konsideratiën en advies over de vraag: of en in hoever, de nadeelen van de thans aldaar bestaande verdeeling der velden, met betrekking tot 's gouvernements kultures, door maatregelen, buiten de afschaffing van dat grondbezit, kunnen worden vermeden of verminderd; — wordende intusschen, in verband tot de bepaalde aanbeveling van het opperbestuur: *om de regten van den inlander op den grond, zooveel mogelijk te eerbiedigen*, den resident van Bezoeki alle bevoegdheid ontzegd, om in deze aangelegenheid eenige verandering te brengen, zonder vooraf verkregen autorisatie."

Genoemde resident van Bezoeki, schreef dientengevolge, bij missive van 15 Mei 1849 no. 272/1, den assistent-resident van Probolingo, en de kontroleurs van Bezoeki, Bondowosso en Panaroekan aan: — »Om naauwkeurig te doen onderzoeken in de oude dessa's, alwaar nog Javanen wonen, (*) of het individueel landbezit aldaar bestaat of bestaan heeft, dan wel of de sawavelden het gemeenschappelijk eigendom van de dessa's zijn."

De assistent-resident van Probolingo (H. A. Tromp), rapporteerde, bij missive van 12 September 1849 no. 472/1, aldus:

»Het bedoelde onderzoek heeft tot geene andere uitkomsten geleid, dan dat, volgens bij mij ingekomen berigt en ook van ter zijde ingewonnen informatiën, de oudste Javanen getuigen: zich niet te herinneren, dat in hunne dessa's immer het gemeenschappelijk landbezit, eene gelijke verdeeling van het bouwland, heeft bestaan.

---

(*) Dat wil zeggen: in tegenoverstelling van de Madurezen, die destijds reeds het grootste deel uitmaakten, van de hier bedoelde landschappen.

"Men kan zich, omtrent den oorsprong van het individueel landbezit, dus *in gissingen* verdiepen, doch er schijnen noch overleveringen, noch geschiedenis te bestaan, waardoor men kan geraken tot de juiste kennis van de redenen *waarom*, en het tijdstip *wanneer* het landbezit in deze residentie is ingevoerd; en gevolgelijk kan men evenmin opklimmen tot de waardering van het *regt van eigendom* van de meeste der tegenwoordige bezitters.

"Zich hierin op nieuw in breedvoerige beschouwingen te begeven, zou slechts leiden tot herhaling van de uitgebreide belangrijke rapporten en vertoogen, welke nopens deze aangelegenheid bestaan.

"Door kundige en ondervindingrijke ambtenaren, is het *vóór* en *tegen* van het individueele landbezit betoogd, herhaalde voorstellingen daarvan, zouden buitendien slechts tot meerdere twijfelingen kunnen leiden, en het kwam mij dan ook ten dezen als hoofdzaak voor, of de kwestie niet onder nieuwe gezigtspunten zou kunnen worden voorgesteld.

"De mogelijkheid hiertoe heb ik aanvankelijk gedacht te zullen kunnen vinden; doch ik ben tot geen voldoend resultaat kunnen geraken, dewijl ik, bij mijne beschouwingen en beoordeelingen, telkens afstuitte op het gemis van eene juiste en gedetailleerde opname van de aanwezige sawa's en derzelver eigenaren, in verband tot de landbouwers die niet in het bezit van velden zijn.

"Ofschoon ik niets terugneem, van hetgeen te dezer zake in het algemeen verslag dezer afdeeling over den jare 1848 door mij is aangeteekend, en het individueel grondbezit mij, voor zoover ik het beoordeelen kan, immer schadelijk voor velerlei belangen voorkomt, kan ik echter, bij nadere overweging, zonder dat de zoo even bedoelde gedetailleerde opnamen voorafgegaan, en de zaak daardoor in hare *ware* gedaante is voorgesteld, evenmin konkluderen tot de afschaffing van hetzelve, als tot aanwijzing der middelen welke daartoe in billijkheid zouden kunnen strekken; want daarbij toch zou ook wel bepaaldelijk in overweging genomen moeten worden, dat de afschafing van het individueel grondbezit den toestand der *arme*, thans voor loon werkende, landbouwende klasse wel grootelijks zou verbeteren; maar dat daarentegen de *gegoede* klasse, de bezitters van sawa's en de hoofden, daaronder zeer zouden lijden, en deze voor hun verlies BEHOORLIJK schadeloos gesteld zou moeten worden, of de schromelijkste gevolgen voor de rust van dit gewest, zouden daarvan het gevolg zijn.

"Diegenen toch, welke thans in het bezit der sawa's zijn, bezitten die voor het grootste gedeelte sedert langen tijd; zij zijn in het bezit daarvan gekomen: door ontginning, door versterf, door koop, of door betaling van landrenten voor onvermogenden, en zij vermeenen dus een regt van eigendom te hebben verkregen, dat zij zich alleen met eene voldoende, *zelfs ruime* schadeloosstelling, zonder verzet zullen doen ontnemen.

"De wijze van zoodanige schadeloosstelling is echter, mijns inziens, evenmin aan te geven, als de waarde van ieders vermeend eigendom te berekenen, zoo lang men niet in het bezit is der gedetailleerde opnamen, waarvan ik hooger gewaagde.

"Deze opnamen, reeds aangegeven in het berigt van den inspekteur der kultures de Munnick, van 20 September 1845, no. 68, en op nieuw aanbevolen in de konsideratiën en het advies van den direkteur der kultures, van 30 December 1848, no. 3920/15, zouden dus, naar mijn gevoelen, elke nadere beschouwing of voorstel, tot regeling van deze gewigtige aangelegenheid, moeten voorafgaan, en het statu quo inmiddels kunnen behouden blijven, dewijl ik niet inzie, dat de nadeelen van de thans bestaande ongelijke verdeeling der velden, met betrekking tot 's gouvernements kultures zóó beduidend zijn, dat er periculum in mora zou bestaan tot het nemen van maatregelen, buiten de afschaffing van het grondbezit : waarvoor immers, zonder voorafgaande gedetailleerde opname, geen zekeren maatstaf te vinden is, en die bijgevolg ongelijk zouden drukken.

"Tot bewijs, dat de dadelijke noodzakelijkheid tot het nemen van zoodanige maatregelen niet bestaat, vermeen ik te mogen aanvoeren, dat de produktie der suikerriet-aanplantingen, die van de meeste residentiën op Java overtreft, hetgeen wel als een bewijs is aan te nemen, voor de goede en geregelde bewerking van de velden en van den aanplant, die zonder de minste stoornis plaats heeft, en in dit jaar zelfs zoo vroegtijdig is beëindigd, als welligt nimmer te voren plaats vond.

"Het aanhanden Europeesch personeel is echter niet bij magte de vaak bedoelde opname te verrigten, en indien derhalve tot dezelve besloten werd, dan geloof ik dat het noodig zou wezen, een bekwaam kontroleur en surnumerair der landelijke inkomsten en kultures in kommissie te stellen, die, voorgelicht door de plaatselijke kontroleurs en geassisteerd door twee onpartijdige inlandsche beambten, dezen belangrijken arbeid zouden kunnen verrigten, zonder hinder voor de gewone dienst en den geregelden gang van andere werkzaamheden.

"In afwachting dat het resultaat van zoodanige opname bekend is, komt het mij het doelmatigst voor, de zaak te laten zoo als die nu reeds sedert onheugelijke tijden bestaat, en alleen te zorgen, dat de door verhuizing of anderzins leegvallende sawa's (sawa los) niet meer door bezitters van velden of hoofden benaderd, maar verdeeld worden onder de landbouwers die geen velden bezitten; zoo als trouwens, op den gehouden aanslag der landrenten door u bereids is gelast geworden."

Hoe de hier bedoelde last van den resident, om de sawa los te verdeelen onder de landbouwers die geen velden hadden, overeen te brengen was, met het hem, bij besluit van 16 Januarij 1849 no. 1, zoo nadrukkelijk gegeven voorschrift: om in deze aangelegenheid geen verandering te brengen zonder vooraf verkregen autorisatie, begrijpen wij niet. Wij moeten er echter dadelijk bijvoegen, dat die last, blijkens missive van den lateren resident van Probolingo, dd. 16 Junij 1857 no. 947, "steeds is veronachtzaamd geworden."

Daarin ligt wel het bewijs, dat het grondbezit in Java's Oosthoek, zoodanig in den volksgeest is vastgeworteld, dat een bevel van den resident,

III.                                                                    11

gegeven bij den aanslag der landrenten, (dat is, op de meest plegtige wijze, in tegenwoordigheid van alle dorps- en hoogere hoofden,) eenvoudig is beschouwd als niet gegeven.

Van eene regeling van het algemeen grondbezit in Bezoeki (daaronder Probolingo gerekend,) is dan ook totdusver niets gekomen : maar wel heeft plaats gehad eene regeling van het apanage-grondbezit der hoofden in de vroegere afdeeling, tegenwoordige residentie Probolingo.

De resident van Probolingo regelde dit apanage-bezit, bij twee merkwaardige, op eigen autoriteit genomen besluiten, waarvan wij nu nog een enkel woord moeten zeggen.

Bij zijn besluit van 12 Januarij 1857 no. 62 , bepaalde gemelde resident :

*1º.* Dat de *apanage-velden* der inlandsche ambtenaren en hoofden, voortaan niet meer voor den aanplant van suikerriet, ten behoeve der met het gouvernement gekontrakteerde ondernemingen in Probolingo, zullen mogen worden bestemd.

*2º.* Dat bedoelde ambtenaren en hoofden, wanneer hunne *apanage-velden* geheel of gedeeltelijk, in de voor suikerriet-aanplant bepaalde uitgestrektheid gronden mogten vallen, bij onderlinge schikking en verwisseling, eene gelijke uitgestrektheid sawa- of bouwgrond, buiten den kring van den aanplant, zullen ontvangen.

*3º.* Dat, voorzooveel mogelijk, alleen grondbezittende landbouwers met den aanplant van suikerriet zullen worden belast : doch dat, zonder uitzondering, de planter het volle loon zal genieten, en mitsdien geene hiermede strijdige overeenkomsten, tusschen grootere en kleinere grondbezitters, zullen worden gedoogd of van kracht zijn."

Bij zijn besluit van 4 Mei 1857 no. 722, bepaalde diezelfde resident: dat aan alle inlandsche ambtenaren en hoofden (dessahoofden daaronder begrepen) zou worden toegestaan, eene zekere uitgestrektheid *apanage-velden*, en dat, wat zij meer hadden, hun zou worden afgenomen en *naar billijkheid onder de geen grond bezittende landbouwers zou worden verdeeld."*

Uit dat besluit en bijgevoegden staat blijkt, dat als apanage-velden of *sawapantjing* bezeten werden:

a. door den regent, die daarvan reeds, blijkens nader te vermelden missive van 27 Februarij 1857 nº. 91, had afstand gedaan.     96 bouws

b. door de inlandsche ambtenaren. . . . . . . . . 1417    "

c. door de dessahoofden . . . . . . . . . . . . 5989   "

alzoo te zamen  . . . . 7502 bouws.

Bij de verdeeling van den resident, werden toegekend:

a. aan den regent, die afstand deed. . . . . .   ———   .

b.  "  de inlandsche ambtenaren. . . . . .   641

c.  "  "  dessahoofden . . . . . . . . . .   3770

——— 4411   "

Zoodat zou kunnen worden ingetrokken, het verschil, ad 3091 bouws.

Maar werkelijk werden ingetrokken:

| | | |
|---|---|---|
| *a.* van den regent, als boven, vrijwillig . . . | 96 | |
| *b.* ″ ″ inlandsche ambtenaren . . . . . | 795 | |
| *c.* ″ ″ dessahoofden . . . . . . . . | 2219 | |
| | ——— | 3110 ″ |

verschil . . . 19 bouws;

ontstaande, omdat aan sommige geringe beambten, (schrijvers, kadjine-mans, enz.) in eenige distrikten, bij de nieuwe regeling, apanage-velden werden toegestaan, ofschoon ze die nimmer hadden bezeten. De toeken-ning geschiedde, omdat deze klasse van beambten, in andere distrikten wel velden hadden, en dus, om den toestand overal gelijk te maken.

Volgens hetzelfde besluit waren er in de afdeeling Probolingo:

| | |
|---|---|
| | 44,398 werkbare mannen |
| en . . . . . . . . . . . . | 32,219 grondbezitters ; |
| | ——— |
| dus geen grondbezitters . . . . | 12,179 werkb. mannen. |

Onder deze nu, moesten de 3110 bouws grond, welke beschikbaar kwamen, worden verdeeld: zijnde dientengevolge het getal grondbezittende landbouwers, met 2062 vermeerderd.

Bij dat besluit werd ook uitdrukkelijk aangeteekend: dat, onder de hier-bedoelde *apanage-velden* van inlandsche ambtenaren en hoofden, *niet begre-pen werden die velden, welke door gezegde ambtenaren en hoofden, uit kracht van eerste ontginning of anderen wettigen titel, individueel bezeten worden.*

De toenmalige hoofdinspekteur Umbgrove, destijds belast met de suiker-enquête, schijnt van het gebeurde te zijn onderrigt, althans bij brief van 8 Mei 1857 no. 594, vroeg hij den direkteur der kultures, of het dezen welligt bekend was, dat in den laatsten tijd, in de regelingen der suikerkultuur in de residentie Probolingo, veranderingen van eenig belang waren gemaakt, en zoo ja, welke?

Van dáár een onderzoek; waardoor het hiervoor vermelde aan 't licht kwam, hetgeen anders misschien, als huishoudelijke maatregel, niet ware bekend geworden. Het bleek onder anderen dat, tijdens dat onderzoek, nog geen uitvoering was gegeven aan de nieuwe regeling van de verdeeling der apanage-velden. Later echter, blijkens geheime missive van den resi-dent van Probolingo, dd. 23 November 1860 n°. 2088, trachtte hij te be-toogen, dat de resultaten der door hem genomen beschikkingen, allezins gunstig waren geweest, en stelde hij voor, daarin te berusten.

Merkwaardig is de brief van den resident van Bezoeki, van der Poel, dd. 6 April 1858 n°. 982, waarbij hij de hierbedoelde regeling beoordeelt en afkeurt.

De gouverneur-generaal hield, blijkens zijne missive van 26 Julij 1862, n°. 579/4, de beslissing omtrent de hier bedoelde handelingen van den resident van Probolingo, in advies, tot dat door den minister zou beslist zijn omtrent het landbezit der inlandsche hoofden.

Intusschen gaf de direkteur der kultures, bij missive van 5 Februarij 1858 n°. 61/21, aan den resident van Probolingo te kennen, dat hij zich wel kon vereenigen met des residents zienswijze, om de regeling van het apanage-grondbezit in zijn gewest, tot een huishoudelijken en provisioneelen maatregel te laten blijven: mits zulks door het inlandsch bestuur werd geregeld en daaruit later geen moeijelijkheden geboren werden.

Wij moeten hierbij nog voegen het oordeel van twee autoriteiten.

De inspekteur der kultures Canneman schrijft, in zijn geheim rapport van 27 Maart 1861 no. 190: — "Het sawa-bezit moge, in zijn oorsprong, een misbruik wezen: het is thans niet alleen door den tijd gewettigd: maar het is tevens niet te miskennen, dat de residentiën Bezoeki, Probolingo en Pasoeroean, de uitbreiding van haren landbouw en de groote ontwikkeling van haar suikerkultuur, zeer zeker dááraan te danken hebben."

De direkteur der kultures Umbgrove zegt, in zijne missive van 12 April 1862 no. 1766/12, sprekende van Probolingo: — "Het zou tegen de onveranderlijke voorschriften der regtvaardigheid aandruischen, om de tegenwoordige bezitters van gronden, die in dat bezit zijn gekomen door koop of erfenis, uit hetzelve te ontzetten. De bestaande staat van zaken moet dus worden geëerbiedigd, hetgeen trouwens ook is bevolen bij de laatste alinea van het (hiervoren medegedeelde) besluit van 16 Januarij 1849 no. 1."

Bij de beoordeeling dezer aangelegenheid, moet men het *apanage-bezit* niet verwarren met het *gewoon individueel bezit*. Apanage-bezit was verbonden aan het ambt, en gaf den bezitter dus slechts tijdelijk vruchtgebruik. Gewoon individueel-bezit wordt verkregen door erfenis, koop, als anderzins: de hoofden kunnen het even goed hebben als de geringe landbouwers; het is niet tijdelijk, maar blijvend.

Reeds hebben wij er hiervoren melding van gemaakt, dat de regent van Probolingo vrijwillig afstand deed van zijn apanage-velden. Ziehier de toedragt der zaak. Bij besluit van 11 December 1856 no. 21, werd de regent van Kendal, benoemd tot regent van Probolingo. Kort na zijne optreding, en wel bij brief van 27 Februarij 1857, gaf hij aan den resident van Probolingo kennis, dat het hem gebleken was dat hij, krachtens het sedert onbeugelijke tijden bestaande stelsel van apanage-grondbezit der inlandsche hoofden en ambtenaren, eene uitgestrektheid grond, van 96 bouws en 14 vierk. roeden sawa's tot apanage had, maar dat hij, vermeenende dat zoodanig bezit van velden strijdig was met 's gouvernements verlangen, vooral met het oog op de omstandigheid, dat van de overige landschappen van Java, alleen in Rembang en Toeban dat stelsel bestond, gaarne afstand wilde doen van de hem, als regent, toebedeelde vorenvermelde uitgestrektheid apanage-velden, ten einde onder de bevolking te worden verdeeld. Alleen verzocht hij, uithoofde van zijne zware huiselijke lasten, later voor eene vermeerdering van traktement te mogen worden aanbevolen. De afstand werd aangenomen, en de traktements-verhooging volgde eenige jaren later.

---

10. *Verhuur van gronden door de bevolking in de residentie Samarang.* De resident van Samarang had jaren lang, waarschijnlijk als overblijfsel van vroeger tijden, van de Inlandsche bevolking in gebruik 10 jonken grond, alzoo 40 bouws, bekend onder den naam van Kedaijon, gelegen in het distrikt Ambarawa. Voor deze gronden, dienende tot groentetuin voor den resident, werd jaarlijks, in de kas van den onderkollekteur, gestort eene som van *f* 100—, dat was dus *f* 2.50 per bouw.

Toen de heer G. L. Baud resident van Samarang was, gelastte hij de teruggave van deze gronden aan de bevolking. Zijn opvolger magtigde, bij beschikking van 4 October 1845 no. 2/1, den assistent-resident van Salatiga, om aan zekeren gepasporteerden militair, met name B. Helmond, toe te staan, om, onder nadere goedkeuring van hem resident, met de bevolking der dessa's onder welke de vorenbedoelde gronden sorteerden, nadat deze definitief zouden zijn afgeschreven, een kontrakt te sluiten voor den afstand dier gronden aan hem, Helmond, voor den tijd van 5 jaren, en zulks tegen eene in billijkheid door gemelden assistent-resident te regelen pacht, ten behoeve van de betrokken bevolking. De resident van Samarang gaf hierdoor te kennen, dat hij de huur en verhuur van gronden niet alleen niet verboden achtte, maar ook dat daartoe de toestemming der regering niet gevorderd werd.

Naar aanleiding van 's residents voormelde autorisatie, werd op den 27en Januarij 1846 een onderhandsch kontrakt aangegaan en door hem resident goedgekeurd, bij hetwelk de bevolking der dessa's Pelobogo en Manggijan, voor den tijd van vijf jaren aan B. Helmond verhuurde: eene uitgestrektheid van tien jonken tegalvelden, om te worden gebezigd voor de aanplanting van tarwe en groenten, tegen verbindtenis van den huurder, om aan die bevolking als huurschat te voldoen, eene som van *f* 10.— koper per jonk, of te zamen *f* 100.— 's jaars; met bepaling, dat dit bedrag, in mindering der door de genoemde dessa's verschuldigde landrenten zou worden gestort in de kas van den onderkollekteur te Salatiga.

De direkteur der kultures schreef deswege, in zijne missive van 17 November 1846 no. 8500/19: — »Het kontrakt met Helmond is gesloten, krachtens de publikatie van 1838, Staatsblad no. 50. De resident schijnt niet noodig te hebben geacht om, in opvolging van het besluit van 17 April 1841 no. 12, den direkteur der kultures te raadplegen, zoodat mag worden verondersteld, dat bedoeld kontrakt niet ten nadeele van 's gouvernements kultures strekken kan."

De direkteur der kultures achtte dus evenmin, het in huur geven van gronden door de bevolking, verboden. Toestemming der regering scheen ook hem geen vereischte; alleen in het geval, dat die huur ten nadeele strekken kon van 's gouvernements kultures, was raadpleging van den direkteur der kultures noodig; maar ook deze raadpleging in dat geval, voldoende.

Intusschen was de zaak ter kennis der regering gekomen, hetgeen den vice-president van den raad van Indië, Jhr. J. C. Reijnst, aanleiding gaf om, bij advies van 27 November 1846 no. 3550, aan den gouverneur-generaal voor te stellen, om te verklaren: "dat het verhuren of het tijdelijk afstaan van gronden, niet behoort plaats te hebben, krachtens art. 102 van het regerings-reglement en Staatsblad 1838 no. 50? zonder vooraf verkregen vergunning van het gouvernement."

De gouverneur-generaal Rochussen gaf, in de straks mede te deelen bewoordingen, gevolg aan dit voorstel, bij besluit van 27 December 1846 no. 1. Daar het hier een belangrijk beginsel geldt, nemen wij woordelijk over de geheele konsiderans van dat besluit, die de bepalingen vermeldt en omschrijft, waarop die verklaring rust. Die konsiderans luidt:

"Gelet op:

"1e. De 1e. en 2e. alinea van art. 102 van het regerings-reglement, (het toen vigerende van 1836,) luidende als volgt:

" "Het is aan geen ambtenaren, Europeesche of Inlandsche, noch aan iemand anders geoorloofd, om aan anderen de beschikking over de gronden en inwoners der dessa's af te staan.

" "Echter zal aan de ingezetenen gelegenheid worden gegeven, om, tot voortzetting van nuttige ondernemingen, overeenkomsten aan te gaan met de oudsten en voornaamsten der dessa's, zoowel tot het bebouwen van gronden en het leveren van bijzondere voortbrengselen, als tot het verleenen van persoonlijke diensten."

"2e. De publikatie van den 25en December 1838 (Staatsblad no. 50), blijkens welke, in verband met het voorschreven artikel van het regerings-reglement, nadere bepalingen zijn gemaakt, nopens het aangaan van overeenkomsten met de Inlandsche bevolking, voor nuttige ondernemingen en bedrijven van nijverheid.

"3e. Het besluit van 25 Februarij 1840 no. 2, art. 1, houdende verklaring: dat geen overeenkomsten, op den voet der publikatie van 25 December 1838, Staatsblad no. 50, zullen mogen worden aangegaan, die blijkbaar ten nadeele van 's gouvernements kultures zouden kunnen strekken.

"4e. Het besluit van 17 April 1841 no. 12, bij hetwelk:

" "Art. 1. Alle betrokken plaatselijke autoriteiten op Java, met referte tot art. 1 van het besluit van 25 Februarij 1840 no. 2, zijn aangeschreven om, in elk geval wanneer het twijfelachtig is, of de te sluiten overeenkomst al dan niet ten nadeele van 's gouvernements kultures strekt, of strekken kan, den direkteur der kultures te raadplegen, alvorens hunne toestemming te geven, tot het aangaan van kontrakten met de Inlandsche bevolking, op den voet der publikatie van den 25en December 1838.

ns

, ,Art. 2. De direkteur der kultures is uitgenoodigd, om van zijn kant
's gouvernements beslissing te vragen, wanneer bij hem de minste twijfel
overblijft, dat zoodanige overeenkomst geen onvermijdelijk gevolg is van
met het gouvernement aangegane verbindtenissen, voor de levering van
suiker, tabak of dergelijke produkten van landbouw."

,Nog gelet op de publikatie van 5 Januarij 1819, Staatsblad no. 10."
Met het oog dus op de hier omschreven bepalingen en voorschriften,
vond de gouverneur-generaal, in overeenstemming met het gevoelen van
alle de leden van den raad van Indië, bij art. 2 (*) van het besluit van
27 December 1846 no. 1, goed:

,Te verklaren, dat verhuur of afstand van gronden, niet behoort plaats
te hebben, krachtens artikel 102 van het reglement op het beleid der regering, zonder vooraf verkregen vergunning van het gouvernement."

Hiervan werd afschrift gezonden aan alle gewestelijke besturen, met uitzondering alleen van die van Batavia, Buitenzorg, Soerakarta en Djokjokarta. Bovendien werd die verklaring opgenomen in het officieël gedeelte
der Javasche Couranten van 30 December 1846 no. 104, en van 2 en 6
Januarij 1847 no. 1 en 2, en alzoo ter kennis van het algemeen gebragt.

Door die verklaring werd mitsdien erkend, de bevoegdheid der inlandsche bevolking, om, mits daartoe vooraf de toestemming vragende van
de regering, gronden te verhuren of af te staan. Opmerking verdient het,
dat in het besluit niet verwezen werd naar Staatsblad 1838 no. 50, zooals
door den vice-president van den raad uitdrukkelijk was voorgesteld.

## VI. *Opvoering der landrenten. Meting der belastbare velden.*

Wij hebben in het vorige hoofdstuk vermeld, dat de direkteur der kultures, bij geheim besluit van 27 September 1839 lett. QQQ, werd aangeschreven, om er zich met den meesten ernst op toe te leggen, en met
de residenten in overleg te treden, om de landrenten, door gepaste
middelen, en in evenredigheid met den vooruitgang van den landbouw en
den steeds stijgenden marktprijs van het gewas, tot het cijfer op te voeren,
waarvoor dat middel in billijkheid vatbaar geacht werd.

Genoemde direkteur deelde, bij missive van 18 Januarij 1840 no. 253/15, aan
de regering mede, eene, in dien geest, door hem aan de plaatselijke autoriteiten op Java gerigte cirkulaire.

Die cirkulaire gaf den resident van Cheribon aanleiding tot het voorstel, om de belastbare velden in zijne residentie te doen hermeten, ten
einde daardoor te worden in staat gesteld, tot een op goede gronden
steunenden aanslag, welke totdusver in zijne residentie niet had kunnen

---

(*) Bij art. 1 van dit besluit werd, aan den hiervoren genoemden B. Helmond,
te kennen gegeven: »dat in zijn verzoek, om eene betrekking van opziener bij
eene der kultures te erlangen, niet kan worden getreden; doch dat hij zich kan
aanmelden bij den resident van Samarang, om bij voorkomende gelegenheid met
eene kleine bediening te worden begunstigd."

plaats hebben. Dientengevolge stelde de regering, bij besluit van 28 April 1840 n°. 4, ƒ 4500.— ter beschikking van den resident van Cheribon,— „om te worden aangewend tot bekostiging eener hermeting der, in den aanslag der landrenten vallende velden."

Bij besluit van 8 December 1840 n$_0$. 10, werd, tot hetzelfde einde, eene som van ƒ 7920.— ter beschikking van den resident van Bagelen gesteld, en bij besluit van den 16$^{en}$ derzelfde maand n°. 8, ƒ 1800.— ter beschikking van den resident van Tagal.

Zoo was de stand dezer zaak, toen Merkus, in Januarij 1841, als waarnemend gouverneur-generaal optrad.

Destijds was hangende, een door den direkteur der kulturen, bij missive van 8 December 1840 no. 3818/15, gedaan voorstel, tot beschikbaarstelling eener som van ƒ 5400.—, voor het hermeten der belastbare velden in de residentie Pasoeroean. Merkus, wetende dat de eerste beschikbaarstelling van fondsen, in Cheribon, de goedkeuring des ministers niet had mogen wegdragen, nam alsnu het besluit van 20 Februarij 1841 n$_0$. 1, hetwelk, na den aanhef, aldus luidt:

„Overwegende dat, zoo het opmeten der velden, welke onderworpen zijn aan de belasting, bekend onder de benaming van landrenten, deszelfs nuttige zijde kan hebben, doordien daardoor een meer vaste basis dan thans verkregen wordt voor het doen van den aanslag in die belasting, waardoor zij meer gelijkmatig onder de belastingschuldigen zou kunnen verdeeld worden; een zoodanige maatregel echter tevens deszelfs bedenkelijke zijde heeft, doordien die belasting daardoor zou kunnen worden opgevoerd tot eene hoogte, welke voor hen die daaraan onderworpen zijn te drukkend zou worden, en omdat daardoor te zeer zou worden afgeweken van het totdusver, over het algemeen, in acht genomen en meermalen aangeprezen beginsel, om de heffing dezer belasting steeds te doen plaats hebben, bij wijze van overeenkomst met de daarbij betrokken Inlandsche hoofden en dorpsbesturen, wel gegrond op de approximatieve uitgestrektheid en vruchtbaarheid der velden, maar niet op de naauwkeurige metingen, welke het de bedoeling van den resident van Pasoeroean schijnt te zijn, tot stand te brengen.

„Overwegende, dat het bedenkelijke van zoodanige hermetingen, gelegenheid oplevert om in die, welke bij besluiten van 28 April en 8 December 1840 n°. 4 en 10, in de residentiën Cheribon en Bagelen zijn bevolen, met de meeste omzigtigheid te werk te gaan.

„Is goedgevonden en verstaan:

„Eerstelijk. Alhier aan te teekenen, dat aan het door den resident van Pasoeroean geopperd denkbeeld, eener hermeting van de in zijne residentie aan de belasting der landrenten onderworpen velden, (ongebouwde eigendommen,) vooreerst geen gevolg zal worden gegeven, en daarvan bij deze aan den direkteur der kultures, onder terugzending der door hem overgelegde stukken, kennis te geven, in beschikking op zijne in den hoofde dezes vermelde brieven.

*Ten tweede.* De residenten van Cheribon en Bagelen, onder mede-deeling van vorenstaande overweging, aan te schrijven, om met eenigen spoed, door intermediair van den directeur der kulturen, aan het gouvernement te dienen van berigt:

*a.* Omtrent de wijze, waarop de door het gouvernement bevolen her-meting der belastbare velden in hunne residentiën is geregeld geworden, zoowel wat betreft de daarbij gebruikte landmaat, als het getal inland-sche beambten, daartoe gebezigd, en de hun daarvoor toegelegde bezoldigingen;

*b.* Hoeverre die arbeid gevorderd is, en welke resultaten daarvan reeds verkregen en nog te verwachten zijn;

*Wordende, met den bij deze aanbevolen spoed, alleen bedoeld, de on-verwijlde inzending van rapport, en geenszins eene bespoediging der her-meting, voor zooveel het ongeraden kan worden geacht, daarmede met overhaasting te werk te gaan."

Uit het hier medegedeelde blijkt, dat niet gelet was op het, ook in de residentie Tagal beschikbaar stellen van gelden voor het hermeten der be-lastbare velden aldaar. Toen nu de resident van dat gewest, in Junij 1841, de weder beschikbaarstelling der reeds toegestane, maar in het be-trekkelijk dienstjaar niet verwerkte gelden verzocht, werd bij besluit van 26 Julij 1841 no. 14, aangeteekend: dat vooreerst aan de hermeting in Tagal geen gevolg zou worden gegeven. Blijkens besluit van 5 September daaraanvolgende no. 7, was de hermeting in Tagal den 1en Julij te voren begonnen, maar, op ontvangst van het besluit van 26 dier maand, den 31en gestaakt, terwijl de in dien tijd gedane uitgaaf van *f* 199.05 werd goedgekeurd.

In Bagelen werd de hermeting voortgezet. Bij besluit van 8 October 1841 no. 7, werd autorisatie verleend, om gedurende het dienstjaar 1841 te beschikken over eene som van *f* 4440.—, welke, bij het verstrijken van het dienstjaar 1840, onverwerkt was gebleven op de som van *f* 7920.— bij besluit van 8 December 1840 no. 10, voor die hermeting toegestaan.

De resident van Bagelen gaf, bij missive van 28 November 1842 no. 156, kennis dat de hermeting in zijne residentie was afgeloopen, en dat aanwezig bevonden waren:

| | | |
|---|---|---|
| sawavelden | 89,976 bouws, | |
| tegalvelden | 18,205 | |
| te zamen | 108,181 bouws; | |

zijnde 15,983 bouws meer dan de in 1840 bekende uitgestrektheid. De resident gaf daarbij echter op, dat in twee distrikten, Tjangkreb en Dje-nar 2905 bouws minder bevonden waren dan bekend stonden, waaruit hij afleidde, dat de hermeting niet met de vereischte naauwkeurigheid had plaats gehad, weshalve hij voorstelde, om die twee distrikten te doen hermeten, en tevens om een algemeen onderzoek in te stellen, naar de gemiddelde opbrengst der onderscheiden soorten van sawa- en tegalvelden. Dienovereenkomstig werd genoemde resident gemagtigd, bij besluit van 13 Februarij 1843 no. 13, en tevens geautoriseerd, *om de noodige meetbrieven te doen drukken, ter uitreiking aan de onderscheiden dessahoofden;* terwijl voor een en ander, eene som van *f* 4080.— werd beschikbaar gesteld.

Verder valt te dezen aanzien niets bijzonders op te merken, totdat de gouverneur-generaal Merkus, bij kabinets-cirkulaire van 20 Junij 1844 no. 126, een onderzoek over geheel Java gelastte, waarvan hiervoren reeds met een enkel woord is melding gemaakt. De daartoe betrekkelijke stukken zijn van beduidenden omvang, en van groot belang voor de kennis van het onderwerp dat ons bezig houdt, weshalve wij die, gelijk reeds is opgemerkt, in een afzonderlijk hoofdstuk zullen zamenvatten.

## VII. *Mislukking van het rijstgewas in* 1844.

Het is een treurig verschijnsel, dat in een land, zoo vruchtbaar en gezegend als Java, de voedingsmiddelen der bevolking soms te kort schieten. Gebrek heeft dáár, evenals overal en misschien meer dan elders, ziekte en sterfte in zijn gevolg. In het tijdvak dat wij thans behandelen, had wel is waar geen ramp van zóó grooten omvang plaats, als vroeger en later wel eens ondervonden werd; maar de mislukking van het rijstgewas in 1844, is toch van genoeg beteekenis, om daarvan eenige bijzonderheden mede te deelen.

1. *Rembang en Soerabaya.* Bij besluit van 21 Junij 1844 no. 32, werd de resident van Rembang gemagtigd, om in zijne residentie en des noods elders, zooveel padi te doen inkoopen, als noodig was om te voorzien in de behoefte aan zaad, voor de aanstaande beplanting der rijstvelden welke geheel mislukt waren; en om die zaai-padi aan de bevolking te doen verstrekken tegen inkoopsprijs, vermeerderd met de kosten van transport, enz.

Bij besluit van 26 Julij 1844 no. 5 werd:

*Art. 1. De resident van Soerabaya gemagtigd:

*a. Om, ten dienste der residentiën Soerabaya en Rembang, in te koopen eene hoeveelheid van 50,000 pikols padi, tegen den minst mogelijken prijs, doch niet hooger dan *f* 20.— voor de honderd bossen, wegende gewoonlijk 700 à 800 katti's.

*b. Om die hoeveelheid padi op te slaan in de gebouwen van den pletmolen te Tawangsari, en om tot ontvangst en verstrekking derzelve, een vertrouwd persoon in dienst te stellen, op eene bezoldiging van *f* 50.— 's maands.

*Art. 2. Bepaald, dat deze padi dadelijk bij de levering zou worden betaald en, bestemd om tot zaaipadi te dienen, verstrekt aan zoodanige dessa's, welke dit verlangden, en zou worden ontvangen door de betrokken dessahoofden, ten overstaan van twee der oudsten van de dessa's."

De terugbetaling zou geschieden door de betrokken bevolking, in het volgende jaar, met een surplus voor transport- en administratie-kosten.

Door de in Rembang, aan de bevolking der afdeelingen Bodjonegoro en Toeban verstrekte zaai-padi, werd die bevolking belast met eene schuld van ƒ 26,125.84 koper, hetwelk neerkwam op ƒ 7.51½ per hamat padi. De resident van Rembang stelde voor: „om, in verband tot de groote schade, welke de bevolking in 1844 geleden had, door de mislukking van haar rijstgewas, en de vele verhuizingen die daarvan het gevolg waren geweest, de terugbetaling van bedoelde som in twee jaren te doen geschieden." Dienovereenkomstig werd, bij besluit van 25 October 1845 no. 8, bepaald, dat de betrokken bevolking de eene helft harer gemelde schuld zou betalen in 1845 (toen bijna ten einde) en de wederhelft in 1846.

Bij besluit van 17 Februarij 1845 no. 9, werd er in berust, dat de aanslag der landrenten in de residentie Soerabaya, over 1844 ƒ 277,094.13 minder had opgebragt dan die van 1843, hetwelk alleen was toe te schrijven aan misgewassen in de afdeeling Grissee, en in de distrikten Goenongkending, Kabooh en Lingkir van het regentschap Soerabaya.

2. *Krawang.* Bij besluit van 1 November 1844 no. 5, werd de resident van Krawang, ten gevolge der gedeeltelijke mislukking van den rijstoogst in zijne residentie, gemagtigd tot den inkoop van 65 tjaings padi, tegen ƒ 38.— de tjaing van 2000 pond, of te zamen tegen ƒ 2470.— koper, en zulks ter verstrekking aan de zoutmakers te Pakkis, door hen te restitueren in een of twee jaren.

3. *Japara.* De resident van Japara werd, bij besluit van 24 September 1844 no. 6, gemagtigd om, ten dienste van eenige dessa's in de distrikten Joanna en Mantoop, zaaipadi in te koopen, en daarvoor te beschikken over ƒ 8200.— welke som in het volgende jaar door de betrokken bevolking moest worden gerestitueerd.

4. *Patjitan.* De assistent-resident van Patjitan meldde, bij missive van 4 Junij 1844 lett. B 2, dat het rijstgewas in zijne afdeeling zoodanig had geleden, dat de opbrengst hoogstens op een derde van den oogst van redelijk gunstige jaren kon worden gerekend, zoodat gebrek aan voedsel voor de bevolking te vreezen was, te eerder nog, omdat die bevolking, in gewone tijden, reeds verpligt is 12,000 pikols rijst buiten de afdeeling te koopen. De regent had daarom verzocht, dat in den nood der bevolking mogt worden te gemoet gekomen; hetgeen niet anders kon geschieden, dan door verstrekking van rijst voor rekening van het gouvernement. Eene door de regering aanbevolen poging, om den uitvoer van rijst uit Madioen naar Patjitan in de hand te werken, mislukte. Door het minder gunstig slagen van het rijstgewas ook in Madioen, en door de groote behoefte in aangrenzende residentiën, bestond er geen zekerheid, dat men in die residentie de voor Patjitan gevorderde hoeveelheid rijst, tegen matige prijzen, zou kunnen inkoopen.

Alstoen werd, bij besluit van 15 Augustus 1844 no. 3:

„1°. De direkteur der produkten en civiele magazijnen aangeschreven, om ten spoedigste te doen inkoopen en vervoeren naar Patjitan, eene hoeveelheid van 12,000 (twaalf duizend) pikols rijst, om aldaar voor de bevolking te worden verkrijgbaar gesteld, tegen ƒ 5.— koper de pikol, met bepaling, dat het meerder kostende van inkoop, transport, enz. zou worden verevend met de betaling der in 1845 in de afdeeling Patjitan te leveren koffij; onder opmerking voorts aan hem direkteur, dat, volgens berigt, de residentie Samarang de beste gelegenheid zou aanbieden, om de gemelde hoeveelheid rijst, bij uitbesteding in te koopen; terwijl, Europeesche schepen met den overvoer belast wordende, deze te Patjitan eene lading koffij konden verkrijgen.

„2°. Den direkteur der kultures opgedragen, om de plaatselijke autoriteiten op Java aan te bevelen, de zorg voor de tegen het aanstaande jaar (plantsaizoen) benoodigde zaaipadi. (*)"

De naar Patjitan gezonden hoeveelheid van 12,000 pikols rijst, werd aan de bevolking op de voren vermelde wijze verstrekt, met uitzondering van 1800 pikols, die overbleven en, krachtens besluit van 14 Junij 1845 no. 1, te Patjitan werden verkocht.

*Cheribon.* In Cheribon werd, blijkens missive van den resident, dd. 7 Junij 1844 no. 1193, gerekend, dat van de aanwezige 152,000 bouws sawavelden, 25,000 bouws waren mislukt, behalve de, ter uitgestrektheid van 10,000 bouws niet geslaagde velden op de partikuliere landen Indramayoe-west en Kandanghauër. Ter voorziening in het te vreezen gebrek aan rijst, waren door den resident bevelen gegeven voor de aanplanting van tweede gewassen en aardvruchten; terwijl hij tevens een verbod had uitgevaardigd, tegen het opkoopen van rijst en padi in de dessa's en den uitvoer buiten de residentie. De resident gaf wijders kennis, dat de ondernemer van den rijstpelmolen in de afdeeling Indramayoe, de heer J. J. van Braam, had aangeboden om eene hoeveelheid van ongeveer 50,000 pikols padi, welke hij nog in voorraad bezat, tegen den prijs van ƒ 2.— zilver per pikol, af te staan aan de bevolking, welke hem die padi had geleverd. (†)

---

(*) De gedurig gedane aanbevelingen, om zorg te dragen voor zaai-padi, in gewone tijden zeer nuttig, hadden, bij het bestaan van vrees voor gebrek, soms ten gevolge, dat het daarvoor benoodigde graan aan de landbouwers *ontnomen* en voor hen, met vaderlijke zorg, opgeschuurd werd. Zoodanige zorg, hoe goed ook bedoeld, was willekeurig en niet-zelden het gevolg van het dwangstelsel. Bepaalde zich de zorg van het bestuur eenvoudig tot de *aanbeveling*, om padi voor zaad te bewaren, dan was die, bij werkelijk gebrek, ontoereikend om het beoogde doel te bereiken. Men zal toch den Javaan geen zelfbeheersching willen toekennen, die bij geen volk der wereld wordt aangetroffen: de zelfbeheersching om in het bezit van voedsel, daarvan geen gebruik te maken, als de nood nijpend is, en liever honger te lijden met vrouw en kinderen.

(†) Naar aanleiding van aanbevelingen van den minister van koloniën was, bij

Bij kabinets-missive van 15 Junij 1844 no. 121, verzocht de gouverneur-generaal den resident, om het verbod van den uitvoer van rijst buiten werking te stellen, en nader terug te komen op het aanbod van voornoemden ondernemer, in verband tot § *f* van art. 1 van het besluit, dd. 17 October 1843 no. 6, (in de noot medegedeeld,) en om inmiddels te waken, dat geen padi of rijst van den pelmolen werden verkocht, tegen hoogere prijzen dan bij die § *f* werden bedoeld.

De resident vroeg alstoen de beschikking over eene som van *f*.100,000.— koper, voor den inkoop bij gemelden rijstpelmolen van 40,000 pikols padi, benevens het noodige voor bibiet (zaad), ten einde deze, naarmate der behoefte, bij kleine hoeveelheden, huisgezinsgewijze, aan het dessavolk te verstrekken, terug te betalen in vier jaren, van 1845 tot en met 1848.

Den direkteur der kultures werd opgedragen, om den staat van zaken in de afdeeling Indramayoe, persoonlijk en plaatselijk te onderzoeken, met magtiging om voorloopig zoodanige maatregelen te nemen, als noodig zouden voorkomen. Ter plaatse gekomen, merkte die direkteur den resident op, dat tegen den inkoop voor gouvernements rekening, en tegen de verstrekking van voedsel aan de bevolking, onderscheiden algemeene en bijzondere bedenkingen bestonden, welke niet toelieten daartoe te besluiten. Onderhandelingen werden met den ondernemer van Braam aangeknoopt: —om de noodige padi aan de bevolking, zoo mogelijk *tegen betaling*, en anders *in leen* af te staan, uit de hoeveelheid van 107,000 pikols, welke in voldoening van (door den ondernemer) voldane landrenten, (*) door de distrikten Sleman, Indramayoe-oost en Kedondong aan hem waren gele-

---

besluit van 17 October 1843 no. 6, aan J. J. van Braam vergund om, voorloopig gedurende tien jaren, op 's gouvernements landen binnen de residentie Cheribon, met uitsluiting van anderen, verbeterde rijstpelmolens op te rigten. Bij § *f* van art. 1 van het besluit, was aan den ondernemer vergund: »Om, met in achtneming der in Nederlandsch Indië bestaande bepalingen, van de inlandsche bevolking, gedurende den duur dezer vergunning, telken jare in te koopen zooveel padi, als zijne molens voor een jaar malens behoeven, dan wel, met inachtneming dierzelfde bepalingen, met de inlandsche bevolking, telken jare, voor de levering van eene gelijke hoeveelheid, overeenkomsten aan te gaan; — een en ander echter onder de uitdrukkelijke voorwaarde: om, bij gebrek aan zaai-padi of rijst in de distrikten, binnen welke zijne verbeterde pelmolens mogten opgerigt zijn, of de opkoopen en de levering van padi mogten hebben plaats gevonden, al de padi en rijst, aan de molens en in de pakhuizen aanwezig, aan de in die distrikten gevestigde bevolking te verstrekken, de padi tegen den inkoopsprijs, en de rijst tegen twee gulden koper den pikol minder dan den op dat tijdstip te Batavia bestaanden marktprijs."

(*) Ook uit het besluit van 6 December 1844 no. 1 blijkt, dat de betrokken bevolking in 1843, *een vijfde van haar padiprodukt* aan den ondernemer van den rijstpelmolen had geleverd, tegen betaling zijnerzijds van de landrenten dier bevolking. Uit het rapport van den assistent-resident Clignett, (hiervoren pag. 59,) hebben wij gezien, dat de bevolking van Cheribon naauwelijks 12 percent, dat is iets meer dan *een achtste* van haar produkt aan landrente opbragt.

verd," waarbij de ondernemer, in zijn belang, werd herinnerd aan de
verpligting, om in deze mede te werken tot tegemoetkoming in den nood
der bevolking. De direkteur magtigde den resident alverder, om voor
andere gedeelten der residentie, waar misgewassen waren ondervonden,
of gebrek aan zaad voor den aanplant van padi, djagong enz. bestond,
het noodige zaad in te koopen, en aan de bevolking te verstrekken tegen
dadelijke of termijnsgewijze betaling. Het bleek wijders dat, ofschoon
reeds in 1843 door de bevolking, ten behoeve van den ondernemer van
Braam padi was geleverd, de eerste pelmolen in Julij 1844 nog niet gereed was, en toen gerekend werd, dat eerst eene maand later met de pel-
ling een aanvang zou kunnen worden gemaakt.

De regering besliste in deze, bij besluit van 1 Augustus 1844 no. 4.
Daarbij werd den resident van Cheribon te kennen gegeven : dat niet kon
worden getreden in zijne voorstellen, om voor rekening van het gouvernement rijst in te koopen en aan de bevolking te verstrekken. Ter voorziening in de behoefte aan zaad, voor het toen aanstaande plantsaizoen,
werd de resident aangeschreven : om gevolg te doen geven aan de voorwaarde, gesteld bij de medegedeelde § f van art. 1 van het besluit dd.
17 October 1843 no. 6, dan wel om te doen zorgen, dat de benoodigde
zaai-padi in die distrikten, door den ondernemer van Braam in *leen* werd
gegeven, tegen restitutie van eene gelijke hoeveelheid in 1845. Voor de
overige distrikten, kon zaai-padi van gouvernementswege worden ingekocht, zoo als de direkteur der kultures reeds geautoriseerd had. Verder
werd de resident gemagtigd : ,,Om den ondernemer van den rijstpelmolen
in de afdeeling Indramayoe, namens het gouvernement, te verzekeren, dat
de padi welke door hem, in geval van behoefte, voor de konsumtie aan
de bevolking in *leen* werd verstrekt, door diezelfde bevolking, in 1845,
zou worden teruggegeven, met eene vermeerdering van 50 percent, zoodat
hij voor 100 pikols padi, zou terug erlangen 150 pikols padi." Eindelijk
werd die resident aangeschreven: ,,Om toe te zien, dat de ondernemer
van den pelmolen te Indramayoe, ter beschikking van de bevolking der
distrikten Indramayoe-oost, Sleman en Kedondong houde, minstens gelijke
hoeveelheid padi of rijst, als van haar is ingekocht, en zulks tot aan het
invallen van den volgenden oogst, en in geen geval voor meer dan f 2.—
beneden den marktprijs te Batavia, een en ander in den geest van het
besluit van 17 October 1843 no. 6."

Bij besluit van 28 Februarij 1845 no. 13 werd goedgekeurd, de inkoop
bij den rijstpelmolen van 9870 pikols padi voor zaad, tegen f 2.— de
pikol, of te zamen voor f 18,740.— welke som door de bevolking in 1846
en 1847 moest worden terugbetaald.

Uit de missive van den resident van Cheribon, dd. 14 Maart 1845 no.
704 bleek : ,,dat ten gevolge van het, door de bevolking van de afdeeling
Indramayoe, voortdurend ondervonden wordende gebrek aan rijst, onderscheiden ingezetenen naar elders waren verhuisd, en zelfs, uithoofde van
slecht voedsel, ettelijke sterfgevallen hadden plaats gehad." De regering

in aanmerking nemende, „dat onder Indramayoe rijst geacht moet worden aanwezig te zijn, vermits de prijs was opgegeven te bedragen acht tot negen gulden de pikol, doch dat het der bevolking scheen te ontbreken aan geld om die te koopen;" gelastte den resident van Cheribon, bij besluit van 26 Maart 1845 no. 1, „om zich onverwijld naar de afdeeling Indramayoe te begeven, en aldaar persoonlijk naauwkeurig onderzoek te doen, naar de behoefte der bevolking aan rijst; met last, op zijne verantwoordelijkheid, om, naar bevind van zaken, over eenige gelden te beschikken, om in gemelde afdeeling, en verder dáár waar zulks noodzakelijk moest worden geacht, aan de bevolking te worden voorgeschoten, tot den inkoop van de dringend benoodigde rijst."

Uit het daarop van den resident ontvangen rapport bleek, dat, op den voet van het medegedeelde besluit van 1 Augustus 1844 no. 4, door den ondernemer van den rijstpelmolen, aan de bevolking der distrikten Indramayoe-oost en Sleman waren verstrekt 10,000 pikols padi, welke dus in 1845 aan dien ondernemer moesten worden terugbetaald met 15,000 pikols. Naar aanleiding hiervan en van de andere voorstellen van den resident, werd hij, bij besluit van 23 Mei 1845 no. 24, gemagtigd: — 1°. om evenbedoelde 15,000 pikols padi in te koopen, tegen den prijs van ƒ 1.50 koper per pikol, of te zamen tegen ƒ 22,500.—, en die padi, dadelijk bij de aflevering, te doen afgeven aan den pelmolen, tegen behoorlijk schriftelijk bewijs van den ondernemer van Braam, dat zijne vordering ten deze op de bevolking was voldaan; — en 2°. om aa: de bevolking van 12 dessa's in het distrikt Soeramangala, gedurende de toen loopende maand Mei, een geldelijk voorschot te verstrekken van ƒ 6504.— Verder werd goedgekeurd, dat door den resident de volgende voorschotten waren verleend:

1. Voor den inkoop van 200 pikols rijst, welke gekookt waren verstrekt aan de behoeftigen in de distrikten Indramayoe-oost en Sleman, ƒ 1740.—.

2. Voor voedsel aan de zoutmakers te Kandanghauër, ƒ 3000.—.

3. Aan 12 dessa's in het distrikt Soeramangala, voor de beplanting van sawavelden, ƒ 3920.—.

4. Aan de bevolking van het distrikt Kedondong, voor het onderhoud van beplante velden, ƒ 5000.—.

Nog werd, aan de bevolking der distrikten Indramayoe-oost en Sleman, wegens hare armoede, kwijtgescholden het onaangezuiverd bedrag van den aanslag der landrenten over 1844, ten bedrage van ƒ 2114.—

De bevolking was nu schuldig: krachtens besluit van 28 Februarij 1845 no. 13, ƒ 18,740.— en krachtens het thans vermelde besluit, de sommen van ƒ 22,500.—, ƒ 1740.—, ƒ 6504.—, ƒ 3920.—, ƒ 5000.— en ƒ 3000.— Het laatstvermelde besluit van 23 Mei 1845 no. 24, regelde de terugbetaling dier schulden. De drie hier in de eerste plaats genoemde sommen, te zamen bedragende ƒ 42,980.—, moesten worden gerestitueerd in vier jaren, als in 1846 ƒ 6000.—, in 1847 ƒ 10,000.—, in 1848 ƒ 12,000.—

en in 1849 *f* 14,980.— De drie daarop volgende sommen, te zamen bedragende *f* 15,424.—, moesten worden terugbetaald in 1846 en 1847, in elk jaar de helft. Deze terugbetalingen moesten plaats vinden bij de aanzuivering der landrenten, door de zorg der dessahoofden, aan wie daarvoor werd te goed gedaan het kollekteloon van 8 percent. Eindelijk zou de som van *f* 3000.—, aan de zoutmakers te Kandangbauër voorgeschoten, worden verrekend door inhoudingen van *f* 2.— per koyang, op het in 1845 door hen aan het gouvernement te leveren zout.

VIII. *Hoe kan de bevolking van Java, tot het verrigten van arbeid voor het gouvernement gedwongen worden?*

De hier gestelde vraag, moet wel meermalen oprijzen bij ieder, die de koloniale geschiedenis van de laatste halve eeuw aandachtig nagaat, maar niemand zal daarop een voldoend antwoord kunnen vinden. Want al moge het waar zijn wat Baud gezegd heeft, — namelijk: «de hebbelijkheid van onderwerping en gehoorzaamheid, zoo bijzonder eigen aan de Javanen, maakt hier te lande (op Java) vele zaken mogelijk, die elders met groote moeijelijkheden zouden te kampen hebben; — (*)" al moge dit waar zijn, toch komt er wel eens een einde aan de lijdzaamheid; zelfs van den lijdzaamsten mensch; toch moesten zich wel eens sporen van verzet hebben voorgedaan.

Inderdaad, die sporen hebben zich meermalen voorgedaan, ofschoon ze niet altijd openbaar bekend werden. Zoo hebben wij, onder anderen, gezien, (†) dat de bevolking van Djatti-pring, in de residentie Cheribon, weigerde suikerriet te planten. Wat deed men om haar daartoe te dwingen? De resident verklaarde eenvoudig: dat aan allen, die bleven weigeren, de rijstvelden zouden worden ontnomen. Vermits echter, te dier zake, een konflikt ontstond met den betrokken Europeeschen suikerfabrikant, kwam deze bijzonderheid ter kennis van de regering; in vele andere gevallen van gelijken aard, bleef de huishoudelijke afdoening voor het gouvernement verborgen. Nu daarmede bekend, moest de regering zich verklaren. Zij meende: (besluit 25 Februarij 1840 no. 2) dat de bevolking van de dessa Djatti-pring wel reden zou gehad hebben voor hare weigering; weshalve het onnoodig en ondoelmatig voorkwam, haar daarvoor, door ontneming harer sawa's te doen boeten, welk streng middel, alleen bij volstrekte en dringende noodzakelijkheid, moest worden aangewend. Maar de regering meende tevens: dat de resident middelen en magt genoeg had, om in gevallen als het hier bedoelde, bevolking en hoofden tot hun pligt te brengen.

De onderzoeker der koloniale geschiedenis, zal de gestelde vraag, door zoodanige verwijzing naar huismiddeltjes, zeker niet voldoende opgelost achten.

---

(*) Zie tweede deel, pag. 677.
(†) Zie hiervoor pag. 132.

Wij hebben reeds vroeger melding gemaakt van de publikatie, onder no. 45, opgenomen in het Indisch Staatsblad van 1838, krachtens welke, alle personen op Java, die door rondzwerving, lediggang en slecht gedrag, zich als schadelijke voorwerpen doen kennen, doch aan welke geen bepaald misdrijf geregtelijk kan worden bewezen, zullen worden vereenigd in etablissementen van landbouw. Wij hebben toen tevens medegedeeld, dat deze bepalingen op ligtvaardige wijze werden toegepast, onder anderen op personen, die nalatig waren in het presteren van heerendiensten, of in den arbeid voor de kultures ; zoodat de regering deswege meermalen strenge berispingen moest geven aan de betrokken residenten. (*)

Vermits de plaatselijke autoriteiten, zich voortdurend aan die ligtvaardige handelwijze bleven schuldig maken, werden zij, bij art. 2 van het besluit dd. 13 Julij 1841, no. 11, aangeschreven : *om te dienen van berigt, welke middelen worden, of kunnen worden gebezigd, om inwoners van dessa's, die zich aan de werkzaamheden ten behoeve van den lande onttrekken, daartoe te konstringeren?* onder opmerking dat, bij het bestaan van zoodanige middelen, inlanders, tegen welke zij kunnen worden aangewend, door sommige residenten, oneigenaardig en ten onregte, tot verbanning naar etablissementen van landbouw worden voorgedragen."

Het schijnt dus dat de regering, anderhalf jaar nadat zij den resident van Cheribon naar huishoudelijke middelen overwees, die middelen niet meer afdoende oordeelde ; van daar, de hier medegedeelde aanschrijving.

Het is ons niet mogen gelukken, in het koloniaal archief eenig spoor te vinden van de antwoorden, welke op die aanschrijving ontvangen werden. Zij zullen aangehouden en dus nog te vinden zijn in het archief der Indische regering.

Intusschen bewijst de volgende gebeurtenis, die ruim een jaar na het afgaan der bedoelde aanschrijving plaats had, dat men geen andere toevlugt had dan het oude middel : *verbanning naar de landbouw-etablissementen.*

De resident van Pekalongan berigtte, bij missive van 12 November 1842 no. 2188 : — Dat bij de verdeeling der velden voor de suikerriet-aanplantingen te Batang, in Mei te voren, door de hoofden en bevolking der dessa's Kalipoetjang-koelon, Karang-anjer en Wates-aging, klagten waren ingebragt over de hun aangewezen velden, met verzoek om andere ; waaraan echter geen gevolg was gegeven, omdat het bij onderzoek was gebleken, dat de klagten uit opzettelijke tegenwerking voortvloeiden, en de aangewezen velden beter dan de gevraagde waren. (†) — Dat, bij de betaling

---

(*) Zie pag. 586 van ons tweede deel, in de daar voorkomende noot.

(†) Dat de velden niet bijzonder goed, en het loon der bevolking niet voldoende geacht werd, blijkt uit de volgende omstandigheid. Uit aanmerking van de »sedert onderscheiden jaren ondervonden min gunstige resultaten der suikerkultuur, bij de fabrieken Karang-anjer en Wonopringo, in de residentie Pekalongan ;" werd de resident aldaar, bij besluit van 2 Februarij 1843 no. 12 gemagtigd, tot de rentvrije uitgifte van 130 bouws onbebouwde tegalgronden aan Chineesche ondernemers, bepaaldelijk voor de teelt van katjang-tanah, onder voor-

van het plantloon, de bevolking der genoemde dessa's had verklaard, geen genoegen te nemen met de haar, volgens taxatie, toegewezen belooning van ƒ 14.22 per hoofd; doch ƒ 25.— verlangde te ontvangen. Dat, ofschoon de kontroleur en het distriktshoofd te kennen gaven, dat niet meer kon worden uitgekeerd dan het gouvernement voor plantloon toestond, de bedoelde bevolking het geld niet wilde ontvangen en, na de suikerrietplanters van een aantal dessa's tot gelijk besluit te hebben overgehaald, zich den 24en October 1842, ten getale van ongeveer zeshonderd personen, aan het residentiehuis had vervoegd. — Dat die menigte dáár hare klagten en verzoeken herhaalde, en niet dan in den namiddag, na ernstige aanmaningen van den regent en den hoofd-djaksa, huiswaarts keerde. — Dat die menigte echter den volgenden morgen met dezelfde reklames terugkwam, en dat het den regent eerst na veel moeite, gelukte haar te doen vertrekken, de betaling te doen ontvangen en het werk te doen hervatten. — Dat, toen eenige dagen later, de demang van Batang het hoofd der dessa Kalipoetjang-koelon liet roepen, ten einde hem over het bewerken der suikerriet-aanplantingen te onderhouden, dit hoofd onwillig was en verklaarde, vooraf met zijne ondergeschikten, omtrent het al of niet opvolgen dier bevelen, te moeten raadplegen.

De resident gaf wijders te kennen, dat hij, ter voorkoming eener herhaalde opkomst der bevolking, en aangezien het bleek dat de geheele zaak door opruijers was aangestookt, een onderzoek had gedaan, ten gevolge waarvan vier personen, die van den beginne af de aanstokers dezer ongeregeldheden waren geweest, gearresteerd waren, te weten: Mangoondrio, hoofd der dessa Kalipoetjang-koelon, Sarie, inwoner dier dessa, Pa Kembar, inwoner der dessa Baros-lor, en Tjawilah, inwoner der dessa Karang-anjer. Hij stelde voor, om deze vier personen, die voorloopig met een kruispraauw naar Samarang waren opgezonden, voor eenigen tijd uit de residentie Pekalongan te verwijderen, ten einde aan de bevolking te doen zien, dat ongeregeldheden als de hier bedoelde niet ongestraft blijven, en ter voorkoming van handelingen welke anders, navolging vindende, aan de kultures groot nadeel zouden kunnen toebrengen.

Op last der regering, nam de resident van Pekalongan, de ingezetenen der dessa's welke aan de reklames der suikerplanters hadden deelgenomen,

---

waarde, dat daarvan jaarlijks, bij wijze van huurschat, kosteloos aan het gouvernement zouden geleverd worden, 12 pikols oliekoeken per bouw, of te zamen 1560 pikols, om te worden gebezigd tot bemesting der suikerrietvelden, bij de genoemde twee fabrieken, met last om dien huurschat later tot 20 pikols per bouw te verhoogen. In de praemisse van het besluit wordt gezegd: »dat de derving van landrente, hieruit voortvloeijende, vooralsnog niet kan worden gebragt ten laste der suikerrietplanters, die de voordeelen der bemesting zouden genieten, *uit hoofde van de weinige voordeelen, die zij tot dusver van de suikerkultuur genoten hebben.*" Het verdient opmerking, dat dit besluit van denzelfden dag is als dat, waarbij de in den tekst vermelde zaak werd afgedaan.

in verhoor. Uit zijn nader rapport van 3 December 1842 no. 2322, bleek echter niet anders, dan dat de klagers getracht hadden eene hoogere betaling to erlangen; terwijl zij, die geweigerd hadden de hun aangewezen gronden te beplanten, voorgaven zulks te hebben gedaan, omdat het suikerriet vroeger op die gronden niet goed geslaagd was. Wijders was het niet mogelijk geweest, om tegen de vier bovengenoemde personen eene bepaalde klagt te vernemen. Toch bleef de resident volharden bij zijn voorstel, omdat die personen, welke voor de anderen het woord hadden gevoerd, dit met ongepaste en oneerbiedige uitdrukkingen en gebaren hadden doen gepaard gaan, hetwelk gestraft moest worden, ook omdat anders herhaling werd gevreesd. Tot staving hiervan deelde de resident nog mede, dat eenige dagen na het boven omschreven voorval, ook de suikerplanters van Sienbang op weg waren om reklames in te brengen; doch dat zij, bij het vernemen der opzending van de genoemde vier personen naar Samarang, huiswaarts waren gekeerd.

De direkteur der kultures adviseerde ter zake, bij zijne missive van 13 Januarij 1843 no. 111/2, waarbij werd overgelegd een nader schrijven van den resident van Pekalongan van den 4en dier maand no. 2/27. Bij die stukken werd nog te kennen gegeven: — Dat eene betaling van $f$ 14.22 per hoofd, welke, door de levering van 2000 pikols boven de taxatie, nog met $f$ 3.61 vermeerderd, en dus gebragt zou worden op $f$ 17.83, niet zoo gering was om aanleiding tot klagten te geven. — Dat het echter wel mogelijk was, dat de niet behoorlijke regeling der werkzaamheden in de residentie Pekalongan, waaronder speciaal behoort, het in massa planten en gelijkelijk verdeelen van de opbrengst der onderscheiden velden onder al de planters der gezamenlijke velden, (*) benevens het aanwezen van een slecht inlandsch personeel in het regentschap Batang, en verduistering van een gedeelte van het loon door de hoofden, redenen tot ontevredenheid hadden gegeven. — Dat hiervan echter, uit de gewisselde stukken, niets blijkt, evenmin als dat, gelijk verondersteld werd, aan de bevolking eene hoogere betaling zou zijn toegezegd. — Dat mitsdien de verwijdering der aanstokers steeds wenschelijk werd geoordeeld: tot handhaving van den bestaanden staat van zaken.

De beslissing in deze werd genomen bij besluit van 2 Februarij 1843 no. 11. Al het voren medegedeelde is aan de praemissen van dat besluit woordelijk ontleend. De beslissing nu was: dat aan de vier genoemde personen, «voor den tijd van één jaar, gerekend van den dag hunner opzending naar Samarang, het verblijf in de residentie Pekalongan werd ontzegd, en dat zij naar Krawang werden verwijderd, om op het etablissement van landbouw aldaar, tegen het gebruikelijk loon, te worden te werk gesteld."

Nu wij toch spreken van *de verbanning* naar de landbouw-etablissemen-

(*) Vergelijk het medegedeelde op pag. 695 en 696 van ons tweede deel. Met het doel om de suikerkultuur in Pekalongan te verbeteren, was, bij resolutie van 15 Februarij 1836 no. 6, de dessa'sgewijze aanplant aldaar voorgeschreven.

ten, moeten wij nog eenmaal terugkomen op de personen die, als beweerde aanleggers van den volksoploop, in Augustus 1833, onder de suikerplanters in de residentie Pasoeroean, naar Krawang verwijderd waren, mede uit kracht der vorenaangehaalde publikatie van 23 Julij 1833, Staatsblad no. 45.

Wij hebben gezien, dat van de aanvankelijk gearresteerde 23 landbouwers 3 onder borgtogt hunner hoofden naar hunne woningen teruggezonden, en 2 in de gevangenis te Soerabaya overleden waren : terwijl de overblijvende 18 personen, na anderhalf jaar in de gevangenis te Soerabaya te hebben vertoefd, naar de residentie Krawang werden *verplaatst*, om aldaar, in eene kampong vereenigd, voorzien te worden van rijstvelden en van de middelen om die te ontginnen. (*) Wij hebben tevens gezien dat het lot dezer menschen in Krawang niet ongelukkig was. (†)

Bij missive van 7 Augustus 1841 no. 779, stelde de resident van Krawang voor: »om verlof te verleenen tot den terugkeer naar de residentie Pasoeroean, aan de *negen* nog aldaar aanwezige personen van de achttien, die bij resolutie van 12 Januarij 1835 no. 14, voor een onbepaalden tijd derwaarts waren verwijderd." — Nadat de resident van Pasoeroean, op dit voorstel advies had uitgebragt, bij missive van 10 September 1841 no. 1459/4, en de raad van Indië gehoord was, blijkens advies van 25 dier maand no. 3289, werd, bij besluit van den 30ᵉⁿ derzelfde maand no. 12, besloten: — »Aan de na te melden negen, bij resolutie van 12 Januarij 1835 no. 14, naar Krawang *verbannen* personen, te vergunnen naar de residentie Pasoeroean terug te keeren: als aan: Pa Ngadisa, Pa Goentoor, Pa Rantia, Pa Gantia, Djogo Pati, Pa Kardjo, Pa Soekana, Pa Kata- (vroeger vermeld als Pa Katie,) en Pa Manisa: zullende, na hunne terug, komst aldaar, vooreerst een bijzonder toezigt der policie over hen worden gehouden; — met last aan den resident van Krawang, om deze personen als vrije lieden naar Batavia te zenden, om van daar, door de zorg van den resident, over zee, op de gewone wijze, ten koste van den lande, naar Soerabaya of Pasoeroean te worden getransporteerd, in dier voege, dat drie te gelijk, in elke maand naar hunne vroegere woonplaatsen terug-keeren."

## IX. *Verschillende Mededeelingen.*

1. *Rijstkultuur.* Eene te Samarang, in December 1840, gehouden uitbesteding voor de levering van levensmiddelen in 1841 aan het garnizoen en het hospitaal te Kedongkebo, residentie Bagelen, had een ongunstig geldelijk resultaat; weshalve besloten werd, om de levering der *rijst* te doen plaats hebben door tusschenkomst van het civiel bestuur van Bagelen. De resident van Bagelen had, bij missive van 4 December 1840

(*) Zie tweede deel, pag. 582—591.
(†) Zie tweede deel, pag. 741, in eene noot.

lett. A, geheim, in het breede de oorzaken besproken, aan welke de toenmalige hooge prijzen der rijst in zijne residentie moesten worden toegeschreven, en betoogd dat die, wel verre van voort te spruiten uit schaarschte, integendeel getuigden voor de toenemende welvaart der bevolking, en mitsdien geen de minste bezorgdheid behoefden in te boezemen. Hij verklaarde daarbij verder, dat in de behoefte aan rijst voor de troepen in Bagelen, kon worden voorzien, door opkoopingen op de bazaars als anderzins, zonder eenigen dwang of verpligte leverancie, en zonder tusschenkomst van de inlandsche hoofden; zijnde hij van gevoelen, dat op die wijze, zonder buitengewone omstandigheden, de te leveren rijst op niet meer dan ƒ 8.— koper de pikol zou komen te staan; zullende worden gezorgd, dat steeds 400 à 500 pikols in voorraad waren. Naar aanleiding hiervan, werd de resident van Bagelen, bij besluit van 12 Januarij 1841 no. 4, aangeschreven en gemagtigd, om ten deze het noodige te verrigten.

Niet alleen in Bagelen, maar ook bij de uitbestedingen voor de levering van rijst gedurende 1841, ten behoeve der garnizoenen van Soerakarta, Djokjokarta, Kadoe, Banjoemas en Patjitan, waren hooge prijzen gevorderd. De betrokken residenten verschilden van gevoelen, omtrent de oorzaken van dit verschijnsel. De direkteur der kultures, ter zake gehoord, berigtte aan de regering bij missive van 9 Januarij 1841 no. 2, waarbij hij wederlegde het gevoelen van sommige residenten, dat de duurte der rijst te wijten was aan het bezigen van te vele gronden in Bagelen, voor de Europeesche kultures; terwijl hij verder betoogde, dat die duurte een gevolg was van de onder de bevolking toegenomen welvaart, waardoor zij meer en meer van de rijst als levensmiddel kon gebruik maken. De regering benuttigde de omstandigheid, dat aan den direkteur-generaal van financiën J. de Puy tot herstel van gezondheid, een binnenlandsch verlof moest worden verleend, om, onder toekenning van dat verlof, bij besluit van 18 April 1841 no. 1, dien hoofdambtenaar op te dragen: »een speciaal onderzoek naar de oorzaken der voortdurende duurte van de rijst in de residentiën Djokjokarta en Bagelen, naar de gevolgen welke uit die duurte kunnen voortspruiten, en naar de middelen om daarin te voorzien." Hieromtrent hebben wij niets naders gevonden.

2. *Bazaargeregtigheid op rijst.* Bij besluit van 30 September 1839 no. 4. werd magtiging verleend, om de vrijstelling van rijst van marktgeregtigheid in Cheribon en Grissee, waarvan wij hebben melding gemaakt in eene noot, op bladz. 734 van ons tweede deel, te doen voortduren in de jaren 1840, 1841 en 1842. Bij besluit van 7 Maart 1843 no. 2 werd goedgekeurd, dat die vrijstelling, gedurende 1843, »als van stilzwijgend blijvende kracht werd beschouwd, met bepaling, dat de bedoelde vrijstelling ook voor volgende jaren van effekt zal zijn, totdat dienaangaande anders mogt worden beslist." Bij hetzelfde besluit werd de direkteur der middelen en domeinen aangeschreven: »om te dienen van konsideratiën en advies, nopens de vraag: in hoever het wenschelijk mag worden geacht,

om die vrijstelling in andere residentiën toe te passen ?'' Naar aanleiding hiervan werd, bij art. 6 van het besluit dd. 5 November 1843 no. 1, aangeteekend: „Dat vooralsnog geen gevolg zal worden gegeven, aan het, bij besluit van 7 Maart jl. no. 2, geopperde denkbeeld om, in navolging van hetgeen thans in de residentie Cheribon en in de afdeeling Grissee bestaat, de op de bazaars ter verkoop gebragt wordende padi en rijst, in het algemeen van de belasting der marktgeregtigheid vrij te stellen.''

3. *Djakat*. Op last der regering werd, bij missive van den algemeenen sekretaris, dd. 4 Maart 1843 no. 327, aan den resident van Cheribon gevraagd: „uit welk gedeelte van den padi-oogst de zoogenaamde *padi-djakat* bestaat, welke ten behoeve der geestelijken en behoeftigen wordt afgezonderd ? zoomede, onder wiens toezigt en beheer die afzondering en de verdeeling der *djakat* plaats heeft ?'' Tot het doen dezer vragen was aanleiding gevonden in het vermoeden, „dat het beheer der *djakat* regtstreeks werd uitgeoefend door den regent of andere inlandsche ambtenaren, in stede van, even als elders, te zijn eene huishoudelijke dessa-inrigting, waarmede het bestuur zich niet inlaat, en de inlandsche ambtenaren zich in den regel niet moeten bemoeijen, ter voorkoming van knevelarijen.''

De resident van Cheribon voldeed hieraan, bij zijne missive van 14 Maart 1843 no. 513, onder aanbieding eener opgave van den regent van Cheribon.

De direkteur der kultures, ter zake gehoord, gaf bij zijne missive van 28 Augustus 1843 no. 2929/14, te kennen: — Dat de *djakat* is eene zedelijk verpligte, doch volgens den koran tevens geheel vrijwillige gift; welke speciaal moet strekken tot onderhoud van den priesterstand; weshalve de opbrengst daarvan niet verboden moet worden, ten einde de godsdienstige begrippen der bevolking niet te kwetsen. — Dat die opbrengst echter ook niet moet worden aangemoedigd, en vooral niet, bij wijze van heffing, moet geschieden onder dadelijk toezigt van gezagvoerende en bezoldigde gouvernements ambtenaren, zoo als in de residentie Cheribon het geval is. — Dat de heffing der zoogenaamde *djakat*, nadeelig is voor het gouvernement, omdat daardoor de behoorlijke opvoering der grondlasten wordt belemmerd, het tegengaan der knevelarijen en het misbruik van gezag der hoofden wordt bemoeijelijkt, en het bestaan wordt aangemoedigd van een aantal ledigloopende priesters, die veel invloed op de bevolking uitoefenen. — Dat, om die redenen, de resident van Cheribon onvoorzigtig had gehandeld, door de heffing der *djakat* te sanktioneren, en een gedeelte derzelve te bezigen tot einden, die niet bij den koran zijn voorgeschreven; hoezeer werd erkend, dat de regent van Cheribon, uit een gedeelte der *djakat*, vele nuttige werken had daargesteld.

Bij besluit van 26 October 1843 no. 12, werd: „De resident van Cheribon, onder mededeeling van het vorenstaande, (het hier vorenstaande is woordelijk uit het besluit overgenomen,) aangeschreven: om toe te zien, dat de djakat blijve eene vrijwillige betaling of opbrengst, en niet meer plaats hebbe bij wijze van direkte heffing door 's lands dienaren; tevens zorgende, dat het gebruik dier betalingen niet afwijke, van het doel waarmede zij worden opgebragt en de gebruiken der dessa's."

4. *Afstand van dessa's en velden in Demak aan een Pangerang.* Bij missive van 11 Augustus 1848 no. 17/1, gaf de resident van Samarang aan de regering kennis, dat de pangerang Widjil van Kadilangoe, afdeeling Demak, was teruggekomen op een vroeger gedaan verzoek, om vermeerdering zijner inkomsten. Bij de stukken werd in eene uitvoerige beschouwing getreden, zoo omtrent des rekwestrants afkomst, zijnde hij een afstammeling van den soesoehoenan Kalidjogo, (een der Javaansche heiligen,) als omtrent zijn waardig gedrag en de goede diensten door zijne voorouders aan den lande bewezen; verder omtrent het belang van het gouvernement, tot behoud van den invloed van het geestelijk huis van Kadilangoe, waarvan de rekwestrant het hoofd was, die bij oproerige bewegingen, vooral in het Demaksche, tot bijzonder veel nut van het gouvernement zou kunnen worden aangewend. De resident deelde wijders mede, dat genoemde pangerang, met het onderhoud eener talrijke familie belast en niet vermogend zijnde, van de aan hem, voor de door zijne voorouders bezeten en tijdens het Britsch tusschenbestuur ontnomen landen, toegelegde vergoeding van *f* 138.50 's maands, en van de twee vijfde aandeelen in de opbrengst der nog aan hem verbleven rijstvelden, niet kon leven op dien onbekrompen voet, waarop hij aanspraak mogt maken, wanneer de door zijne voorzaten aan het gouvernement bewezen diensten in aanmerking werden genomen.

Overeenkomstig het gedaan voorstel, bepaalde de regering, bij besluit van 7 November 1848 no. 1: *»Dat de thans door den pangerang Widjil van Kadilangoe genoten wordende inkomsten, zullen worden vermeerderd, door den afstand aan denzelven van een of meer dessa's, met de daarbij behoorende rijstvelden, en zulks tot een bedrag van hoogstens *f* 1200.— 's jaars, berekend naar den tegenwoordigen aanslag der landrenten. (\*)"

5. *Grondmaat.* De direkteur der kultures gaf, bij missive van 24 December 1842 no. 3876/21, aan de regering kennis, dat de resident van Bezoeki bepaald voorschrift had gevraagd, ten aanzien van de herleiding der groote bouw van 1400 vierkante *Engelsche* roeden, in die residentie gebruikelijk, tot *Rijnlandsche* roeden. (†) Onder overlegging eener missive van den hoofd-ingenieur van den waterstaat en 's lands gebouwen te Batavia, dd. 23 April 1841 no. 180, merkte de direkteur op, dat bedoelde groote bouw verkeerdelijk was gelijk gesteld met 1176 19/38 vierkante

---

(\*) Vergelijk het medegedeelde op pag. 457—462 van ons tweede deel; men lette er daarbij op, dat het gedeeltelijk bezoldigen in land, overal elders, alleen voor de regenten was toegestaan. Naar onze meening, had de hier bedoelde pangerang eene toelage in geld behooren te ontvangen.

(†) Vergelijk het medegedeelde op pag. 195 van ons eerste deel, in eene noot.

rijnlandsche roeden, hetgeen ten regte behoorde te zijn 1319 vierk. roeden en 75½ vierk. voeten of, een rond getal nemende, 1320 vierk. rijnl. roeden.

Bij besluit van 11 Januarij 1843 no. 5, werd daarop de resident van Bezoeki, "voor zooveel noodig, gemagtigd om, bij de herleiding van de groote bouw van 1400 vierk. roeden, Engelsche maat, aan te nemen, dat die gelijk staat met 1320 vierkante Rijnlandsche roeden."

Naar aanleiding van inlichtingen, door den resident van Pasoeroean omtrent de aan te nemen landmaat gevraagd, werd de direkteur der kultures, bij besluit van 21 Januarij 1845 no. 23, gemagtigd: "om aan de besturen dier plaatsen, waar andere maten in gebruik zijn dan de gewone bouwmaat, mede te deelen, dat de opmetingen enz. bedoeld bij den kabinetsbrief van 20 Junij ll. no. 126 (*), moeten geschieden met de Rijnlandsche maat, in bouws van 500 vierkante roeden, als de meest bekende op Java."

6. *Betaling van landrente in Kadoe.* In Kadoe werden de landrenten voor de helft in zilver- en voor de wederhelft in kopergeld betaald. Ten gevolge van de schaarschte aan zilver, was magtiging verleend om voor het in die muntsoort verschuldigde gedeelte ook kopergeld te ontvangen, maar met een agio van 25 percent. Blijkens brief van den resident van Kadoe, dd. 27 Februarij 1840 no. 113, gaf het vorderen van die agio aanleiding tot ontevredenheid bij bevolking en hoofden, sedert het bij hen bekend was geworden, dat door het gouvernement, bij het doen van betalingen in kopergeld tegen verrekening met zilvergeld, slechts een agio van 20 percent werd voldaan. Dientengevolge werd, bij besluit van 5 Augustus 1840 no. 3, magtiging verleend om de landrenten in Kadoe te doen heffen als in de andere residentiën. Nogtans werd daarbij aan het beleid en het goed overleg van den resident van Kadoe overgelaten: "om op eene gepaste wijze te zorgen, dat de landrente in zijne residentie, door het nu verminderde agio op het zilvergeld, geene, althans geene belangrijke vermindering onderga, en dat de bevolking met den genomen maatregel op zoodanige wijze worde bekend gemaakt, dat daardoor, aan de daarbij betrokken inlandsche hoofden, ZOOVEEL DOENLIJK *de gelegenheid worde benomen, om zich zelven, ten nadeele van den gemeenen man, te bevoordeelen.*"

7. *Inlandsche Hoofden.* De resident van Samarang berigtte, bij missive van 6 December 1839 no. 3693/1, dat door een groot gedeelte der dessahoofden van het district Limbangan en Tjangkiran, in het regentschap Kendal, bij hem resident klagten waren ingebragt tegen den demang van dat distrikt, wegens mishandeling van hen, dessahoofden, en wegens andere hoogst wederregtelijke handelingen; tengevolge waarvan de resident vermeende, dat die demang in genoemd distrikt niet meer van nut kon

---

(*) Dezelfde die, in het volgende hoofdstuk, zal worden medegedeeld.

zijn. Naar aanleiding hiervan, werd gemelde demang, bij besluit van 7 Januarij 1840 no. 8, ontslagen, met toezegging van wederplaatsing, ingeval hij zich naar behooren zou kwijten van eenige, hem onderhands opgedragen werkzaamheden.

De resident van Krawang berigtte, bij missive van 11 December 1839 no. 1305, dat eenige dessahoofden en een groot gedeelte der bevolking van het distrikt Krawang, zich tot hem hadden begeven met de *vordering*, dat hun distriktshoofd ontslagen, en in zijne plaats benoemd zou worden het adjunkt-distriktshoofd. Ofschoon de resident hun het ongepaste hunner handeling, waarvoor geen bekende redenen schenen te bestaan, had onder het oog gebragt, bleven de opgekomenen volharden in hunne vordering, en waren niet te bewegen huiswaarts te keeren, voor dat daaraan voldaan werd. Ten einde nu de goede orde, onder eene bevolking van ruim 8000 zielen, die voor het grootste gedeelte in beweging was, te herstellen, als ook om voor te komen, dat de werkzaamheden aan de kaneelkultuur in genoemd distrikt zouden worden verwaarloosd, had de resident vermeend, onder nadere goedkeuring van het gouvernement, aan het zoo nadrukkelijk te kennen gegeven verlangen te moeten gevolg geven, waarop de verzamelde bevolking en dessahoofden dadelijk hoogst vergenoegd en onder betuiging hunner erkentelijkheid, naar hunne woningen waren teruggekeerd. Die handeling van den resident werd goedgekeurd, bij besluit van 21 Januarij 1840 no. 5.

Bij besluit van 28 Mei 1842 no. 15 werd: — „met afwijking in zoover van het bepaalde bij art. 44 van het reglement op het binnenlandsch bestuur, (Staatsblad 1819 no. 16), den resident der Preanger-regentschappen de bevoegdheid toegekend, tot het benoemen en ontslaan van distriktshoofden in gemelde residentie, en wel van zoodanigen, wier inkomsten berekend worden minder te bedragen dan *drie honderd gulden 's jaars*."

De resident van Pekalongan gaf, bij missive van 9 Februarij 1844 no. 185, kennis: „dat het inlandsch bestuur, en vooral het distriktsbestuur, in zijne residentie, zich eene autoriteit had weten aan te matigen, welke, door de daaruit voortvloeijende knevelarijen en eigendunkelijke beschikking over de bevolking en hare eigendommen, voor deze zeer drukkend, en voor de belangen van den lande nadeelig was." De resident had, om hierin zooveel mogelijk te voorzien, eenige distriktshoofden van standplaats doen verwisselen en andere maatregelen genomen; waarin berust werd, bij besluit van 29 Februarij 1844 no. 13.

Bij art. 3 van het besluit van 18 November 1844 no. 20, werd de resident van Rembang gemagtigd: — „Om aan den demang van het distrikt Temaijang, regentschap Bodjonegoro, Mas Merto di Poero, *in tegenwoordigheid van alle de hoofden van dat regentschap*, de hooge ontevredenheid van het gouvernement kenbaar te maken, over zijne strafbare handelwijze, in het afvorderen van eene aanzienlijke hoeveelheid padi van de bevolking, tot zijn distrikt behoorende, zoo voor eigen gebruik tegen betaling van landrenten, als tot het doen leveren van dat produkt aan anderen tegen lage prijzen; met verdere aanmaning aan dat inlandsch hoofd, om zich van dergelijke knevelarijen in den vervolge te onthouden." — Opmerking verdient het, dat deze afpersing van de bevolking van eene aanzienlijke hoeveelheid padi, juist plaats had in het ongelukkige padi-jaar 1844, en in eene landstreek waar, zooals wij vermeld hebben (hiervoren pag. 171), de nood zóó hoog was geklommen, dat vele verhuizingen daarvan het gevolg waren geweest.

8. *Stelsel in Madioen en Kediri.* (\*) Bij besluit van 21 December 1841 no. 10, werd aangeteekend: "Dat eene weder invoering van het stelsel van landrente in de residentiën Madioen en Kediri, nader aan het opperbestuur in Nederland zou worden aanbevolen." Dit geschiedde bij missive van dien dag, no. 617/10.

In antwoord hierop deelde de minister aan de Indische regering, bij missive van 5 Augustus 1842 lett. A, no. 3/432, mede: dat, hoezeer niet alle de geopperde bedenkingen, tegen de weder invoering van het stelsel van landrente in de residentiën Madioen en Kediri, overtuigend waren opgelost, en nog moeijelijke vraagpunten ter beslissing aan de toekomst bleven overgelaten, echter in de blijkbare, door de ondervinding gestaafde, onmogelijkheid, om de kwijting der landrente door arbeid gelijkmatig en billijk door de betrokken bevolking te doen dragen, (†) eene genoegzaam overwegende reden gevonden is, om het elders gunstig werkende stelsel van landrente, ook weder in de genoemde residentiën te doen beproeven; waarvan het gevolg was geweest, het overgelegde besluit des Konings, van den 24en Julij 1842 no. 42; luidende als volgt:

"Overwegende dat de ondervinding de onmogelijkheid heeft aangetoond, om de kwijting der landrenten door arbeid, gelijk dat stelsel in de residentiën Madioen en Kediri, op het eiland Java, sedert het jaar 1832 bestaat, gelijkmatig en billijk te doen werken.

"Op de voordragt van Onzen minister van koloniën, dd. 22 Julij 1842 lett. A, no. 1.

"Hebben besloten en besluiten:

"Art. 1. Op eene voorzigtige wijze en in overleg met de Javaansche hoofden, zal in de residentiën Madioen en Kediri worden overgegaan tot het weder invoeren der kwijting van de landrenten in geld; zullende de aanslag berusten op vrijwillige overeenkomsten met de dessahoofden, in

---

(\*) Vergelijk het medegedeelde in het vorige hoofdstuk, pag. 83—85.

(†) Bij geheime missive van den resident van Madioen, dd. 20 December 1840 lett. B, werd, onder overlegging der ter zake betrekkelijke stukken, aan de regering medegedeeld, dat in de afdeeling Ponorogo van die residentie, bij de inlandsche bevolking en hare hoofden ontevredenheid was ontstaan, ten gevolge van de "onberaden en overdreven wijze, waarop de assistent-resident dier afdeeling getracht had, de dáár, met opzigt tot de kultures, bestaande gebreken te herstellen." Dien ten gevolge werd die assistent-resident, bij besluit van 13 Januarij 1841 no. 6, onder toekenning van wachtgeld, ontslagen.

verband tot de uitgestrektheid der bebouwde velden, voor zoover die bekend is, en tot derzelver vruchtbaarheid.

*Art. 2. Op de vaste begrooting van Nederlandsch Indië, zal in uitgaaf kunnen worden gebragt eene som, tot het in dienst stellen van het benoodigde getal onderkollekteurs; welke som niet te boven zal gaan, voor Madioen ƒ 345.— en voor Kediri ƒ 435.— 's maands, zoomede zoodanig verder bedrag, als gevorderd zal worden om het distriktsbestuur in Kediri, naar evenredigheid der behoefte, te bezoldigen.

*Art. 3. De arbeid aan de gouvernements-kultures in de voornoemde residentiën, zal daarentegen in geld worden voldaan, van het tijdstip, dat de kwijting der landrenten in geld weder wordt ingevoerd."

De minister verzocht dat, bij de uitvoering van het bepaalde aan het slot van art. 2, betreffende de bezoldiging van het distriktsbestuur in Kediri, daaraan eene zoo beperkt mogelijke toepassing zou worden gegeven.

De direkteur der kultures, ter zake gehoord, deelde bij missive van 17 Januarij 1843 no. 145/15, eene nadere berekening mede van de geldelijke resultaten van de exekutie dezer koninklijke beslissing, waaruit bleek: dat de aantooning van het daarvan te verwachten geldelijke voordeel voor het gouvernement, voorkomende in de voordragt zijner direktie, van 21 Augustus 1841 no. 2518/12, en overgenomen in de boven aangehaalde missive van den minister, van 21 December 1841 no. 617/10, onjuist was; in verband waarmede, door hem direkteur in overweging werd gegeven: of het tijdstip wel gunstig was, om tot de weder invoering van het stelsel van landrente in de residentiën Madioen en Kediri over te gaan, en wel speciaal omdat: — 1°. 's lands pachten in die residentiën aanzienlijk gestegen en, immers de amfioenpacht, voor drie achtereenvolgende jaren afgestaan waren, zoodat de pachters daartegen welligt bezwaren zouden inbrengen, en 2o. de wederinvoering van het stelsel van landrente, vooralsnog, in stede van voordeelig, financiëel nadeelig was.

De regering gaf daarop, bij besluit van 3 Julij 1843 no. 3, aan den direkteur der kultures te kennen: — *Dat niet wordt afgezien van het voornemen om het stelsel van landrente in de residentiën Madioen en Kediri weder in te voeren ; maar dat zulks niet dan langzamerhand, met de meeste voorzigtigheid en zonder daarvan vooralsnog aan de hoofden en de bevolking te doen blijken, zal moeten plaats hebben; zullende hij (direkteur) zich mitsdien moeten bepalen tot de opname der velden en bevolking, welke tevens tot betere regeling der kultures kunnen dienen, en voorts tot zoodanige voorbereidende maatregelen, als hij zal vermeenen tot de bedoelde weder invoering te zullen leiden."

Van deze beslissing werd aan den minister kennis gegeven, bij missive van denzelfden dag no. 325/3.

De minister antwoordde hierop, bij missive van 18 November 1843 lett. A, no. 1/663. Van dat antwoord werd aanteekening gehouden bij het Indisch besluit van 4 Mei 1844 no. 7, blijkens hetwelk de minister heeft te kennen gegeven:

„Dat het koninklijk bĕsluit van 24 Julij 1842 no. 52, betreffende de weder invoering van het stelsel van landrenten in Madioen en Kediri, hoofdzakelijk berust op de blijkbare en door de ondervinding gestaafde onmogelijkheid om een stelsel van *kwijting van landrenten door arbeid*, gelijkmatig en billijk te doen dragen.

„Dat dus in der tijd, evenals in Indië, ook in Nederland is stilgestaan bij de hoofdzaak, namelijk: *het belang der bevolking*, terwijl de geldelijke resultaten voor het gouvernement, daaraan ondergeschikt zijn gebleven.

„Dat, hoezeer de mededeeling in den betrekkelijken Indischen brief vervat, — dat die resultaten in stede van een voordeel van ƒ 645,322.—, zoo als vroeger berekend was, waarschijnlijk een nadeel van ƒ 393,676.— zullen opleveren, — met leedwezen is ontvangen, die veranderde berekening echter, hoe teleurstellend ook, aan de uitvoering van den maatregel niet in den weg kan staan."

Wij hebben reeds in het vorige hoofdstuk (pag. 85) medegedeeld, dat de beoogde verandering van stelsel in Madioen en Kediri, eerst met 1 Januarij 1859 in werking kwam.

9. *Begrooting der kultures.* Als vervolg op het medegedeelde, op bladz. 95 hiervoren, laten wij nu volgen de cijfers, waarop de begrooting van uitgaven voor de kultures, gearresteerd werd gedurende de jaren van het tijdvak dat wij thans behandelen, met vermelding der besluiten waarbij die vaststelling plaats had. Bedoelde begrooting dan werd gearresteerd: voor 1840, op ƒ 24,345,187.—, bij besluit van 1 Februarij 1840 no. 2.

|  |  |  |  |  |  |  |
|---|---|---|---|---|---|---|
| „ 1841, | „ - 26,239,662.—, | „ | „ | „ 19 | 1841 | „ 20. |
| „ 1842, | „ - 29,147,444.—, | „ | „ | „ 13 Januarij | 1842 | „ 6. |
| „ 1843, | „ - 30,246,215.—, | „ | „ | „ 20 Maart | 1843 | „ 1. |
| „ 1844, | „ - 31,219,177.—, | „ | „ | „ 4 Februarij | 1844 | „ 1. |
| „ 1845, | „ - 30,036,369.—, | „ | „ | „ 21 Maart | 1845 | „ 1. |

De uitgaven over 1845 waren dus ƒ 1,182,808.— minder dan over 1844, hetgeen het gevolg was van de, bij besluit dd. 12 April 1844 no. 2, bepaalde prijsvermindering der koffij, zonder welke de uitgaven voor 1845 ƒ 365,422.— hooger zouden geweest zijn dan in 1844. Ter toelichting hiervan, moeten wij mededeelen, hetgeen omtrent de prijsvermindering der koffij is verhandeld.

10. *Betaling voor de aan het gouvernement geleverd wordende koffij.* (*) De direkteur der kultures vestigde, bij missive van 15 December 1843 no. 4764/1, de aandacht der regering, op de noodzakelijkheid eener vermindering van den prijs, welke werd betaald voor de op Java, overeenkomstig art. 1 van het reglement, vastgesteld bij Staatsblad 1833 no. 7, aan het gouvernement geleverd wordende koffij. Die prijs was tot dusver

(*) Het hier medegedeelde strekt tevens, tot aanvulling van het voorkomende op pag. 549—551 van het tweede deel.

ieder jaar gesteld op *f* 25.— koper, voor elken pikol van 102 katti's (2 katti's overwigt), waarvan voor verschuldigde landrenten werden afgetrokken, twee vijfde gedeelten, of *f* 10.—, en *f* 3.— voor transportkosten, zoodat ten behoeve der planters zuiver werd te goed gedaan *f* 12.— koper per pikol. De direkteur gaf te kennen dat, hoezeer die prijs, om vele redenen, tot en met 1843 was behouden gebleven, met de betaling daarvan niet meer moest worden voortgegaan, omdat de marktprijs der koffij in Nederland was gedaald tot *f* 25.— en op Java tot *f* 20.— à *f* 21.— koper de pikol.

Genoemde direkteur betoogde, bij nadere missive van 8 Februarij 1844 no. 513/1, onder anderen nog: dat, bij eene prijsvermindering der koffij, aan de planters het vooruitzigt *niet* moest worden geopend om, bij stijging van den marktprijs, weder eene hoogere betaling te erlangen: vermits geen noodzakelijkheid scheen te bestaan, om de belooning voor de koffij naar den marktprijs te regelen, terwijl voor andere produkten vaste prijzen voldaan werden; te minder nog, omdat de tot dusver te goed gedane som van *f* 12.—, meer als vast, dan als afhankelijk van den marktprijs was beschouwd.

Bij besluit van 12 April 1844 no. 2, werd dientengevolge, met intrekking van het overwigt van 2 percent, bepaald:

»1. Dat voor de koffij, welke overeenkomstig art. 1 van het reglement, vastgesteld bij resolutie van 3 Februarij 1833 no. 1 (Staatsblad no. 7,) gedurende het loopende jaar (1844) aan het gouvernement moet worden geleverd, zal worden te goed gedaan *f* 21.67 per pikol van 100 katti's, waarvan, ingevolge art. 6 van het reglement, moeten worden afgetrokken 2/5 gedeelten, of nagenoeg *f* 8,67, voor verschuldigde landrenten, benevens *f* 3.— voor transportkosten: zoodat de planters zuiver zullen genieten *f* 10.— koper per pikol van 100 katti's.

»2. Dat voor de koffij, welke in de residentiën Madioen en Kediri, en de afdeeling Patjitan, ingevolge het aldaar bestaande stelsel van kultuur, aan het gouvernement wordt geleverd, zal worden voldaan een prijs van *f* 6.25 koper per pikol van 100 katti's."

Bij art. 5 van hetzelfde besluit, werden de betrokken plaatselijke autoriteiten aangeschreven: »Om van het vorenstaande, met beleid en op de eenvoudigste wijze, mededeeling te doen aan de betrokken bevolking; aan haar en aan derzelver hoofden onder het oog brengende, dat, zoo het gouvernement niet tot een vermindering van prijzen besloot, het, ter voorkoming van verliezen, in de noodzakelijkheid zou kunnen zijn gebragt, om van den opkoop af te zien, ten gevolge waarvan nog veel geringer prijzen zouden worden verkregen."

11. *Vischvijvers in Pasoeroean.* Bij besluit van 12 Januarij 1841 no. 9, werd de resident van Pasoeroean gemagtigd, om den aanslag en de verhuring der vischvijvers of tambaks (zijnde een der middelen van de landelijke inkomsten) in zijne residentie te doen, bij termijnen van *drie*

*jaren*, en zulks voor de eerste maal, over de jaren 1841 tot en met 1843.

12. *Volkplanters*. Op een rekwest van J. C. Heineken, (\*) houdende verzoek om Duitsche landverhuizers naar de afdeeling Banjoewangi (residentie Bezoeki) te mogen overbrengen, ten einde aldaar, op gronden hem in erfpacht af te staan, een etablissement van landbouw daar te stellen, werd, bij besluit van 2 Februarij 1843 no. 17 te kennen gegeven: dat dit plan onaannemelijk voorkwam.

---

(\*) Dezelfde, waarvan gesproken wordt, op bladz. 221 van het tweede deel.

# NEGENTIENDE HOOFDSTUK.

## Voorgenomen herziening van het landelijk stelsel, onder den gouverneur-generaal Merkus.
### 1844.

Wij zullen nu de belangrijke stukken, met deze voorgenomen herziening in verband staande, opvolgelijk mededeelen.

I. *Memorie, door den direkteur der kultures, ingediend aan den gouverneur-generaal.*

### LANDRENTEN.

Deze belasting, onder welke begrepen is, die der huistax, tuinen en nipa-bosschen, alsmede der vischvijvers, heeft van 1833 (zijnde van vroeger jaren geene aanteekening bij de direktie aanwezig) tot 1841, met inbegrip der fiktive landrenten van de residentiën *Madioen* en *Kediri*, bedragen:

| | | |
|---|---|---|
| in 1833. | . . . . . . . . . . . . . . . . | *f* 7,868,745.29½ |
| " 1834. | . . . . . . . . . . . . . . . . | " 7,439,908.65 |
| " 1835. | . . . . . . . . . . . . . . . . | " 7,679,359.15 |
| " 1836. | . . . . . . . . . . . . . . . . | " 8,075,190.77½ |
| " 1837. | . . . . . . . . . . . . . . . . | " 8,065,813.79½ |
| " 1838. | . . . . . . . . . . . . . . . . | " 8,284,812.76 |
| " 1839. | . . . . . . . . . . . . . . . . | " 8,618,082.24 |
| " 1840. | . . . . . . . . . . . . . . . . | " 9,364,906.58½ |
| " 1841. | . . . . . . . . . . . . . . . . | " 9,930,518.11 |

terwijl dezelve voor 1842 kalkulatief zal beloopen . " 10,460,000.—
voor 1843 . . . . . . . . . . . . . . . . " 10,202,642.—
" 1844 . . . . . . . . . . . . . . . . " 10,685,352.—

De aangetoonde stijging van inkomst, vooral gedurende de vier laatste jaren, is niet onaanzienlijk, en men mag het er voor houden dat, ten gevolge der ingevoerde kultures, waardoor de bevolking millioenen guldens meer in handen krijgt dan vroeger, gemelde belasting langzamerhand welligt tot *f* 15,000,000.— kan worden opgevoerd.

Onbekendheid ten aanzien der uitgestrektheid en vruchtbaarheid der op Java aanwezige bebouwde gronden; onmogelijkheid om immer het, bij de Engelsche revenu-instruktie dd. 14 Februarij 1814 bedoelde *detailed-system* in te voeren, en zulks ter oorzake dat slechts in een zeer klein gedeelte van het eiland, Bantam, Buitenzorg, Krawang en een gedeelte der residentiën Bezoeki en de Preanger-regentschappen een, en dan nog maar zoogenaamd, eigendoms-regt op den grond bestaat, is echter oorzaak, dat het stelsel van landrenten zeer gebrekkig werkt en voortdurend werken zal.

De aanslag van die belasting geschiedt, in de onderscheidene residentiën, op zeer verschillende en uiteenloopende wijzen.

Op eenige plaatsen wordt, behalve van de rijstvelden, ook tuinhuur of van de inkomsten der dessa's belasting gebeven. Op andere plaatsen neemt men bij den aanslag in aanmerking, of ook meer winstgevende produkten dan rijst zijn geplant. Hier wordt als het ware geene uitgestrektheid van grond of produktie in aanmerking genomen, en is dus de aanslag eene eenvoudige overeenkomst, met de dessa-besturen gesloten. Dáár heft men eene bepaalde som per bouw. Op sommige plaatsen regelt men, overeenkomstig de voorschriften, de belasting eenlijk naar een rijstgewas, bij taxatie van het te veld staande produkt, en neemt alsdan $1/2$, $2/5$ of $1/3$ der waarde van hetzelve, berekend naar eenen matigen marktprijs. Op andere plaatsen weder, wordt het rijstprodukt na den oogst gekonstateerd, en men neemt alsdan $1/2$ der waarde van hetzelve. Hier wordt, bij de taxatie van het te veld staande produkt, vooraf $1/5$ voor snijloon afgetrokken. Daar weder niet. En over het algemeen is men in het geheel niet, of althans zeer gebrekkig, met de uitgestrektheid en vruchtbaarheid of produktie der gronden bekend. Terwijl reeds vóór 1830 door het gouvernement eene belangrijke afwijking van het stelsel van landrenten is ingevoerd of gewettigd, namelijk door de belasting te heffen van de koffij uit de dessa's afkomstig (pagger-koffij), iets hetwelk ook nog voortdurend plaats heeft.

Het is, onder zoodanige omstandigheden, der overweging van het gouvernement waardig: of het niet wenschelijk zou zijn, om gemeld stelsel geheel vaarwel te zeggen, en om, na zoo naauwkeurig mogelijke meting der velden, en konstatering der vruchtbaarheid of opbrengsten van dezelve, zoowel uit de dessa's enz., een grondlast te heffen van b. v. $1/5$ van die opbrengsten in geld, naar een matigen marktprijs berekend.

Ik houde mij overtuigd, dat die belasting alsdan tot ƒ 15,000,000.— en wellligt tot meer zal kunnen stijgen; dat dezelve, als gegrond op de zuivere inkomsten van iedere dessa, zal zijn billijk; terwijl thans door eene zoogenaamde heffing van $1/2$, $2/5$ of $1/3$, of gemiddeld $2/5$, van de waarde der rijstvelden, op eene voor velen, in vergelijk met anderen, zeer onbillijke wijze, slechts wordt verkregen ƒ 10,000,000.—

De gemelde ongeregelde wijze, waarop het stelsel van landrenten werkt, heeft steeds ruimschoots stof tot schrijven, en tot het uitbrengen van welligt belangrijke, doch weinig ten goede bijgedragen hebbende, rapporten opgeleverd.

Gezwegen van hetgeen vroeger, door zeer kundige en verheven mannen, met welke ik mij, als slechts met zeer geringe kennis uitgerust, niet zal vermeten in het strijdperk te treden, ten aanzien van het stelsel van landrenten is gezegd en geschreven; zal ik mij slechts tot het voorkomende in de ondervolgende stukken van lateren datum bepalen.

De heer Kruseman heeft, bij rapport aan Zijne Excellentie den kommissaris-generaal, dd. 11 April 1829 no. 550, onder anderen beweerd, dat de geheele aanslag der landrenten naar willekeur van de ambtenaren plaats had; dat de belasting van $\frac{1}{2}$, $\frac{2}{5}$ of $\frac{1}{3}$ op het provenu der geklassificeerde velden, onvoldoende was, en dat dezelve, dus tot op $\frac{1}{2}$ van de waarde van het produkt moest worden gebragt.

Het eerst aangevoerde is onnaauwkeurig, en de heer Baumhauer heeft zulks dan ook bij nota van 24 September 1829 wederlegd.

De bij het rapport van den heer Kruseman beschreven willekeur, waarmede de aanslag zou plaats hebben, was en is nog steeds slechts schijnbaar waar, want men kan aannemen, dat de regeling der belasting over het algemeen, en hoe zeer dan ook op verschillende wijzen, gegrond wordt

   *a.* Op hetgeen in vorige jaren door de verschillende dessa's is voldaan

   *b.* Op het meer of min goed slagen der velden in het jaar waarover de aanslag loopt.

   *c.* Op de verkregen meerdere of mindere kennis der ambtenaren, ten aanzien van de uitgestrektheid en vruchtbaarheid der gronden.

   *d.* Op overeenkomsten met de dessabesturen gesloten of aangegaan.

Gewoonlijk wordt alsdan, na raadpleging van de regenten en distrikts-hoofden, als belasting genomen $\frac{2}{5}$ van het rijstprodukt, tegen een matigen marktprijs in geld gereduceerd.

Ongeregeld en zonder behoorlijken grondslag heeft de aanslag plaats, doch niet willekeurig; dit behoort, wanneer het soms al plaats heeft, minstens tot de exceptiën, en kan niet als algemeen opgevolgd wordenden regel worden bekend gesteld.

Het tweede punt, hetwelk door den heer Kruseman wordt aangevoerd, namelijk dat men de helft van de waarde der produkten als belasting kan en moet nemen, is geheel onnoodig, en zou bovendien ook zeer drukkend en onbillijk zijn. Onnoodig, omdat men kan aannemen dat de landrenten nu reeds aanzienlijk zouden stijgen, wanneer men het zuivere $\frac{2}{5}$ van de waarde der produktie erlangde. Drukkend en onbillijk, om reden door eene heffing van de zuivere helft van het produkt of derzelver waarde, het zoo genaamde landbezit, voor diegenen welke den grond, tegen genot of betaling van de helft der produktie, zoo als gewoonlijk plaats heeft, doen bewerken, ten eenenmale dezelfs waarde zou verliezen; iets hetwelk thans, wanneer men de zuivere $\frac{2}{5}$ aan belasting erlangde, mede reeds grootendeels het geval zou zijn, en men zou zoodoende eene onregtvaardigheid begaan ten aanzien van de zoodanigen, die door ontginning een wettig regt op gronden hebben verkregen, die zij niet met ledige handen kunnen bewerken.

III.

13

De heer van Lawick van Pabst heeft, volgens nota van 25 November 1826, onder anderen voorgesteld: om de velden door de distriktshoofden te doen meten, klassificeren, en om daarna de belasting voor vijf achtereenvolgende jaren te regelen en vast te stellen; zijnde hij van oordeel, dat al de velden van eene dessa, onder dezelfde klassifikatie moeten worden gesteld.

De heeren van Haak en Besier, op gemelde nota, bij missives van den 9en April en 17en Februarij 1827, gerigt aan Zijne Excellentie den kommissaris-generaal, dienende van konsideratiën en advies, zijn onder anderen voor eene meting der velden, en zulks niettegenstaande dit werk niet dan zeer moeijelijk en zeer onvolledig kan worden ten uitvoer gebragt. Zij zijn tegen eenen aanslag van 5 jaar en tegen het brengen van al de velden eener dessa onder dezelfde klassifikatie.

De heer van Haak vermeende ook nog, dat de belasting reeds in 1827 te hoog was opgevoerd.

Een aanslag voor 5 jaar is ondoelmatig, om reden die velden, welke van den regen afhankelijk en op verre na niet alle ter erlanging van een tweede gewas geschikt zijn, nu en dan aan belangrijke misgewassen zijn blootgesteld, en dan ook geen belasting kunnen betalen, die op een goed of slechts een gemiddeld gewas gegrond is.

Waren alle velden op Java overvloedig van levend water voorzien, zoodat, bij minder goed of niet slagen van het padi-gewas, dadelijk een ander produkt kon worden geplant, uit welks opbrengst de belasting zou kunnen worden aangezuiverd, dan zou ik kunnen overhellen om dezelve voor vijf jaar vast te stellen, om reden daardoor wordt verkregen:

a.  eene minder wisselvallige inkomst;
b.  eene noodzakelijkheid of gewoonte voor de bevolking, om een tweede gewas te planten; iets waartoe thans op verre na niet algemeen wordt overgegaan; en
c.  meer produktie en dus ook meer inkomsten en welvaart, zoo wel voor het gouvernement, als voor de bevolking zelve.

Het brengen van alle velden eener dessa onder dezelfde klassifikatie, namelijk wanneer men daardoor wil verstaan hebben, dat ieder veld dezelfde produktie afwerpt, en dus ook dezelfde som aan belasting kan en moet betalen, is mede ondoelmatig; om reden men kan aannemen, dat de produktie der velden van een en dezelfde dessa, vooral in het gebergte, onderling aanzienlijk verschilt, als hangende onder anderen af van het vroeger of later, van het meer of minder billijk en regelmatig verdeelen van het water; terwijl de hoegrootheid en het verschil in de produktie van het eene of andere veld, bovendien nog van vele kleine omstandigheden afhankelijk kan zijn, die men Javaan of landbouwer zou moeten wezen, om ze naar behooren te kunnen gadeslaan en waarderen.

Het meten der velden, als ook het klassificeren, of liever gezegd het konstateren der vruchtbaarheid van dezelve, is doelmatig, namelijk, wanneer men in het oog houdt, dat, bij het doen van den aanslag, noch op die meting, als zullende steeds zijn onnaauwkeurig, noch op de gemaakte klassifikatie der velden of konstatering van derzelver vruchtbaarheid, — welke konstatering, vooral met de aanhanden middelen, mede een zeer moeijelijk werk is, — in deszelfs geheel kan worden afgegaan.

Het aangevoerde van den heer van Haak, (*) dat de belasting reeds in 1827 te hoog zou zijn opgevoerd geweest, wanneer hij althans geene bepaalde plaats op het oog heeft gehad, of daarmede wil verstaan hebben, dat men meer dan het bepaalde aandeel, zijnde gemiddeld $\frac{2}{5}$ van de waarde, van het gewas nam, is, voor geheel Java genomen, geheel onaannemelijk; want nu nog bedraagt, blijkens een algemeen overzigt, de belasting slechts gemiddeld ongeveer $f$ 6.47 per bouw; terwijl er stellig meer land aanwezig is, dan in de leggers van den aanslag wordt bekend gesteld, en dus, dit in aanmerking nemende, de gemelde belasting nog tot op een veel lager cijfer doet dalen, een cijfer hetwelk op verre na niet het $\frac{2}{5}$ der waarde van een rijstprodukt per bouw zou aantoonen, al stelt men dat een bouw slechts gemiddeld 15 pikols rijst, ter waarde van $f$ 2 de pikol, afwerpt.

Het is echter waar, dat door de aanzienlijke uitbreiding die de kultures sedert 1830 hebben ondergaan, de bevolking op vele plaatsen zich menige geriefelijkheid, wilde men met de betaling van landrenten niet achterlijk blijven, moest ontzeggen.

Het is waar, dat niet zelden de landbouwer, om zijne belasting te kunnen betalen, een gedeelte van zijn hoog noodig voedsel tegen lagen prijs moest verkoopen; terwijl hij zich alsdan, ter erlanging van hetzelve, niet zelden tevreden stelde met wortels uit de bosschen voor hem en de zijnen op te zoeken.

Het is daarentegen ook waar, dat thans de bevolking, door hare meerdere verdiensten, zonder ongerief $f$ 10,000,000.— aan belasting (landrenten) opbrengt, en stellig nog meer betalen kan; terwijl zij bovendien geen gedeelte van haar produkt behoeft te verkoopen; dientengevolge overvloed aan goed voedsel heeft, en nog veelal een gedeelte tegen hooge prijzen kan van de hand zetten, om zich artikelen van weelde te kunnen aanschaffen.

En het is, naar mijn begrip althans, ook stellig waar, dat de bevolking, zonder de voordeelen aan de verschillende ingevoerde en uitgebreide kultures verbonden, met moeite $f$ 10,000,000 aan landrenten zou kunnen betalen.

De heer de Vogel wil, blijkens het voorkomende bij zijne missive aan de direktie der kultures, dd. 8 Februarij 1841 no. 227/8, alleen van het belastbaar gedeelte der revenuën van een veld, landrenten heffen. Hij wil namelijk, na de velden gemeten, geklassificeerd of derzelver produktie te hebben gekonstateerd, van de waarde der produktie eene zekere som, volgens zijne rekening ongeveer $f$ 20 per bouw, voor arbeidsloon, betwelk

(*) Dit was dezelfde, wiens handelingen als resident van Soerabaya, wij beschreven hebben, van pag. 123—129 van het tweede deel.

geschat is tot bewerking der velden benoodigd te zijn geweest, aftrekken, en hij wil alsdan 50 percent van het zuivere restant als belasting nemen. In een land, alwaar over het algemeen ieder man zijn eigen aandeel in de velden bewerkt, en alwaar geen arbeidsloon betaald en dus ook niet berekend wordt, komt mij zoodanige regeling doelloos en dus ook onnoodig voor.

Tot bewijs, dat de landman dien arbeid niet in geld berekent, en dat hem, vooral in de binnen-residentiën, zoo als onder anderen Bagelen, Madioen, Kediri en meer anderen, vroeger niet zoo veel van een bouw met padi beplant zuiver overschoot, als de heer de Vogel als arbeidsloon wil hebben afgetrokken, herhaal ik, hetgeen reeds eenmaal bij mijn inspektie-rapport gezegd is, dat ik de rijst vroeger voor ƒ 1 de pikol heb zien verkoopen; dat ik de helft van het produkt voor snijloon heb zien geven, zoodat de landbouwer, bij eene produktie van 20 pikols per bouw, slechts 10 pikols rijst, ter waarde van ƒ 10 overhield.

Deze som bedraagt slechts de helft, van hetgeen de heer de Vogel als arbeidsloon wil hebben afgetrokken, en volgens zijn stelsel zou dus, bij terugkeer tot den vorigen stand van zaken, iets hetwelk, als een gevolg b. v. van oorlog, niet tot de onmogelijkheden behoort, een gedeelte der velden in het geheel niet belastbaar zijn; maar integendeel zou men de bevolking, wanneer men haar in evenredigheid van verrigten arbeid wilde beloonen, nog geld moeten toegeven.

Bij het bewerken der sawavelden, wordt door den Javaan geen arbeid, geen moeite in geld naar een zeker dagloon berekend. Het is zijne geliefkoosde kultuur, dezelve wordt door vrouwen en kinderen uitgeoefend en, bij de erlanging van genoegzaam voedsel, berekent hij niet, of de waarde der geoogste produkten een geëvenredigd voordeel aan den verrigten arbeid oplevert.

. Een ieder moet rijst planten, om zich voedsel te verschaffen; doch die kultuur zou, in dagloon uitgeoefend wordende, vooral wanneer het produkt laag in prijs is, geen voordeelen, maar integendeel verlies opleveren.

Naar mijn inzien moet men, om tot de heffing van eene gelijk drukkende belasting te kunnen geraken, de velden van elke dessa zoo goed mogelijk doen meten, en daarna derzelver vruchtbaarheid konstateren.

Bij die konstatering, welke alleen, en zonder klassifikatie of verschillend belastbaar maken der gronden, de strekking moet hebben, om het geheele produkt van de gezamenlijke velden eener dessa te leeren kennen, moet niet alleen tot basis worden genomen een padi-gewas voor de sawa-, en een djagong-oogst voor de tegal-velden. Men kan die produkten, welke over het algemeen jaarlijks geplant worden, wel als hoofd-voortbrengsel bekend stellen; doch er moet tevens worden onderzocht:

1. De geschiktheid der gronden voor meer winstgevende kultures.

2. De produkten, welke gewoonlijk of bij afwisseling instede van padi en djagong geplant worden.

3. De hoeveelheid van die produkten, welke b. v. eene bouw afwerpt.

4. De soort van tweede gewassen, welke gewoonlijk worden geplant.

5. De hoeveelheid van die produkten, welke per bouw kunnen worden verkregen.

6. De meerdere of mindere vruchtbaarheid der dessa's, door het konstateren onder anderen van het getal klapper- en andere boomen.

7. De meer of minder winstgevende of andere gronden, bij iedere dessa behoorende, op welke gewoonlijk gevonden worden, vrucht-, areng- en andere boomen, bamboes enz. enz.

8. De meer of minder goede ligging der dessa's, vooral aan de oevers van rivieren, hetwelk den afvoer van produkten gemakkelijk maakt, en de waarde derzelve in vergelijk met andere streken verhoogt.

Wanneer van zoodanige opnamen een register is geformeerd, dan kan het, door alle aanwezige en opkomende residenten, tot jaarlijksche regeling der belasting, naar mate van de geteelde produkten, tot grondslag genomen worden; houdende ik mij overtuigd dat, wanneer slechts $^1/_5$ gedeelte der jaarlijksche gezamenlijke opbrengsten van iedere dessa genomen wordt, de belasting tot misschien meer dan ƒ 15,000,000.— 's jaars zal stijgen.

En waarom zou men tot zoodanige regeling niet overgaan? Eene regeling der landrenten, gegrond eenlijk op een rijstgewas voor de sawa- en een djagong-oogst voor de tegal-velden, is ongelijk drukkend en dus hoogst onbillijk.

Ik weet wel, dat zulks is overeenkomstig de grondslagen, waarop het stelsel van landrenten rust, dan dit neemt niets van de onbillijkheid weg.

Is het, onder anderen, billijk dat hij, die ten gevolge der vruchtbaarheid van den grond en ten gevolge der beschikking over genoegzaam levend water, met twee gewassen 's jaars is begunstigd, niet of weinig meer aan belasting betaalt dan hij, die ten gevolge van plaatselijke omstandigheid, slechts een rijstgewas kan erlangen? Is het billijk dat hij, wiens gronden voor den bouw van meer kostbare, en dus ook meer winstgevende produkten dan rijst geschikt zijn, niet meer aan grondlast betaalt dan hij, die eenlijk padi kan planten? Is het billijk dat hij, die in het genot is, boven zijne rijstvelden, van aanzienlijke inkomsten uit de dessa van bosch- of andere gronden, niet meer belasting betaalt dan hij, die eenlijk in het bezit van een stuk sawagrond is? Is het billijk, dat de inwoners van eene rijke dessa, voorzien van vruchtbare. sawagronden, met overvloed van levend water, in de residentie Kadoe, niet of althans onbeduidend meer aan belasting betalen, dan de ingezetenen van arme van den regen afhangende sawa-velden in de regentschappen Demak en Grobogan, residentie Samarang, en meer andere zoodanige plaatsen?

Ik weet wel dat, wanneer men de belasting regelt naar de wezenlijke opbrengsten der velden en dessa's, tegen de beginselen waarop het stelsel van landrenten rust wordt gezondigd; doch dit heeft, sedert 1814, zoo als hiervoren is aangetoond, toch gedeeltelijk plaats gehad. De ambtenaren hebben, bij de regeling der belasting, hoezeer op verschillende en on-

geregelde wijzen, hier en daar wel degelijk het planten van meer winstgevende produkten dan rijst, en het erlangen van andere voordeelen uit de
dessa's of van tweede gewassen, in aanmerking genomen.

En wat de dorpsbesturen, die met de verdeeling der belasting in de
dessa's belast zijn, gedaan hebben, dat zal wel zoo verschillend en afwij-
kend van het stelsel van landrenten geweest zijn, dat een onderzoek van
jaren noodig zou wezen, om daarvan eene behoorlijke deskriptie te kunnen
geven.

Volgens het stelsel van landrenten wordt alleen het eerste gewas, en
wel gerekend naar een padi-oogst van de sawa-velden, tot regeling der
belasting in aanmerking genomen, en wel om de bevolking tot het planten
van meer rijke produkten en een tweede gewas aan te moedigen. De velden
worden in drie soorten geklassificeerd en belast, en wel om die belasting
geëvenredigd te doen zijn aan de meer of minder goede gronden, bij ieder
man in gebruik. Dan men heeft zich ten deze illusiën gemaakt, en die
bepalingen, welke zelfs door de dorpsbesturen niet worden nageleefd, hebben niets te beteekenen.

Het planten van een rijker produkt dan padi, zoo als onder anderen
tabak, enz., zoomede het telen van een tweede gewas, wordt gewoonlijk
geregeld naar den aard en de vruchtbaarheid der gronden, en naar de al
of niet beschikking over genoegzaam levend water.

In Kadoe wordt het gedaan. Op andere plaatsen, zoo als Demak, kan
het niet van eenig belang gedaan worden, en men kan dan ook gerust
aannemen, dat de wijze van voorschreven belasting daarop geen beduidenden invloed heeft uitgeoefend. In de residentiën Pasoeroean en Soerabaya,
onder anderen, worden de velden jaarlijks bij afwisseling, van goede en
slechte, gelijk onder de bevolking verdeeld, en een ieder draagt een gelijk
aandeel in de belasting.

Aan het klassificeren of verschillend belasten der velden, laten de dorpsbesturen zich weinig gelegen liggen; zij weten genoeg, wanneer men hun
het geheele bedrag van den aanslag der dessa bekend maakt, zich voor-
behoudende om alsdan de verdeeling te maken, zoo als zij denken dat
met hunne belangen, en misschien ook met die der bevolking, het best
overeenkomt.

In Kadoe beschouwt de penatoe, die gewoonlijk 5 en meer dessa's
onder zich heeft, zich als huurder van den grond, betaalt den zooge-
naamden aanslag, en neemt niet zelden van de bevolking de helft der
produkten in natura als belasting, zich het meerdere, dat hij boven den aanslag heft, toeëigenende.

Honderde afwijkingen hebben, sedert de invoering van het stelsel van
landrenten, van hetzelve plaats gehad. Het werkt in meest alle residentiën verschillend. Dáár waar het het meest overeenkomstig de voorschriften werkt, is de belasting het minst billijk, en wel om reden de arme
dessa's, met eenlijk velden die voor de teelt van rijst geschikt zijn, te
zwaar, en meer vruchtbare velden met rijke dessa's, te ligt belast zijn.

En waarom dan zou men het stelsel van landrenten niet vaarwel zeggen, en doen vervangen door een grondlast van b. v. *een vijfde* van het hetgeen de gronden en dessa's werkelijk produceren.

Wanneer, op de omschreven wijze, een standregister in iedere residentie aangelegd en, daarop gegrond, de belasting jaarlijks wordt geregeld, dan, en dan ook alleen, zal men langzamerhand tot het doel, zoo veel mogelijk gelijkdrukkende belasting, komen, en het gouvernement zal van zijne landen eene inkomst trekken, nabij komende aan die welke partikuliere landeigenaren genieten.

Ik zeg nabijkomende, om reden het gouvernement, met een klein personeel, hetwelk bovendien nog met aanhoudende werkzaamheden voor de kultures van voortbrengselen voor de markt in Europa is belast, niet even als een partikulier landbezitter de middelen heeft, om genoegzame lokale kennis der distrikten en dessa's te erlangen.

En omdat een slecht bezoldigd Inlandsch personeel, hetwelk op de partikuliere landen niet in die mate bestaat, er steeds belang bij heeft, om ons zoo veel mogelijk met de ressources van het land onbekend te houden, ten einde van een lagen aanslag van belasting die voordeelen te erlangen, welke het noodwendig behoeft om de uitgaven te kunnen bestrijden, welke uit de geringe door het gouvernement toegelegd wordende bezoldigingen, niet kunnen gevonden worden.

De behoorlijke daarstelling van het bedoelde standregister, zal voorzeker veel werk veroorzaken; dan ik houde mij overtuigd, dat het kan plaats hebben, wanneer namelijk de noodige tijdruimte wordt gegeven.

Al vordert het werk vijf achtereenvolgende jaren, dan nog is het aan te prijzen: omdat kennis van land en volk zal worden vermeerderd; omdat men eenmaal in staat zal geraken om eene billijke gelijkdrukkende belasting der bevolking op te leggen, en omdat men, bij de tegenwoordige wijze van aanslag, reeds veel nut van den geprojekteerden arbeid, naar mate die vordert, zal trekken, zonder dat het noodig is, om voor als nog en tot dat het geheele werk zal gereed zijn, van het thans werkend stelse van landrenten afstand te doen.

De direkteur der kultures,<br>(was get.)   G. L. Baud.

II. *Missive van den gouverneur-generaal aan den raad van Indië.*

Kabin et.

No. 85.                         Buitenzorg, den 22 April 1844.

Als het eenstemmig gevoelen van alle ambtenaren en schrijvers, die over de heffing van landrenten hebben gehandeld, mag aangemerkt worden, dat het daaromtrent aangenomen stelsel niet is wat het behoorde te zijn, dat het gebrekkig werkt, en dat de belangen, zoowel van de belastingschuldigen als die van het gouvernement, er door lijden.

Wat het gebrekkige in het stelsel zelf betreft, het wordt gevonden: in de bepaling der gronden, welke aan de belasting onderhevig zijn verklaard; in de verhouding van de heffing tot de inkomsten; in de wijze en den duur van den aanslag; in de wijze van betaling, enz.

Over alle deze en andere punten zijn vele meeningen, beschouwingen en theoriën vooruitgezet en beredeneerd, zonder, sedert de invoering van het middel onder het Britsch bestuur, tot noemenswaardige veranderingen of verbeteringen te hebben geleid.

Als hoofdgebreken in de werking mogen gehouden worden: de verwaarloozing van vele in de grondbepalingen voorkomende voorschriften, waarvan de strekking nuttig is; het volslagen gemis aan eenvormigheid; de daaruit voortvloeijende ongelijke druk; de willekeurigheid in den aanslag; de onzekerheid omtrent de juistheid der opbrengsten; en alle de nadeelige gevolgen welke, uit gebrek aan kennis van het belastbaar vermogen van den landrente-schuldige, eigenaardig moeten voortvloeijen.

De onderscheiding der gebreken waarover algemeen wordt geklaagd, brengt mede, dat in de eerste plaats de oorzaak der laatstgemelden, voornamelijk gelegen in het ontbrekende vereischte van alle belastingen, de bekendheid namelijk der voorwerpen welke zij treffen, worde weggenomen, ten einde tot de behoorlijke werking te geraken van het stelsel, zooals het bestaat, waarna de beoordeeling zal kunnen volgen der veranderingen en verbeteringen, voor welke het vatbaar kan worden geacht.

In het nevensgaande rapport van den direkteur der kultures, mij voor eenigen tijd aangeboden, wordt op eene beknopte en duidelijke wijze aangetoond, hoe verschillend de bepalingen, betreffende de heffing der landrenten, worden toegepast.

Hij deelt voorts zijne gevoelens mede omtrent de stellingen van eenige hooge ambtenaren, die zich met het stelsel bezig hebben gehouden, en komt tot het besluit, dat, wil men eene geregelde, gelijkwerkende en voordeelige belasting heffen, afgeweken zal moeten worden van de hoofdgronden, op welke zij thans rust, ten einde een meer eenvoudig en op billijkheid gevestigd beginsel aan te nemen.

Vooraf moet evenwel, zooals boven is aangemerkt, ook naar de meening van den direkteur, de kennis verkregen worden, zonder welke steeds, gelijk tot dusver is gedaan, in den blinde zal worden rondgetast, en gevaar geloopen van een gebouw te stichten, door gebrek aan hechte fondamenten, wankelend en tot instorten geneigd.

Wanneer men nagaat, dat, van den aanvang af van ons hernieuwd bestuur, zich dat gebrek aan kennis heeft doen gevoelen; dat de instruktiën, reeds sedert het jaar 1817 aan hoofd- en andere ambtenaren gegeven, bij herhaling de naauwkeurigste onderzoekingen hebben bevolen, die daartoe moeten leiden, en dat evenwel het doel niet is bereikt; dan rijst de vraag: welke de redenen mogen wezen, aan welke die teleurstelling is toe te schrijven?

In de eerste plaats en wel voornamelijk, zal er eene gevonden worden in de moeijelijkheid van het werk, gepaard met de geringe middelen om het tot stand te brengen. Dat bij de invoering der landrenten onder het Engelsch bestuur, en bij voortduring ook later, zoowel inlandsche hoofden als bevolking groot belang hebben gehad, om de uitgestrektheid en de wezenlijke produktie der aan de belasting onderworpen velden te verbergen, spreekt van zelf; de eersten omdat de opbrengsten daaruit grootendeels door hen zelven werden genoten, de anderen, om zich zooveel mogelijk aan de belasting te onttrekken.

Om dus tot een gunstig resultaat te geraken, hadden de metingen en waarderingen niet opgedragen moeten worden aan diezelfde hoofden, maar aan onpartijdige personen, onder speciaal toezigt van ervarene en kundige Europeanen. Dit laatste is intusschen nimmer geschied, hebbende men zich vergenoegd met opnamen door plaatselijke ambtenaren bewerkstelligd, en nimmer op eene voldoende wijze geverifiëerd. Dit was dan ook bezwaarlijk te vergen van een resident met eenige assistent-residenten en opzieners, te gering in getal, en vooral, in een nog kortstondig bestuur, van te weinig ondervinding voor een werk van zulk een grooten omvang.

Een tweede reden van het gebrek aan verkregen kennis, mag gevonden worden in de ongenoegzaamheid der instruktiën, aan de ambtenaren van de landelijke inkomsten gegeven.

Het groot belang in aanmerking nemende, hetwelk, vóór de invoering van het kultuurstelsel, in dat der landrenten gesteld werd en gesteld moest worden, als de voornaamste bron opleverende van 's lands inkomsten, is het, bij de menigte reglementen, instruktiën en bepalingen omtrent andere takken van inkomsten, bijna onverklaarbaar, er slechts weinig betreffende de heffing van de landrente aan te treffen, en nog wel in zulke algemeene bewoordingen vervat, dat het geen verwondering kan baren, dat zij zulke gebrekkige uitkomsten hebben gegeven.

Als derde oorzaak van het gebrek aan vereischte kennis, mag welligt aangevoerd worden, de gradueele vermeerdering, welke jaren lang in de opbrengst der landrenten is ondervonden; als hebbende deze geleid, om zich te vergenoegen met de verkregene voordeelen, zonder er genoeg op te letten, of deze wel wezenlijk aanboden, wat van het belastbaar vermogen den lande moet worden opgebragt. Het is niet te ontveinzen, dat men zich ieder jaar verheugd heeft met eene vermeerdering van inkomsten, maar het daarbij ook gelaten heeft: terwijl die gedurige vermeerdering, mijns inziens, juist de aandacht beter had moeten doen vestigen op de bron, waaruit zij voortvloeide.

In het jaar 1820 bedroegen de landrenten, ongerekend de opbrengst der koffijtuinen, welke er toen in waren begrepen, ƒ 3,864,653.— In 1830 waren zij langzamerhand gestegen tot ƒ 5,672,977.— terwijl zij in 1841, voor hetzelfde grondgebied (en dus na aftrek van den aanslag der vier nieuwe residentiën, tot ƒ 1,885,507.—) een bedrag hebben opgeleverd van ƒ 8,045,006.— en dus boven de 100 percent meer dan voor twintig jaren.

Dat zulk een gunstig resultaat, gepaard met de boven aangewezen bezwaren, ter verkrijging van eenen op het wezenlijk produkt berekenden grondslag, medegewerkt heeft om zich er mede te vergenoegen, valt niet moeijelijk te begrijpen.

Een vierde oorzaak van hetzelfde gebrek, is gelegen in de invoering van het stelsel van kultures, hetwelk geheel de aandacht en den voortdurenden arbeid van de residenten en van hunne ondergeschikte ambtenaren zóódanig heeft gevorderd, dat hun tijd en middelen ontbraken, om zich aan andere moeijelijke onderzoekingen te wijden. Dat stelsel scheen bovendien eene mindere bemoeijenis mede te brengen, met de handelingen van het inlandsch bestuur, hetwelk men daardoor meer aan de nieuwlings ingevoerde maatregelen wenschte te verbinden, en dit moest natuurlijk ten gevolge hebben, de verwaarloozing der aangelegenheden van de landelijke inkomsten, die met zoodanige strekking onvereenigbaar waren.

Vooral heeft deze oorzaak krachtig gewerkt, om meer de inkomsten, uit produkten voortspruitende, te behartigen, dan eenige andere, zoo lang hooge prijzen derzelver waarde tot een bedrag deden stijgen, hetwelk dat der opbrengst van de belastingen op den achtergrond bragt.

Deze gunstige omstandigheid bestaat thans niet meer; want hoe voordeelig het aangenomen stelsel van kultuur en konsignatie van produkten, voor den bloei en voorspoed van Java en voor Nederland's handel en scheepvaart moge wezen, en hoe krachtig het zich ook om die reden laat aanbevelen, kan niet meer gezegd worden, dat het aanzienlijke financiëele resultaten oplevert. Dit zal zich ligt laten afleiden, uit de navolgende aantooning der zuivere opbrengsten van de drie hoofdprodukten: koffij, indigo en suiker; na aftrek van het kostende daarvan op Java.

KOFFIJ. Den oogst stellende op 1,000,000 pikols en den prijs per Ned. pond op 20 cent, zoo zal per pikol verkregen worden ƒ 13.00    ƒ 13,000,000.—

INDIGO. 2,000,000 pond berekend op den gemiddelden veilingsprijs van ƒ 3.— renderen per pond ƒ 2.44.— .    - 4,880,000.—

SUIKER. 800,000 pikols à 30 cents per Ned. pond, renderen per pikol ƒ 8.68 . . . . . . . . . .    - 6,944,000.—

Te zamen. . . ƒ 24,824,000.—

Voor dezelfde kwantiteiten wordt in ronde sommen uitgegeven:

Koffij, 1,000,000 pikols à ƒ 12.12½    ƒ 12,125,000.—
Indigo, 2,000,000 pond à ƒ 1.90 het pond    - 3,800,000.—
Suiker, 800,000 pikols à ƒ 11.01    - 8,808,000.—

ƒ 24,733,000.—

Winst. . . ƒ 91,000.—

te vermeerderen met het verschil tusschen zilver- en kopergeld.

Dit, namelijk het laatste niet te verwerpen voordeel, zal echter niet langer als zoodanig worden beschouwd, wanneer men in aanmerking neemt, dat het verkregen wordt met opoffering der zeer aanzienlijke belasting op de koffij, ten bedrage van de waarde van $^2/_5$ van het geheele produkt.

Dat produkt, na aftrek der Preanger-koffij, stellende op 800,000 pikols zou dus aan den lande leveren 320,000 pikols, waarvan de waarde thans tegen den lagen prijs van ƒ 18.— zou bedragen ƒ 5,760,000.— en dus ƒ 5,669,000.— meer dan uit de gezamenlijke opbrengst van koffij, indigo en suiker wordt genoten; terwijl bovendien nog worden gemist de uitgaande regten op 480,000 pikols koffij, (kunnende die regten, voor het aandeel in natura of als belasting aan het gouvernement verschuldigd, strikt genomen, beschouwd worden in de verkoopswaarde te zijn begrepen,) op den indigo en suiker, alles gezamenlijk minstens te berekenen op ƒ 1,500,000.— waaruit volgt, dat niet alleen alle de voordeelen van het stelsel van kulturos en konsignatie indirekt door Java en door den handel en scheepvaart worden geabsorbeerd, maar dat daaraan ook eene niet onaanzienlijke financiëele opoffering is verbonden.

Onder zoodanige omstandigheden wordt het hoog tijd, 's lands financiëele belangen ook van eenen anderen kant te bevorderen; want, schoon de steun, aan handel en scheepvaart verleend, geldelijke bijdragen waardig mag worden geacht, zou het, bij eene meerdere daling der prijzen van produkten, kunnen gebeuren, dat de direkte subsidiën, welke het vaderland boven die indirekte voordeelen zoo zeer noodig heeft, daaruit niet meer zullen gevonden kunnen worden, en dat zelfs het vaderland niet in staat zou zijn gesteld, om van de te verkrijgen prijzen, de vereischte gelden, tot inkoop van diezelfde produkten benoodigd, langer naar Indië te doen terugvloeijen.

Van het hoogste belang is het dus en niet minder pligtmatig, om 's lands geldelijke middelen, zooveel met in achtneming der regelen van eene voorzigtige, verstandige en billijke huishouding kan geschieden, te vermeerderen.

Dat dit doel voornamelijk kan bereikt worden, niet door eene verhoogde, maar door eene verbeterde opbrengst van landrenten, zal het best blijken, uit eene globale aantooning van het opgegeven belastbaar produkt en der daarvan verkregen inkomsten, vergeleken met die, welke zij volgens de bestaande bepalingen zouden behooren af te werpen.

Volgens de bestaande staten voor den aanslag, worden op Java gevonden 1,515,436 bouws van 500 vierkante roeden. Volgens eene zeer matige berekening, brengt ieder bouw land door elkander op, 15 pikols rijst. Het boven gestelde getal bouws brengt dus op 22,731,540 pikols rijst.

Den prijs der rijst, voor den aanslag berekenende op niet meer dan ƒ 2.— de pikol, hetwelk sedert vele jaren buiten tegenspraak te laag is, bekomt men voor de geheele waarde van het produkt ƒ 45,463,080.—, waarvan de belasting, gemiddeld à ⅖, dus zou moeten bedragen ƒ 18,185,232. Intusschen bedraagt de hoogste aanslag, die van 1842, niet meer dan ƒ 10,635,352.— en dus ƒ 7,549,880.— minder dan zij behoorde te wezen.

Ver van mij is het, te willen beweren, dat van ƒ 45,500,000 aan waarde, eene belasting zou kunnen worden geheven van ruim ƒ 18,000,000.— De Javasche vorsten, of de pachters en onderpachters hunner inkomsten, mogen inderdaad nog meer, en wel de helft van het produkt in natura, hebben gevorderd; maar zulk eene heffing is te strijdig met de beginselen, naar welke wel een met de lasten van den staat geëvenredigd aandeel der individueele inkomsten mag worden gevorderd, maar geene opofferingen, die naauwelijks genoeg tot levens-onderhoud zouden overlaten, dan dat daaraan, zelfs ter voldoening aan de, den inlander zoo vreemde, behoefte van het vaderland, zou kunnen worden gedacht. Welke hooge opbrengsten de Oostersche huishouding van staat daarom ook gedoogt, en de geringheid der benoodigdheden van het leven der onderdanen mogelijk maakt, is de bovenbedoelde verhouding van $2/5$ gedeelten van het hoofdprodukt, steeds te overdreven beschouwd, om er de hand aan te houden; en het is de overtuiging alleen geweest, dat de betaling van zulk eene belasting ontdoken wordt, door eenen te lagen marktprijs ter waardering van het produkt, door eene te gering opgegeven opbrengst der velden, en door eene bedriegelijke berekening der uitgestrektheid van diezelfde velden, die de heffing daarvan als geoorloofd heeft doen beschouwen en mogelijk heeft gemaakt.

Zoowel intusschen de boven voorkomende aantooning, als eenige partiëele opnamen, waaronder die van drie distrikten onlangs te Cheribon gedaan mag gerekend worden, waarvan de uitkomst heeft doen zien, dat een vijfde van het wezenlijk produkt meer waarde had dan het bedrag der belasting, berekend op twee vijfden van hetzelve, brengen de overtuiging mede, dat de heffing van landrenten, op zulke losse en bedriegelijke gronden en opgaven geschiedt, dat zij zoodanig ongelijk werkt, en zoo ver beneden eene billijke hoogte blijft, dat niet alleen 's lands belang, maar ook dat van vele ingezetenen, die onder eene verkeerde regeling gedrukt gaan, vorderen, dat eene herziening plaats hebbe, welke tot meer gunstige resultaten zal leiden.

Eene berekening naar de nu reeds verkregen, maar zeer gebrekkige en onzekere opgaven, zal vertrouw ik de gegrondheid der voorgaande aanmerkingen ten duidelijkste staven. Als zeker mag aangenomen worden, dat de uitgestrektheid der belastbare velden veel aanzienlijker is, dan de hierboven vermelde 1,515,436 bouws. Eene hermeting van een gedeelte der residentie Cheribon, in 1842 gedaan, toonde aldaar nagenoeg 50,000 bouws meer aan, dan bekend waren. Zeer matig mag dus het getal bouws over geheel Java gesteld worden op 1,600,000, waarvan de opbrengst à 15 pikols rijst per bouw, zal leveren 24,000,000 pikols. De gemiddelde prijs die voor aanslag mag dienen, kan in billijkheid gesteld worden op ƒ 3. de pikol rijst, gevende voor de geheele opbrengst eene waarde van ƒ 72,000,000.—

Wanneer van dit bedrag, volgens het denkbeeld van den direkteur der kultures, in stede van twee vijfden, niet meer dan één vijfde zou geheven worden, zal de opbrengst klimmen tot ƒ 14,400,000.—

En dan zal de bevolking nog minder belast zijn dan die der partikuliere landen in Buitenzorg en Krawang, alwaar zij een vijfde van het produkt in natura levert, en dus de winst derft, die gewoonlijk op den verkoop verkregen wordt.

Zoodanig zouden minstens de resultaten zijn, van eene herziening en regeling der belasting, gegrond op een naauwkeurig onderzoek naar het vermogen, van hetwelk zij moet worden geheven.

Wanneer men daartegen nagaat, hoedanig het thans met den aanslag der landrenten bijna over geheel Java toegaat, zal men zich een denkbeeld kunnen maken, hoe gebrekkig die uitkomsten moeten zijn. Zie hier de wijze waarop zij door eenen oordeelkundigen resident wordt voorgesteld.

»De wijze waarop thans, vrij algemeen de aanslag plaats heeft, is de »volgende.

»De kontroleurs der landelijke inkomsten vragen aan de divisie-hoofden »van hunne afdeeling, eene opgave der sawa- en tegal-velden van iedere »dessa, de eerstgemelde verdeeld in drie klassen. De divisie-hoofden vra- »gen deze opgaven aan de dessahoofden en doen die aan de kontroleurs »der landelijke inkomsten toekomen.

»Vervolgens begeven zich de kontroleurs, voorzien van deze opgaven, »naar de hoofdplaatsen der onderscheidene distrikten, wanneer zij vermee- »nen dat in zoodanig distrikt het meerendeel der sawa-velden is gesneden, »of ook wel vroeger.

»Aldaar verzamelen zij al de dessahoofden van het distrikt, en komen »met hen overeen, welke som zij gedurende het loopende jaar aan land- »renten zullen betalen; hun voorhoudende dat zij in het afgeloopen jaar »te weinig hebben betaald, naar evenredigheid van het getal en de kwa- »liteit hunner sawa- en tegal-velden, en in vergelijking met andere dessa's; »dat zij meer velden bezitten dan zij hebben aangegeven, en dat, wan- »neer zij niet genegen zijn om meer of zoo veel te betalen, hij kontroleur »hunne sawa-velden zal doen opnemen. Op deze wijze worden de dessa- »hoofden gewoonlijk bewogen, om iets meer dan in het vorige jaar op te »brengen, trachtende zij niettemin altijd, om zoo veel mogelijk op de »eischen van de kontroleurs af te dingen.

»Na deze bijeenkomst en ten gevolge van de daarbij getroffen overeen- »komsten, formeert de kontroleur zijn voorbereidenden staat van den aan- »slag der landrenten.

»Dit werk over al de distrikten der afdeeling afgeloopen zijnde, geeft »de kontroleur hiervan kennis aan den resident, en nu begeeft deze zich »op weg, om den definitieven aanslag te doen.

»Op de hoofdplaats van een distrikt aangekomen, vindt hij daar de »dessa-hoofden verzameld. Geenen anderen grondslag tot het doen van »den aanslag hebbende, als den voorbereidenden staat van den kontroleur, »herhaalt hij het spel door den kontroleur gespeeld, of hij vraagt de des- »sa-hoofden af, of zij aannemen te betalen de som, die zij met den kon- »troleur zijn overeengekomen. De dessa-hoofden trachten alsdan op nieuw, »zoo veel mogelijk, eenigen afslag op den eisch van den kontroleur te er- »langen. Zien zij echter, dat de resident daarop blijft staan, dan geven »zij eindelijk schoorvoetende toe, en ziedaar de definitieve aanslag volbragt.

»Zijn de residenten en de kontroleurs nu verstandig genoeg, om hunne

//eischen te regelen naar de hulpmiddelen der onderscheidene dessa's, en
//om de belangen der bevolking niet geheel achterwege te stellen, voor de
//zucht om zich door eenen hoogeren aanslag in de oogen van het gouver-
//nement verdienstelijk te maken, dan wil ik hierop voor het oogenblik
//geen aanmerkingen maken. Belasten zij sommige dessa's echter te hoog,
//dan is hiervan het gevolg, dat dezulken die slechts matig zijn aangesla-
//gen, zich ook over een te hoogen aanslag beklagen, dat beide de vast-
//gestelde belasting niet opbrengen, dat het gouvernement belangrijke re-
//missiën moet verleenen, en dat in een volgend jaar de algemeene aan-
//slag in eene afdeeling hierdoor komt te lijden.

//Men zal hiertegen aanvoeren, dat tot dusver de aanslag der landrenten
//op Java jaarlijks aanmerkelijk is toegenomen, en dat het gouvernement
//slechts onbeduidende remissiën heeft verleend. Hierin stem ik toe, en
//hierop wilde ik juist komen, om bij wijze van gevolgtrekking aan te
//toonen, dat de landelijke inkomsten op Java, nog bij lange na niet zijn
//gebragt tot die hoogte, waarvoor dezelve vatbaar zijn, en dat derhalve
//deze tak van inkomsten de meeste belangstelling en de grootste zorg van
//het gouvernement verdient."

Zoowel de hierboven aangeboden beschouwingen en berekeningen van
het vermoedelijk vermogen, waarover de landrenten kunnen worden ge-
slagen, als de zooeven overgenomen beschrijving der wijze waarop zij
worden geheven, moet tot de overtuiging leiden, dat een staat van zaken
niet langer behoort te blijven voortduren, waaronder een aanzienlijke en
alle belangen treffende belasting, geheel is overgelaten aan de min of
meer goede trouw, of liever aan de schranderheid en aan de willekeur
van dessahoofden, divisie-hoofden, kontroleurs [en residenten, waaronder
geen zekerheid hoegenaamd bestaat, dat niet van den eenen kant te veel,
en van den anderen te weinig wordt gegeven, en die niet alleen moet
strekken tot 's gouvernements financiëel nadeel, maar ook tot allerhande
verkeerdheden, misbruiken en onregtvaardige en onbillijke handelingen.

Hoe wenschelijk evenwel eene betere regeling moge wezen, valt er niet
aan te denken, zoolang de kennis zal ontbreken der gronden, waarop een
deugdzaam stelsel moet worden gevestigd. Om die gronden te verkrijgen,
zijn onderzoekingen noodig, die nu gedurende zeven en twintig jaren niet
dan gebrekkig hebben plaats gehad.

Niet alleen zijn zoodanige onderzoekingen onontbeerlijk tot verbeterde
heffing van de landelijke inkomsten, maar ook ter verkrijging der kennis,
die vereischt wordt om te kunnen beoordeelen, of aan de verschillende
takken van kultures, die zoo weldadig strekken tot rijkdom van den inlander en tot voedsel voor Neerlands handel en scheepvaart, al of niet meerdere uitbreiding kan worden gegeven; zijnde men nu reeds tot het punt
gekomen, dat daaromtrent twijfel bestaat, en dat door laakbare onwetend-
heid, welligt schoone gelegenheden worden verzuimd van veel belovende
ondernemingen.

Eenmaal met de zoo hoog benoodigde kennis toegerust, zullen de beginselen in overweging kunnen worden genomen, waarop een billijk en blijvend stelsel van grondbelasting en van kultures zal werken, en welligt tevens de mogelijkheid, om de Javasche bevolking van andere lasten te ontheffen, die zwaar op haar, op de nijverheid, den handel, en de algemeene welvaart drukken. Ook op dit laatste zal ik mij voorbehouden ten gelegener tijd terug te komen.

Door den direkteur der kultures, bij een inspektie-rapport der residentie Bantam, de noodzakelijkheid aangetoond zijnde van maatregelen, ter betere regeling van belasting en kultures in dat gedeelte van Java, zijn tevens voorstellen gedaan, welke met de vereischte wijzigingen en bijvoegingen, ter bereiking van hetzelfde doel, voor het geheele eiland zullen kunnen dienen.

Deze voorstellen luiden:

Den resident aan te schrijven: om dadelijk, maar tevens met de meeste bedaardheid en zooveel mogelijke naauwgezetheid, een aanvang te maken met de navolgende onderzoekingen, welke de strekking moeten hebben, om *en* belasting *en* kultuur naar behooren te kunnen regelen: van deze onderzoekingen zal een register moeten worden aangelegd, hetwelk van de noodige toelichtingen vergezeld, aan den direkteur der kultures zal worden ingezonden.

Zij moeten zich uitstrekken tot de navolgende punten:

1. Naam der residentie.
2.         *      *  regentschappen.
3.         *      *  distrikten.
4.         *      *  dessa's.
5. Getal huisgezinnen in het algemeen.
6. Getal.
   - *a.* Mannen.
   - *b.* Vrouwen.
   - *c.* Jongens, beneden 12 jaren.
   - *d.* id. boven 12 *  *
   - *e.* Meisjes.
   - *f.* Totaal zielen.
7. Getal huisgezinnen.
   - *a.* Landbouwers, aandeelhebbende in, of eigenaars zijnde van velden. Van deze eigenaars zal een tweede nominative staat, met aantooning der uitgestrektheid velden, in het bezit van elk hunner zijnde, geformeerd en bij het register moeten worden overgelegd.
   - *b.* Landbouwers, geen aandeel hebbende in, of eigenaars zijnde van velden.
   - *c.* Ambachten oefenende personen, enz.
   - *d.* Totaal huisgezinnen, als onder no. 5.
8. Getal werkbare mannen in het algemeen.
   - *a.* Vrijgesteld van werk, als:
     1. Inlandsche ambtenaren.

2. Afgetreden ambtenaren.
3. Inlanders van geboorte.
4. Priesters.
5. Dorpsbestuurders.
6. Onbezoldigde policie-dienaren.
7. Handelaren, handwerkslieden, visschers, enz.
8. Bedienden.
9. Ouden en gebrekkigen.
10. Nieuw aangekomenen.
 *b.* Dienstpligtigen.
 *c.* Totaal, als onder no. 8.
9. Getal ploegvee.
10. „ paarden.
11. „ klapperboomen.
 *a.* vruchtdragende.
 *b.* jonge.
12. Getal vruchtboomen (behalve klappers).
 *a.* vruchtdragende.
 *b.* jonge.
13. Uitgestrektheid der velden, door Inlandsche landmeters onder toe-zigt en verifikatie van Europeesche ambtenaren gekonstateerd, in bouws van 500 vierk. roeden :
 *a.* Sawa's met levend water.
 *b.* Sawa's van den regen afhangende.
 *c.* Tegal-velden, waaronder ook die welke in de dessa's mogten ge-vonden worden, zoo als in onderscheidene residentiën het geval is.
14. Gemiddelde opbrengst in pikols padi van 125 pond, zonder eenige aftrekking van snijloon, *djakat*, enz. en door onderscheidene proeven te konstateren, voor de rijst-velden in padi, en voor de tegal-velden in djagong, per bouw van 500 vierk. roeden :
 *a.* der sawa-velden met levend water.
 *b.* der velden, van den regen afhangende.
 *c.* der tegal-velden.
15. Totale opbrengst :
 *a.* der rijstvelden.
 *b.* der tegal-velden, onder no. 13 bedoeld.
16. Meerdere of mindere goede ligging der dessa's, aan de oevers der rivieren of aan groote wegen, hetwelk den afvoer der produkten gemak-kelijk maakt en de waarde derzelve, in vergelijking tot meer verwijderde streken, verhoogt.
17. Gemiddelde prijs der padi en djagong, in pikols van 125 pond, gedurende de vijf laatste jaren.
18. Gezamenlijk geldswaardig bedrag, naar gemelden marktprijs, der padi en djagong van al de velden onder no. 13 bedoeld.
19. Geschiktheid der gronden voor meer winstgevende produkten, be-

stemd zoo voor de Europeesche markt als Inlandsche markt, als tabak, suikerriet, indigo enz.

20. Produkten, die gewoonlijk ter afwisseling van padi en djagong geplant worden.

21. Hoeveelheid van ieder dier produkten, welke gewoonlijk een bouw afwerpt.

22. Soort van tweede gewassen, die gewoonlijk worden geplant.

23. Hoeveelheid en soort der produkten, die per bouw als tweede gewas worden verkregen.

24. Uitgestrektheid der gronden, die gemiddeld 's jaars met meer winstgevende produkten dan padi en djagong, of met tweede gewassen worden beplant.

25. Waarde, tegen een gemiddelden marktprijs, van die produkten.

26. Uitgestrektheid, kalkulatief, der meer of minder winstgevende bosch- en andere gronden, vischvijvers en nipa-bosschen, bij iedere dessa behoorende, en in welke gewoonlijk gevonden worden areng- en andere vruchtboomen, bamboes-bosschen, enz.

27. Bedrag der geldelijke voordeelen, welke 's jaars van die gronden, vischvijvers en nipa-bosschen worden verkregen, zoomede van de vrucht- en klapperboomen in de dessa's.

28. Bedrag der geldelijke inkomsten 's jaars van iedere dessa, gegrond op de vorenstaande opbrengsten van padi, djagong, meer winstgevende produkten, zoo voor de Europeesche als Inlandsche markt, tweede gewassen, bosch- en andere gronden, klapper- en andere vruchtboomen, vischvijvers, nipa-bosschen, enz.

29. Bedrag van den laatsten aanslag der landrenten.

30. De bestaande gebruiken en bepalingen:

    *a.* omtrent het bezit en de verdeeling der velden, dessa-gronden, vischvijvers, nipabosschen, enz.

    *b.* Ten aanzien van het regt op velden, enz. door eerste ontginning of koop verkregen, en op hoedanige wijze dat regt op anderen overgaat, of verloren wordt.

    *c.* Met betrekking tot de hoeveelheid produkt, die door de bevolking voor inoogsting, djakat enz. wordt afgegeven.

    *d.* Ten aanzien der voorwaarden waarop velden voor anderen worden bewerkt.

31. Teelt en produkten voor de markt in Europa, in welke de dessa's deelen, als:

    *a.* Koffij.

    *b.* Suiker.

    *c.* Indigo.

    *d.* Kaneel.

    *e.* Nopal.

    *f.* Thee.

    *g.* Tabak, enz.

III.

met vermelding der uitgestrektheid grond, dan wel het getal boomen, planten of heesters, door elke dessa onderhouden wordende.

Met last eindelijk aan den resident, om de bedoelde onderzoekingen te beginnen in een distrikt, alwaar hij woonachtig of tegenwoordig is, en om de assistent-residenten en kontroleurs daarbij, bij afwisseling, tegenwoordig en behulpzaam te doen zijn, ten einde zoodoende éénheid in den te verrigten arbeid te erlangen.

Wanneer door de residenten hunne bevindingen, ten gevolge der bovenbedoelde en wellligt nog meerdere onderzoekingen, zullen zijn geleverd, zullen de bouwstoffen verzameld zijn tot ontwerpen, van welker uitvoering men zich de schoonste vruchten mag voorstellen.

Ik heb mitsdien de eer, den Raad in overweging te geven: om tot dat einde dringenden last en aanbevelingen aan die ambtenaren te doen uitgaan.

Niet onwaarschijnlijk is het, dat eenige onder dezelve met regt bezwaren zullen vinden, in de ongenoegzaamheid van het ter hunner beschikking staande personeel. In dat geval zal er tijdelijk in moeten worden voorzien: maar zal men zich die uitgaven, met het oog op het heilzaam doel, ligt kunnen getroosten. Vooraf zijn daaromtrent geene berekeningen of bepalingen te maken; ik moet mij dus voorbehouden, om daarop naar mate het zal worden gevorderd, terug te komen.

Ten slotte moet ik nog opmerken, dat de generale direktie van financiën op dit onderwerp nog niet is gehoord, omdat dit mij onnoodig toeschijnt, zoolang het slechts aankomt op onderzoekingen, die, wanneer zij tot een ontwerp zullen leiden, aan haar zullen moeten worden onderworpen.

De gouverneur-generaal van Nederlandsch Indië.<br>
(was get.) P. MERKUS.

De raad van Indië bragt hierop een advies uit, van den 9en Mei 1844 lett. M 2. De gouverneur-generaal Merkus nam alstoen zijn bekend besluit van 20 Junij 1844 no. 5, hetwelk hier volgt.

### III. *Besluit van den gouverneur-generaal Merkus.*

No. 5. Buitenzorg, den 20 Junij 1844.

Gelezen eene nota van den direkteur der kultures, bij welke enz.

Gelet op den kabinets-brief van den 22en April jl. no. 85, bij welken enz.

Den raad van Indië gehoord (advies van den 9en! Mei jl. lett. M 2).

Overwegende:

Dat het, in het algemeen, meer en meer noodzakelijk wordt, om de inkomsten welke van Java worden verkregen, op een behoorlijken voet te regelen, zoodanig dat zij, bij eene zooveel mogelijk gelijke en matige drukking der ingezetenen, op vaste grondslagen kunnen worden opgevoerd tot de hoogte, welke 's lands behoeften vereischen, zonder de toeneming van algemeene of bijzondere welvaart te belemmeren of in den weg te staan.

Dat vooral in de heffing der grondbelasting, bekend onder den naam van landrenten, van hare invoering af aan, eene onzekerheid en verschil van toepassing hebben bestaan en nog bestaan, welke niet alleen hoogst schadelijke gevolgen kunnen hebben voor de bijzondere belangen der belastingschuldigen; maar ook een nadeeligen invloed oefenen op de cijfers der belasting; eene gestadige matige verhooging derzelve, in evenredigheid tot den toenemenden rijkdom, van wisselvallige omstandigheden afhankelijk laten, en eindelijk onoverkomelijke zwarigheden zouden doen ontmoeten.

Dat, ten einde een behoorlijk werkend stelsel van grondbelasting te kunnen invoeren of mogelijk maken, noodwendig vereischt wordt eene, zoo na mogelijk aan de waarheid grenzende, kennis van het vermogen dergenen die onder de belasting vallen, van het vermogen van den grond, van de waarde der belastbare voorwerpen, enz.

En eindelijk, dat de opnamen welke hiertoe zullen behooren te worden bewerkstelligd, ook zullen moeten leiden tot eene meer zekere kennis der beginselen, waarop het stelsel van kultures duurzaam zal kunnen gevestigd blijven, en met de regeling der binnenlandsche zaken kan worden voortgegaan, ten meesten voordeele van landbouw en nijverheid.

En voorts in aanmerking genomen zijnde, dat hoezeer de uitvoering der in dezen geest gevorderde nasporingen, met de weinige beschikbare en onvolkomen middelen, aan zwarigheden onderhevig is, die middelen echter voldoende moeten geacht worden om het oogmerk te bereiken, zoo van dezelve met beleid, ijver, en volharding wordt gebruik gemaakt.

Is goedgevonden en verstaan:

*Eerstelijk.* Te bepalen dat over geheel Java eene opname zal worden gedaan, overeenkomstig de aanwijzing, voorkomende op den aan dit besluit gehechten staat. (*)

*Ten tweede.* Den bovengemelden staat, ter invulling, te doen zenden aan de residenten en op zich zelven staande assistent-residenten op Java, bij de navolgende cirkulaire. (Volgt hierachter).

*Ten derde.* Te bepalen, dat de bedoelde staat en cirkulaire, tot een voldoend getal, zullen worden gedrukt en gezonden aan den direkteur der kultures, ten einde door denzelven te worden gerigt aan de plaatselijke autoriteiten, en met last, om voorts al datgene te verrigten, wat tot uitvoering van dit besluit vereischt zal worden.

Afschrift, enz.

Akkordeert, enz.
De algemeene sekretaris.
(was get.) C. VISSCHER.

_____

(*) Het is onnoodig dat wij dien staat medcdeelen. Wij kunnen volstaan met op te geven, dat hij, in tal van kolommen, alle die punten van onderzoek bevat, welke aan het slot der kabinets-missive van den gouverneur-generaal aan den raad van Indië, dd. 22 April 1844 no. 85, (zie hiervoren pag. 207,) reeds zijn omschreven.

IV. *Cirkulaire van den gouverneur-generaal Merkus, aan de gewestelijke besturen op Java.* (*)

(*Bedoeld bij art. 2 van vorenvermeld besluit, dd.* 20 *Junij* 1,844 *no.* 5.)

No. 126.                                      Buitenzorg, den 20en Junij 1844.

Het stelsel van landrente, waaronder ook behoort de belasting op de vischvijvers en tuinen, moet beschouwd worden als zeer onregelmatig te werken, hetgeen niet minder kan worden toegeschreven aan de beginselen, waarop het stelsel zelf berust, dan aan de wijze, volgens welke de heffing der landrenten tot dusverre is geregeld.

Wat het gebrekkige in het stelsel zelf betreft, dit wordt hoofdzakelijk gevonden in de bepaling, dat voor de regeling der belasting, en ontwijfelbaar tot bezwaar van het een, in vergelijking van het ander gedeelte der bevolking, slechts een, eerste gewas en de twee hoofdprodukten, als padi en djagong tot grondslag mogen worden genomen; terwijl de verhouding der heffing, namelijk van $\frac{1}{2}$, $\frac{2}{5}$ of $\frac{1}{3}$ der produktie, tot de inkomsten, zoodanig is, dat de belasting naar alle waarschijnlijkheid niet zou kunnen worden opgebragt, wanneer dezelve van de wezenlijke produktie, naar eenen behoorlijken marktprijs, tot geld herleid, werd gegeven.

Eene gemiddelde heffing van $\frac{2}{5}$ gedeelten van het hoofdprodukt is door velen steeds als te overdreven beschouwd, om er de hand aan te kunnen houden, en het is de overtuiging alleen geweest, dat de betaling van zulk eene belasting ontdoken wordt, door eenen te lagen marktprijs ter waardering van het produkt, door eene gering opgegeven opbrengst der velden, en door eene bedriegelijke berekening der uitgestrektheid van diezelfde velden, die de heffing als bestaanbaar en niet te drukkend heeft doen beschouwen en mogelijk heeft gemaakt.

Eenige partiële opnamen, waaronder die van drie distrikten in de residentie Cheribon, hebben doen zien, dat een vijfde van het wezenlijk produkt, meer waarde had dan vroeger het bedrag der belasting, gerekend op twee vijfden der waarde, naar den aangenomen prijs bij den aanslag van hetzelve, en men mag het er dus voor houden, dat de heffing der landrenten veelal op zulke losse en bedriegelijke gronden en opgaven geschiedt, — dat zij zoodanig ongelijk werkt, en zoo ver beneden eene billijke hoogte blijft, dat niet alleen 's lands belang, maar ook dat der ingezetenen, die onder eene verkeerde regeling gedrukt gaan, vorderen, dat eene herziening plaats hebbe.

Het gebrekkige van de heffing der landrente moet voornamelijk worden

(*) Deze cirkulaire komt ook voor in Tollens, Verzameling van wetten, besluiten, enz. in 1856 uitgegeven te Batavia, bij Lange en Co., 2e deel, pag. 125 De heer Tollens schijnt echter geen naauwkeurig afschrift te hebben geraadpleegd, zoo als uit een vergelijk met het hier, uit officiële bron medegedeelde stuk, kan blijken.

gezocht in de voortdurende onbekendheid, zoo ten aanzien der uitgestrektheid, als van het produktief vermogen der velden, en hieruit vloeit dan
ook voort, dat de zoogenaamde aanslag der landrenten in de onderscheidene residentiën op zeer verschillende wijze wordt bewerkstelligd.

Op eenige plaatsen immers wordt, behalve van de rijstvelden, ook tuinhuur of van de inkomsten der dessa's belasting geheven.

Op andere plaatsen neemt men bij den aanslag in aanmerking, of ook
meer winstgevende produkten dan rijst zijn geplant.

Hier wordt als het ware geene uitgestrektheid van grond of hoegrootheid van produktie in aanmerking genomen, en is dus de aanslag eene
eenvoudige overeenkomst, met de dessabesturen gesloten.

Daar heft men eene bepaalde som per bouw.

Op sommige plaatsen regelt men, overeenkomstig de bestaande voorschriften, de belasting eenlijk naar een rijstgewas, bij taxatie van het te
veld staande produkt, en neemt alsdan $^1/_2$, $^2/_5$ of $^1/_3$ der waarde van hetzelve, berekend naar eenen matigen marktprijs.

Op andere plaatsen weder, wordt het produkt tijdens den oogst gekonstateerd, en men heft alsdan de helft der waarde van hetzelve als belasting.

Hier eindelijk, wordt bij de taxatie van het te veld staande produkt,
$^1/_5$ voor snijloon afgetrokken.

Daar wederom niet.

En uit dit alles volgt, dat in de heffing eener belasting, die in billijkheid algemeen op dezelfde wijze en naar dezelfde beginselen behoorde plaats
te hebben, de grootste ongelijkheid heerscht; — dat de maatstaf daarvan
slechts in naam bestaat, en dat meer dan waarschijnlijk 's gouvernements
belangen, onder zulke gebrekkige regelingen, even zeer lijden, als die van
vele evenredig te hoog belaste streken.

Op zoodanige wijze nu, en in den blinde als het ware rondtastende,
kan op den duur niet worden voortgegaan; — de staat van onzekerheid
in welken men thans verkeert, moet eenmaal ophouden, en daartoe moeten
vele en naauwkeurige plaatselijke opnamen worden gedaan; want zonder
kennis van het belastbaar vermogen der landrente-schuldigen, kan men het
doel, namelijk uitschrijving van eene, zooveel mogelijk, gelijk drukkende
belasting nimmer bereiken.

Niet alleen zijn zoodanige onderzoekingen onontbeerlijk tot verbeterde
heffing van de landelijke inkomsten, maar ook ter verkrijging der kennis,
die vereischt wordt, om te kunnen beoordeelen, of aan de verschillende
zoogenaamde gouvernements kultures, die zoo weldadig strekken tot rijkdom van den inlander en tot voedsel voor handel en scheepvaart van het
moederland, al of niet meerdere uitbreiding kan worden gegeven.

Ook wat deze betreft, kan men veilig stellen, dat niet zelden zonder
voldoende kennis is te werk gegaan; zoodat de teelt van voortbrengselen
voor de markt in Nederland op vele plaatsen welligt nog aanzienlijk uitgebreid zal kunnen worden; terwijl dezelve reeds op andere te hoog is
opgevoerd, dan wel op ongeschikte gronden is ondernomen.

Zonder juiste opgaven van de uitgestrektheid der gronden en derzelver produktief vermogen, en zonder de beschikbare handen en verdere middelen te kennen, is eene regeling van belasting en werk ondoenlijk; — door het afgaan op informatiën van gansch niet belanglooze inlandsche hoofden en ambtenaren, en deze tot grond te nemen van regelingen, wordt steeds een gedeelte der bevolking ten behoeve van een ander gedrukt; want eenlijk komt het alsdan neder op de meerdere of mindere behendigheid der hoofden, om hunne belangen voor te staan, en op het meerder of minder voordeel, hetwelk de inlandsche ambtenaren er steeds in hebben, om den een boven den ander te begunstigen.

Het gouvernement heeft dus besloten de opnamen te doen bewerkstelligen, op den nevensgaanden staat vermeld. — De aard derzelve is bij dien staat zoo volledig mogelijk omschreven; mogten echter nadere inlichtingen benoodigd zijn, dan kunnen deze bij de direktie der kultures worden verkregen.

Is dien ten gevolge eenmaal het produktief vermogen van Java bekend, en de bevolking naar behooren gekonstateerd, en zijn de overige middelen mede volledig onderzocht en aangewezen, dan zal met grond kunnen worden beoordeeld:

1º. Welke verhouding van de heffing der landrenten tot de inkomsten moet worden aangenomen;

2º. Tot welke hoogte de gouvernements kultures kunnen worden opgevoerd;

3º. Voor welke stijging 's lands indirekte inkomsten alsnog vatbaar zijn; en

4º. Van welke lasten, die thans wellgt zwaar op den handel en algemeene nijverheid drukken, de Javasche bevolking zal kunnen worden ontheven.

UWEdGestr. mitsdien uitnoodigende tot het bewerkstelligen der opnamen en onderzoekingen, op den hiervoren bedoelden staat omschreven, zoo voeg ik hierbij de aanbeveling, om van den eenen kant met de omzigtigheid welke eene zoo teedere zaak vordert, maar van den anderen kant met de naauwkeurigheid te handelen, die leiden moet tot het verkrijgen van opgaven, der waarheid zooveel mogelijk nabijkomende; van zelf spreekt het echter, dat in deze met geene overhaasting zal moeten worden te werk gegaan.

Het is niet onwaarschijnlijk, dat niet alle ondergeschikte ambtenaren de geschiktheid zullen bezitten, om de voorgeschreven onderzoekingen alleen en zonder onderrigt te verrigten. Ten einde dezelve daartoe te bekwamen, geef ik UWEdGestr. in overweging, om het voorgeschreven werk aan te vangen in het distrikt, alwaar UWEdGestr. aanwezig is, en de verschillende subalterne ambtenaren successief op te roepen, om daarbij tegenwoordig en behulpzaam te zijn; ten einde hen zoo doende te oefenen en eenheid in den te verrigten arbeid te erlangen.

Het spreekt wijders mede nog als van zelf, dat ter erlanging van een goed resultaat, de metingen en opnamen niet kunnen worden opgedragen en toevertrouwd aan de inlandsche ambtenaren, ieder voor zoo veel hun ressort aangaat; want deze zijn niet onzijdig en zijn ook, ter uitvoering van die taak, met te veel andere werkzaamheden belast; mogt derhalve de tijdelijke indienststelling van gekommitteerden of inlandsche landmeters, benevens de toevoeging, bij gebrek aan geschikte kontroleurs, van een minder Europeesch ambtenaar, om de metingen te surveilleren en te kontroleren., benoodigd zijn, zal door UWEdGestr. daartoe aanvrage aan den direkteur der kultures gedaan worden.

Naarmate de registers van ieder distrikt gereed zijn, zullen zij met de noodige toelichtingen door UWEdGestr. aan gemelde direktie moeten worden gezonden; zijnde dezelve met de verdere uitvoering van de bij deze bedoelde opnamen belast.

De gouverneur-generaal van Nederlandsch Indië.

(was get.)    P. Merkus.

Bij het spoedig daarop gevolgde besluit van 29 Junij 1844, no. 8, werd overwogen :

"Dat het wenschelijk en noodzakelijk is, om bij de aanstaande opnamen en metingen, ter regeling der landrenten en kultures, bevolen bij besluit van den 20en dezer no. 5, ambtenaren te bekomen, bekend met de landmeetkunde en derzelver toepassing, en dat het mitsdien van groot belang mag worden geacht, om de thans bij het vak der landelijke inkomsten en kultures in dienst zijnde kontroleurs en surnumerairen aan te sporen, om zich die kennis zoo spoedig mogelijk eigen te maken."

En uit dien hoofde bepaald :

"Dat gedurende een tijdvak van zes maanden, gerekend van de dagteekening dezes, bij het vak der landelijke inkomsten en kultures, geen bevorderingen van de eene tot de andere klasse van kontroleurs, noch van surnumerairen tot kontroleurs, noch ook nieuwe benoemingen van surnumerairen, zullen plaats hebben; doch dat, na verloop van dat tijdperk, aan de bij gemeld vak geplaatste ambtenaren, alsmede aan hen die wenschen daarbij te worden opgenomen, de gelegenheid zal worden aangeboden, om een examen in de landmeetkunde af te leggen : en dat zij, die alsdan zullen bevonden worden daarin het meest gevorderd te zijn, bij voorkeur en zonder te letten op ancienniteit, in aanmerking zullen worden gebragt voor bevordering en plaatsing."

Dit besluit werd in de Javasche courant opgenomen. (*)

---

(*) Ten vervolge op dit besluit, werden, krachtens nader besluit van 30 October 1844 no. 4, van eene door den ingenieur Krajenbrink ontworpene *Handleiding tot het landmeten*, zoomede van een *Programma voor het examen*, 300 exemplaren gedrukt, en voorts bepaald, dat de ingenieurs van den waterstaat en 's lands gebouwen te Batavia, Samarang en Soerabaya, de examens van de zich daarvoor aanmeldende ambtenaren zouden afnemen. Art. 3 van het hier vermelde besluit, betrekking hebbende op degenen die bij het kader der landelijke inkomsten en kultures wenschten in dienst te treden, werd opgenomen in de Javasche Courant en, onder no. 35, in het Staatsblad van 1844.

Den 2<sup>en</sup> Augustus 1844, en dus naauwelijks zes weken na de uitvaardiging van het besluit, dd. 20 Junij te voren no. 5 en de daarbij behoorende cirkulaire, stierf de gouverneur-generaal Merkus.

Het gevolg dat aan de hier behandelde zaak gegeven werd, zullen wij kortelijk mededeelen.

De direkteur der kultures verzocht, bij missive van 16 September 1844 no. 3219/15, om bij de onder bewerking zijnde begrooting voor 1845, onder het hoofd: *Kosten op de landelijke inkomsten*, te mogen uittrekken, eene som van *f* 50,000.— welke in 1845 kalkulatief noodig werd geacht, ter bestrijding der kosten van de opnamen en opmetingen, bevolen bij het medegedeelde besluit en de kabinets-cirkulaire van 20 Junij 1844.

De direkteur-generaal van financiën, daarop gehoord, gaf bij missive van 25 September 1844 no. 10 te kennen, dat het hoofd der begrooting: *Kosten op de landelijke inkomsten*, onder de zoogenaamde territoriale inkomsten sorterende, daarvoor, ingevolge de financiëele bepalingen, geen meerdere fondsen mogten worden uitgetrokken, dan het cijfer der begrooting van 1843, hetwelk in stede van dat van 1834 verbindend was verklaard, vermeerderd met de sedert door het opperbestuur in Nederland toegestane uitgaven, en verminderd met alle organieke bezuinigingen.

Dientengevolge werd, bij besluit van 22 October 1844 no. 4, aan den direkteur der kultures te kennen gegeven, dat in zijn boven omschreven voorstel werd gediffikulteerd, onder mededeeling: »dat het gouvernement zich, totdat de bedoelingen van het opperbestuur in deze bekend zullen zijn, wenscht te bepalen, tot het toestaan van eenige kleine kredieten, voor gemeld einde, uit de fondsen, welke gewoonlijk bij de begrooting der kultures worden uitgetrokken."

Onder dezelfde dagteekening van 22 October 1844, en no. 596/4, schreef de vice-president van den raad, wd. gouverneur-generaal, over deze aangelegenheid aan den minister, onder aanbieding van alle hiervoren medegedeelde stukken, als:

*a.* Nota van den direkteur der kultures, zonder datum, aangeboden »bij de indiening van een verslag over de door hem, in het gevolg van den overleden landvoogd, gedane inspektie-reis over Java."

*b.* De kabinetsbrief van den gouverneur-generaal, dd. 22 April 1844 no. 85.

*c.* Het besluit van 20 Junij 1844 no. 5.

*d.* De kabinets-cirkulaire van denzelfden dag no. 126.

De wd. gouverneur-generaal schrijft, na de behandeling dier stukken, het volgende:

»Uit het slot der gemelde cirkulaire, (de kabinets-cirkulaire van 20 Junij 1844 no. 126), zal Uwe Excellentie ontwaren, dat de betrokken autoriteiten zijn aangeschreven, om, wanneer daartoe noodzakelijkheid bestaat, de noodige voorstellen te doen, tot tijdelijke indienststelling van gekommitteerden of inlandsche landmeters, benevens de toevoeging, bij gebrek aan geschikte kontroleurs, van een minder Europeesch ambtenaar, om de gevorderde opnamen en opmetingen gade te slaan en na te gaan.

»De direkteur der kultures heeft zich voorgesteld, om nader te dier zake eene algemeene voordragt te doen, en intusschen magtiging verzocht, om de kalkulatief voor de te doene opnamen, onz. in het aanstaande jaar benoodigde som, geschat op ƒ 50,000.— bij de begrooting van 1845 uit te trekken, onder het hoofd: *Kosten op de landelijke inkomsten.*

»Ik heb mij echter, in verband tot de bestaande financiëele bepalingen, bezwaard geacht, daartoe over te gaan, te meer, omdat mij bekend is, dat Uwe Excellentie zich verklaard heeft tegen eene heffing der landrenten, volgens nametingen en andere maatregelen, waardoor die belasting, waarvan het stelsel door de Indische regering niet eigenmagtig mag worden losgelaten, zou worden eene direkte belasting, welke op den volksgeest den schadelijken invloed zou uitoefenen, aan alle direkte belastingen eigen, terwijl, door eene vervanging van het tegenwoordig stelsel van admodiatie door een ander, berustende op het werkelijk vermogen der belastbare ingezetenen en voorwerpen, welligt zou worden weggenomen het eenige korrektief, waardoor het stelsel van kultures dragelijk is gebleven.

»In dezen stand van zaken is het mij raadzaam voorgekomen, vooreerst in het voorstel van den direkteur der kultures, tot het uittrekken der gevorderde ƒ 50,000.— bij de begrooting van 1845, niet te treden, en hem te kennen te geven: dat het gouvernement zich wenscht te bepalen, om voor de bevolene opnamen en opmetingen, eenige kleine kredieten toe te staan uit de fondsen, welke gewoonlijk bij de begrooting der kultures worden opgebragt, totdat het met de bedoelingen van het opperbestuur in deze bekend zal zijn.

»Ik neem de vrijheid, Uwer Excellentie in overweging te geven, het Indisch bestuur daaromtrent, voor 1846 van bevelen te voorzien; onder opmerking, dat de opnamen en onderzoekingen waarvan hier de rede is, der regering, om de in de stukken ;vermelde motieven, zeer noodzakelijk en gewigtig voorkomen, in het belang der landrente niet alleen, maar voor het stelsel van kultures en alle de deelen der binnenlandsche huishouding op Java in het algemeen, zonder thans stil te staan bij de maatregelen, waartoe de te verkrijgen kennis, welke door het besluit van den 20en Junij jl. no. 5 wordt beöogd, eventueel aanleiding zou moeten geven."

Naar aanleiding der van de regering ontvangen kennisgeving, merkte de direkteur der kultures, bij missive van 26 November 1844 no. 4038/15, op: »dat uit de (daarbij bedoelde) kleine kredieten, slechts de kosten voor partiëele en zeer kleine opnamen en metingen zouden kunnen worden gevonden; dat de resultaten, zoodoende te verkrijgen, weinig of geen nut kunnen stichten, de kosten doelloos verspild, en het aantal tot niets leidende reeds bestaande staten en opgaven slechts nutteloos zouden vermeerderd worden." Hij berigtte verder dat, in plaats van de aanvankelijk als geheel kalkulatief opgegeven som van ƒ 50,000.—, nu door de van de residenten ontvangen opgaven, gebleken was noodig te zijn ƒ 8284.— per maand, gedurende twee jaren, dus te zamen ƒ 198,816.—, of, met inbegrip der kosten voor materiëel, eene som van *f* 200,000.—, welke uitgaaf, zijns inziens, zeer gering moest worden geacht, in vergelijking van het nut, dat door het voorgestelde werk kon gesticht worden. »Zonder eene behoorlijke uitvoering der bevolen opnamen, (schreef hij verder:) is en blijft het ten eenenmale onmogelijk, om de krachten der bevolking en haar belastbaar vermogen te leeren kennen, en wordt mitsdien een grondslag gemist, om de landrenten en kultures naar behooren te regelen, alsmede om te weten tot welke hoogte de pachten en overige indirekte middelen kunnen worden opgevoerd." Hij toonde verder aan: hoe de resultaten, door den ondernemer van den rijstpelmolen in de residentie Cheribon, bij de erlanging van een vijfde gedeelte van het padigewas verkregen, genoegzaam hadden doen zien voor welke verhooging de landrenten vatbaar waren: zoo ook dat de mogelijkheid om de bevolen opnamen te doen, voldoende was gebleken door den uitslag, welke van opnamen in Madioen en Kediri reeds was verkregen.

Overeenkomstig het voorstel van den direkteur werd, bij besluit van 18 December 1844 no. 21.

1°. Het toestaan van de aangevraagde som van *f* 200.000.— aan de beslissing van den minister onderworpen, bij missive van den wd. gouverneur-generaal van denzelfden dag, no. 727/21, onder aanteekening daarbij, dat de wd. gouverneur-generaal zich niet zoo gaaf kon vereenigen met des direkteurs ongunstig gevoelen omtrent partiëele opnamen.

2°. De betrokken plaatselijke autoriteiten op Java aangeschreven: om, in afwachting dat door de, bij kabinets-cirkulaire dd. 20 Junij jl. no. 126 bevolene opnamen, fondsen worden beschikbaar gesteld, met de te hunner beschikking staande middelen, die opnamen voor te bereiden en aan te vangen, en om van hunne verrigtingen deswege, elke drie maanden, rapport te doen aan den direkteur der kultures.

Laatstvermelde aanschrijving had de direkteur noodig geoordeeld, ter voorkoming dat de plaatselijke autoriteiten, voor het doen der opnamen geene gelden erlangende, in weerwil dat zij specifieke aanvragen daarvoor aan den direkteur hadden ingediend, in de meening mogten geraken, dat die opnamen nader door het gouvernement onnoodig werden geoordeeld, of althans voor onbepaalden tijd verschoven waren.

Toen in Mei 1846, ten aanzien van deze gewigtige aangelegenheid, nog geen antwoord van den minister ontvangen was, kwam de gouverneur-generaal Rochussen, bij zijne kabinetsmissive van den 16en dier maand, no. 131b, lett. S 1ª, op de zaak terug. Na aan de missives van 22 October en 18 December 1844 no. 596/4 en 727/21, te hebben herinnerd, schreef hij het volgende:

»Het is inderdaad wenschelijk, om deze onderzoekingen te doen voortzetten, omdat het noodig mag worden geacht, dat de regering, zoo naauwkeurig mogelijk, immers meer dan thans, bekend zij met het vermogen van land en volk, ten einde te kunnen waken, tegen eene overmatige uitbreiding der kultuur van produkten voor de Europeesche markt, zoowel als tegen te ongelijke en bezwarende vorderingen van lasten en diensten van de inlandsche bevolking.

»Tot *dit doel* echter geloof ik, dat men zich voorloopig uitsluitend zal moeten bepalen; zoodat de onderzoekingen geenszins zullen moeten strekken, om een eigenlijk gezegd kadaster te maken, en daarop den aanslag der landrenten te gronden.

»Deze belasting zal, uit den aard der inlandsche huishouding, en in verband met het aangenomen, totdusver met zulke goede gevolgen bekroonde, stelsel van binnenlandsch bestuur, bij voortduring bij admodiatie moeten worden ingevorderd.

»Evenwel is het, ook bij het behoud dier admodiatie, noodig te weten, hoever dezelve gaat, opdat aan den eenen kant, door het gouvernement niet veel meer worde opgeofferd dan noodig is, en aan den anderen kant, de mogelijkheid worde weggenomen, dat de aanslag hooger worde opgevoerd, dan met de belangen der bevolking bestaanbaar is, gelijk hier en daar is gebleken het geval te zijn geweest.

»Totdusver wordt hieromtrent veelal gehandeld, zonder genoegzame zekerheid; ook met betrekking tot de kultures en de verpligte diensten, is die meerdere zekerheid onmisbaar, zal men de bewustheid hebben, van niet te ver te gaan.

»Opnamen en onderzoekingen, welke ten deze meer licht kunnen geven, komen mij voor aanbeveling te verdienen, wanneer zij met voorzigtigheid en inachtneming van de gewoonten, belangen en zelfs, in zekere mate, vooroordeelen des volks en van deszelfs hoofden, worden ten uitvoer gebragt.

»Het is dus mijn wensch, om dezelve te doen voortzetten : weshalve ik de vrijheid neem Uwer Excellentie te verzoeken, om mij daartoe in staat te stellen, door eene beslissing op de in den hoofde dezes aangehaalde brieven."

De minister antwoordde nu eindelijk, bij geheime missive van 21 October 1846 no. 348 S¹., letter A. Hij erkende daarbij, dat er tusschen de denkbeelden van den gouverneur-generaal Rochussen, en die welke vroeger min of meer op den voorgrond hadden gestaan, een wezenlijk verschil was. Hij vervolgt dan aldus :

»Vroeger ging men ook wel uit van de wenschelijkheid, om te komen tot eene meer gelijkmatige verdeeling der landrenten ; maar daarbij straalde tevens de verwachting, van eene aanzienlijke verhooging der landrenten, zoo duidelijk door, dat de gevolgtrekking niet vreemd was, dat verhooging het ware, hoezeer bedekte doel der voorstellers was (\*). Dat doel werd

---

(\*) Het doel was: *verbetering in den gebrekkigen toestand ;* maar aangezien, onder de sanktie van het opperbestuur, geen verbetering bereikbaar was, welke tot meer uitgaven leiden zou; zoo moest, bij de voordragt van elke, onder die omstandigheden mogelijke verbetering, op den voorgrond staan het betoog : dat de financiëele resultaten NIET ONGUNSTIG zouden zijn.

zelfs openlijk op den voorgrond gezet, toen in 1839 en 1840, onderzoekingen van den nu voorgestelden aard, in de residentie Cheribon zouden bewerkstelligd worden. (*) Geen wonder derhalve, dat ik mij destijds zoo sterk daartegen heb verklaard, vooral bij de omstandigheid, dat men daartoe had gekozen eene residentie (Cheribon), waar nog zoo vele zaden van onrust bij voortduring waren blijven bestaan, en dat het onderzoek zou geschieden onder de leiding van iemand, die, gelijk de resident....., met opzigt tot het dorpsbestuur, denkbeelden had ontwikkeld, welker verwezenlijking hoogst gevaarlijk voor de rust en voor de vastheid van ons bestuur hadden kunnen worden (†).

„In het aangehaalde besluit van den gouverneur-generaal, van 20 Junij 1844 no. 5, wordt met zoovele woorden gewezen op de bestaande noodzakelijkheid, om de inkomsten der koloniale kas hooger op te voeren; terwijl de brief van den direkteur der kultures, van den 26en November 1844, als het ware op elke bladzijde, gewaagt van de mogelijkheid en wenschelijkheid van het opdrijven der belastingen.

„Ofschoon toegevende, dat de overeenkomsten, die omtrent de landrenten met de hoofden en oudsten der dessa's worden gesloten, behoorden te steunen op eene volledige kennis van de uitgestrektheid en de waarde der velden, achtte ik echter een aanslag der landrenten, op naauwkeurige metingen steunende, onbestaanbaar met art. 62 van het regerings-reglement (van 1836); terwijl eene heffing van landrenten, zoo als zij in theorie zou geregeld zijn, mij uiterst drukkend toescheen. Ik verwees toen, en verwijs Uwe Excellentie nu nog, tot hetgeen op het stuk der landrenten te vinden is, in no. 22 van het Indisch Staatsblad van 1834, van af pag. 54 en volgende der Bataviasche uitgave.

„In de, bij den Indischen brief van 22 October 1844, medegedeelde kabinetsmissive van wijlen den gouverneur-generaal Merkus aan den raad van Indië, dd. 22 April te voren no. 85, wordt op de zaak uit beide oogpunten, namelijk : van *peræquatie* en van *vermeerderde opbrengst*, aangedrongen, en dit laatste aangetoond als een noodwendig gevolg van het eerste, zonder dat dit eenig bezwaar voor de bevolking zou opleveren ; even alsof het voor de massa der belastingschuldigen hetzelfde zou kunnen zijn, of zij, gelijk tegenwoordig, *tien millioen* betaalt, dan wel *vijftien millioen*, waarop men bij eene matige raming meende te kunnen rekenen.

„Het is er ver af, dat ik zou willen beweren, dat de landrenten gelijkmatig geheven worden; dat niet het eene distrikt, boven het andere, onevenredig belast zou zijn, en dat geene ontduikingen plaats hebben. Maar, is het doel om aan die onregelmatigheden een einde te maken, zóó overwegend, dat men, tot bereiking van hetzelve, zich moet wagen aan de ontevredenheid, die onmisbaar zou ontstaan bij het gedeelte der bevolking, dat zwaarder zou belast worden? Zal die ontevredenheid worden opgewo-

---

(*) Zie hiervoren, pag. 167 en 168.
(†) Zie hiervoren, pag. 92 en 93.

gen door het welgevallen van het andere gedeelte, dat men voorgeeft te willen ontheffen? Heeft men niet het tegendeel ondervonden bij de invoering van het kadaster in Nederland, en kunnen er in redelijkheid andere gevolgen in Indië van verwacht worden? Is het niet zeer mogelijk, dat de slotsom van het onderzoek zal zijn, dat nergens *ontlasting* gevorderd wordt, maar dat op vele plaatsen *verhooging* binnen de grenzen der billijkheid ligt?

„Doch Uwe Excellentie zegt het met zoovele woorden, dat dit het resultaat niet is, waarnaar, volgens Uwer Excellenties meening, moet worden gestreefd, en dat de landrenten bij voortduring, door middel van admodiatie zullen geheven moeten worden; maar dat men zich slechts de noodige kennis van land en volk dient te verschaffen, ten einde daardoor verzekerd te worden, dat, zoo aan den eenen kant, de geldelijke belangen van het gouvernement niet meer worden opgeofferd dan noodig is; aan den anderen kant, van de bevolking geen meer diensten en lasten zullen worden gevorderd, dan met alle billijkheid geschieden kan.

„In zoo ver kan ik mij met Uwer Excellenties denkbeelden vereenigen: zij strooken geheel met de mijne. De weder voorbrenging mijner vroegere beschouwingen en bedenkingen, strekt dan ook alleen, om Uwer Excellentie de overtuiging te geven, dat ik mij altijd ten sterkste verklaard heb en blijf verklaren, tegen eene nieuwe regeling der landrenten *met fiskale bedoelingen.*

„De omstandigheid, dat de landrenten van jaar tot jaar stijgende zijn geweest, is in de vroegere stukken bijgebragt, tot betoog van de wenschelijkheid eener betere regeling, die zou doen zien dat, wanneer men nog veel minder van de bevolking heft, dan thans gezegd wordt te geschieden, de opbrengsten echter veel aanzienlijker zouden zijn. Ik zou liever tot eene andere slotsom zijn gekomen, en gevraagd hebben: of het niet raadzamer is, om, op het feit van een gedurig accres der landrenten afgaande, en op de daarvan verkregen ondervinding steunende, eene verdere verhooging af te wachten van den tijd, van de toenemende bevolking, en van de steeds voortgaande ontginningen? — terwijl het opheffen van bezwaren en ongelijkmatigheden, van zelf en zonder eenig algemeen en bepaald onderzoek, volgen zal, naarmate de kennis van taal en volk meer algemeen zal zijn geworden onder onze ambtenaren.

„Deze uitstellende handelwijze prijst zich ook dáárdoor aan, dat men als het ware ongemerkt de kennis zal bekomen, die het doel des onderzoeks is: en dat men daardoor zal vermijden, om wantrouwen op te wekken en de vrees te doen ontstaan, dat het algemeen bevolen onderzoek, hoe ook bemanteld, leiden zal, om nog meer lasten te doen opleggen, dan thans reeds worden gedragen. Een blik in het verledene zou althans weinig geschikt zijn, om de Javanen uit dit oogpunt gerust te stellen.

„Maar al deelde ik geheel in de overtuiging der wenschelijkheid van een algemeen onderzoek: de uitvoering zou mij schier onmogelijk, immers hoogst bezwaarlijk schijnen. Men zou daartoe, een korps van landmeters

gekommitteerden en schrijvers scheppen, waarmede men, om niet eens te
spreken van de vrij aanzienlijke geldsommen daarvoor vereischt, bij het
einde hunner werkzaamheden verlegen zou zijn. — Men wil voor de opnamen en metingen grootendeels inlanders gebruiken; waaromtrent valt
aan te merken, dat zij, wegens hunne gebrekkige kundigheden en uithoofde van hunne betrekkingen tot de belastingschuldigen, weinig waarborgen zullen opleveren; gelijk de ondervinding reeds bewezen heeft in
ettelijke residentiën, waar men tot hermetingen heeft moeten overgaan.
Te dezen opzigte behoef ik Uwe Excellentie slechts te verwijzen tot het
Indisch besluit van 8 December 1840 no. 10, (*) en het daaromtrent
door mij opgemerkte, bij partikulier schrijven aan wijlen den gouverneur-generaal Merkus, dd. 21 Januarij 1842 no. 12. .

"In verband tot al het voorafgegane, heb ik gemeend Uwer Excell-
lentie te moeten in bedenking geven, om van een algemeen en geruchtma-
kend onderzoek af te zien; — om zelfs het denkbeeld van partiëele nasporingen, slechts met behoedzaamheid toe te passen, en om het verkrijgen van eene juistere kennis van al datgene, wat in aanmerking komen
kan tot eene billijke en gelijkmatige regeling van landrenten, kultures en
heerendiensten, af te wachten van het, zoo ik hoop niet verwijderde tijdstip, wanneer elk ambtenaar, bij het inwendig bestuur geplaatst, de
Javaansche taal met gemak zal spreken, lezen en schrijven, en wanneer
hij die kennis zal bezigen, om de duisterheid te doen verminderen, waarin
nog al datgene gehuld is, dat onder den naam van *adat* is begrepen.

"Ten slotte kan ik de aanmerking niet terughouden, dat, wanneer met
naauwgezetheid had kunnen voldaan worden, aan den inhoud der resolutie
van den gouverneur-generaal in rade, van 23 Februarij 1836 no. 1 (Indisch Staatsblad no. 15), (†) men nu reeds eene verzameling van data
zou bezitten, die, hoezeer regtstreeks alleen betrekking hebbende tot de
heerendiensten, echter zijdelings veel licht zou hebben verspreid op het
thans behandelde onderwerp."

Naar aanleiding van deze beschouwingen des ministers, werd in Indië
geen verder gevolg gegeven aan de, in dit hoofdstuk medegedeelde, door
den gouverneur-generaal Merkus gegeven voorschriften.

---

(*) Zie hiervoren, pag. 168.
(†) Zie tweede deel, pag. 764, en hiervoren pag. 89 en 112.

# NASCHRIFT.

Tot hiertoe waren wij met onzen arbeid gevorderd, toen de minister van koloniën J. D. Fransen van de Putte, zijn aan de Staten-Generaal ingediend wets-ontwerp: tot vaststelling der grondslagen, waarop ondernemingen van landbouw en nijverheid in Nederlandsch Indië kunnen worden gevestigd, introk, en dientengevolge aan Zijne Majesteit den Koning zijn ontslag verzocht als minister van koloniën.

De minister Fransen van de Putte en de verzamelaar dezer Bijdragen, vermeenden dat het alsnu pligtmatig was, de verdere bewerking en openbaarmaking van die Bijdragen, waaraan beider naam op den titel verbonden was, te staken.

Wij leggen dus de pen neder.

Wij doen dat, te gelijk met de opzending aan de uitgevers der Bijdragen, van de na te melden, reeds geheel voor de pers gereed liggende stukken, die nu als Bijlagen hierachter volgen.

Die stukken zijn:

BIJLAGE A. Twee Nota's, door den assistent-resident met verlof, J. J. Hasselman, in 1846, aan den minister van koloniën J. C. Baud ingediend; de eene getiteld: *Nota omtrent de kwijting der landrenten in arbeid*, en de andere: *Nota omtrent de kwijting der landrenten in geld*.

BIJLAGE B. Eene Memorie, door den assistent-resident met verlof, R. van Noord Borski, in October 1847, aan denzelfden minister ingediend, getiteld: *Het stelsel der landelijke inkomsten, beschouwd in deszelfs werking en toepassing*.

BIJLAGE C. Eene *Nota, ten doel hebbende de herziening van het landelijk stelsel, en de duurzame regeling van de belasting Ongebouwde eigendommen*, door den inspekteur der kultures in de 2e. afdeeling H. A. van der Poel, in 1850 ingediend aan den gouverneur-generaal Rochussen, en in

Januarij 1857, door den schrijver, tijdens hij met verlof was in Nederland, aangeboden aan den minister van koloniën.

BIJLAGE D. Een aan den gouverneur-generaal Duijmaer van Twist ingediend rapport, over de werking van het landelijk stelsel, uitgebragt door de tot dat einde in kommissie gestelde hoofdambtenaren Mr. J. F. W. van Nes, S. D. Schiff en H. A. van der Poel, en door den in de tweede plaats genoemden direkteur der kultures S. D. Schiff, aangeboden op den 20en September 1852.

's Gravenhage, Mei 1866.

S. VAN DEVENTER, Jsz.

# BIJLAGE A.

Twee Nota's, door den assistent-resident met verlof,
J. J. Hasselman, in 1846 ingediend aan den
minister van koloniën.

## I. *Nota omtrent de kwijting der landrenten in arbeid.*

In 1832 werd het noodzakelijk geoordeeld, om, onder anderen in de
residentie Kediri, in stede van de landrenten in geld te doen opbrengen,
dezelve door een verpligten arbeid te vervangen, ter aankweeking van produkten voor de Europeesche markt, in dier voege, dat de Javaan, tegen
zekeren arbeid bij de kultures en verminderden inkoopprijs der produkten,
het onbezwaard genot werd verzekerd van zijne rijstvelden.

De aanleiding tot dezen maatregel moet hoofdzakelijk gezocht worden in
de omstandigheid, dat de residentie Kediri, toen dezelve in 1830 onder gouvernements beheer werd gebragt, zich voor het grootste gedeelte in eenen
zeer verwaarloosden en verarmden toestand bevond, en de opbrengst der destijds bestaande rijstvelden, in de meeste distrikten naauwelijks voldoende was,
om in de behoeften der bevolking te voorzien. Andere bronnen ter bestrijding der landrenten in geld, had de bevolking schier niet, daar er van de
kultures als anderzins weinig of geen werk was gemaakt.

Onder omstandigheden als deze, ging de heffing der landrenten in geld,
natuurlijk met de grootste moeijelijkheden gepaard, en zag het gouvernement zich dikwijls tot aanmerkelijke kwijtscheldingen verpligt, waardoor
een staat van zaken geboren werd, evenmin aanmoedigend voor de bevolking, als bevredigend voor het gouvernement.

Ter voorziening daarin kon, èn in het belang der bevolking, èn in dat
van den lande, wel geen beter stelsel worden uitgedacht, dan de bevolking in het onbezwaard genot te laten van hetgeen zij niet kon ontbeeren,
en haar voor dat, in hare oogen gewis zeer belangrijk voorregt, eene taak
in arbeid op te leggen, welke niet te zwaar, en toch voldoende was, om

III.                                                            14

het gouvernement, voor de opoffering der landrenten, ruim schadeloos te stellen, en tevens, door ontwikkeling van allerlei kultures, algemeene welvaart te verspreiden.

Dit stelsel voldeed dan ook zeer goed. Immers de bevolking was daarmede zeer tevreden, en verrigtte den haar opgelegden arbeid, hoezeer wel niet uit eigen beweging, op gepaste aansporing naar wensch, en getrooste zich gaarne de mindere prijzen, welke zij voor hare produkten ontving, in vergelijk met die plaatsen, waar landrenten in geld werden opgebragt. Tevens werd zij meer aan arbeidzaamheid gewoon, dat, behalve op de kultures voor de Europeesche markt, ook op andere omstandigheden van gunstigen invloed was, zoo als een en ander door het ondervolgende duidelijk zal worden.

Toen in de strand-residentiën van Java, de kultures voor de Europeesche markt werden ingevoerd en uitgebreid, waren dezelve reeds lang onder een geregeld bestuur geweest, voorzien van een in vele opzigten geoefend, wel georganiseerd en goed bezoldigd Javaansch personeel, goede wegen en bruggen enz. enz. De residentie Kediri daarentegen was voor het grootste gedeelte eene wildernis, en de organisatie van het Javaansch personeel liet veel te wenschen over, terwijl de hoofden zeer stiefmoederlijk bezoldigd waren, zoo als nog het geval is. Een distrikt, bij voorbeeld met 9000 zielen, dat jaarlijks van 8,000 tot 10,000 pikols koffij oplevert, wordt bestuurd door een mantri-aris op ƒ 30.— 's maands, zonder schrijver of eenig verder personeel, dan een of twee djogo-karso's (policie-bedienden). Uit een zoodanig geheel onvoldoend personeel, ontstaan natuurlijk misbruiken, en in de werkzaamheden veel moeijelijkheden. Hier was dus, met gebrekkiger middelen oneindig meer te doen, en toch is Kediri, na nu pas 14 jaren onder gouvernements beheer geweest te zijn, in eene alom bebouwde residentie veranderd, voorzien van schoone wegen en bruggen, waterleidingen, dammen, fabrieken, pakhuizen, met één woord: is, in ontwikkeling en welvaart, de oude residentiën bereids op zijde gestreefd, en verschaft het gouvernement, niet minder, maar welligt meer voordeel dan strandresidentiën van gelijken omvang. Met 30,000 huisgezinnen worden onder anderen, uit die residentie verkregen:

70,000 pikols koffij,
50,000 ponden indigo,
20,000 pikols suiker;

nemende het koffij-produkt nog jaarlijks toe. Zoodanige resultaten waren nimmer verwacht; want het is mij door bijzondere omstandigheden bekend, dat in 1836 geraamd werd, onder anderen, dat Kediri in 1841 zou leveren 25,000 pikols koffij, en in dat jaar heeft de afdeeling Ngrowo alleen, met de overwigten, 61,000 pikols geleverd, een bewijs hoezeer de verwachtingen zijn overtroffen. Om verder te doen zien, hoe de welvaart in Kediri van jaar tot jaar is toegenomen, en welke aanzienlijke voordeelen ook daardoor in 's lands kas zijn gevloeid, zal het voldoende zijn, de opbrengst der amfioen-pacht even te vermelden, waaruit tevens zal

blijken, dat de bewoners van Kediri van het amfioen-schuiven eerste lief-
hebbers zijn.

Rendement der amfioen-verpachtingen in Kediri:

| | |
|---|---|
| 1831 . . . . . . . . | ƒ 156,000.— |
| 1832 . . . . . . . . | ″ 178,800.— (*) |
| 1833 . . . . . . . . | ″ 205,200.— |
| 1834 . . . . . . . . | ″ 295,200.— |
| 1835 . . . . . . . . | ″ 273,600.— |
| 1836 . . . . . . . . | ″ 288,300.— |
| 1837 . . . . . . . . | ″ 317,160.— |
| 1838 . . . . . . . . | ″ 336,960.— |
| 1839 . . . . . . . . | ″ 372,960.— |
| 1840 . . . . . . . . | ″ 456,000.— |
| 1841 . . . . . . . . | ″ 564,240.— |
| 1842 . . . . . . . . | ″ 654,240.— |
| 1843 . . . . . . . . | ″ 756,000.— |
| 1844 . . . . . . . . | ″ 756,000.— |

Behalve zoodanige direkte voordeelen, zijn bevolking en vee aanmerkelijk toegenomen. In distrikten, waar men bij de overname der landen
naauwelijks 50 paarden aantrof, telt men er nu van 500 tot 1000, en
evenzoo, hoezeer in minderen graad, omdat er bij huwelijken veel geslagt
wordt, hebben zich karbouwen en rundvee vermenigvuldigd. Wanneer ik
in het bezit was van de noodige stoffen, om den staat van zaken in de
jaren 1832 en 1844 in de residentie Kediri door eene volledige vergelijkende aantooning bloot te leggen, zou men bij eene inzage van die aantooning verwonderd staan, hoe gezegde residentie, in twaalf jaren tijds,
met het dáár gevigeerd hebbende stelsel is vooruitgegaan, en mag men het
gerust betwijfelen, of met de heffing van landrenten in geld, wel immer
zulke goede resultaten zouden zijn verkregen. Dan het bovenstaande zal
ook voldoende zijn om zulks te beoordeelen.

Afgescheiden hiervan, komt nog in aanmerking, dat het stelsel waarvan
hier de rede is, nimmer aanleiding heeft gegeven tot de geringste botsing;
doch dat er integendeel steeds overtuigende bewijzen hebben bestaan, dat
de bevolking, evenzeer als de hoofden, daarmede steeds tevreden zijn
geweest, zooals nog het geval is.

Met het oog op een en ander, is het gewis zeer bevreemdend, dat er in
de laatste jaren zoo veel is geschreven over de al of niet doelmatigheid
van een stelsel, waaraan de residentie Kediri, in een betrekkelijk zeer
kort tijdsbestek, hare opkomst en bloei te danken heeft, en sommigen op
allerlei gronden hebben zoeken te bewijzen, dat dat stelsel ongelijkmatig
en ook niet billijk werkte, en het alzoo wenschelijk en doelmatig ware,
hetzelve weder te vervangen door het elders bestaande stelsel van land-

---

(*) In deze jaren, 1831 en 1832, werden nog landrenten in geld opgebragt.
(*Aanteekening van den heer Hasselman.*)

renten in geld, dat te Kediri eenige jaren vroeger was moeten worden afgeschaft, uithoofde het aldaar slechte resultaten opleverde.

Onwillekeurig toch oppert men de vraag: hoe een stelsel, dat te gelijk ongelijkmatig en ook niet billijk werkt, aan de bevolking, evenzeer als aan de hoofden, zoo welgevallig heeft kunnen zijn, dat niet plaats kon hebben omdat men het niet wel begreep, daar het, even als het stelsel van landrenten, eenvoudig en voor iedereen begrijpelijk is? hoe dat stelsel al verder in een zeer kort tijdsbestek, met betrekkelijk gebrekkige middelen, Kediri met zulke reuzenschreden heeft kunnen doen vooruitgaan, zonder immer aanleiding tot botsingen of volksverloop te geven, nadeelen steeds onafscheidbaar op Java, van iets dat ongelijkmatig en onbillijk werkt?

Met gezegde daadzaken en resultaten zijn niet wel overeen te brengen, de beweringen van sommige bestrijders van het stelsel, die het willen doen voorkomen, als waren de billijkheid en gelijkmatigheid daarbij ten eenenmale uit het oog verloren. Het zijn dan ook, wel beschouwd, alleen oppervlakkige en kunstmatige bespiegelingen, of afgetrokken op den werkelijken staat van zaken niet toe te passen theoriën, welke door sommigen tegen dat stelsel zijn in het midden gebragt; dan zij bewijzen niets, en moeten zwichten voor daadzaken en resultaten, door de ondervinding gewrocht. Door allen, die daarmede goed bekend zijn en de werking van het stelsel eenige jaren van nabij hebben gadegeslagen, zal men het van vele zijden zien aanprijzen. Hiermede echter wil ik niet beweren, dat in het onderwerpelijk stelsel niet geringe ongelijkheden, en als men het zoo noemen wil kleine onbillijkheden bestaan; maar die bestaan bij alle belastingstelsels, en ook bij de heffing van landrenten in geld, zooals niet had behooren te zijn uit het oog verloren. De beide stelsels, waarvan hier kwestie is, verschillen hoofdzakelijk in den vorm, maar niet zoo zeer in de daad, dat zij in gelijkmatigheid en billijkheid zóóveel zouden kunnen uiteenloopen, als sommigen hebben beweerd. Immers, onder beide stelsels worden algemeen de landrenten met het produkt verrekend. In Kediri geschiedt die verrekening eenvoudig door vermindering der inkoopsprijzen der produkten voor de Europeesche markt. Elders betaalt men de produkten hooger, en houdt dan de landrenten af, of laat ze daaruit betalen, welke laatste wijze alleen wat omslagtiger is, en tot nog toe minder voordeelig voor het gouvernement, althans op de meeste plaatsen.

Waar bij voorbeeld niet bijzonder veel rijstvelden bestaan en veel koffij geleverd wordt, is vrijstelling van landrenten voor het gouvernement zeer voordeelig. Ik zal zulks duidelijk maken.

In de afdeeling Ngrowo is koffij de hoofdkultuur. Er bestaan aldaar 17,078 koffijplantende huisgezinnen, welke thans gemiddeld zullen leveren 60,000 pikols koffij, waarvoor, met vrijstelling van landrenten, thans wordt te goed gedaan aan de bevolking, ad ƒ 6.25 per pikol, de som van ƒ 375,000. — Ingeval genoemde huisgezinnen landrenten betaalden, zouden zij, ad ƒ 7.50 per huisgezin, kunnen opbrengen de som van ƒ 105,585.—

Daarentegen zou, in dat geval, de koffij van de bevolking moeten worden ingekocht tegen ƒ 10.50 de pikol, en alzoo met ƒ 4.25 meer, dan met vrijstelling van landrenten; zijnde over 60,000 pikols, een montant van ƒ 255,000.— : zoodat eene ontvangst van ƒ 105,585 aan landrenten, eene meerdere uitgave zou na zich slepen van ƒ 255,000.— In de afdeeling Malang zou men een gelijk verschil erlangen, en op de meeste plaatsen waar koffij wordt geplant, is vrijstelling van landrenten gewis oneindig voordeeliger voor het gouvernement, dan heffing van landrenten in geld; bewonende de koffijplanters meestal hooge streken, waar de koffij veel, en de rijstkultuur weinig oplevert; waaruit volgt, dat er veel moet worden betaald, en weinig ontvangen. In zoodanige afdeelingen daarentegen, waar weinig wordt uitgekeerd voor den inkoop van produkten voor de Europeesche markt, en waar vele en rijke rijstvelden bestaan, is het voordeeliger landrenten te laten opbrengen. Dan de zaak in het algemeen nemende, vooral zooals zij tot nu bestaan heeft, geloof ik, het er voor kan worden gehouden, dat het gouvernement bij de vrijstelling van landrenten over geheel Java, zou winnen, en dat dit stelsel, uit een financiëel oogpunt beschouwd, de voorkeur verdient. Immers de opbrengst der landrenten over geheel Java, na aftrek der onkosten van administratie, zal wel niet meer bedragen dan ƒ 5,500,000.— of daaromtrent. De som waarmede de produkten, elders hooger van de bevolking worden ingekocht dan te Kediri, zal daarentegen ƒ 6,000,000.— à ƒ 7,000,000.— bedragen. Dit is echter slechts eene oppervlakkige kalkulatie; dan het zou wel de moeite waardig zijn, het opgegevene eens met juistheid te doen konstateren.

Om nu nog even op de ongelijkheden terug te komen, welke beweerd worden dat in het stelsel van vrijstelling van landrenten zouden bestaan; zij zouden hoofdzakelijk gelegen zijn in de omstandigheid, dat personen welke weinig of niets ter bevordering der kultures voor de Europeesche markt bijdragen, dikwijls eene aanzienlijke uitgestrektheid sawa's bezitten, zonder daarvan iets op te brengen, en de dagelijksche arbeidsman, voor het vrij bezit van eene kleine uitgestrektheid sawa's, zwaren arbeid moet verrigten; wordende zulks, door de bestrijders van het stelsel van vrijstelling van landrenten, duidelijk gemaakt, door aanhaling van gevallen welke, òf het gevolg zijn van misbruiken, òf tot de uitzonderingen behooren, en dus niet als regel kunnen dienen.

Met eenige weinige uitzonderingen, bestaat er bij den Javaan als het ware geen vast grondeigendom. In de afdeeling Ngrowo, en ik geloof ook elders, worden de sawa's tot eene dessa behoorende, telken jare gelijkelijk onder de bewoners verdeeld, hebbende echter het dessahoofd een dubbel aandeel. Bij de ontginning van woeste gronden tot rijstvelden, wordt tevens eene of meer dessa's gesticht, en de rijstvelden ook gelijkelijk onder de bewoners verdeeld. Bestaat er tusschen de dessa's onderling ongelijkheid, namelijk dat eene dessa in evenredigheid der bevolking meer sawa's heeft dan eene andere, dan herstelt zich de onderlinge evenredigheid weder, door weggaande of bijkomende huisgezinnen, bij de jaarlijks vernieuwd wordende verdeeling, en wanneer bij een en ander, door den regent wordt gewaakt tegen misbruiken, is het niet wel mogelijk, dat er in het oogloopende ongelijkheden plaats grijpen, of dat hoofden of priesters zich meer van den arbeid der ontginning toeëigenen, dan met de billijkheid is overeen te brengen. Dat enkele gepensioneerde hoofden of geestelijken, die niets ter bevordering der kultures bijdragen, rentvrij over sawa's beschikken, heeft niets te beduiden, *zoo slechts tegen misbruiken gewaakt wordt*. Personen als hier bedoeld, weten zich, onder ieder stelsel, de noodige padi te verschaffen, zonder belasting op te brengen, of diensten bij de kultures te presteren.

De dorpshoofden daarentegen, die evenzeer als·de Javaan moeten medewerken aan de gouvernements kultures, en buitendien alle werkzaamheden moeten leiden, en voor de goede orde en de policie moeten zorgen, hebben in billijkheid ook evenzeer aanspraak, om derzelver aandeel sawa's rentvrij te bezitten, als de ingezetenen der dessa. Moest de Javaan in het algemeen, bij het hier bedoeld stelsel om een onvoldoend stuk sawa rentvrij te bezitten, werkelijk zwaren arbeid verrigten, en waren daarentegen de sawa's voor het grootste gedeelte in het bezit van groote en mindere hoofden, dan zou het mijns inziens gerust onder de onmogelijkheden kunnen worden gerangschikt, dat, zonder de geringste botsing, of zonder dat immer sporen van ontevredenheid bij de bevolking zijn waargenomen, zulke bevredigende en rijke resultaten waren verkregen, als hiervoren zijn aangewezen.

De ongelijkmatigheden, welke in het stelsel van vrijstelling van landrenten bestaan, zal men ook bij de heffing van landrenten aantreffen, en juist dat daaruit nimmer botsingen zijn voortgevloeid, bewijst dat dezelve, onder een goed beheer van zaken, volstrekt niet gevoeliger of drukkender zijn, dan de elders bestaande, en het gevolg zijn, hoofdzakelijk van niet uit den weg te ruimen plaatselijke omstandigheden of onvolmaaktheden, aan iedere zaak eigen.

En alsnu het vorenstaande resumerende, komt zulks kortelijk op het ondervolgende neder:

1o. Dat het stelsel, om de landrenten in arbeid te doen kwijten, zoo als het in Kediri en Madioen bestaat, niet zoo gebrekkig of onbillijk werkt, als sommigen hebben trachten te doen voorkomen; maar dat het integendeel van vele zijden is aan te prijzen, en de residentie Kediri in alle opzigten bijzonder goede resultaten heeft opgeleverd.

2o. Dat de hoofden van Kediri zich, door ijver en goede behartiging der gouvernements kultures, eene overwegende aanspraak hebben verworven, om te deelen in het voorregt eener overal elders toegekende ruimere bezoldiging, hetwelk trouwens de billijkheid en 's gouvernements wel begrepen belang ook vorderen. (*)

De assistent-resident, met verlof.
(was get.) J. J. HASSELMAN.

---

·(*) Wij verzoeken den lezer, tegenover deze beschouwing, eenvoudig te raad-

## II. *Nota omtrent de kwijting der landrenten in geld.*

In de verschillende residentiën van Java, zijn de sawavelden òf in het geheel niet, òf slechts ten deele opgemeten, zoodat zoowel de bestaande uitgestrektheden, als de opbrengst derzelve, steeds bij gissing worden bepaald. Het zal wel geen betoog behoeven, hoe ongelijk een aanslag van belasting overal zijn moet, welke berust op bloote gissingen, evenmin als dat daarop een aantal omstandigheden van invloed zijn, welke den aanslag *hier* drukkend, *dáár* veel te ligt, en *elders* in alle opzigten ongelijk doet zijn ; zoo als altijd het geval is, wanneer eene zaak geheel aan willekeur van onderscheiden personen moet worden overgelaten.

Eindelijk is zulks dan ook ingezien en erkend, even als het overwegend belang om hierin te voorzien. Het is nu maar de vraag, of de genomen maatregelen het daarmede beoogde doel zullen treffen.

Er is namelijk bevolen, om in al de residentiën de sawa's te doen opmeten door Inlandsche landmeters, en de opbrengst derzelve door menigvuldige proeven te konstateren, voorts de bevolking te tellen en naauwkeurig te klassificeren, en derzelver vee en andere bronnen van bestaan op te nemen. (*) Een zooveel omvattende arbeid, waaraan èn de belangen van het gouvernement, èn die van den Javaan ten naauwste verbonden zijn, behoort direkt tot de verpligtingen van de kontroleurs der landelijke inkomsten en kultures. Bij het korps kontroleurs, treft men zeker eenige zeer ijverige en ervaren menschen aan, maar er worden daarbij ook een aanzienlijk aantal zeer onbedreven sujetten aangetroffen, die niet eens het gewigt der zaak zullen begrijpen, en op verre na niet in staat zijn, om met oordeel en met overleg de bescheiden bijeen te verzamelen, welke vereischt worden, om eene billijke belasting te kunnen daarstellen. Het is uit dien hoofde te vreezen, dat op vele plaatsen, het bevolen onderzoek zeer gebrekkig zal zijn, in welk geval het geen waarde hoegenaamd heeft, maar men genoodzaakt zou zijn de gewone sleur te volgen.

Ter voorkoming, dat op die wijze het beoogde doel voor een groot gedeelte wordt gemist, zou het, ook uithoofde de overige ambtenaren in de binnenlanden als met werkzaamheden overladen zijn, wenschelijk en der zaak overwaardig wezen, dat eene kommissie werd ingesteld, bestaande onder anderen uit een paar in het binnenlandsch bestuur kundige ambtenaren, uitsluitend belast met de taak, om beurtelings de verschillende residentiën te bezoeken, en in ieder derzelve zoo lang te vertoeven, als noodig zou zijn, om zich te overtuigen, dat de werkzaamheden, hier bedoeld, naar behooren en naauwgezet worden ten uitvoer gebragt, en waar zulks niet het

---

plegen, het vier jaren vóór het schrijven dezer nota reeds genomen, maar toen niet ten uitvoer gelegd Koninklijk besluit van 24 Julij 1842 no. 52, hiervoren, bladz. 186 medegedeeld, en hetgeen, in verband daarmede, door ons is opgeteekend.

(*) Hier wordt gedoeld op de vroeger medegedeelde kabinets cirkulaire van den gouverneur-generaal Merkus, dd. 20 Junij 1844 no. 126.

geval was, daarin onmiddellijk te voorzien. Eene zoodanige kommissie zou tevens kunnen waken, dat overal de noodige eenvormigheid werd in acht genomen, en zou ten slotte in alles de volledigste inlichtingen kunnen verschaffen.

Wijders zou het, mijns inziens, ter erlanging van meerdere inkomsten, wenschelijk zijn, om den aanslag der belasting zooveel mogelijk in verband te brengen met het stelsel van kultures. Immers er kan wel niets tegen zijn, dat dáár waar dat stelsel, met betrekkelijk geringen arbeid, de bevolking veel voordeel verschaft, zoo als bij voorbeeld in de afdeeling Malang, waar de bevolking voor hare koffij 8 à 9 ton ontvangt, die bevolking wat meer aan belasting opbrengt.

Op grond van het vorenstaande, komt het mij voor:

1o. Dat het stelsel van landrenten voor zeer belangrijke verbeteringen en wijzigingen vatbaar is; doch dat zulks veel afhangt van de kunde en den ijver der kontroleurs van de landelijke inkomsten en kultures, en dat, aangezien daarvan niet veel kan worden verwacht, er dient te worden gezorgd, dat de daartoe vereischt wordende voorbereidende werkzaamheden naar behooren en naauwgezet worden volbragt.

2o. Dat gemeld stelsel wijders, na met *verstand* en *oordeel* te zijn verbeterd en gewijzigd, en in verband gebragt met het stelsel van kultures, ongetwijfeld *oneindig* meer zal opbrengen, dan tot nog toe het geval is geweest.

De assistent-resident, met verlof.

(was get.) J. J. HASSELMAN.

# BIJLAGE B.

Memorie, door den assistent-resident met verlof,
R. van Noord Borski, in 1847 ingediend aan
den minister van koloniën.

*Het Stelsel der Landelijke Inkomsten, beschouwd in deszelfs
werking en toepassing.*

Tot de hechtste inkomsten van een wel geordenden Staat behooren voorzeker die lasten, welke van den grond worden geheven, en bekend staan onder den naam van grondlasten (Revenus foncières). Zij zijn een steeds onvervreemdbaar eigendom, in doorslag minder vatbaar voor afwisseling en invloed van buiten, dan vele andere; terwijl zij daarenboven het voordeel hebben, dat hare stijging met eene vermeerderde volkswelvaart gelijken tred houdt.

Het gewigt hiervan drong daarom alle wel ingerigte besturen, op deze inkomsten bijzondere aandacht te vestigen, ten einde, door eene juiste kennis van den aard en de aangelegenheid der te belasten eigendommen, haar, zooveel mogelijk, gelijkmatig te doen opbrengen en op de vastste gronden te verzekeren.

Het Koningrijk der Nederlanden besteedde daaraan, vóór de scheiding met België, wel eene reeks van jaren en énorme geldsommen; doch het verkreeg daardoor ook eene juiste kennis van den aard en de uitgestrektheid der gronden en eigendommen, en kon dus op die ervaring een belastingstelsel bouwen, dat de grondlasten gelijkmatig verdeelde, en in de toepassing bewees alle vroegere stelsels verre te overtreffen.

Ook op Java bestaat deze belasting; zij is aldaar van gelijk gewigt als elders, en draagt door hare vruchtbaarheid bij, om millioenen schats in de schatkist van den staat te doen vloeijen: — millioenen schats, welke nergens met zoo veel gemak en zoo weinig kosten geïnd worden; nergens zoo geringe wanbetaling (remissie) veroorzaken; nergens in een tijdsbestek van weinige jaren zoo zijn vermeerderd; nergens zoodanig vooruitzigt van ontwikkeling aanbieden, als daar te vinden is. Deze belasting is, in haar geheel, bekend onder den naam van *het stelsel der landelijke inkomsten.*

De voormalige O. I. Kompagnie kende dit stelsel niet. — Hoewel sedert eene reeks van jaren in een wettig grondbezit, hetzij door beschermende traktaten, hetzij door het regt des oorlogs, verkeerende, oefende zij haar dadelijk beheer en invloed niet op de bevolking uit; zij stond die af aan de reeds bestaande of met hare voorkennis benoemde vorsten en hoofden, en bepaalde zich hoofdzakelijk tot het aangaan van kontrakten met deze, ter levering van rijst en zoodanige stapelprodukten, als door haar met voordeel konden worden afgevoerd, terwijl de daarvoor bepaalde prijzen, grootendeels in lijnwaden en andere voortbrengselen van Europeesche nijverheid voldaan wordende, voor de toenmalige markt van tropische voortbrengselen, verre beneden den middelstand waren.

Het stelsel van belasting door de Javaansche vorsten aangenomen en toegepast, was, even als bij alle absolute regeringen, op Oostersche leest geschoeid, dat is: uiterst willekeurig en uiteenloopend; het regelde zich veeleer naar de behoeften en luimen van hen, die tijdelijk met het gezag waren bekleed, dan wel naar het aantal der begiftigden, welke daarin hunne belooning vonden. De in 1830, na den oorlog met pangerang Diepo Negoro, overgenomen Vorstenlanden, hebben zulks bewezen. — Intusschen bekleedde de belasting van den grond, onder de vaste inkomsten van den Vorst, steeds eene eerste plaats; zij diende niet alleen tot stijving der Staatskas, maar ook, in broksgewijzen afstand, tot onderhoud der rijkszaten, bloedverwanten en hoogere of lagere beambten. Deze belasting werd algemeen erkend, en eene billijke inning daarvan vond nergens bezwaar.

Gaat men den oorsprong dezer instelling na, dan komt men tot het resultaat, dat de opbrengst, gelijk zij op den grond rustte, ook in het werkelijk van dien grond verkregen produkt behoorde te worden gekweten; men kan zelfs aannemen, dat het onzuivere $1/5$ daartoe werd afgezonderd.

Tijd en behoefte hebben echter dezen regel gewijzigd, en het bedrag grootendeels tot geld herleid, hoewel de huishoudelijke behoeften van den vorst, aan de belastingschuldigen, tegen geheele of gedeeltelijke kwijtschelding, wel eens andere diensten oplegden, en het niet onwaarschijnlijk is, dat de vroegere sultans van Cheribon en andere hoofden, tegen een vastgestelden prijs, de voldoening aannamen in zoodanige produkten, indigo of andere, als zij, volgens overeenkomst met de kompagnie, op zich hadden genomen te leveren.

Veel is er gesproken, of de Javaan al dan niet denkbeeld bezit van het regt van eigendom op den grond. Zijne Excellentie de kommissaris-generaal van den Bosch beweert het positief, in zijne *Zakelijke Extrakten* (Staatsblad 1834 no. 22), en zegt, dat alle gronden op de leden der familie van den eigenaar overgaan; dat zij ze kunnen verkoopen, verhuren, alst anderzins; doch deze stelling schijnt te falen, wanneer men nagaat, wa in de overgenomene Vorstenlanden (welligt ook elders) plaats vindt. Aldaar is de grond het gemeenschappelijk eigendom der gemeente, (*) waaraan hij in voortdurend bruikleen is afgestaan, en ieder die, afgescheiden van de belasting welke op dien grond rust, genegen is in alle verpligtingen te deelen, welke de gemeente heeft te vervullen, heeft op een billijk aandeel daarvan wettige aanspraak. (†) Wel is waar, berustte tijdens het vorstenbestuur dat bruikleen, over het algemeen, in handen van enkele welgezetenen, die door afkomst, invloed of beleid zich daarvan meester hadden gemaakt, en, als geërfden, het veldwerk en de publieke diensten door de afhangelingen deden verrigten, (§) terwijl de belooning van deze zich veeleer regelde naar den adat, in elke dessa aangenomen, dan wel naar de meerdere of mindere naauwgezetheid hunner oudsten; doch ook vele dessa's maakten daarop eene uitzondering, en nimmer is in den oosterschen Javaan het denkbeeld opgekomen, dat hij het regt bezat om dat aandeel te vervreemden, veel minder te verkoopen.

Het hierboven medegedeelde nagaande, zou men, naar mijn gevoelen, kunnen aannemen, dat het regt van individueel eigendom op den grond, in principe bij den Javaan niet bekend is, en dat de grond eerder beschouwd moet worden als het eigendom van den vorst, die hem volgens het leenroerig stelsel ter beplanting afstaat; kunnende zulks, wanneer het door eene gemeente of eenig individu eenige jaren voortgezet wordt, wel eenig regt op dien afstand, maar nooit op het bezit te weeg brengen. In Bantam en het geheele westelijk deel van Java bestaat dit individueel grondbezit wel, doch zulks beschouw ik eerder als eene afwijking, door

---

(*) De uitgestrektheid grond wordt, in Bagelen, door de volgende benamingen aangeduid: jonk, kikiel, bouw, loepit, iring, idoe, enz.; doch dit bepaalt zich alleen tot de sawavelden, naardien tegalgronden in deze maat niet begrepen zijn; maar onder den naam van *boentoet* aan de eersten worden toegevoègd. Vele sawavelden bezitten zulk een boentoet. Doch ook deze uitgestrektheid der sawavelden is verre van bepaald te zijn, en regelt zich naar adat en plaatselijke omstandigheden. Van daar, dat men in Solo en Djokjo, om weinige jonken en derzelver boentoets (tegalgronden) in oogenschouw te nemen, soms uren noodig heeft. Dikwerf heb ik opgemerkt, dat bij den Javaanschen landbouwer, elke akker onder zijn eigen naam bekend is; even als een boer in Holland zou zeggen: de hazekamp, de vletsloot, enz.

(*Noot van den heer van Noord Borski.*)

(†) Zelfs het genot alleen van een eigen erf, (pomahan of pakarangan,) hoewel van de zijde van den vorst onbelast, verpligt tot zekere diensten, volgens den huishoudelijken regel. Alleen zijn daarvan vrij, die bij anderen inwonen (*mondok*), welke weder verdeeld zijn in *mondok-tempel*, die een eigen huis op het erf van een ander bezitten, en *mondok-sloesoep*, die bij den eigenaar van het erf inwonen.

(*Noot van den heer van Noord Borski.*)

(§) Hoewel onder ons bestuur alle ingezetenen, het bestuur uitgezonderd, gelijk staan, blijft deze onderscheiding nog bewaard. De *kentol* (geërfde) draagt niet; maar dit is de taak der minderen (*wong-mikoeli*), dragers.

(*Noot van den heer van Noord Borski.*)

tijd en adat veroorzaakt, dan wel als een gevolg van het grondbeginsel zelf. (*)

Het is algemeen bekend, dat Java's westelijk deel in vroegere eeuwen, en zelfs afwisselend in latere tijden, het meest aan den verwoestenden en alles omkeerenden invloed van vuurspuwende bergen is blootgesteld geweest; de veelvuldige nog werkende vulkanen, en die slechts tijdelijk schijnen te rusten om later welligt met hernieuwde kracht hunne verwoesting te hervatten, getuigen hiervan. De uitbarstingen hebben een ongelijkvormig, soms steenachtig terrein doen ontstaan, en op vele plaatsen heeft de vruchtbaarheid en groeikracht van een Oosterschen hemel, de oorspronkelijke schraalte en dorheid van dit terrein niet kunnen overwinnen. Het gevolg hiervan is, dat men in deze streken die uitgebreide vlakten niet ontmoet, welke zich in het meer oostelijk deel al dadelijk voor den landbouw aanboden, zoodat het vernuft heeft moeten herstellen, waarin de natuur te kort schoot.

Ten einde de veelvuldige kreken, welke deze landen doorsnijden, aan den landbouw dienstbaar te maken, werden vereischt industrie en middelen. Vele bijzondere personen, vroeger welligt ook kleine korporatiën, wendden beiden aan en ontgonnen gronden, ten aanzien van welke, hunne persoonlijke aanspraak op het regt van eigendom niet kan betwist worden. Nog kan men bijna in elke dessa de namen noemen van hen, die de bestaande leidingen hebben daargesteld. Kan het nu ook zijn, dat in de benedenlanden, op een gelijk terrein, door het regt den geërfden toegekend onder een zwak vorstenbestuur, in navolging, een gelijk eigendomsregt is ingeslopen, en daarin de oorzaak moet gezocht worden van een individueel grondbezit, hetwelk tot heden, de fakto, in het westelijk en op eenige plaatsen van het oostelijk deel van dit eiland bestaat?

Wij naderen nu het tijdvak, waar het bij ons thans nog in werking zijnde stelsel aanvangt. Dit dagteekent van den 11 Februarij 1814, immers het *reglement op de inzameling van 's lands inkomsten en landrente*, kan nog steeds als de hoeksteen van ons gebouw worden aangemerkt.

Het Engelsch koloniaal bestuur, door den drang der tijden, sedert den 18 September 1811, in een tijdelijk bezit onzer bezittingen geraakt, zag al spoedig de noodzakelijkheid in, om het kontingentenstelsel, door de voormalige O. I. kompagnie betracht, doch door den loop des tijds en den veranderden aard onzer vestiging en gezag versleten, te doen vervangen door een meer regelmatig stelsel van belasting, hetwelk leiden kon om 's lands inkomsten op eene billijke wijze te stijven, de kennis van het land te vermeerderen, en den invloed van het bestuur op het gros der bevolking meer en meer te bevestigen. Hiertoe koos het een stelsel, hetwelk reeds in de oude kompagnies-bezittingen met den besten uitslag

---

(*) Men vergelijke met deze beschouwingen, het oordeel van den minister J. C. Baud, vervat in zijne, op bladz. 139 en volgende, door ons medegedeelde missive van 15 October 1844 no. 2/591, lett. A.

werkte, en hoezeer men zich in den aanvang tot het verhuren eener geheele dessa bepaalde, en het hoofd, onder voorwaarde van aansprakelijkheid, met de inning dier gelden belastte, zoo blijkt uit artikel 64 duidelijk, dat het voornemen bestond, den aanslag individueel te bewerkstelligen en regtstreeks met iederen landbouwer te werken, blijvende de inning bij voortduring aan het dessahoofd opgedragen. Leest men met aandacht dit reglement, dan ontdekt men met genoegen den gemoedelijken, doch tevens kernvollen geest, welke daarin doorstraalt, en dien men steeds is blijven eerbiedigen; doch niet minder heeft tijd en ondervinding ons in de gelegenheid gesteld, het te zuiveren van die gebrekkige bepalingen, wier toepassing gebleken is onuitvoerlijk te zijn. Men kan, naar mijn gevoelen, den inhoud van dit reglement in drie hoofddeelen splitsen: bevattende het:

A. Den aard en de wijze der heffing.

B. De gronden, waarvan de belasting behoort te worden geheven, en de middelen welke, zoowel tot het verkrijgen van kennis, als tot eene juiste vaststelling van het produktief vermogen, leiden kunnen.

C. De hoegrootheid der belasting, welke van elk dezer gronden behoort te worden gekweten.

A. Behandelen wij eerst den aard en de wijze der heffing.

Wij nemen aan, dat deze op den grond, en niet op den planter rust, en dat, zoo als boven is ontwikkeld, de Javaan geen regte kennis van grondeigendom bezit, dat zijne vestiging onbestendig is, en hij zich door huwelijks-, familie-betrekkingen, of vooroordeelen dan eens hier, dan eens elders nederzet, en leiden daaruit af, dat de invoering eener individueele belasting., in den geest der in het presidentschap Madras bestaande *Koelwar of Rayetwarree*, bij artikel 63 aangegeven, onuitvoerbaar, en door den aard der zaken onnut was, gelijks zulks door eene ondervinding van meer dan 80 jaren is gestaafd geworden.

B. De gronden, waarvan de belasting behoort te worden geheven, zijn de navolgende:

*a.* Velden, welke jaarlijks aan de padi-kultuur of de teelt van tweede gewassen worden dienstbaar gemaakt. Hieronder sorteren:

1. de sawavelden met levend water;
2. de sawavelden, van regenwater afhangende;
3. de tegal-gronden.

*b.* Velden, welke afwisselend aan de padi- of andere kultuur worden dienstbaar gemaakt, als:

1. de berg- en bosch-gronden voor de teelt van padi (tipar en gaga);
2. de bonorawas of half drooge moerassen.

De kennis van het produktief vermogen der gronden, onder lett. *a* sorterende, erlangt men door meting, hetwelk, met het oog op den aard en de vruchtbaarheid, tot basis strekt eener klassifikatie en taxatie van de opbrengst. Wanneer men de uitwerking van dezen maatregel oordeelkundig nagaat, dan ontdekt men, — hoe doelmatig hij ook in abstracto moge zijn, als hij op zich zelf op de belasting wordt toegepast, — eene in het oog vallende onvolledigheid en leemte : men erkent eene dringende behoefte, om dit middel met andere te verbinden, ter erlanging eener zoodanige gelijkmatige werking, als het gewigt der belasting zelve vordert.

Slaan wij het oog op de uitgestrektheid der belastbare gronden, dan ontmoeten wij eene verscheidenheid, welke niet te beschrijven is. In het gebergte zien wij gronden, in onregelmatige piramidale vakken, aan de natuur als ontwoekerd, door aard en ligging van uiteenloopende vruchtbaarheid.

In de benedenlanden vinden wij, een wel oogenschijnlijk meer geregeld, maar verbrokkeld veelhoekig geheel, als doorweven van kampongs, moerassen en vele niet te noemen hinderpalen, welke eene zooveel doenlijk juiste kadastrale opneming in den weg staan. Nergens ontwaart men die eenheid, waardoor de gronden van een meer beschaafd landbouwend volk zich kenmerken; nergens die geregeldheid, welke in staat stelt de grenzen van elke gemeente met juistheid te bepalen, en onontbeerlijk is om met eenigen schijn van waarheid in kaart te worden gebragt. En hoe kan dit anders. Verzet zich daartegen niet de weelde van een op vele plaatsen nog niet gevormd terrein; van een grond die, door de direkte nabijheid der bergen en door den invloed van nog onbedwongen stroomen en bergaders, bij elk saizoen aan eene verwisseling blootstaat; van een grond, nu door een alluvialen aanvoer verhoogd en in vruchtbaarheid toegenomen, dan weder door den invloed der oorzaken van vulkanische uitwerkingen overdekt, of door de toomelooze kracht van het water geteisterd en van deszelfs vegetale korst ontdaan? Verzet zich daartegen niet de aard en de geringe ontwikkeling der bevolking, bij den minsten lust tot arbeid, steeds een rijken maagdelijken grond ter ontginning ontmoetende, ten gevolge waarvan de bestaande ontginningen, zonder regel of maat, als bij toeval, zijn ondernomen, alleen onderworpen aan, en gewijzigd door de behoefte van het oogenblik, door de behoefte van een individu of eene gemeente, die gretig hare nijverheid ontwikkelt, maar, door eene onbestendige vestiging, even spoedig, òf geneigd is het daargestelde te verlaten, òf buiten magt daarvan bestendige vruchten te plukken? En stelt niet, ten slotte, de gebrekkige kennis van het eigendomsregt, dezen regel een beslissenden hinderpaal in den weg; een hinderpaal die, afgescheiden van beide bovengenoemde punten, alleen in staat is eene juiste kadastrale opneming tegen te werken en te beletten? Ik zwijg van de moeijelijkheden, daaraan verbonden, en van de gebrekkige en onvoldoende middelen, welke ons ter bereiking van dit doel ten dienste staan. En deze zwarigheden behooren toch, zooveel doenlijk, te worden opgeheven, wil men de belasting in den geest van het bestaande stelsel toepassen, tot eene gelijkmatige bedeeling daarvan geraken, en haar tot die ontwikkeling brengen, waarvoor zij vatbaar is; deze bezwaren behooren opgelost te worden, wil men met vrucht een basis in werking brengen, welke van meer beschaafde natiën uitgaat, en daar alleen, zonder afwijkingen, voor de praktijk vatbaar is.

Is er door mij aangetoond, welke bezwaren aan eene goede en doeltreffende meting verbonden zijn, de daarvan onafscheidelijke klassifikatie is in de toepassing niet minder moeijelijk, en steunt in een overzigt op geen de minste grondslagen.

Bij het reglement (van Raffles), hetwelk wij bij de bewerking van ons onderwerp tot basis gekozen hebben, vinden wij onder artikel 83 opgegeven, een schaal voor de berekeningen van 's gouvernements aandeel, en de splitsing der belastbare sawa- en tegal-gronden in drie soorten; doch te vergeefs zoeken wij, welke produktie er voor elke der drie klassen wordt vereischt; eene leemte, groot in principe, en die, zoo het mogelijk was deze schaal van heffing te volgen, in de toepassing tot velerlei uitlegging, en niet minder tot afwijkingen aanleiding zou geven. Dan volgen wij de resultaten der taxatie.

Biedt de aard van het terrein, zoe als wij bij de meting hebben aangegeven, reeds in massa zooveel verscheidenheid; de onderdeelen maken daarin geene uitzondering. Een bouw sawa, ongelijkmatig uit meer of mindere petaks bestaande, is afhankelijk van de meer of minder ruime beschikking over levend water om haar te besproeijen. Eene tijdige beschikking, de goede slaging der gemaakte opdammingen, eene af en aan vallende zachte regenbui, stelt den landbouwer het eene saizoen in staat, zijne velden vroegtijdig te bewerken, (op de wijze als *sala-mangsa* of *gadoean* bekend), en biedt hem het voordeel aan, om zijne padi tijdig te oogsten, daarvoor bij verkoop een hoogeren prijs te bedingen, weinig te lijden door de vele ziekten (*amak*), waaraan het gewas in het regensaizoen onderhevig is; terwijl vele velden hem nog toelaten, als tweede gewas (*waliean*), eene padisoort welke spoedig rijpt (*gendja*), *tjempo* of andere te planten, en daaruit nog dikwerf een bevredigenden oogst te erlangen. Maar omgekeerd, genieten de velden aan de overzijde der rivier, bij een volgend saizoen deze beschikking, en verkrijgt onze landbouwer geen toevoer door een afwisselenden regen; dit gemis werkt, bij de pogingen door hem tot een vroegtijdig planten aangewend, dikwerf zeer nadeelig op den tijd, waarin hij dan gedrongen is te planten, te weten in den west-mousson, en van regenwater afhankelijk.

Leveren twee elkander opvolgende saizoenen reeds zulke verscheidenheid, men ziet haar tot in de kleinste bijzonderheden afdalen. Niet zeldzaam is het, eene jonk sawa met vier of vijf padi-soorten beplant te zien, al naar gelang de ondervinding van den nijveren landbouwer hem geleerd heeft, dat van deze of gene soort, van eene of andere petak, een betere oogst te wachten is.

Het bovenstaande kan voldoende geacht worden, tot aantooning van het moeijelijke der klassifikatie, alsmede van het ondoenlijke eener juiste taxatie, alleen op de bekende uitgestrektheid; diensvolgens van het gebrekkige eener toepassing; waaruit noodwendig moet voortvloeijen, òf dat het gouvernements aandeel niet behoorlijk wordt gekweten, òf dat de planter, beter de grond, te zwaar wordt belast. Voor den staathuishoudkundige is het niet moeijelijk te beslissen, welke der beide afwijkingen door het bestuur het meest vermeden moet worden.

Eene belasting, waarvan hier sprake is, werkt individueel: de natie, want ieder Javaan is landbouwer, draagt daartoe het hare bij. Het behoort dus tot de eerste pligten van den wetgever, te zorgen dat de bedeeling daarvan gelijkmatig zij; door den rentheffer behoort deze weg alleen te worden ingeslagen, ter bevestiging en stijving zijner inkomsten, en ter bevordering van die ontwikkeling en welvaart onder zijne rente-schuldigen, welke deze inkomsten kan verzekeren.

Het zij evenwel verre, dat ik door het bovenstaande zou willen beweren, dat eene meting der gronden onnut zou zijn; integendeel houd ik het van groot gewigt, dat het bestuur, zoo juist mogelijk, bekend zij met de uitgestrektheid, den aard en de hoedanigheid der velden. Deze kennis toch, ligt in den aard en de behoefte van het beheer; zij biedt het hoofdbestuur een gemakkelijk overzigt aan, en leidt voorzeker tot nuttige vergelijkingen; maar deze kennis is, door de daaraan klevende leemten en gebreken, op zich zelve en zonder verdere hulpmiddelen, niet voldoende om haar voor de belasting *en detail* toe te passen met die juistheid, welke daaraan noodwendig behoort verbonden te zijn.

C. De hoegrootheid der belasting, welke van elk dezer gronden behoort te worden gekweten.

Voorwaar een meer ingewikkeld onderdeel, dan het onder B reeds behandelde.

Het reglement geeft ter zake, bij art. 83 het volgende aan:

„Men oordeelt de volgende schaal, als de billijkste berekening, om daarnaar het gouvernements aandeel te bepalen, en dezelve behoort dus, zooveel doenlijk, als de algemeene rigtsnoer te worden beschouwd:

*Voor sawa-gronden.*

| | |
|---|---|
| 1e soort, de helft | |
| 2e soort, twee vijfden | van het gewaardeerde produkt. |
| 3e soort, een derde. | |

*Voor tegal-gronden.*

| | |
|---|---|
| 1e soort, twee vijfden | |
| 2e soort, een derde | van het gewaardeerde produkt." |
| 3e soort, een vierde | |

Zooals reeds door mij is aangetoond, zoekt men daarin te vergeefs naar een maatstaf der produktie, welke er toe leiden kan, om de velden onder deze of gene klasse te brengen. Gewis een hoofdgebrek in een staatsstuk, dat overigens zooveel daadzaken, zooveel waarheden ter beoefening en ter betrachting aanbiedt; ik zwijg van de onzekerheid, of het gewaardeerde produkt al dan niet behoort te worden beschouwd na aftrek van het snij-loon (*derep*) en de inkomsten der kerk (*djakat*), vraagpunten, voor als nog onopgelost gebleven, doch in de inlandsche huishouding van geen on-dergeschikt belang. (\*)

Doch de aangegevene schaal verwekt te meer bevreemding, omdat zij niet bestand is tegen den toets der ervaring. Waar is de landbouwer, bij den gunstigsten oogst, in staat om, afgescheiden van dat deel, het-welk hem de gewoonte oplegt, eene belasting van $\frac{1}{2}$ of $\frac{2}{5}$ van het ge-waardeerde, aan den lande te voldoen? Ten aanzien van het kwijten der hoogste belasting van $\frac{1}{2}$ bestaat slechts één gevoelen, namelijk de onmo-gelijkheid. Ook heeft de ondervinding overtuigend bewezen, dat eene hef-fing van $\frac{2}{5}$, in het centraal en oostelijk deel van Java aangenomen, eene fiktie is, die als overdreven, veeltijds voor den landbouwer vergoed wordt door een ruimeren oogst, — welk voordeel het gebrekkige, dat in de taxatie gelegen is, niet vermag te bereiken, — en evenzeer door het bedingen van een marktprijs, hooger dan die, waarvoor het gouvernements-aandeel, tot geld gereduceerd, is aangeslagen geworden.

Dat deze strekking ongunstig op het .stelsel moet werken, behoeft geen betoog. Het gouvernement is, bij het kiezen van den basis eener heffing van $\frac{2}{5}$, weifelend, zoo niet doordrongen dat zij als overdreven moet worden beschouwd; het wettigt derhalve die ontduikingen van onderscheiden aard, en die duisterheden in de wijze van heffen, welke de belastingschuldige behoort aan te wenden en zich ten nutte te maken, ten einde zich van de hem opgelegde belasting te kunnen kwijten. Dan zoodanige afwijkingen zijn in strijd met de beginselen van billijkheid en orde, door ons staats-bestuur aangenomen; zij demoraliseren den geest der belastingschuldigen, verzwakken het vertrouwen op onze wetten en bepalingen, en ontzenuwen ten slotte een stelsel, dat alleen in eene billijke en geregelde toepassing, in het wegnemen van alle fraude en verkeerde uitleggingen, kortom in het volle vertrouwen der natie kracht en ontwikkeling kan vinden.

Na eene werking van meer dan 30 jaren, zijn wij in staat het nog vigerende stelsel te overzien, deszelfs vooruitgang en ontwikkeling na te gaan, en de uitwerking der genomen maatregelen en der aangewende mid-delen, aan ervaring getoetst, te beoordeelen.

Doen wij dit, met de kabinets-cirkulaire van 20 Junij 1844 no. 126 in de hand, dan ontwaren wij met leedwezen dat de ontwikkeling en vooruitgang van het stelsel, verre is van gelijken tred te hebben gehouden

---

(\*) *Derep*, padi-snijden tegen het loon van *een vijfde;* wanneer dit slechts *een tiende* is, wordt het *gatjong* genaamd. Het snijden op eigen velden, noemt men *ani-ani.* — *Djakat* (*dime*), een tiende voor de kerk, behoort gekweten te worden door elk, die meer oogst dan 300 pitra's bras, gelijk aan 3000 katti's padi, welke oogst alsdan in de termen van *ngisap* (boven de grens) valt. Een oogst beneden *ngisap*, is vrij van het betalen der *djakat.* -

(*Noot van den heer van Noord Borski.*)

III.                                                                                         16

met de ervaring van het derde eener eeuw. Wij ontmoeten nog steeds dien staat van onzekerheid, die ver uiteenloopende uitleggingen van beginselen, welker toepassing over het geheele eiland overeenstemmend behoorde te zijn; wij vinden het stelsel nog in dien onontwikkelden staat, die deszelfs kindschheid alleen behoorde te kenmerken. Getuige hiervan de zinsnede in gemelde kabinets-cirkulaire: „dat eene partiëele opname van drie distrikten in de residentie Cheribon, heeft doen zien, dat een vijfde van het wezenlijk produkt meer waarde had, dan vroeger het bedrag der belasting, gerekend op twee vijfden der waarde, naar den aangenomen prijs bij den aanslag van hetzelve."

En dit verschijnsel doet zich voor in Cheribon, een gewest waar men kan aannemen, dat het inlandsch personeel een elders ongekenden trap van vorming heeft bereikt; waar het huishoudelijk bestuur der dessa's op de beste wijze is geregeld; (*) voorregten, welke het bestuur, sedert eene reeks van jaren, in staat gesteld hebben, om de belangen der landelijke inkomsten, zoo voor den lande als voor de bevolking, op de doelmatigste wijze te bevorderen en te · regelen.

Deze stand van zaken leidt noodwendig tot de gevolgtrekking, dat, daar het niet ontkend kan worden, dat het middel in de laatste jaren noemenswaardig is gestegen, deze vermeerdering van inkomsten op zeer losse en gegiste gronden berust; gronden, welke niet kunnen leiden, om het vertrouwen van den belastingschuldige te bevestigen, en hem een juiste kennis te doen erlangen van het deel, hetwelk hij van zijn oogst als belasting behoort af te zonderen; welk een en ander, als eene eerste behoefte voor de soliditeit onzer inkomsten, en als onafscheidelijk van ons stelsel moet beschouwd worden.

De oorzaken dezer geringe vorderingen ter bereiking van het stelsel, kunnen naar mijn gevoelen in niets anders gezocht worden, dan in de onvoldoende middelen, welke tot heden in de toepassing der heffing zijn aangewend; deze werkt individueel, en vereischt als zoodanig noodwendig, dat men in zijne middelen tot in de détails afdale, opdat de werking gelijkmatig kunne zijn.

Zal de, bij gemelde kabinets-cirkulaire voorgeschreven ·opname, geheel en bestendig tot dit doel leiden? zullen daarmede de bezwaren en moeije-

---

(*) Het bestuur en de bevolking eener dessa, is in Cheribon, volgens den *adat* op de volgende wijze geregeld en gerangschikt: — *Koewoe*, het dessahoofd; *Raksa-boemi*, bewaker der grenzen; *Ngabehi* en *Ngalambang*, adjunkt-hoofden, een van beide moet immer op de *bali-dessa* aanwezig zijn; *Tjap-gawé*, regelt de werkzaamheden en verzamelt het volk, door den *Kabaijan*; *Djoeroetoelis*, schrijver; *Lebé*, priester. — De gezamenlijke opgezetenen worden verdeeld in drie klassen. Eerste klasse: het bestuur; *menak-menak*, de oudsten; *priais*, onbezoldigde policie-dienaren. Tweede klasse: *sikeps* of *tjatja's*, werkbare huisgezinnen. Derde klasse; *woewoegangs*, *orang-boeri*, *doeda-randa* en *boedjangs*.

(*Noot van den heer van Noord Borski.*)

lijkheden, aan eene meting verbonden en door mij toegelicht, voldoende worden uit den weg geruimd? zal zulks tot leiddraad kunnen strekken tot het doen eener juistere taxatie, vatbaar om, bij de bestaande verwisselingen, eene onveranderde kracht van werking te behouden? zulks mag ik naar mijne ervaring, in gemoede, doch met onderwerping aan rijper oordeel, betwijfelen.

Reeds hebben er, in verschillende residentiën, naar gelang der behoefte, herhaalde opnemingen en herzieningen plaats gehad; de hermeting en waardering der sawa- en tegal-velden, in 1841 in Bagelen bewerkstelligd, leidde tot eene vermeerdering der inkomsten van bijna 20 percent. Zulks zal nu andermaal het geval zijn. Eene opneming als die waarvan hier gesproken wordt, kan niet anders leiden dan tot vermeerdering van kennis, en voorzeker, zoo als telkens het geval was, tot stijving der inkomsten; maar dat deze maatregel, zoo als hij daar ligt, in staat zou zijn het stelsel te herscheppen; dat het daardoor zou worden ontdaan van die bezwaren, gezuiverd van zoodanige gebreken, als van deszelfs instelling af aan het hebben aangekleefd, en men nog niet heeft kunnen overwinnen; dat het, ten slotte, de voorkomende verwisselingen zal trotseren, en tegen den tijd bestand zijn; zulks moet ik, naar mijne overtuiging in twijfel trekken.

Alvorens de gronden te ontwikkelen, welke, naar mijne veertienjarige ondervinding in verschillende residentiën op Java, kunnen leiden tot eene billijke en geregelde toepassing der belasting, tot het verkrijgen eener zoo noodige eenheid en gelijkvormigheid, in 't kort, tot het wegnemen van al die afwijkingen en leemten, welke het stelsel tot heden zijn blijven aankleven; moet ik, tot beter begrip, aanvangen met het opgeven der motieven, welke mij geleid hebben tot de stelling, die ik later zal ontwikkelen.

Bij het aanvaarden van mijn werkkring als assistent-resident van Lebak (residentie Bantam), in December 1843, trok het middel der landrenten al spoedig mijne aandacht.

Het individueel grondbezit, de teelt der gaga-velden, in deze afdeeling zoo uitgebreid betracht, de voldoening der belasting van 1/5 op het werkelijk verkregen produkt, waren allen hoofdpunten, die mijne nasporingen te meer verdienden, omdat zij in de afdeelingen van het centraal gedeelte des eilands, alwaar ik vroeger werkzaam was, vreemd en minder gekend waren. Ik ontwaarde al spoedig, dat in de geheele residentie Bantam, de belasting berustte op den werkelijk verkregen oogst, door weging der padi, op het veld gekonstateerd; maar dat deze gewoonte grootendeels was in onbruik geraakt en verdrongen door een taxatie, of liever door eene minnelijke schikking of overeenkomst, gebaseerd op de bekende of aangenomene uitgestrektheid der velden, en in verband tot het padi-gewas van de jongstvoorgaande of vroegere oogsten; hoewel het mij niet onbekend bleef, dat men in Lebak de oude wijze van opneming door wegen, nog meer dan elders, was blijven aankleven, vermoedelijk omdat de veelvul-

dige gaga-velden dier afdeeling, wegens het onbepaalde der uitgestrektheid en de telken jare plaatshebbende verwisseling, geene minzame overeenkomst, op vergelijk gegrond, toeliet.

Als zoodanig voor de werkzaamheden van den aanslag van 1844 voldoende voorbereid, werd door mij datgene aangewend, wat strekken kon
om de opneming van het padi-gewas van de daarbij ingeslopen gebreken
te zuiveren, door daarvoor personen te bezigen, op wier probiteit ik vermeende mij, bij eene gepaste kontrôle, te kunnen verlaten; het distriktsbestuur verder voor zijne handelingen verantwoordelijk stellende; doch
vooral door het aanleggen van wel uitgewerkte geparapheerde registers,
die mij ten allen tijde in staat stelden, al de onderdeelen dezer aangelegenheid met juistheid te kunnen overzien en te omvatten.

Mijne voorstellen ter zake, aan het hoofd der residentie gerigt, vonden gereeden ingang en de uitkomst bevestigde, dat door mij de regte
weg was ingeslagen; want, hoezeer de door mij gemaakte regeling niet
dadelijk die kracht erlangde, welke ik daaraan had wenschen te geven;
hoezeer ik, tijdens de opneming van dat jaar, nog menige neiging tot
afwijken heb moeten onderdrukken, menig verzuim heb moeten tegengaan;
genoot ik toch, na den afloop, eene dubbele voldoening, daar de bekende
produktie, in vergelijking met die van 1843, welke op een bedrag van
10,078 tjaings eene landrente afwierp van ƒ 63,916.—, eene vermeerdering
aanwees in tjaings van 2,204, en in landrenten van ƒ 14,512.—,
zijnde die van 1844 12,282 tjaings, met een aanslag van ƒ 78,428.—;
welke kapitale som, onder ultimo December van het loopende dienstjaar, zonder eenig bezwaar of remissie, in haar geheel was aangezuiverd.

Aldus de grond gelegd zijnde tot eene opneming, waarop men zich kon
verlaten, dewijl zij op eenvoudige, doch zuivere grondbeginselen rustte,
en evenzeer vatbaar was voor eene juiste verifikatie, als geschikt om het
vertrouwen der belastingschuldigen te bevestigen, zette ik mijne maatregelen voor de dienst van 1845 voort, mij eerstelijk, met de registers in
de hand, bepalende tot het verbeteren der leidingen, welke onbruikbaar
waren geworden, tot het nasporen der oorzaken van braak gebleven velden, tot het aanmoedigen eener vroegtijdige bewerking en planting, en tot
het geven eener zooveel doenlijke uitbreiding aan de tipar- en gaga-velden:

De uitkomsten van het jaar 1844, gevoegd bij de verkregen ondervinding nopens de uitwerking mijner maatregelen, noopte het hoofd van
het plaatselijk bestuur, op dezerzijdsche gemotiveerde voordragt, om, bij
verbaal van 14 Februarij 1845 no. 283, de regeling van toepassing op de
geheele residentie te verklaren, met vaststelling van de door mij ontworpen
instruktie. In het slot van gemeld stuk viel mij des residents tevredenheid ten deel, over mijne bijdragen en medewerking ter bevordering van
de belangen der dienst en het algemeene nut (*). Bij den aanslag van

---

(*) Vergelijk vooral het medegedeelde, omtrent den aanslag in Bantam van
1844, in eene noot op pag. 143 hiervoren.

1845, werd aan mijne voordragt gevolg gegeven, om den marktprijs der distrikten Warong-Goenong en Sadjira, welke in 1848, naar mijne overtuiging zonder voldoende redenen, met *f* 3.— en *f* 2.— was verhoogd, tot het vorig cijfer van *f* 32.— en *f* 30.— per tjaing terug te brengen. Niettegenstaande deze vermindering van marktprijs, bekwam de aanslag, in vergelijking met die van 1844, eene vermeerdering van *f* 2,458.—, bij eene meerdere opneming van 901 tjaings. Ook de aanslag van 1846 hield zich, met een verlies van slechts 380 tjaings, staande.

Uit den vergelijkenden staat der landrenten over de vier laatste jaren, 1843 tot en met 1846, ontwaart men in het distrikt Warong-Goenong, eene verdubbeling van produkt; terwijl de vier overige zoogenaamde Zuider-distrikten, met deze ontwikkeling geen gelijken tred hebben gehouden. Zulks moet hieraan worden toegeschreven, dat, daar het distrikt Warong-Goenong grootendeels uit sawa-velden bestaat, en zeer vatbaar voor ontginning is, het bestuur op dit distrikt deszelfs medewerking krachtdadiger kan toepassen; terwijl omgekeerd de oogst der Zuider-distrikten, grootendeels afhangt van de goede slaging der gaga-velden, welke wisselvallig zijn, en wier opening door veelvuldige regens in het drooge saizoen is belemmerd geworden, zoodat men in de jongste oogsten, vooral in dien van 1846, daaraan niet eens die uitbreiding heeft kunnen geven, welke met gewone maatregelen verkregen zou zijn. De stand van het gewas van 1847 biedt voor de planters mede gunstiger vooruitzigten; men zou, zonder overdrijving, den oogst van dit jaar op 14,000 tjaings kunnen begrooten.

Boden de genomen maatregelen het voordeel aan, om de belasting met juistheid en op vaste gronden toe te passen, en hare werking tot in de kleinste bijzonderheden te kunnen omvatten; deden zij de inkomsten van het gouvernement, na een meer dan vijfentwintigjarig bestaan, meer dan 20 percent stijgen, welke vermeerdering zich reeds sedert drie jaren heeft staande gehouden, en voor de toekomst nog gunstiger uitkomsten belooft; eene niet geringe aanwinst moet worden gezocht in het vertrouwen, hetwelk de bevolking daardoor in de belasting heeft verkregen. Door eene driejarige toepassing toch is men overtuigd, dat (fraude uitgezonderd) geene blinksche middelen kunnen baten, geene misleidende opgaven, door gebrek aan middelen tot onderzoek, ingang vinden en worden aangenomen; maar dat de produktie van elk individu staat opgeteekend, en naar dien maatstaf de belasting van elke dessa, op geen gegisten, maar op overtuigenden grondslag, met het hoofd en de oudsten kan worden geregeld. Deze bekendheid bewerkte dus ook, dat nimmer een voorbereidende aanslag met zoo algemeene overeenstemming afliep, als die der drie jongste jaren. Elk hoofd toch was in staat de hoegrootheid zijner landrenten zelf aan te geven, en velen hadden, bij de gedane vooruitbetalingen, zich naar dien bij hen bekenden maatstaf geregeld.

Op deze wijze alleen behoort de belasting, naar mijn gevoelen, te werken, zal zij ontdaan worden van de menigvuldige gebreken en stelselloosheid, welke haar tot heden zijn blijven aankleven. Ik voor mij althans, acht de wijze van heffen, gebaseerd op eene ware, door weging erlangde produktie, het eenige middel om tot dit doel te geraken, en geschikt om over geheel Java te worden ingevoerd.

Beschouwen wij de bezwaren, welke tegen mijne stelling geopperd kunnen worden.

Vooreerst zou men kunnen aanvoeren: *De aangegevene wijze is te minutieus, en als zoodanig beneden de waardigheid van het gouvernement.* Men verlieze niet uit het oog, dat het hoofdbestuur in eene tweeledige verhouding tot de bevolking staat, te weten: als wetgever en als rentheffer. Wat de wetgever niet vermag, kan pligt zijn voor den rentheffer. En moet het voor den rentheffer niet als pligt beschouwd worden, om in het werkdadige zijner heffing, tot op het standpunt der belasting zelve af te dalen? Of kunnen algemeene maatregelen beschouwd worden vatbaar te zijn, om zonder afwijking en wijziging individueel te worden toegepast? Deze tweeledige verhouding heeft ook het reglement van 1814 in al deszelfs deelen omvat; het voorkomende bij art. 2, 3 en 4 getuige hiervan. Ik stip slechts aan, dat bij art. 62 en 63 van het reglement op het beleid der regering (Staatsblad 1836 no. 48) de wijze van toepassing van het stelsel ten eenenmale en in haar geheel aan de beslissing van het hoofdbestuur is onderworpen. Nog moet ik hier bijvoegen, dat de wijze in de residentie Bantam en in het overige deel der Sunda-landen, waar de belasting van gouvernementswege wordt geheven, sedert hare invoering, op den basis van het door weging gekonstateerde produkt bestaat, en door verschillende bepalingen kracht van wet heeft erlangd; terwijl deze wijze, bij art. 11 van het reglement omtrent de partikuliere landen ten westen der rivier Tjimanok (Staatsblad 1836 no. 19), uitdrukkelijk als grondslag is bepaald en voorgeschreven.

Eene tweede tegenwerping is deze: *De wijze van opneming is in strijd met die, hier en elders vigerende, welke door de gewoonte als wet is aangenomen.* Het is waar, dat aan eene nieuwe werkwijze nimmer in den aanvang het vertrouwen van den inlander ten deel valt; evenmin als de metingen en opnemingen van verschillenden aard, welke bij herhaling behooren te worden bewerkstelligd, wil men op de hoogte der zaak blijven, met zijne wenschen zullen strooken; maar het is niet minder waar dat, zoodra de inlander ontwaart, dat dit middel leidt tot eene geregelde vaststelling der belasting, hij daaraan gereedelijk zijn zegel hechten zal. De thans te veel bezwaarde zal het ongetwijfeld waarderen, en hij, wiens belasting behoort te worden verhoogd, zal spoedig neigen naar het aangenomen beginsel, door de billijkheid daarvan te erkennen.

Eene derde bedenking luidt: *Zij opent den weg tot transaktiën en ontduiking.* Maar is dat minder het geval met de bestaande? is de kontrôle op een bepaald getal inlandsche ambtenaren, in elk distrikt tot de opneming gekommitteerd, niet oneindig eenvoudiger, dan die op een groot aantal dessahoofden? Nog meer: wat thans bij het dessahoofd ontduiking is; wat thans voor hem een middel is, ten einde van onze gebrekkige hulpmiddelen om tot de kern der zaak door te dringen, in zijn voordeel partij te trekken, wordt dan fraude, — fraude van de zijde des landbou- wers, die geheel of gedeeltelijk de opneming tracht te ontduiken, en van het dessahoofd, dat zulks toelaat; doch vooral fraude van de zijde des gekommitteerden, die, door het aangaan van transaktiën ten nadeele der heffing, zijn eigen voordeel tracht te bevorderen. De eerste afwijkingen zijn allen voor herziening vatbaar en bakens voor het vervolg; de tweede zijn [in ieder opzigt strafbaar.

*De wijze van opneming*, zegt men verder, *is te omslagtig, het adminis- tratief gedeelte vordert te veel cijfers, welke vooral voor den inlander tot verwarring moeten leiden; kortom, het beschikbaar inlandsch personeel is, met het oog op de overige werkzaamheden, niet in staat de opneming in den daar- toe vereischten tijd te bewerkstelligen.*

Ook deze stelling duldt wederlegging. Het register lett. A., waarin de hoeveelheid produkt van ieder planter hoofdzakelijk wordt opgenomen, be- vat wel is waar vele kolommen; maar deze worden vereischt om alle voorkomende onderdeelen onvermengd te boekstaven, en daardoor de re- gisters letters B. en C. te kunnen vereenvoudigen. Het is het memoriaal der administratie. Ook de boeken der koffijpakhuismeesters worden op gelijke wijze gehouden. Wat meer is, voor elke opneming worden slechts weinig cijfers gevorderd, terwijl de overige kolommen oningevuld blijven. En om dit aantal, zooveel doenlijk, te verminderen en te vereenvoudigen, zou men tot standaard van het gewigt kunnen aannemen de tjaing van 2000 katti's, en als onderdeel de hamat, — terwijl de geddings, in de boeken op te nemen, konden worden vastgesteld op 20 katti's. Men er- langde daardoor eene decimale rekening, voor den min ervaren inlander gemakkelijk, en zoo deze wijze over geheel Java in praktijk gebragt werd, eene gelijkvormigheid in de administratie, welke tot heden heeft ontbroken, zoodat er steeds bij het aanbieden van een algemeen overzigt, herleidingen noodig geweest zijn.

Dat het in elke afdeeling beschikbare getal hoofden, niet toereikend zou zijn voor eene opneming bij weging, spreekt de residentie Bantam, spreekt vooral de afdeeling Lebak tegen. De padi-oogst geschiedt in een saizoen, waarin de werkzaamheden der kultures over het geheel minder dagelijksch toezigt vorderen, en het distriktsbestuur zich aan de opneming bijna uitsluitend kan wijden; terwijl er verder des noods nog een aantal andere hoofden beschikbaar kunnen worden gesteld; doch ook de bestaande wijze van konstateren, indien zij behoorlijk wordt volbragt, vereischt niet minder werkzaamheid, zoodat dit verschil waarlijk niet groot zal zijn.

De opneming in de afdeeling Lebak vangt aan in April, wordt in Junij en Julij met kracht voortgezet, en kan beschouwd worden in September geheel te zijn afgeloopen. Wanneer men nu, in die uitgestrekte wilder- nissen, met het beschikbare personeel, het produkt eener landrente van

ruim 80 duizend gulden, bij weging kan konstateren, dan vertrouw ik,
dat er in de zoo gekoncentreerde distrikten van het overig deel van Java,
bij beter gevormde inlandsche hoofden, zelfs voor het drievoud dier som,
geen bezwaar zal bestaan.

Tellen wij thans de voordeelen op, welke ik als onafscheidelijk van
mijne stelling beschouw:

Het stelsel erlangt, in al deszelfs aderen, eene eenheid en gelijkvormig,
heid, welke van eene geregelde werking en toepassing onafscheidelijk behoort te zijn; het wordt gezuiverd van al die verschillende gezigtspunten-
van dat provincialisme, als ik mij zoo eens mag uitdrukken, dat steeds
eene duisterheid en verwarring over het geheel heeft geworpen, en de
hoofdbelangen maar al te zeer tegengewerkt; het voorkomt dat een ambtenaar, door veeljarigen diensttijd in dezelfde residentie, ingewijd in het
stelsel der landelijke inkomsten, zelfs bij verplaatsing naar eene belendende,
zich daar als vreemdeling beschouwt, en zich het stelsel, om zoo te spreken, andermaal, *ten koste der zaak*, moet eigen maken. Zij stelt het
gouvernement in staat om, door eenvormigheid van beheer, bij de toepassing, tot de kern der zaak door te dringen, de verschillende uitkomsten
aan elkander te toetsen, en de daaruit verkregene gevolgtrekkingen, met
grond, op de belangen van den inlander, op den vooruitgang van het
stelsel en op den handel toe te passen. *Zij leidt, ontdaan van alle fiktiën,
van alle gissing omtrent de hoeveelheid*, tot de zuivere kennis der eventuëel
voorkomende verschijnselen, en bevestigt daardoor de wettigheid en het nut
van de te nemen voorzieningen; zij biedt de overtuiging aan eener billijke bedeeling der belasting, sluit den weg voor alle spitsvondigheden en
ontduiking, bevestigt meer en meer het vertrouwen der belastingschuldigen
en leert overtuigend, dat elke vermeerdering van inkomsten, met eene
vermeerderde volkswelvaart hand aan hand gaat.

Dan verre van mij, dat ik zou meenen, dat mijn projekt geene verbetering zou behoeven. De minder juiste denkbeelden, over algemeene
belangen, door mij welligt opgegeven, zijn een noodwendig gevolg van
den engen kring waarin ik mij tot heden bewoog. Deze denkbeelden te
beoordeelen, aan rijper ervaring te toetsen, ze of aan te kleven, of er
een afkeurend veto over uit te spreken, is de taak van hen, wier meer
omvattend officieël standpunt zulks wettigt. Doch, hoezeer de oprigting
van het gebouw in handen des bestuurs berust en daaraan uitsluitend is
aanbevolen, zoo neemt het niet weg, dat de losse bouwstoffen, door praktijk bijeengebragt, en als bijdrage tot het groote doel aangeboden, niet
geheel en al verwerpelijk kunnen zijn, en aanvankelijk de aanneembaar-
heid en uitvoerbaarheid van mijn projekt waarschijnlijk maken.

Ik neem dus aan, dat het gouvernement in principe toetreedt in eene
vaststelling der belasting over geheel Java, op den basis der door weging
gekonstateerde produktie, en ga, mij op dit standpunt stellende, over tot

het ontwikkelen van mijn gevoelen ten aanzien dier punten, welke ik vermeen, dat alsdan deszelfs speciale zorgen vereischen. Deze zijn:

1. De hoegrootheid van het voor de toekomst te heffen aandeel.
2. De toepassing der marktprijzen.

Het is eene erkende waarheid, dat hooge lasten slechts zeldzaam tot vermeerdering der inkomsten leiden. Veeleer strekt eene matige belasting, om de toenemende welvaart van het volk te verzekeren, de ontwikkeling van industrie en landbouw aan te moedigen, en daardoor de zekerste bron van vermeerderende inkomsten te openen.

Dezen grondregel aanklevende, vraag ik mij zelven af: of het gouvernement; — bij de erlangde ervaring en bij de overtuiging die er bij velen bestaat, dat eene heffing van $^2/_5$ steeds al te overdreven is om daaraan de hand te kunnen houden, en dat de kwijting daarvan alleen doenlijk is geworden door een te lagen marktprijs ter waardering van het produkt, en door eene te gering opgegeven opbrengst der velden; en dewijl men bij de kabinets-cirkulaire van Junij 1844 vindt aangegeven, dat eene partiëele opneming in drie distrikten der residentie Cheribon (vermoedelijk bij wijze van taxatie) heeft bewezen, dat $^1/_5$ van het wezenlijke produkt meer waarde had, dan vroeger het bedrag der belasting, gerekend op $^2/_5$; — of het gouvernement dan niet moet overhellen tot het gevoelen, dat $^1/_5$ als belasting van het door weging gekonstateerde werkelijk verkregen produkt, voor den billijksten maatstaf moet gehouden worden. Ieder, die de werking van het stelsel kent, en den vooruitgang daarvan in vereeniging met de belangen der bevolking waardeert, zal, naar mijn inzien, aan dezen maatstaf de voorkeur geven.

De marktprijzen, voor het aandeel der belasting vast te stellen en aan te nemen, verdienen de bijzondere aandacht van het gouvernement. Deze zaak is, men veroorlove mij deze vrijmoedige uitdrukking, tot heden te partiëel behandeld, om op algemeen en bijzonder belang geen hoogst nadeeligen invloed uitgeoefend te hebben. Klimmen wij, om dit te staven, tot den oorsprong der zaak op.

Bij den Javaan, eene landbouwende natie, is de paditeelt niet alleen het middel om hem en zijn gezin van voedsel te voorzien, zij is tevens een onderdeel van zijn volksbestaan, van zijne zeden, van zijne godsdienst; van daar dat een ieder, van den regent tot den geringsten landbouwer, zich daaraan, met gelijk genot, met gelijken ijver wijdt.

Maar de Oostersche landbouwer plant uitsluitend voor de behoeften van zichzelven en van zijn gezin; in principe kent hij het middel niet, om zijn ijver aan de behoefte eener andere natie, aan die van personen, welke geen landbouwers zijn, dienstbaar te maken, en daardoor zijne welvaart te bevestigen; in het bezit eener ruime hoeveelheid padi, ligt voor hem alle welvaart opgesloten. Padi is hem geld, geld is hem geen padi.

Alleen dan, wanneer andere behoeften zulks van hem vorderen, wanneer zijn kooplust door den smaak voor weelde wordt geprikkeld, ontdoet hij zich van een bescheiden deel. Het zijn deze zoo nietige spranken, welke, van lieverlede zamenvloeijende, op de plaatselijke markten eene kreek vormen, die haar superflu in den stroom des handels uitstort, en zich op de hoofdmarkten vereenigende, voor den koopman en zeehandelaar een stapelprodukt aanbiedt.

Dit reeds bewijst, dat het aannemen en vaststellen van een marktprijs, eene teedere zaak is, en men, door haar te veel te spannen, de konsumtie in het algemeen, doch vooral die van den mingegoede, daarom bij uitsluiting bezwaart, dewijl de rijker bedeelde slechts voor een deel van zijn oogst daarbij betrokken wordt, en voor het overige deel, dat door hem ter verkoop kan worden afgezonderd, alleen eene winstderving ondergaat, of aan de andere zijde zich tracht schadeloos te stellen, door de markt te dringen hem daarvoor een hoogeren prijs toe te kennen.

Ook het reglement van 1814 heeft den druk bevroed, welke uit een te hoogen marktprijs, bij den aanslag der belasting aangenomen, kon ontstaan. Van daar de bepaling bij art. 48, dat die prijzen zouden worden genomen, waarop de artikelen, in den goedkoopsten tijd van het jaar, op de plaats zelve te bekomen zijn; van welke bepaling de strekking in het volgende artikel wordt toegelicht. Intusschen zijn de marktprijzen, tot vaststelling van den aanslag, noemenswaardig gestegen, en deze verhooging, gevoegd bij eene bevolking, door rust en welvaart belangrijk toegenomen; bij eene grootere neiging tot uitvoer, door veilige en verbeterde kommunikatiën bevorderd; bij eene aangewakkerde zucht tot weelde, doch vooral bij een ruimeren geldsomloop: zijn zoovele oorzaken, dat de prijzen der rijst, in sommige saizoenen, niet slechts op de hoofdmarkten als stapelprodukt, maar ook in de binnenlanden voor konsumtie, tot eene nooit gekende hoogte stijgen. Kan deze stand van zaken, kunnen deze hoog opgevoerde prijzen strooken met de belangen van land en volk, met de ontwikkeling des handels? Eene wijze staathuishoudkunde wederspreekt dit. De groote Engelsche staatsman zegt, in zijne redevoering over de voorgenomene hervorming in het tarief, dat overvloed en lage prijzen de misdaden verminderen, en op den zedelijken toestand des volks gunstig werken.

Op deze gronden zou ik wenschen, dat de marktprijzen voor de belasting, een onderdeel der regtstreeksche zorgen en voorzieningen van het hoofdbestuur werden; dit toch is alleen in staat om de vaststelling daarvan aan algemeene beginselen, aan statistieke opgaven, met het oog op de behoeften der bevolking en op die des handels, te toetsen en te vergelijken: daar, waar in vergelijking met andere streken, eene te groote spanning mogt bestaan, dien last te verligten, en van lieverlede een zoodanige vermindering te bewerken, als, met het oog op de belangen van het stelsel en op die van andere middelen, nuttig en uitvoerbaar geacht zal worden.

En deze voorgestelde vermindering, al ware daaraan ook eenige opoffering verbonden, strookt, afgescheiden van het groote doel hetwelk daardoor

wordt bereikt, volkomen met het belang van het gouvernement zelf, daar
het aanwenden van middelen ter erlanging van een verminderden prijs der
rijst, gunstig op handel en inkomende regten zal werken, en de financiën
eene ruime kompensatie voor deze opoffering casu quo zullen vinden in de
meer billijke prijzen, waarvoor alsdan 's gouvernements behoefte telken jare
zal kunnen bedongen worden.

Er blijft mij nog eene vraag ter beantwoording over. Zal men, bij de
invoering van dit stelsel, in de onderdeelen geen moeijelijkheden ontmoeten, welke de dadelijke toepassing daarvan belemmeren? Zulks is te
vermoeden; men zal, op den basis van het gewogen produkt, *hier* eene
stijging ondervinden, *daar* eene belangrijke vermindering moeten toestaan.
Deze schokken zal men, zoowel in het belang van het middel, als in dat
van den planter moeten voorkomen. Een zachte overgang zal het geheel
*au niveau* moeten brengen; doch dit zal gemakkelijker zijn, wanneer de
inlander de overtuiging heeft verkregen, dat de belasting op vaste grondslagen rust, bij welke ervaring eene eventueele en trapsgewijze opklimmende vermeerdering, door hem niet bezwarend zal geacht worden.

Heb ik in deze beschouwing mij bepaald, tot de ontwikkeling mijner
gevoelens over de paditeelt als produkt van eerst gewas, en zoodanige
voortbrengselen, welke als zoogenaamd tweede gewas belastbaar zijn, on-
aangeroerd gelaten, de reden daarvan is, dat ik deze produkten, hoewel
onder een gelijk middel sorterende, als geheel afgescheiden van de teelt
der padi beschouw.

De padi is een produkt, in principe voor de behoefte bestemd; het is
een voedingsmiddel van eerste, van algemeene behoefte. Het tegengestelde
vindt plaats bij de tweede gewassen; deze bestemt men voor den verkoop,
en daar men bij het eene de konsumtie, bij het andere de nijverheid belast, zal het wel geen betoog behoeven, dat de beide hoofdafdeelingen aan
dezelfde bepalingen niet onderworpen kunnen worden. Van daar dat, naar
mijn oordeel, het tweede gewas, hoewel vatbaar om, in vereeniging met
het eerste, behandeld te worden, afzonderlijke bepalingen vordert, waar
omtrent ik mij niet bevoegd acht mijne denkbeelden te ontwikkelen, omdat
men daartoe volkomen bekend behoort te zijn met al die bronnen, waaruit
het tweede gewas in de verschillende residentiën voortvloeit. Immers, is
het padigewas vatbaar om in eene algemeene beschouwing te worden opgenomen, de tweede gewassen zijn aan lokale omstandigheden verbonden
en daaraan onderworpen.

Moest ik echter een gevoelen daarover uiten, dan zou door mij tot het
vaststellen dier belasting, de uitgestrektheid der beplante gronden, gepaard
met eene klassifikatie der produkten en eene gelijke klassifikatie der slaging, tot basis worden gekozen: hetgeen ik wenschen zou, dat door vaste
tarieven, zooveel doenlijk werd bepaald. Alsoo zou ik, onder de voortbrengselen van den eersten rang, opnemen dezulke, die voor den groot-
handel bestemd zijn, en waarvoor op alle plaatsen een bijna gelijken prijs
kan bedongen worden, als: suikerriet, indigo, tabak, enz.; terwijl ik de

veldvruchten, als de katjang-soorten, djagong, tjantel, ketella, widjin en vele anderen, in den tweeden rang zou wenschen geplaatst te zien. Voor deze beide hoofddeelen, bij de drieërlei klasse van slaging, in de tarieven voor de belasting een maximum en minimum aannemende, zou men de plaatselijke besturen genoegzame ruimte laten, om plaats en omstandigheden in aanmerking te nemen, en te gelijk voor eene geregelde werking voldoende gewaarborgd zijn.

Nog eene vraag doet zich ten slotte, bij mijne beschouwing van het stelsel der landelijke inkomsten voor. Zij is deze: Behoort de padi als ruw produkt, op de openbare markten ter verkoop aangebragt, onderworpen te zijn aan eene heffing? of behoort men, met het oog op dé daarvan reeds gekwetene landrenten, den vrijen en onbezwaarden verkoop toe te staan? Vele zaakkundige ambtenaren omhelzen het laatste. Ook is hierin de werking niet eenstemmig, daar, bijaldien ik wel onderrigt ben, hier eene heffing, daar een vrije verkoop plaats vindt. De oplossing van dit vraagpunt ligt evenwel buiten mijn bestek, als te zeer aan andere belangen verbonden. Het behoort het hoofdbestuur alleen te zijn voorbehouden, om te oordeelen of deze vraag waardig is te worden overwogen, en of zij beslissing vordert. (*)

Ik zou de taak, die ik mij heb opgelegd, hier voor volbragt kunnen houden, ware het niet, dat de omvang van het onderwerp en de vele gewigtige belangen, welke daarmede in verband staan, mij tot daaraan verwante denkbeelden geleid hadden, die ik ongaarne zou verzwijgen. En werd door mij aangewezen, welke voorzieningen het stelsel, naar mijne ervaring, behoeft, om het die kracht en ontwikkeling te geven, zoo noodig ter bevestiging van deszelfs stabiliteit en bloei; straalt, zoo ik mij vlei, in mijne woorden duidelijk door, dat door mij niets anders wordt beoogd, dan het belang van het gouvernement, hetwelk ik de eer heb te dienen, en de welvaart eener bevolking, in wier midden ik het beste deel mijns levens sleet, wier belangen mij zooveel jaren waren aanvertrouwd, en wier voorspoed mij zoo na aan het harte ligt; dan zij het mij vergund, met bescheidenheid en vrijmoedigheid, voort te gaan met de ontwikkeling mijner denkbeelden, doordrongen van de overtuiging, dat een zaakkundig oordeel, de door mij gebezigde middelen, om het goede doel, dat daarmede beoogd wordt, niet zal afkeuren.

Er zijn twee hoofdstelsels, welke, sedert het herkrijgen van onze koloniën, een alles omvattenden invloed op den toestand der bevolking, op hare intellektuële en materiële ontwikkeling, op hare zeden en welvaart, hebben uitgeoefend; het eerste is het stelsel waarvan vroeger is gewaagd; het tweede dat der kultures.

De werking van het eerste stelsel, ontrukte de bevolking grootendeels aan het zwak, dikwerf willekeurig gezag der hoofden, en deed haar de

_____

(*) Door de opheffing van de bazaar-geregtigheid, is dit vraagpunt sedert lang beslist.

voorregten van een geregeld bestuur, op billijk toegepaste wetten en bepalingen gegrond, ondervinden; het vermeerderde onze kennis van land en volk, en bevestigde onzen invloed.

Dan de ontwikkeling van dit stelsel was in den aanvang lijdelijk, omdat deszelfs jeugdige instelling geene snelle aansporing gedoogde, doch vooral, omdat onze kennis nog niet was doorgedrongen tot die bronnen van ontwikkeling en rijkdom, tot die ware kennis van de krachten der bevolking en van het produktief vermogen van den grond, waartoe wij later geraakten.

Op dit belangrijk standpunt bragt ons het stelsel van 1830, dat der kultures. Met kracht aangevangen en met ernst en ijver voortgezet, vorderde het ter slaging een grondige kennis van het bestaande en van alle bronnen waaruit kan geput worden. Hiertoe werkte alles te zamen, alle beschikbare middelen werden er op toegepast, en er aan dienstbaar gemaakt. Niemand zal ontkennen, dat deze maatregelen een helder licht over het geheel hebben verspreid, en ons de wezenlijke waarde onzer bezitting hebben doen kennen, eene waarde, die als groot en gewigtig behoort geschat te worden, en ter erlanging van welker kennis, het oude stelsel nog menig tiental jaren zou gevorderd hebben.

Het verdient de meeste opmerking, dat het stelsel der kultures, ingevoerd met het speciale doel om de teelt van handelsprodukten uit te breiden, gelijktijdig en zonder dat men zulks had kunnen berekenen noch verwachten, aan den rijstbouw eene nooit te voren gekende ontwikkeling heeft geschonken; zoodat beide stelsels eene tweeledige uitwerking op voorspoed en welvaart schijnen gehad te hebben.

En bewijst ons eene zestienjarige ondervinding niet, dat deze uitwerking daarvan onafscheidelijk is; heeft ons de toepassing niet doen zien, dat voor de natie, waarover wij de voogdijschap hebben aanvaard, onze direkte aansporing en medewerking eene behoefte was, om uit dien sluimerenden toestand te geraken, waarin zij voortleefde; dat die aansporing noodig was om hare énergie op te wekken, en met haar vruchtbaren bodem zooveel mogelijk te woekeren; doch vooral, dat deze bemoeijingen, met het oog op den aard der bevolking, op algemeene en plaatselijke zeden en gewoonten toegepast en daarmede in verband gebragt, niet anders dan heilzame uitkomsten konden hebben? Zulks bewijst ons de geschiedenis des handels van de jongste 16 jaren. In dat tijdvak zien wij eene handelsvloot, die, in tegenstelling der voortbrengselen van nationale nijverheid, de markten van het moederland en vele uitheemsche van onze produkten voorziet. En zagen wij deze weelde van een tropischen grond jaarlijks in hoeveelheid en verscheidenheid toenemen, wij zien de rijst, wier uitvoer zich vroeger slechts tot de behoefte van den Archipel en China bepaalde, tot stapelprodukt verheven, en bij het beschouwen van een zoo merkelijk vermeerderden uitvoer, waarderen wij dubbel de werking eener inrigting, welke op deze inheemsche, daartoe niet dadelijk bestemde kultuur, zulk een onverwachten vooruitgang heeft uitgeoefend.

Is het, op grond der erlangde ervaring, op grond van den snellen vooruitgang welke aan de kultures is ten deel gevallen, gewaagd aan te nemen, dat dit stelsel deszelfs toppunt van ontwikkeling heeft bereikt; dat
de krachten der bevolking en het produktief vermogen van den grond bekend en reeds voldoende zijn aangewend; dat de tijd daar is, om alleen
aan zuiveren en behouden, niet aan uitbreiden te denken; en dat de toestand van vele daaraan verwante zaken zulks ook niet toelaat? Zonder
dit gewigtig vraagpunt te beslissen, leidt het mij onwillekeurig tot datgene,
hetwelk ik wensch aan te toonen.

Heeft de teelt van produkten voor uitvoer en overzeesche behoefte, door
gepaste en kernvolle maatregelen van het hoofdbestuur, zoowel als door den
ijver en de volharding van de meerderheid der ambtenaren, in vruchtbaarheid de verwachting ver overtroffen welke men daarvan kon koesteren: zoo
had zij desniettemin met groote zwarigheden te worstelen; want hoeveel
geldelijk voordeel door haar ook mogt verspreid worden, zij bleef voor de
bevolking een voedsterkind van vreemde herkomst, en tot doeleinden bestemd, door haar niet gekend. Daarbij vorderde zij vele zorgen, welke
grootendeels elk jaar terug kwamen. Geheel anders is het gelegen met de
teelt der padi. Daardoor toch erlangt de inlander een produkt, dat hij kent
en hoogschat; aan deze zegenvolle ader is zijn gansche zijn verbonden;
terwijl elke vooruitgang, elke uitbreiding daarvan blijvend is, en jaarlijks
verbetert.

Zien wij dus welligt, aan de eene zijde, aan onze zucht tot uitbreiding
van produktie en handel en tot ontwikkeling eener meer en meer toenemende volkswelvaart palen gesteld, aan de andere zijde wordt ons een ruim
veld ter bearbeiding geopend, een veld, waarvan de uitkomsten niet minder gunstig zullen zijn, als strookende met de behoefte en neiging der natie; terwijl de zorgen, daaraan besteed, eene blijvende waarde behouden.
En wie zal ontkennen dat, bij den veranderden loop der tijden, bij den
tegenspoed, welken het volksvoedsel in Europa in de jongst verloopene
jaren heeft ondervonden, de behoefte aan dit graan niet allengs zal vermeerderen, en de navraag in den handel zal toenemen. Wie zal ontkennen
dat, daar de statistieke opgaven der bevolking jaarlijks eene belangrijke
vermeerdering aantoonen, dit onderwerp voor de konsumtie zelve niet de
meeste voorzieningen vordert, daar, bij een eventuëelen onspoed, Java, als
een geïsoleerd land, zich zelf voeden moet, en op geen noemenswaardigen
toevoer van buiten kan rekenen.

Ik noemde het veld ruim; want, hoeveel er ook ter zake moge zijn
gedaan, blijft er niet minder te verrigten over. Welk een aantal rivieren
is nog onbedwongen; hoeveel water blijft hier en elders nog onbenuttigd!
Men stelle eens, dat men, gedurende de jongste 16 jaren, aan dien rijstbouw die zorgen had gewijd, welke het kultuurstelsel heeft gevorderd, en
men beschouwe het standpunt, hetwelk deze tak van landbouw alsdan zou
hebben bereikt.

Doch om tot dit groote doel te geraken, is het niet alleen noodig, dat het stelsel der landelijke inkomsten geregeld en eenvormig werke, ook de toepassing van dit stelsel in alle de residentiën onder ons beheer, wordt daartoe noodwendig gevorderd. Immers heeft de ondervinding doen zien, dat in zoodanige landschappen, waar die belasting nog niet is ingevoerd; waar het financiëel belang van het gouvernement niet dadelijk aan de goede slaging van het padigewas is verbonden, of liever, dat daar waar het bestuur niet als renthefter optreedt, de meeste ontberingen, het meeste misgewas heeft plaats gevonden. Hiervan getuigen althans de Preanger-regentschappen, de katastrophe van 1844 en 1845 in de residentiën Madioen, Kediri en de afdeeling Patjitan; uit welke voorvallen, en vele andere mij minder bekende, men de gevolgtrekking kan opmaken, dat het noodzakelijk is, dit deel van den landbouw onder een dadelijk meer gedetailleerd toezigt te brengen; een toezigt, dat alleen dan gunstig werken, dan eerst een gewenschten invloed uitoefenen kan, wanneer niet meer een belang, welks nuttigheid uit een algemeen doel wordt betracht, maar het speciale belang van het gouvernement zich aan dat van den planter aansluit. Dit alleen kan door het invoeren eener belasting worden bereikt, terwijl buiten deze de pligten, welke ter zake op een' ambtenaar rusten, niet zoo verbindend zijn, en hem de middelen ontbreken om tot de kern der zaak door te dringen; middelen, tot welker opsporing de belasting hem dringt, en welke zij hem op verschillende wijzen aan de hand geeft. Bij den bestaanden stand van zaken, zal de inlander steeds voor een deel verstoken blijven, van onze meerdere bevatting en kennis, van onze direkte bemiddeling en aansporing; welk een en ander te zamen genomen en toegepast, als het eenige en best werkende middel tot vooruitgang en ontwikkeling moet worden aangemerkt.

Dan deze bijzonderheden zijn gewis de aandacht van het opperbestuur noch van het hoofdbestuur ontgaan. Beide kennen en doorgronden het gewigt der zaak, wier belang mijne pen slechts met zwakke trekken kon schetsen; beide wijden daaraan hunne zorgen en vermogende bemoeijingen. Deze zullen tot den besten uitslag leiden, en allen, aan welke het geluk van Java, en desselfs bevolking ter harte gaat, en die dat gastvrije land als hun tweede vaderland hebben aangenomen, zullen deze maatregelen en voorzieningen toejuichen, en daaruit voor de toekomst aan de bevolking eene verdubbelde welvaart, aan het moederland de gunstigste uitkomsten voorspellen.

*Delft*, *October* 1847.

(was get.) VAN NOORD BORSKI.

## AANTEEKENINGEN.

De hier medegedeelde memorie, werd den minister van koloniën aangeboden, bij brief van den schrijver, dd. 27 October 1847. De minister antwoordde daarop, bij missive van den 8en November daaraanvolgende no. 1, lett. A, aldus:

„Bij uwen brief van 27 October jl. is mij geworden, uwe memorie betreffende het stelsel van landelijke inkomsten op Java, beschouwd in deszelfs werking en toepassing.

„Geheel in het midden latende, de uitvoerlijkheid en doelmatigheid van het door U ontwikkelde denkbeeld, eener vervanging van den, bij art. 62 van het regerings-reglement, uitdrukkelijk voorgeschreven aanslag *bij dessa's*, door eene individueele belasting, vooral in die streken waar de rijstvelden aan de gemeente toebehooren, en geen individueel eigendom zijn; heb ik niettemin het stuk, voor welks aanbieding ik U bij deze mijnen dank betuig, met belangstelling gelezen, als eene, door de vele daarin vervatte bijzonderheden, wezenlijke bijdrage tot de vermeerdering onzer kennis van Java."

De toestand in de residentie Bantam bleef echter bestaan, op de wijze als in de memorie is beschreven. De direkteur der kultures schreef nog, bij missive van 4 Augustus 1863 no. 3768, 12/5, aan de regering hetgeen volgt :

„In de residentie Bantam, alwaar het individueel grondbezit bestaat, is in der tijd, zonder voorkennis der regering, ingevoerd geworden en bestaat nog : *de heffing der landrenten, naar de werkelijk van de velden geoogste hoeveelheid padi, door daartoe benoemde kommissiën, belast met het wegen van het produkt.*

„Deze wijze van heffing der landrenten, is in dadelijken strijd met de organieke bepalingen, onder anderen van Staatsblad 1818 no. 14, art. 1, 2, 3 en 4, Staatsblad 1819 no. 5, art. 1, 2, 3 en 4, en Staatsblad 1819 no. 14; volgens welke de aanslag der landrenten, over 1819 en volgende jaren, moet worden gedaan *dessasgewijze*, en, omtrent de bepaling van het bedrag van den aanslag, met de hoofden en oudsten van elke dessa, eene overeenkomst moet worden getroffen, met inachtneming van de vermoedelijke gesteldheid van het gewas."

# BIJLAGE C.

## Nota, ten doel hebbende de herziening van het stelsel, en de duurzame regeling van de belasting ongebouwde eigendommen; van den inspekteur der kultures H. A. van der Poel.

### EERSTE AFDEELING. (*)

Sedert het jaar 1816, tijdstip waarop de Oost-Indische bezittingen onder het Nederlandsch gezag teruggekeerd zijn, is de belasting, algemeen bekend onder den naam van *ongebouwde eigendommen*, tot op den huidigen dag, geregeld naar de grondstellingen, aangenomen bij de *Revenu-Instruction*, door het Engelsch tusschen-bestuur gearresteerd den 11en Febrnarij 1814.

Alhoewel in dit staatstuk de weg duidelijk aangewezen is, welke moest worden ingeslagen, om de grondbelasting, op eenen voor het volk billijken en evenredigen en voor het gouvernement voordeeligen en duurzamen voet, te regelen, is in het tijdvak van drie en dertig jaren, en dus een derde van eene eeuw, dat het Nederlandsch gezag in Indië hersteld is, niets gedaan, om dat schoone doel te bereiken; integendeel, heeft men het lot van de landbouwende klasse geheel overgelaten aan het toeval, en aan de ingeschapen knevelzucht van deszelfs inlandsche hoofden.

Alle kompetente hoofdambtenaren van Java weten, dat de regeling van den aanslag der landrente niet alleen gebrekkig is, maar ook dat de landbouwers meer opbrengen, dan de regering van hen vordert; dat deze meer geheven gelden ten buit strekken van de mindere inlandsche ambtenaren, dat met de toenemende behoefte van den gemeenen man, en voortdurende verhooging van de belasting, het gebrek algemeen moet worden; en toch

---

(*) Deze eerste afdeeling is geschreven in November 1849, en ingediend aan Zijne Excellentie *J. J. Rochussen*, bij onderhandsch schrijven van den 19en Julij 1850.

(*Noot van den heer van der Poel.*)

heeft zich geen enkele opgedaan, met het aanbod om een ommekeer van zaken te bewerken, die geen uitstel meer gedoogt.

Ik zal niet trachten uit te vorschen, waaraan dit verschijnsel moet worden toegeschreven, omdat zulks niet kan geschieden, zonder te gelijk vele en teedere belangen te kwetsen, het kwaad zelf daarom niettemin bestaat, en met een dergelijk onderzoek alleen, toch niets tot afwending van hetzelve gedaan is. Genoeg zij het te weten : dat de autoriteiten niet kunnen ontkennen, dat het stelsel van landrente, zooals het thans werkt, een bron is van kwelling en een middel tot ondermijning voor den landman.

Dáár, waar produkten voor de Europeesche markt worden aangekweekt, bespeurt men niet dadelijk de kwade gevolgen van de invordering eener belasting, die zonder orde en vasten grondslag aan de bevolking opgelegd wordt, omdat meestal, bij de uitbetaling van kultuurloonen, die belasting dorpsgewijze ingehonden, en daarmede de verantwoordelijkheid van de ambtenaren voor geëindigd geacht wordt ; doch zoo die ambtenaren zich in de dorpen wilden begeven, en aldaar de werking van hun stelsel bij de individuën nagaan, dan zouden zij ontwaren :

1º. Dat de beste velden, voor zoover die niet als het ware bestendig voor de Europeesche kultures in beslag genomen zijn, het aandeel uitmaken van den een of anderen inlandschen ambtenaar, of van het dorpsheofd, zijne aanverwanten of gunstelingen ; die daarvoor òf in het geheel geene, òf slechts zeer weinig belasting betalen.

2º. Dat aan de min. gegoede (en zulks beteekent in Indië de meest arbeidende) klasse, de schraalste stukken grond, en nog wel meestal van ontoereikenden omvang te beurt gevallen zijn.

3º. Dat niettemin de belasting gelijkmatig verdeeld is, zoodat de klasse onder § 1 bedoeld, niet meer betaalt dan die welke bij § 2 is aangewezen.

4º. Dat de dorpshoofden, door aan de onvermogenden steeds een gering aandeel te geven in den rijstbouw, eene zekere hoeveelheid velden weten over te houden, waarvoor schijnbaar geen bewerkers in hunne dorpen gevonden worden.

5º. Dat zij deze karige verdeeling van den grond verantwoorden, met de bij de ambtenaren aangenomen stelling : dat de sawavelden onder de ingezetenen, naar hun vermogen, zullen worden verdeeld, en de dorpshoofden verantwoordelijk zijn voor de belasting hunner onderhebbenden. (Art. 13, Staatsblad 1818 no. 14.)

6º. Dat zij, langs dien weg, middel hebben gevonden, om een gedeelte der ingezetenen in eenen van hen volstrekt afhankelijken, over het algemeen onderdrukten toestand te houden, en *onvermogend te maken* om een ruimer aandeel in de sawavelden te bewerken.

7º. Dat daaruit voortvloeit, het onbebouwd blijven van zeker gedeelte gronds, hetwelk niet in den aanslag zoude kunnen worden begrepen, zoo de dorpshoofden niet *bekwaam* en *aktief* genoeg waren, om daarvoor bijzondere huurders (art. 13 als boven) op te sporen, aan wien zij de over-

geblevene stukken grond verhuren, tegen eene voorafgaande betaling, doorgaans 5 of 10 percent overtreffende de taxatie der belasting, die het gouvernement uitschrijft.

8o. Dat het bedrag der ontvangen gelden voor sommige dorpen aanzienlijk is; die sommen door de dorpshoofden worden verbruikt, en dat
zij, bij het einde van het jaar, het bedrag derzelve nogmaals, door het
minst vermogende deel hunner eigene dorpsgenooten, laten uitkeeren.

Er zou geen einde komen aan de beschrijving van de vexatiën, willekeurigheden, onderdrukkingen en afpersingen, welke de landbouwende klasse
jaarlijks van hare dorpshoofden ondergaat, ter zake van de inning eener
belasting, welke nog heden ten dage *door de residenten en andere ambtenaren naar hunne zinnelijkheid wordt berekend en aangeslagen.* (Staatsblad
1818, no. 14.)

Wanneer men zich had voorgenomen, om een stelsel van belasting uit
te denken, waaronder de mindere man gebukt moest gaan, waarbij de
hoofden zich verrijken en de regering den blaam van schraapzucht op zich
moest halen; dan zou men geen betere instelling te voorschijn hebben kunnen
brengen, dan het landelijk stelsel, niet zoo als het door de Engelschen is
ontworpen, maar gelijk het door ons in praktijk gebragt wordt.

Het is waar, dat van de sommen welke de gemeene man betaalt, een
deel in handen blijft van zijne hoofden.

Het is waar, dat de sommen die werkelijk geheven worden, grooter
zijn dan die welke door de residenten worden uitgeschreven.

Het is almede waar, dat het gouvernement en niemand anders dan het
gouvernement van Nederlandsch Indië, den naam heeft van opgaarder
te zijn van al die gelden, welke den gemeenen man worden afgenomen
onder de benaming van *padjek*, van welke sommen *het halve* of *drie-
vierde gedeelte*, slechts gelijk staat aan het bedrag van den aanslag; terwijl
het overige *halve* of *één vierde gedeelte* een buit wordt van de dorpshoofden.

Twintig en meer jaren geleden, kon zulk een verwarde staat van zaken
onopgemerkt bestaan, omdat de tijds-omstandigheden van een geheel tegen-
overgestelden aard waren als die, welke thans aanwezig zijn. Toen bestonden er geen kultures voor de Europeesche markt, die den landbouwer
thans bijna geen rust meer laten. Toen bouwde men geen vestingwerken,
werwaarts de Javaan op dagreizens afstand, met achterlating van vrouw
en kinderen en staking van zijnen veldarbeid, zich begeven moet, om voor
een ontoereikend loon, gedurende vele dagen te arbeiden. Toen was de
zucht, om door uiterlijk vertoon van werkdadigheid, door het aanleggen
van noodelooze wegen, en het kwistig verfraaijen van steden en hoofdnegorijen, de opmerkzaamheid der regering tot zich te trekken, nog niet eene
manie geworden. Toen trokken niet onophoudelijk residenten, assistent-
residenten, kontroleurs, inspekteurs, chemisten, predikanten en andere
landsdienaren, in allerlei rigtingen, door het land, om gedurende hunne dienst-
verrigtingen op kosten van den gemeenen Javaan te leven. Toen bouwde

men geen steenen passangrahans, die met hun ameublement, op eene hoofdplaats eene waarde van *f* 8,000 tot *f* 10,000.— zouden bezitten, en zonder
de onbeschaamdste geldheffingen van de bevolking nimmer tot stand hadden
kunnen komen. Toen bestonden er geen, door ongeöorloofde geldheffingen
onderhouden wordende partikuliere postpaarden, en korpsen lanciers, om
de door procento's ruimer dan ooit bezoldigde ambtenaren kosteloos, in
praal en pracht, ginds en herwaarts over te voeren. Dat alles bestond
*toen niet*, maar bestaat *thans*; en aangezien het nimmer in het brein van
eenig verstandig mensch kan opkomen, om te willen vorderen, dat de
Javaan, voor alle die lasten, zich schadeloos gesteld kan achten, met de
geringe, in sommige opzigten niet noemenswaardige voordeelen, welke hem
het anders zoo weldadig, doch door deszelfs gebrekkige uitvoering zoo
drukkend stelsel van kultures aanbrengt; zoo zal men, bij resumé van een
en ander, moeten toestemmen, dat het lot van den armen geringen Javaan
dermate beklagenswaardig is, dat eene herziening van de grieven, die hij
gevoelt, maar in stille onderwerping verduurt, niet langer mag worden
uitgesteld.

Een eerste en beslissende stap daartoe, bestaat in het onttrekken van
den Javaan aan de knevelarij, de verdrukking en het despotisme zijner
mindere inlandsche (dorps)hoofden.

Daartoe kan alleen leiden, de herziening van het stelsel van grondlasten,
anders gezegd de ongebouwde eigendommen.

De ijverigste en bekwaamste Indische ambtenaren, hebben tegen dit werk
opgezien, en zijn in hunne pogingen niet kunnen slagen.

Het is mij niet gebleken, op welke wijze zij eene omkeering hebben
willen bewerken. Welligt was het de vrees van verstoring van de rust,
waarin de inlandsche hoofden voortleefden, of wel de vordering van groote
geldelijke opofferingen, welke het goûvernement steeds teruggehouden hebben, om aan de vertoogen, over dit onderwerp gedaan, een gunstig oor
te leenen.

Het is dan ook om die reden dat ik, bij de heden door mij aangewende
poging, voornamelijk op deze punten van bezwaar bedacht geweest ben,
en kan ik vooraf verzekeren, dat de wijze, waarop ik de gedachte herziening wil doen plaats vinden, verre van het gouvernement op kosten te
jagen, het daarbij al dadelijk geldelijk voordeel zal aanbrengen, zonder
dat van den landbouwer iets meer wordt gevorderd, dan hem tot dusverre
door de besturen opgelegd is geworden. (*)

Met opzigt tot de inlandsche hoofden, kan ik niet veronderstellen, dat

---

(*) Gelijk in den aanvang dezer afdeeling gezegd is, werd dit stuk geschreven
in November 1849. Sedert hebben de gebeurtenissen zich zoo snel afgewisseld,
en is de verachtering der bevolking tot zulk een trap gestegen, dat de afgelegde
belofte van het besparen van uitgaven, thans niet meer kan worden nageleefd,
omdat daarmede het doel niet meer te bereiken is.

(*Latere noot van den heer van der Poel, gesteld op het
aan den minister aangeboden stuk.*)

heden ten dage°niet eindelijk bij de regering geheel en al zou zijn geweken, de bekommering, welke zoolang geheerscht heeft, voor de gevolgen, die het wettig ontnemen van onwettig door hen genoten wordende voordeelen, na zich zou slepen; of dat men nog niet tot de overtuiging zou zijn gekomen, dat de voorstelling, die sommigen zich nog maken van den invloed der inlandsche hoofden, de regenten niet uitgesloten, niets dan eene chimère is.

De regeling, zooals ik die in ontwerp gereed heb, is eenvoudig: voor den Javaan bevattelijk, voor de ambtenaren uitvoerlijk, en voor het gouvernement onkostbaar en duurzaam.

Tegen één punt moet ik waarschuwen, dat is: tegen de tegenwerking, welke de invoering van het projekt bij sommige ambtenaren, hetzij residenten of hooger geplaatsten, ondervinden zal. Niet dat ik dezulken bepaaldelijk van onwilligheid zou willen verdenken, doch zeker weet ik, dat naijver, kwalijk geplaatste eerzucht, bekrompen denkbeelden en vadzigheid, bestendig een heilloozen invloed uitgeoefend hebben, op de handelingen van sommigen onder hen, aan wien het lot van honderd duizenden aanvertrouwd is.

Opmetingen der velden in sommige residentiën, zullen daarbij onvermijdelijk, de invoering van de nieuwe regeling al gaande weg moeten vergezellen, en de vrees, die men het gouvernement, ik weet niet op welke nietswaardige en valsche gronden, voor dezen maatregel, even als voor de onvermijdelijk noodzakelijke geregelde volkstelling, heeft weten in te boezemen, doet mij beducht zijn, dat de onwilligen (waar worden die niet gevonden?) van deze hefboomen gebruik zullen maken, om de regering van de aanneming van het ontwerp te doen afzien.

Uit het voorgebragte zal welligt afgeleid worden, dat de gevolgen der bedoelde herziening, aan de inlandsche hoofden geheel den weg zullen afsluiten om zich eenigerlei benifice hoe ook genaamd te verschaffen, en dit verdient wezenlijk overweging, daar het eene onwederlegbare waarheid is, dat de inlandsche ambtenaren te bekrompen bezoldigd zijn,

Het is dus noodig te noteren, dat de inlandsche hoofden onder het beheer hunner vorsten, bezoldigd waren, met sawa-velden en vrije beschikking over een zeker aantal dienstpligtigen.

Het bezit van gronden, of het aandeel hebben in sawa-velden, is reeds door het Engelsch tusschen-bestuur opgeheven, gelijk het Nederlandsch gouvernement dat voorbeeld gevolgd, en daarvoor geldelijke inkomsten in de plaats gesteld heeft.

De beschikking over dienstpligtigen is immer nog blijven voortduren: maar de schokken, welke het stelsel van kultures aan de aloude volks- en lands-instellingen toegebragt heeft, hebben die instellingen of privilegiën eerst langzaam ondermijnd, en eindelijk door de groote, ja *te groote* uitbreiding der vreemde kultures, geheel den bodem ingeslagen, en is de vrije beschikking over der Javanen arbeid zonder betaling, die eertijds voor den staat nuttig en voordeelig was, als zijnde berekend naar de krachten der bevolking, ontaard in een dwang-stelsel, hetwelk van de wezenlijke slavernij alleen nog onderscheiden is, door het gemis van het regt van verkoop, en zou, onder den bestaanden toestand van het binnenste des lands in vele streken van Java, en onder de treurige verschijnselen die in de laatste jaren zijn en nog dagelijks worden waargenomen, de vraag: of de Javaan niet gelukkiger zou zijn, indien dat regt zich over zijn persoon kon uitstrekken? waarlijk overweging verdienen.

Doordien nu de inlandsche hoofden, ongeacht den van regerings-wege honderdvoudig vermeerderden arbeid van den gemeenen man, niet opgehouden hebben van het hun, door hunne adellijke afkomst, onder een aristokratischen regeringsvorm, (door het Europeesch gezag geassisteerd) als het ware van nature aankomend regt, van vrije beschikking over den arbeid van den inlander, gebruik te maken, is de druk der bevolking zooveel zwaarder geworden en het evenwigt verbroken; want, zooals hierboven gezegd is, de arbeid van den Javaan, stond vroeger in eene billijke verhouding tot zijne krachten, terwijl hij thans verreweg in krachten bij den arbeid te kort schiet.

Kan dus gereedelijk en op grond der reeds bestaande bepalingen, overgegaan worden tot het invoeren van maatregelen, welke de inlandsche hoofden zullen beletten, aandeel te nemen in de bouwlanden, zoo kan echter niet onvoorwaardelijk bepaald worden, dat zij den gemeenen man niet meer privaatdiensten zonder belooning zullen opleggen.

Het gemis van doeltreffende, en dus op grond van rijpe overwegingen van bevoegde zaak- en oordeelkundige ambtenaren steunende bepalingen, deze aangelegenheid betreffende, heeft de gevolgen daarvan doen kennen; want ik aarzel niet, de oorzaken van den hier en daar waargenomen achteruitgang van de welvaart der bevolking, voor zeven achtste gedeelte toe te schrijven aan de wanorde welke in verscheidene binnenlandsche besturen op Java heerscht.

Voor de eene aangelegenheid bestaan in het geheel geen verordeningen, voor een andere zijn de vastgestelde regelingen onvolledig of niet meer voor dezen tijd geschikt; terwijl de goede niet zelden overtreden worden, door onkunde of ligtzinnigheid, om geen sterkere uitdrukkingen te bezigen.

Het is dus noodig dat vastgesteld worde, hoeveel menschen aan de inlandsche hoofden voor de hier bedoelde diensten zullen worden afgestaan; ten aanzien waarvan, naar plaatselijke instellingen en buitengewone omstandigheden, definitive bepalingen moeten worden daargesteld.

Daar deze regeling den grondslag uitmaakt van het daarstellen van een nieuw stelsel van heerendiensten; eene verordening welke met die van het landelijk stelsel hand aan hand, zoo niet vooraf moet gaan; zal ik hier over dit onderwerp niet meer uitweiden, en overgaan de laatste § § dezer nota te resumeren.

1o. Door eene herziening van het landelijk stelsel, op den voet zooals later zal worden omschreven, kunnen de Inlandsche hoofden niet dan ter

slnik aandeel nemen in den landbouw, omdat alle inmenging daarin verboden is.

2º. Dit verbod herhaald wordende, sub poene van ontslag uit 's lands
dienst, zal evenwel niet beletten, dat zij zich met den landbouw inlaten,
doch zij zullen hunne maatregelen zoodanig nemen, dat daaruit geene
klagten van de bevolking voortspruiten, en dus met dezelve in billijke en vrijwillige overeenkomsten treden, waartoe zich de armste klasse
van landbouwers, bereidvaardig zal laten vinden.

3º. Aan alle de inlandsche ambtenaren, ieder naar zijn rang en stand,
in verband tot onomstootelijke oude instellingen, een vast getal dienstpligtigen van gouvernements wege toegekend zijnde, zal daarna tot eene regeling van de heerendiensten worden overgegaan, nadat de regering vooraf
een explikatie zal hebben gegeven: wat heerendiensten zijn en niet zijn,
en nadat door dezelve bepaald zal wezen, *welke diensten* door de bevolking *kosteloos*, *welke tegen betaling*, en welke in het *geheel niet* verrigt
zullen worden.

De inlandsche ambtenaren, op deze wijze in hunne vermeende regten
gehandhaafd, de gemeene man van een nutteloozen en drukkenden arbeid
ontheven, en de landbouwer aan een hem tegen knevelzucht en misbruik
van magt beschermend stelsel van grondlast onderworpen zijnde, zullen,
door deze voorloopige veranderingen en verbeteringen, de eerste stappen
gedaan zijn, om later tot een op zuiverder en hechter grondslagen van
staathuishoudkunde rustend bestuur van Java te geraken; en zulks zal
reeds dan kunnen worden begonnen, wanneer het nieuwe stelsel van grondlast in werking gebragt en gevestigd zal zijn; als wanneer de halve maatregel, onder § 3 voorkomende, die meer met de tegenwoordige gesteldheid
der regeringsbeginselen strookt, definitief kan afgeschaft en vervangen
worden door eene onvermijdelijke verhooging van de bezoldiging der inlandsche ambtenaren; welke meerdere uitgaven door de meerdere inkomsten
van den grondlast zullen worden goedgemaakt.

De 2e afdeeling dezer nota, bevat eene uiteenzetting van de wijze waarop
het landelijk stelsel thans werkt, met aantooning van het kwaad dat daaruit
ontstaat.

De 8e afdeeling zal het projekt van voorzieningen ontwikkelen.

*Samarang, den* 15den *November* 1849.

De inspekteur der kultures in de 2e afdeeling.
(was get.)   H. A. van der Poel.


## TWEEDE AFDEELING.

Om tot een goed begrip van zaken te komen, is het noodig, een kort
overzigt te geven van de wijze, waarop de in het belang dezer aangelegenheid gemaakte bepalingen ten uitvoer gelegd, of wel hoedanig de landrente,

door de ambtenaren berekend, door de hoofden geheven, en door de belastingschuldigen afgedragen worden.

1. Ik geloof niet te veel te zeggen, wanneer ik beweer, dat de berekening van de landrente, of de wijze van omslaan der belasting in elke residentie, verschillend is, ja de zinnelijkheid van de ambtenaren in dit stuk zich zóó ver uitstrekt, dat men vaak, in een en dezelfde residentie, tweederlei methode in gebruik vindt. (Banjoemas.)

Dewijl het onder zulke omstandigheden moeijelijk valt, in weinig woorden een volledig geheel terug te geven, zal ik mij bepalen, met de meest algemeen in zwang zijnde werkwijze te beschrijven, en alleen van de grove afwijkingen melding maken; overigens de verzekering gevende, welke aan een onderzoek getoetst kan worden, dat de beste door de ambtenaren aangenomen methode, door deszelfs onvolledige uitvoering, op de slechtste, niets vooruit heeft, gelijk ik hoop, dat in den loop van deze nota overtuigend zal worden bewezen.

De meest algemeene werkwijze is deze:

De distrikts-hoofden doen aan de kontroleurs opgave van de hoeveelheid pikols padi, welke van de verschillende dorpen van hun distrikt verwacht wordt of geoogst is; waarvan echter reeds is afgetrokken, $\frac{1}{5}$, $\frac{1}{4}$ of $\frac{1}{3}$ door de planters als snijloon afgestaan.

Deze opgave is opgemaakt, volgens mededeelingen van de dorpshoofden, of ook wel naar eigendunkelijke schatting van de distrikts- of mindere hoofden, in beide welke gevallen trouwens hunne naaste belangen nimmer uit het oog verloren worden.

Na de ondervinding die van het karakter en de gewoonten (adat) der inlandsche hoofden verkregen is, acht ik het overtollig, in het breede te omschrijven, hoe bedriegelijk de hooger bedoelde opgaven te zamen gesteld worden, en geloof ik te kunnen volstaan, met aan te nemen, dat immer minstens genomen $\frac{1}{6}$ van het werkelijke produkt verzwegen wordt, misgewassen daar buiten gerekend.

De kontroleurs bij de landelijke inkomsten, hebben somtijds tijd en lust om deze opgaven te verifiëren, en dan begeven zij zich naar eenige rijp geworden velden, en laten 1, 2 ja soms zelfs 5 vierkante roeden padi snijden, wegen het produkt, berekenen de spillage, en nemen nu de zuivere opbrengst van deze 5 vierkante roeden aan, tot basis voor de schatting van de produktie van soms 15,000 bouws padi-velden.

Enkelen onder deze ambtenaren zijn verder gegaan, en hebben menigmaal grooter uitgestrektheden van het gewas als proeven laten snijden; doch daar de zaak nimmer gekontinueerd geworden is, zoo heeft de dienstijver en werklust van den eenen, zich bestendig in de vadzigheid van een ander opgelost.

De aldus fiktieve cijfers van het bedrag van den oogst, worden toch in elk geval, omdat een aanslag geschieden moet, door de kontroleurs in eenen algemeenen staat (welken zij legger noemen) overgebragt, in vijf deelen gesplitst, waarvan twee deelen of $\frac{2}{5}$ met den zoo gezegden marktprijs vermenigvuldigd en de uitkomst, met bijtelling van de schatting der tegal-velden (*), als cijfer voor de belasting van het betrokkene dorp opge-bragt.

Doch die cijfers geven menigmaal een verschil met de aanslagen van vroegere jaren, welke in de meeste gevallen, voor de residenten, even als zoo vele orakelspreuken gelden, en dus door de kontroleurs bestendig in het oog gehouden moeten worden; en dewijl deze ondergeschikte ambte-naren, zoo maar niet willekeurig geldsommen durven opschrijven, die, hoewel den aanslag van vroegere jaren nabijkomende, echter niet voort-vloeijen uit de voorafgegane berekeningen van het in het loopende jaar verkregen produkt, zoo bedenkt hij, dat de marktprijs, met opzigt tot het dorp in geschil, welligt lager of hooger is, dan elders, en rekent en kalkuleert daarop zoo lang, tot hij eindelijk het belastingcijfer van het voorgaande jaar of de cijfers van verscheidene voorgaande jaren nabij ge-komen is. Mogt echter het toeval of zijne onhandigheid, in deze knoeijende werkwijze te weeg brengen, dat hij, door middel van den marktprijs, het verlangde facit niet verkrijgen kan, dan valt hem doorgaans in, dat de velden van het betrokkene dorp òf van een uitstekende òf van eene infé-rieure kwaliteit zijn, en nu neemt hij, als aandeel van het gouvernement, in plaats van twee vijfden, de helft of een derde van het gewas, en ver-krijgt veelal daardoor in zijne berekeningen eene gewenschte uitkomst.

Anderen behandelen de zaak oneindig eenvoudiger. Zij verzamelen de dorpshoofden, vragen hun af, hoeveel zij in het loopende jaar betalen kunnen, bepraten hun $f$ 5.—, $f$ 10.— of $f$ 20.— meer te betalen dan in het voorgaande jaar, en wanneer de zaak op die wijze geklonken is, en de kontroleur alle de dus vastgestelde geldsommen in zijn *legger* opgenomen heeft, keert hij huiswaarts, neemt dien staat voor zich, en begint de nog in blanko gebleven rubrieken in te vullen, op de volgende wijze:

In de achterste rubriek van den zeer rubriekrijken legger, vindt men alleen het cijfer van de belasting, die het dorpshoofd beloofd heeft te zullen betalen. Dat cijfer bedraagt b. v. $f$ 400.— Nu zegt hij: als de geldwaarde van $^2/_5$ beloopt $f$ 400.— dan bedraagt het geheel $f$ 1000.— (een rubriek ingevuld); als $f$ 1000.— de geldswaarde van de padi is, en de pikol kost $f$ 2.—, dan bedraagt het $^2/_5$ gedeelte in den padi-oogst 200 pikols, (2 rubriek ingevuld); als het $^2/_5$ beloopt 200 pikols, dan zijn er 500 pikols GROOGST, en hiermede wordt de 8e rubriek ingevuld; en wanneer nu de *legger* eenigzins uitvoerig is, en een aantooning inhoudt van de ge-slaagde, minder geslaagde en niet geslaagde velden, of ook 1e, 2e en 3e soort, dan blijft hem nog te bepalen, hoeveel pikols van elk dezer soorten aan gewas voor elke bouw *geloofwaardig* opgebragt kunnen worden, om van het geheel den geïmagineerden oogst van 500 pikols te verkrijgen.

Het zijn deze opgaven (leggers) waaruit, na de goedkeuring van den

---

(*) Dit onderwerp zal later afzonderlijk behandeld worden.

(Noot van den heer van der Poel.)

resident te hebben verworven, de huur-cedullen (piagems) opgemaakt, en door hem aan de dorpshoofden uitgereikt worden.

Het zijn dezelfde staten, naar welke onder anderen de direkteur der kultures, in 1847, aan Zijne Excellentie den minister van staat, gouverneur-generaal betoogd heeft, dat de padi-kultuur, sedert de invoering van het kultuur-stelsel, in de laatste jaren *vooruit* gegaan was, niettegenstaande alle kenteekenen van een groot verval alom werden aangetroffen.

Het zijn mede diezelfde staten, waarop soms de berekeningen van produktie en konsumtie gegrond worden, niettegenstaande dikwerf de oogst van een aantal dorpen gedeeltelijk mislukt is, doch omdat de hoofden, om overwegende redenen (alleen aan de kontroleurs of residenten bekend), evenwel den aanslag van een goed geslaagd jaar op zich genomen hebben, dan ook prijken met eene hoeveelheid geoogste padi, welke in zulke gevallen het dubbel bedrag van den werkelijk verkregen oogst overtreft. Wanneer een resident of kontroleur zich eenmaal in het hoofd gezet heeft, dat de landrente moet stijgen, dan ontziet hij zich niet, om des noods het ambt van dorpshoofd, bij gelegenheid van den aanslag, openlijk onder de verzamelde dorpshoofden op te veilen en aan den meestbiedende af te staan (*), in welke gevallen, de opgeofferde dorpelingen binnen twee jaren, soms in minderen tijd, voor het grootste gedeelte uitgeschud zijn; want de kooper heeft èn het bestuur voldaan, èn zich-zelven niet vergeten. Anderen weder hebben opgemerkt, dat er 1e, 2e en 3e soort sawavelden bestaan (en dit is ook werkelijk in den geest der Revenue-Instruction) en daarvoor geheel tegen den geest van dat stuk, willekeurig geldsommen vastgesteld, welke door de bewerkers dier sawa's moeten worden opgebragt, en zijn de sawa's van de 1e soort belast van f 9.— tot f 6.—, die van de 2e soort van f 7.— tot f 4.— en die van de 3e soort van f 5.— tot f 2.—

Ik zeg willekeurig, omdat, welke goede gronden zij ook voor die schatting mogen bezitten, dezelve nergens door hen opengelegd zijn, noch daarop door hen eene gouvernements dispositie verworven is.

2. De boven omschrevene als het ware op den tast gedane aanslag der sawavelden, door de ambtenaren aan de dorps- en verdere kompetente inlandsche hoofden medegedeeld zijnde, wordt door eerstgemelden (de dorpshoofden) op hunne beurt, met of zonder vergrooting van het cijfer, aan hunne onderhebbende dorpelingen medegedeeld en onder hen (zoo zulks niet reeds vooraf geschied is) verdeeld. Bij deze verdeeling wordt wel degelijk gelet op hen, die de beste velden bewerken: niet om hen daarvoor meer te laten betalen, maar om hen, omdat zij, òf inlandsche ambtenaren, adellijken, òf gunstelingen van de regenten, distrikts- of dorpshoofden zijnde, zoo min mogelijk, en is het eenigzins doenlijk, in het geheel niet te belasten. De schraalste velden vallen bestendig de armste en meest arbeidende

---

(*) Dit heeft menigmaal in Samarang plaats gevonden.

(Noot van den heer van der Poel.)

klasse ten deel, en het zoude geheel tegen het belang der dorpshoofden aandruischen, in dien regel eene verandering te maken, en die arme menschen ook eens rijke gronden te laten bewerken; want daardoor zouden zij zich van hunnen afhankelijken toestand kunnen losmaken, eenig meerder vermogen verwerven, zich misschien twee buffels aanschaffen, en dan een grooter aandeel in den rijstbouw vorderen, hetgeen dan niet meer geweigerd kan worden; en uit zoodanig eene toenemende welvaart van den geringen landbouwer zou onvermijdelijk eene vermindering van den overvloed der dorpshoofden moeten volgen; want hun belang brengt mede, dat zij (is de lokaliteit daartoe geschikt, en zulks is meestal het geval) een aantal bouws onverdeeld laten, zoodat zij al die meerdere bouws kunnen opgeven als niet te zijn bebouwd.

Doch hun eigen belang en spekulatiegeest, verscholen achter het masker van aktiviteit en bezorgdheid voor 's lands inkomsten, gedoogen niet, dat daardoor eene vermindering van belasting (*padjek*) ontstaat; zij verhuren dus die gronden onbewerkt, en onvoorwaardelijk (*iring-ngan*) aan *bijzondere personen* (Staatsblad 1818 no. 14), ontvangen onmiddellijk het bedrag daarvoor, zien zich op die wijze in eens in het bezit eener somme geld (*f* 100.—, *f* 200.—, *f* 800.—, ja niet zelden *f* 1000.—) gesteld, haasten zich om, met een deel daarvan, hunne tot aanzuivering van landrenten in het vorige jaar verpande goederen te lossen, koopen zich voor het overschot een mooi paard of gouden krisschede, of huwen ten tweeden of derden male, en helpen bij het einde van het jaar, wanneer men met de landrente achterstallig is, de policie-beambten, om de karbouwen of de padi hunner dorpsgenooten in beslag te nemen, tot deze zich geld hebben weten aan te schaffen, om de door hunne hoofden verkwiste sommen in 's lands kas te bezorgen.

Billijkerwijze zou men mogen veronderstellen dat de landbouwers, in de overtuiging dat zij hunne *padjek* betaald hebben, zich tegen zulk eene hemeltergende afpersing zouden verzetten. Dat zij zulks moesten doen is waar, maar dat zij het werkelijk doen is zóó onwaar, dat zij, die gezien hebben hoe hun hoofd zich naar den distrikts-lombard gespoed, daar zijne gouden krisschede, gouden knoopen enz. enz. achtergelaten heeft, en met eenige zakken geld teruggekeerd is, geen oogenblik twijfelen, of de brave man heeft zich voor hen opgeofferd.

En hoe wil men van den geringen Javaan ook eene andere voorstelling dan de aangeduide verwachten? Hij weet het bedrag van zijne *padjek*, of hij weet die niet; weet hij die, dan vergeet hij, in den loop van 8 of 10 maanden, hoeveel het gezamenlijk bedrag is van de door hem, bij enkele guldens, dubbeltjes, niet zelden bij duiten afgedragen belasting; weet hij die niet, dan is hij er niet beter aan toe, want in beide gevallen gaat hij steeds voort, met op aanmaning dan eens van het dorpshoofd, dan eens van den schrijver, dan weder van den kabaijan, guldens, dubbeltjes, en duiten af te dragen, tot eindelijk, ongeacht zijne eenvoudigheid, deze als een stroom voortgaande geldheffingen, hem verschrikt, hij daarover met een buurman gaat spreken, en zoodoende tot de konklusie komt, om zijn dorpshoofd te vragen, of hij zijn *padjek* nog niet ten volle aangezuiverd heeft, hoewel in de meeste gevallen dan reeds 50 percent te veel betaald is.

Overigens moet, ter eere van de dorpshoofden, gezegd worden, dat zij in de moeijelijke omstandigheden, hiervoren bedoeld, zich haasten den Chineeschen pandhouder op te zoeken, om dien alles over te leveren wat blinkend en aanneembaar is, middelerwijl berekenende, dat zij over drie of vier maanden, voor deze oogenblikkelijke opoffering schadeloosstelling zullen vinden, in de penningen (dank zij hunne onfeilbare praktijk in het kort houden hunner onderhebbenden) van de *bijzondere gebruikers* voor de quasi niet verdeelbare gronden te ontvangen.

Zijn de landbouwers eindelijk tot de kennis gekomen, dat zij voor het loopende jaar niets meer behoeven te betalen, en kunnen zij dan nog iets missen, dan leent het dorpshoofd hun die sommetjes af, als voorschotten op hunne *padjek van het volgende jaar*, waarvan natuurlijk niemand weten kan, of in hetzelve wel geoogst zal worden, en daaraan is dan ook in de meeste gevallen te wijten, dat de landbouwers, bij een misgewas, ongeacht de daling der landrente, evenwel nog te veel betalen, omdat zij reeds in voorschot waren, en hunne hoofden, die nimmer vergeten iets van hen te vragen, altoos vergeten terug te geven.

Sommigen hunner kwellen de bevolking op last van het bestuur, (art. 6 Staatsblad 1819 no. 5, Staatsblad 1827, no. 96,) of uit zucht naar gewin, met aanmaningen tot betaling op tijdstippen, waarop de landbouwer geen geld bezit, waarop zijn tweede gewas (zoo hij dat heeft) nog te velde staat, waarop hij voor de Europeesche kultures (zoo die bestaan) nog geen betaling heeft genoten, en waarop zijne padi (zoo hij daarvan overgehouden heeft en hem tot dagelijksch voedsel verstrekt) in de schuur ligt. Geschieden die aanmaningen op last van het bestuur, dan is zulks een gevolg van den aangenomen regel, dat de landrente onder ultimo December van elk jaar moet zijn aangezuiverd; geschieden ze uit een zucht naar gewin van de dorpshoofden, dan gebruiken deze niettemin den naam van den wedono, van den kontroleur, van den regent, van den resident, kortom van het geheele bestuur (negeri), om de menschen begrijpelijk te maken, dat zij hebben te betalen; en wanneer, zoo als gezegd is, geen geld wordt gevonden, waarop natuurlijk is gerekend, dan nemen die dorpshoofden zeer gewillig, tegen den prijs van den aanslag (den goedkoopsten), van ieder, een of meer pikols padi in betaling aan, brengen die, zonder eenigerlei storting in 's lands kas te doen, in hunne eigene schuren over en verkoopen ze ter gelegener tijd met 100, 200 tot 300 percent winst, dikwerf aan dezelfde personen, van wien zij die padi tegen den laagsten prijs ontvangen hebben; want zoo zij hun dan, van hun eigen padi een pikol leenen, hetzij voor inzaad of konsumtie, dan moeten daarvoor bij den oogst, 2, 2½ of 3 pikols worden teruggegeven. Deze manier van afrekenen, heeft nog voor die soort van spekulanten het bijzonder voordeel, dat hunne slagtoffers het volgende jaar, als een gevolg dezer afrekeningen in natura; zoo veel te spoediger weder gebrek hebben, waarvan zij dan op nieuw partij kunnen trekken.

De gevolgen van eene dergelijke manier van belasten en heffen, zijn niet moeijelijk te berekenen. De landbouwers, bestendig uitgeput en hun niets overgelaten wordende dan hetgeen even toereikend is om te leven, dat nog niet eens van allen gezegd kan worden, moeten noodzakelijk in hongersnood geraken, zoodra zich in het door hen bewoond wordende distrikt eenig misgewas vertoont, omdat in zulke gevallen hunne aanverwanten, op wie zij immer in nood blijven rekenen, in denzelfden toestand verkeerende, geen hulp kunnen bieden.

Alsdan worden de karbouwen verkocht voor zeer lage prijzen, en zijn zij gelukkig genoeg om, met de opbrengst daarvan, zaadpadi te kunnen inkoopen en hun leven te rekken tot den volgenden oogst, dan zijn zij daarom niettemin in een staat van verval geraakt, waaruit zij zich, zonder tusschenkomst van partikulieren, nimmer meer kunnen opheffen, daar zij hun ploegvee verkocht hebbende, nu een geringer aandeel in de sawavelden verkrijgen, waarvan de opbrengst niet toereikend is voor hun onderhoud gedurende een jaar.

In deze omstandigheden blijft den ongelukkige niets anders over, dan zijn veld te verlaten, waardoor het dorpshoofd zijn handel met de *bijzondere gebruikers* uitgebreid ziet. De beroofde landman echter verlaat zijn dorp, en begeeft zich tot den eenen of anderen aanverwant of bekende in een ander distrikt, regentschap of residentie woonachtig, en wanneer hij gezocht werd, zou hij daar worden teruggevonden onder den bekenden naam van *mondok* (*), om voor den kost zonder loon, alle de heerendiensten, soms ook veldarbeid te verrigten voor hem, die zich zijn verlaten toestand aangetrokken en hem huisvesting verleend heeft.

Deze toestand der bevolking vloeit nog maar voort uit de werking van het belastingstelsel, maar verergert schromelijk als men in overweging neemt.

*a.* Dat geen dorpshoofd aangesteld wordt, zonder eene schatting van *f* 50.—, *f* 100.— tot *f* 300.—, naar gelang van de belangrijkheid van het dorp, uit te keeren aan den regent of wedono, welke uitschotten later op de landbouwers verhaald worden.

*b.* Dat sommige autoriteiten zich niet ontzien hebben, met de huurcedullen een handel te drijven, waardoor de bevolking als het ware aangezegd werd, dat zij zich tot den laatsten duit en des noodig met verkoop van hunne geringe bezitting moesten laten uitputten.

Deze handel bestaat dáárin, dat een dorpshoofd, de geïnde belasting te

---

(*) *Mondok* is die klasse van menschen in de dessa's, welke gerekend wordt, de zoogenaamde overbevolking uit te maken; zij worden bij de volkstelling (opgave) niet gerekend.

(*Noot van den heer van der Poel.*)

zoek gemaakt hebbende, de vlugt neemt of wel zijn ontslag vraagt, in een van welke beide gevallen zich een vreemdeling opdoet, die tegen betaling van de opgestoken som, tot dorpshoofd wordt aangesteld, welk uitschot hij onmiddellijk door buitengewone heffingen in zijn faveur, van zijne nieuwe dorpsgenooten terug vordert, aan welke afpersing de landbouwers zich onderwerpen, omdat zij weten, welk offer hun dorpshoofd aan den lande, ter verkrijging van zijn ambt, gebragt heeft, zoodat zij in de meening verkeeren, dat geheel in den regel en op last van het gouvernement gehandeld is.

Door de toelating tot deze, de bevolking stelselmatig uitmergelende transaktiën van de zijde der plaatselijke besturen, wordt de regering misleid, omdat voor het ontstane deficit, twee redenen kunnen bestaan, namelijk:

*a.* Heeft de resident zich verdienstelijk willen maken, door de landrente op te voeren, en wordt het aangeslagen en eenmaal bekende bedrag niet geïnd, dan verliest hij de vruchten van zijn arbeid, en loopt gevaar dat de regering op de gedachte komt, van overdrijving der belasting.

*b.* Is het geld werkelijk door een ontrouw of losbandig dorpshoofd verduisterd, dan heeft de resident zich schuldig gemaakt aan pligtverzuim.

Door het verkoopen van den buur-cedul, schuift de autoriteit beide beschuldigingen van zich af; maar ziet niet in, dat hij zich aan een veel grover vergrijp schuldig maakt, namelijk aan dat van het uitoefenen van tirannie, namens zijn gouvernement, dat zich bij elke gelegenheid op deszelfs vaderlijke regering beroemt.

3o. Dat geen ambtenaar of reiziger zich in het distrikt vertoonen kan om eene ronde te doen, of zijne nieuwsgierigheid te bevredigen, of de bevolking moet, zonder eenige betaling te genieten, rijst, kippen, olie, brandhout, gras, water, kortom alles leveren, wat tot dagelijksch onderhoud noodig is; welke gelegenheden zoowel de dorps- als de distriktshoofden zich ten nutte maken, om, ten koste van den goeden naam van het Nederlandsch gouvernement en den reizenden persoon, zich voor den tijd van 2, 3 à 4 weken van allerlei soort van levensmiddelen te voorzien.

4o. Dat door geen ambtenaar een feest gegeven wordt, hetzij door wien ook, (het is onnoodig hierin onderscheid tusschen natiën te maken) of de bevolking wordt aangesproken om bijdragen, waarbij weder dezelfde methode, als bij het slot van § 2 vermeld is, gevolgd wordt.

5o. Dat dergelijke feesten meestal gegeven worden bij trouw- of besnijdenis-plegtigheden van kinderen van inlandsche hoofden, en voor 75 van de 100, niet om de plegtigheid luister bij te zetten, maar om door middel derzelve eene belasting over de bevolking te kunnen uitschrijven, en voor eenige maanden voorraad op te doen. (*Adat.*)

6o. Dat een dorpshoofd die heffing doet over alle de ingezetenen van zijn dorp, een wedono over alle de onderhebbenden van zijn distrikt, en een regent over zijn geheel regentschap.

Bij al deze frauduleuse handelingen bedenke men nu nog:

*a.* Dat het geheele inlandsche personeel brandhout, water, gras enz.

enz. ontvangt, de paarden opgepast, zoomede een gedeelte der huiselijke diensten verrigt worden, zonder betaling, waarvoor soms, hoewel zeldzaam, voedsel verstrekt wordt.

*b.* Dat deze hoogst onkostbare levenswijze, door menig Europeesch ambtenaar wordt nageleefd.

*c.* Dat alle de heerendiensten voor het gouvernement kosteloos verrigt, en het bedrag derzelve in geld, gekalkuleerd kan worden het hoogste cijfer van landrenten 100 percent te overtreffen.

*d.* Dat hier alleenlijk aangegeven zijn de grofste misbruiken, welke aan elk ingezeten van Java bekend zijn, en eene opsomming van de ontelbare kleine knevelarijen en afpersingen, alsook een overzigt van de bedroevende uitwerkselen van de bazaar-heffingen, achterwege is gelaten, uit vrees voor al te groote omslagtigheid.

En als men nu alle deze punten rekapituleert, zou het dan nog wel eenige verwondering kunnen baren, als men een deel der bevolking, bij een gedeeltelijk en plaatselijk misgewas van slechts één oogst, ongeacht de prijs per pikol rijst zes gulden niet te boven gaat, aan hongersnood ten prooi gegeven zag, niet omdat het land geen levensmiddelen bezit, maar omdat de bewoners uitgezogen en te arm zijn om die levensmiddelen te kunnen koopen.

Het aantal menschen hetwelk, ten gevolge van dien, in de maand October (om bij vergelijking te spreken,) deszelfs dorpen verlaat, om bedelende hun leven te rekken, zal voor ³/₄ gedeelte voor het land verloren zijn, omdat, zonder buitengewone hulpmiddelen, dat ³/₄ gedeelte den hongerdood moet sterven, zoo als zulks in 1845 en 1846 in Cheribon, en in 1849 en 1850 in Samarang, Bagelen, Japara, Rembang, Pekalongan, Tagal en de Vorstenlanden meer of minder het geval geweest is.

Eene dergelijke van alles beroofde menigte moet gevoed worden, en wel zoodanig gevoed, dat zij de velden zal kunnen bewerken, en wel met den *patjol*, omdat in het gegeven geval, de karbouwen verkocht zijnde, de opbrengst verteerd is, en opdat zij verder van de haar te verstrekken zaaipadi gebruik zal kunnen maken en den oogst onbekommerd afwachten, die in Maart of April kan invallen, zoodat circa voor zes maanden levensmiddelen benoodigd zijn.

Rijk zal de toekomst zijn aan ellende, zoo als hierboven bedoeld is, wanneer de padi-oogst in eenige distrikten eener residentie geheel of gedeeltelijk mislukt, omdat de landbouwer, tot den laatsten duit uitgeschud, geen middelen zal hebben om, zonder gepaste hulp van het bestuur, gedurende eenige maanden van het jaar zijn leven te rekken. Ook de landen waar de Europeesche kultures bestaan, en waaruit men zegt dat de landbouwers hunne belasting betalen, zullen van de beschreven rampen, ingeval van een klein misgewas, niet verschoond blijven, want bij eene aandachtige beschouwing van de staten der landrenten, zal men bevinden dat die landrenten, trapsgewijze met de vorderingen van het kultuurstelsel gestegen zijn, en het maximum van de belasting overschreden is.

Om hierover te kunnen oordeelen is het noodig na te gaan:

1. Hoeveel de voorschriften toelaten te heffen.
2. Hoedanig de toepassing daarvan op de individuën werken moet.
3. Hoeveel werkelijk geheven is, en
4. Hoeveel de landbouwer in billijkheid als belasting van de sawavelden zal kunnen betalen.

1. Bij geene der bepalingen van het Nederlandsch gouvernement, vind ik bepaaldelijk uitgedrukt, dat als belasting van de sawa's geheven zal worden, *de helft*, *twee vijfden* of *een derde*; dewijl echter de regeling dezer belasting gebaseerd moet worden op de Engelsche instruktie van 11 Februarij 1814, hierboven reeds aangehaald, zoo is het waarschijnlijk dat de ambtenaren daarom aanvankelijk den zoo even bedoelden tax gevolgd hebben.

Het schijnt echter dat deze regel al spoedig verlaten is, hetzij ter vereenvoudiging van de werkzaamheden of om andere mij onbekende redenen; zoo veel echter is zeker, dat ik bij mijne intrede in het kader der kontroleurs (Februarij 1831) de berekening van $\frac{2}{5}$ algemeen in gebruik vond.

Hierdoor was het werk zeker vereenvoudigd, en werd oogenschijnlijk de bedoeling bereikt: want door het middengetal van $\frac{2}{5}$ had men de mindere opbrengst van de 3e soort velden doen opwegen tegen de meerdere opbrengst van die van de 1e soort.

Daar echter de meeste dorpen slechts een gering gedeelte 1e soort, een grooter gedeelte 2e soort en een nog grooter gedeelte 3e soort velden bezitten, en den dorpshoofden de volle magt van verdeeling der velden naar hun goedvinden gegeven is, was de aangenomen stelling voor geen algemeenen maatregel geschikt, en dewijl men denzelven des ongeacht invoerde, is daarmede een eerste en zeer grove misslag begaan, welke aanleiding gaf tot groote ongeregeldheden.

Deze staat van zaken is, op kleine uitzonderingen na, blijven voortduren, en de belasting *landrente* dus algemeen berekend geworden op $\frac{2}{5}$ van het gewas.

2. Als $\frac{2}{5}$ het middengetal voor de belasting is, dan kan als basis ook alleen een middengetal dienen; daarom stel ik voor de volgende berekening: 10 hamatten padi of 10 pikols rijst per bouw. (*)

Van deze 10 pikols gaat af:

| | | |
|---|---|---|
| $\frac{1}{5}$ snijloon . . . . . . . . . . . . . | 2 | pikols |
| $\frac{1}{10}$ djakat . . . . . . . . . . . . . | 1 | id. |
| $\frac{1}{20}$ inzaad . . . . . . . . . . . . . | $0\frac{1}{2}$ | id. |
| $\frac{2}{5}$ belasting . . . . . . . . . . . . | 4 | id. |

maakt $7\frac{1}{2}$ pikols;
rest $2\frac{1}{2}$ pikols of

(*) Deze berekening van 10 pikols rijst per bouw is gansch niet gering. Bijna geheel Demak levert niet meer op. Samarang, Madioen, Rembang, Bagelen en Pekalongan zullen moeijelijk 10 pikols rijst als middengetal voor de opbrengst van alle hunne sawavelden kunnen aannemen.

(*Noot van den heer van der Poel*).

250 katti's rijst, waarvan een huisgezin (gewoonlijk 5 zielen) 365 dagen moet leven.

Een dergelijke uitkomst (voor degenen die ze berekend hebben) gedoogde niet, dat ⅖ geheven werd, en daar niettemin de aanslag eenigerlei schijn van berekening moest hebben, is in de staten het deel der belasting als ⅖ opgebragt, doch heeft men, door òf de produktie, òf de marktprijs lager te stellen dan inderdaad het geval was, steeds een cijfer weten te verkrijgen, hetwelk min of meer gelijk stond aan de belasting van vroegere jaren.

Daar het echter algemeen bekend is, dat de landrente trapsgewijze met de vorderingen van het kultuurstelsel gestegen is, zoo is het moeijelijk te zeggen, waar de bovenvermelde wijze van aanslaan thans toe geleid heeft, alzoo de fout niet overal alleen in de berekeningen zit, maar ook in de exekutie van het landelijk stelsel.

En dat de fout ook op vele plaatsen tevens in de berekeningen bestaat, zal blijken als men nagaat, dat er dorpen zijn, welker velden met ƒ 15.— en ƒ 20.— aangeslagen worden; hetwelk ontegenzeggelijk te veel is, en ook niet geïnd zou worden, werd niet gemakshalve die belasting van de indigo- of suiker-gelden afgehouden; en kan daaruit begrepen worden, waarom de inlandsche hoofden in de residentie Cheribon, bij de invoering van de Braziliaansche koffijbereiding, tot bezwaar geopperd hebben: ,dat zij de landrente moeijelijk zouden kunnen innen;" omdat de koffijplanters voor hun produkt bij den dag betaald worden.

En daardoor ontstaat de vraag, of de belasting op de sawavelden (land-rente) van de produktie dier velden geheven moet worden, of dat die belasting slechts zoogenaamd is, en inderdaad over alle takken van industrie van den Javaanschen landbouwer, naar de verschillende denkwijzen der ambtenaren, moet worden ingevorderd.

Ik geloof veilig te kunnen besluiten: dat de heffing alleen van de sawa- en tegal-velden, naar evenredigheid van het produkt geschieden moet; ten minste zoo versta ik den geest van de Engelsche instruktie, waarop alle bepalingen van het Nederlandsch gouvernement ten deze gegrond zijn.

Het denkbeeld van eene meer op de middelen in het algemeen rustende belasting, behoeft niet te worden uitgesloten; maar ben ik van meening, dat men beginnen moet, met onderzoekingen en opnamen, geschikt om de uitgestrektheid en de waarde der gronden te leeren kennen; de bijzondere middelen van de bevolking, zullen van lieverlede in al derzelver details, ten gevolge der voorbereidingen van den aanslag der landrenten, bekend raken, en daarna zal het eerst tijd zijn, om te oordeelen, wie hunner een hoogere belasting dan de gestelde grondlast moet opbrengen, en of deze meerdere betaling als eene bijzondere heffing, hetzij van tuinen of gewas-sen, of wel bij wijze van verhooging van den grondlast en ineensmelting met denzelven, geheven moet worden.

De droevige uitkomsten van de thans bestaande wijze van omslaan, zijn hoofdzakelijk toe te schrijven:

III.                                                                                      18

1. Aan gemis van kennis van de waarde der gronden en van de middelen van de landbouwers.

2. Aan de daaruit voortvloeijende verwarde wijze van omslaan, welke gezegd kan worden dat niets voor, maar alles tegen zich heeft.

8. Aan de knevelarij der inlandsche hoofden, welke zóó verre gaat, dat dáár, waar het belastingstelsel, hetzij door toeval of andere oorzaken, den landbouwer overvloedig heeft overgelaten, hij niettemin even arm en berooid is als hij, over wien zich de gebrekkige werking van dat stelsel, in deszelfs volle kracht, uitgestrekt heeft.

De onderwerpen bij deze drie punten opgenoemd, reeds behandeld zijnde, zal ik thans in eene beschouwing treden van den maatstaf, welke mijns inziens billijk aangenomen worden kan, om de belasting *landrente* te berekenen.

Voor genoegzaam bewezen houdende, dat eene heffing van twee vijfden van het gewas van al de aanwezige velden, voor het tegenwoordige te hoog is, zal ik hier onderzoeken, welke uitkomsten verkregen zullen worden bij een vermindering dezer tax, en stel dezelve vooreerst op *één vijfde*. ·

### *Residentie Tagal.*

pikols.

1847, geslaagde bouws 57,611, niet geslaagde 12,156, geoogste padi 1,674,828.

| 1848, | " | " | 55,812 | " | " | 8,252 | " | " | 1,710,228. |
| 1849, | " | " | 56,807 | " | " | 12,176 | " | " | 1,178,640. |

De landrenten zijn geweest, in 1847 *f* 523,132.— Recepis.

1848 - 585,665.— "

1849 - 411,269.— "

Zamen *f* 1,520,066.— Recepis.

Wanneer genomen was ⅕ van de produktie, en elke pikol padi een waarde had bezeten van *f* 1.60 (1½ gulden), dan zou de belasting *landrente* voor die residentie hebben bedragen, in . . 1847 *f* 502,449.— Recepis.

1848 - 555,069.— "

1849 - 353,592.— "

Zamen *f* 1,411,000.— Recepis.

Zoodat door de heffing van slechts ⅕ van het produkt, in drie jaren tijd, minder zou zijn geheven, eene som van *f* 109,066.—

Maar deze minderheid is slechts schijnbaar; want hetgeen geheven is, heeft de krachten der bevolking verre overtroffen, zoodat daaruit, gepaard met andere ongeregeldheden in het bestuur, (blijkens ·mijn officieel rapport van den 12 October 1850 no. 34) gebrek, sterfte en volksverloop ontstaan is.

Doch om mijn beweren nog beter te staven, geef ik een overzigt van den aanslag der landrente in 1850; zijnde als toen goed geslaagd 53,910 bouws, niet geslaagd 17,878 bouws, geoogst 1,196,537 pikols padi. En heeft de aanslag bedragen *f* 380,000.— recepissen; terwijl die, volgens hooger aangegeven maatstaf berekend, zou hebben beloopen *f* 358,968.—

Deze aanslag van *f* 380,000 recipis is niet alleen *f* 21,000.— minder dan die van 1849, ongeacht de produktie in dat jaar 17,897 pikols *minder* was dan in 1850; maar die belasting van *f* 380,000.— is ook nog te hoog, zoo als bij evengemeld rapport aangemerkt is.

Uit een en ander blijkt, dat het verschil van de belasting gebaseerd op $^2/_5$, tusschen die welke gebaseerd zal zijn op $^1/_5$, betrekkelijk genomen, zeer gering is, hoewel oogenschijnlijk dat verschil juist de helft bedragen moest; maar deze uitkomst is toe te schrijven, aan hetgeen in den loop van dit schriftuur gezegd is omtrent den marktprijs, hebbende dezelve bij de plaats gehad hebbende berekeningen, tegen $^2/_5$ gevariëerd, terwijl zij tegen $^1/_5$ bestendig op *f* 1½ recepis per pikol padi gesteld is; welke prijs ongetwijfeld billijk is, en jaarlijks veilig zal kunnen worden gerekend, als namelijk het geheele stelsel van landrente geregeld is, goed in werking zal zijn, en aan de uitvoering krachtdadig de hand wordt gehouden; staande *f* 1½ per pikol padi nog beneden een waarde van *f* 3.— recepis voor een pikol of 125 Amsterdamsche ponden rijst.

In aanmerking nemende dat de partikuliere landbezitters doorgaans *de helft* van het gewas *in natura* vorderen, en die regel sedert jaren stand houdt, zonder dat zich op die eigendommen dat gebrek vertoond heeft, hetwelk de opgezetenen van de gouvernementslanden ondervonden hebben, terwijl de eenige te gemoetkoming der eerstbedoelden bestaat, in een regelmatiger aandeel in de heerendiensten; zoo ben ik van oordeel, dat niets gewaagd wordt, met eene gelijkmatige heffing van alle soorten van sawa-gronden, van *een vierde* van de bruto opbrengst, te voldoen *in geld*; zullende de sawa's, door de bevolking beplant met andere gewassen dan padi, voor eigen kultuur, berekend worden naar een opbrengst van veertig pikols padi per bouw.

Wel zal deze gelijkmatige druk, bezwarender zijn voor degenen die schrale gronden bewerken; doch deze schijnbare verongelijking wordt goed gemaakt, door een geregelde verwisseling van de landen onder de bebouwers, zoodat elk op zijne beurt goede gronden te bewerken krijgt.

Eenvoudigheid is eene hoofdzaak, welke in acht genomen moet worden bij de zamenstelling van een belastingstelsel, dat over een zoo groote uitgestrektheid grond en circa 10 millioen zielen werken moet. De heffing van één tax voor alle soorten van gronden, is een voordeel voor de administratie, dat gereedelijk elk zaakkundige zal waarderen, terwijl niemand bij die schikking benadeeld wordt.

Alleen zal aangenomen moeten worden, dat alle velden, minder opbrengende dan zes pikols padi, geheel vrij zullen zijn van belasting.

Het is hier de plaats, een overzigt te leveren van de uitkomsten van zulk eene regeling, over de geheele uitgestrektheid rijstvelden van Java;

doch moet ik mij dat genoegen ontzeggen, omdat het den direkteur der kultures niet behaagd heeft, de daartoe benoodigde en van dien hoofdambtenaar gevraagde opgaven en cijfers, aan mij uit te reiken.

Ik moet mij daarom vergenoegen met een overzigt te maken, gegrond op schattingen van de mij het meest bekende gronden, en neem ik daarvoor in de eerste plaats de residentie Tagal, en stel dat van al de aanwezige sawa-velden, bedragende 72,000 bouws, onbebouwd zijn gebleven . . . . . . . . . . . . . . . . . . . . 2,000 bouws
dat mislukt zijn . . . . . . . . . . . . . . . 5,000 "
en van nog . . . . . . . . . . . . . . . . . 5,000 "

elke bouw nog geen 6 pikols padi heeft opgebragt, welke 12,000 bouws afgetrokken zijnde van het geheel bedrag, 60,000 bouws over laten, waarvan de belasting moet worden geheven.

Aannemende dat van gezegd getal, $\frac{1}{3}$ tot de eerste, en $\frac{2}{3}$ tot de tweede soort velden behooren, en die 20,000 bouws niet meer geven dan 20 pikols, zoo bedraagt het geheel . . . . . . . . . . . . . . 400,000
de overige, tegen 16 pikols per bouw, geven . . . . . . 640,000

Zamen 1,040,000

pikols, daarvan $\frac{1}{4}$ = 260,000, tegen $1\frac{1}{2}$ gulden de pikol, maakt $f$ 390,000.—

Een gelijksoortig overzigt over het regentschap Demak, geeft de volgende uitkomsten:

Stellende dat, van de 81,000 bouws aanwezige sawa-velden, slechts 70,000 in den aanslag kunnen deelen, en daarvan 20,000 opbrengen 20 pikols, geeft . . . . . . . . . . . . . . . . 400,000 pikols
50,000 bouws, tegen 10, geeft . . . . . . . . . . 500,000 "

Zamen 900,000 pikols.

waarvan $\frac{1}{4}$ of 225,000, tegen $1\frac{1}{2}$ gulden de pikol, maakt $f$ 337,500.—

Men ziet hieruit, dat de uitkomst beneden de thans opgebragt wordende belasting staat; doch zulks getuigt nog geenszins tegen het projekt, omdat:

1o. De landrente, zoo als die thans berekend is, over geheel Java te hoog staat, en dat wel, in verband met het bestaande stelsel van regeren, naar mijne meening van 50 tot 100 percent.

2o. Dat de velden van de eerste soort, hier niet hooger zijn gekalkuleerd dan op 20 pikols per bouw; terwijl eene opbrengst van 30 pikols padi in het geheel geen zeldzaamheid is.

3o. Dat voor Tagal 5,000 en voor Demak 11,000 bouws, (*) gerekend zijn als te hebben opgebragt minder dan zes pikols padi, welke uitkomst gelijk staat aan een misgewas, en zou derhalve, indien de opbrengst

_____

(*) In 1841, 1842 en 1843 waren de 81,000 bouws rijstvelden van Demak jaarlijks allen bebouwd.

(*Noot van den heer van der Poel.*)

van die 16,000 bouws niet meer bedroeg dan 8 pikols, de belasting voor Tagal met *f* 15,000.— en voor Demak met *f* 33,000.— stijgen.

Onder deze omstandigheden, zou de uitkomst bijna gelijk staan aan het geen thans verkregen wordt, waarmede oogenschijnlijk niets gewonnen was; doch, behalve dat het hier niet de rede is van berekeningen om hoogere cijfers te verkrijgen, maar hoofdzakelijk van het in werking brengen van een den landbouwer beschermend en opbeurend stelsel van grondlast, durf ik de verzekering geven, dat bij een naauwkeurige toepassing van de voor te schrijven regelen van omslaan, de uitkomsten, zoowel voor de regering als de landbouwende klasse, zeer bevredigend zullen zijn.

Overigens zij hier ter loops aangeteekend, dat ik den hooger gemelden tax aanneem, in overeenstemming met de thans bestaande orde van zaken, in afwachting van eene herziening van de meest belangrijke regerings-aangelegenheden, waarna in het stelsel van landrente eene wijziging gemaakt zal kunnen worden, waarvan de uitkomsten de verwachtingen van velen zullen overtreffen.

Mijne beschouwingen deswege, zijn vervat in de vierde afdeeling van dit geschrift.

Het is nu noodig na te gaan, welke uitkomst de voorgestelde verandering voor den geringen man zal hebben, of beter gezegd, wat hem van zijne padi over blijft, als hij de lasten en kosten voldaan heeft.

*a.* Het gestelde minimum van 6 pikols padi moet hier tot grondslag dienen, en daaruit volgt:

| | | |
|---|---:|---:|
| Zes pikols padi bruto staan gelijk aan . . . . . . . | | 600 katti's. |
| af ⅕ snijloon . . . . . . . . . . . . . . | 120 | |
| ¹/₁₂ inzaad . . . . . . . . . . . . . . . | 50 | |
| | | 170 , |
| Rest zuiver | | 430 katti's |
| Van het snijloon wordt weder ingewonnen minstens | | 75 , |
| | | 505 , |

De belasting beloopt in natura 200 katti's, welke hij in geld betaalt met . . . . . . . . . . . . . . . . . . . . . . . *f* 3.—
Kosten van uittrekken, overbrengen en planten van bibiet . , 2.60

Zamen *f* 5.60

Wanneer de landbouwer nu niet gedwongen wordt, zich te ongelegener tijd van zijn produkt te ontdoen, om landrente aan te zuiveren, die nimmer veiliger bewaard blijven dan bij hem zelven, en hij dus zijn produkt tot konsumtie kan aanwenden, of, zoo hij een rijken oogst gehad heeft, opschuren tot de prijzen gestegen zijn, dan is de opbrengst van twee en drie vierde pikol padi toereikend om zijne belasting te betalen, en geld over te houden om de kosten van den aanplant te dragen, en zou hij dus, in het ergste geval, dat is bij eene aan een misgewas grenzenden oogst van zes pikols padi per bouw, nog 250 katti's padi overhouden.

*b.* Bij eene opbrengst van 10 pikols per bouw zal de belasting zijn in geld *f* 8.90 en houdt de landbouwer, na aftrek van alle uitgaven en lasten, over 500 katti's.

*c.* Bij eene opbrengst van 16 pikols, bedraagt die belasting *f* 6.— en is het overschot p. m. 1100 katti's.

*d.* Bij een opbrengst van 30 pikols zal de belasting zijn *f* 11.40 en het overschot komen op 2000 katti's.

Overigens moet niet uit het oog verloren worden: dat het gebruik van den grond, aan den huurder of tijdelijken bezitter, wordt afgestaan voor het geheele jaar; dat hij daarvan, naar gelang der lokale gesteldheid, drie, minstens twee oogsten kan trekken, namelijk een of twee van padi, of wel een van padi en daarna een, soms twee van aardvruchten; terwijl de grondlast alleen berekend wordt op den padi-oogst en dus slechts van één gewas; zoodat alle verdere door den landbouwer van zijn veld aangewonnen wordende voortbrengselen, zijn onbezwaard eigendom blijven; zijnde het overbekend, dat die tweede gewassen, bij eene ijverige bebouwing, doorgaans in waarde die van de padi overtreffen.

Ten aanzien van de velden, met kultures voor de Europeesche markt beplant wordende, ben ik van oordeel, dat van deze geen belasting behoort te worden genomen, en wel op grond der volgende overwegingen.

1. Het planten van suikerriet, indigo, kochenielje, tabak en kaneel, is een arbeid welke door dwang gedreven wordt, dewijl het algemeen bekend is, dat de Javaan, werd hem de keus vrijgelaten, oogenblikkelijk dien veldarbeid zou verlaten, om daarentegen niets anders te planten dan padi en aardvruchten, of zijnen tijd in ledigheid doorbrengen.

2. Kan men dien gedwongen arbeid, welke in principe gelijk gesteld kan worden aan eene krachtige aansporing tot werken van eenen vader jegens zijne minderjarige kinderen, beschouwen als in deszelfs uitkomsten in alles weldadig te zullen werken op de bevolking, dan mag zulk een schoon doel niet bevlekt worden, door bekrompen financiëele berekeningen, die, behalve dat zij meer verlies dan voordeel aanbrengen, geene regtvaardige of billijke redenen tot grondslag kunnen hebben.

Dit alles toch is te vinden in het stelsel van kultures, zoo als het hedendaags toegepast wordt; want het gelast den Javaan een gewas te planten, waarin hij geen belang stelt; hij wordt voor dien arbeid niet alleen sober, ja soms te karig, beloond; maar men ontneemt hem nog een gedeelte van zijn grond, en wel de beste soorten; zoodat een landbouwer, die bij de vreemde kultures ingedeeld is, nimmer een geheele bouw met rijst beplanten kan; moetende het grootste gedeelte hunner, met een halve of drie kwart bouw tevreden wezen.

3. Uit deze omstandigheden vloeijen bestendig verkeerde en overdreven gevolgtrekkingen, omtrent den staat van welvaart der bevolking voort, want zoo de autoriteiten den uitgeputten toestand der landbouwers gekend hebben, hoe is het dan te pas gekomen, dat zij hun, zoo als in Bagelen, Samarang en andere plaatsen, den laatsten slag gegeven hebben, door, ongeacht zich alle verschijnselen van achteruitgang voordeden, nog steeds

voort te gaan met het handhaven zoo niet verhoogen van de oude cijfers van aanslag, en het nutteloos overdrijven der heerendiensten, zoodat de karbouwen en akkergereedschappen verkocht moesten worden, en eindelijk daarop voor duizenden de hongerdood gevolgd is? En dat ook de aanzienlijkste ambtenaren in deze dwaling vervallen kunnen, blijkt uit de redevoering, die de voormalige direkteur der kultures G. L. Baud, als minister van koloniën gehouden heeft, in de tweede kamer der Staten-Generaal, waarin gezegd wordt, dat elk Javaan een bouw bewerkt, dat hij nog meer bewerken kan, en dat inmiddels al die bouws, elk 15 pikols rijst opbrengen; al hetwelk ik, behoudens allen eerbied voor den redenaar, zoo vrij ben voor hersenschimmig te verklaren.

4. De kommissaris-generaal van den Bosch heeft, bij zijn ontwerp tot invoering der kultures bepaald, dat al de aan dezelve te verrigten arbeid zou geschieden, tegen vrijstelling van landrente, dat is, tegen vrijstelling voor een bouw (zie Staatsblad 1834 no. 22). Indien de landbouwer dus een geheele bouw kon bewerken, zou hij in elk geval, bij eene produktie van 15 pikols rijst, eene waarde van circa ƒ 60.— recepis erlangd hebben; want die 15 pikols waren zijn onbezwaard eigendom. Toen echter besloten werd om de kultures door geld te drijven, was het noodig, dat een bouw suikerriet niet minder dan 30 pikols opbragt, om hem in staat te stellen de op die verandering gevolgde hooge lasten te kunnen betalen, die tot ƒ 20.— per bouw gegaan zijn, en daar het aandeel in de suikerplantloonen slechts ƒ 21.— bedraagt, zoo zoude de planter bij die verandering ƒ 1.— winst gehad hebben, zoo niet, in de meeste gevallen, de resultaten der suiker-kultuur beloopen hadden 25, 20, 15 ja niet zelden slechts 12 pikols!

5. De aloude instellingen des lands zeggen: »De vorst neemt een vijfde van de gronden of van derzelver opbrengsten, of wel vordert persoonlijke diensten van een vijfde van de bevolking;" doch het Nederlandsch gouvernement heeft niet alleen beide soorten van opbrengsten getrokken, maar ook nog soms over de helft, een derde of een vierde, minstens een vijfde van den grond, en *over al de arbeiders te gelijk* beschikt; waardoor de bevolking van bijna geheel Java terug gebragt is tot dien staat van armoede, waartoe sommige provinciën onder het kontingenten-stelsel der O. I. Kompagnie vervallen waren.

De Engelsche instruktie van 11 Februarij 1814, is het eerste staatsstuk, waarbij de regten en belangen der inlandsche bevolking overwogen en bepaald geworden zijn. Bij hetzelve wordt de landbouwende klasse onderworpen aan ééne belasting, gegrond op de helft, twee vijfden of een derde van den padi-oogst der sawa-velden, en twee vijfden, een derde of een vierde van de opbrengsten der tegals, gekalkuleerd op turksch koren (djagong), welke tax zeer hoog is, in aanmerking nemende dat de planters nog ⅕ tot ¼ aan snijloon en 1/10 aan de priesters moeten afstaan; doch worden daarentegen alle andere belastingen en, wat meer zegt, de heeren- of persoonlijke diensten geheel afgeschaft.

6. "De onbehoorlijke invloed en het gezag der inlandsche hoofden is onder naauwere bepalingen gebragt. (Art. 1.)" "Het leenstelsel en de verpligte leveringen zijn over het geheele eiland vernietigd geworden." (Art. 3 van de proklamatie van den 15en October 1813.) Doch onder het Nederlandsch bestuur, in de laatste jaren bovenal, is de *onbehoorlijke* invloed en dat gezag, en zijn de verpligte leveringen op nieuw tot een buitensporige hoogte geklommen, en heeft een en ander gediend, om, op geringe uitzonderingen na, de geheele Javaansche bevolking in armoede en ellende te dompelen.

Op dit oogenblik dus, verkeert de Javaan in het algemeen in denzelfden beklagenswaardigen toestand, waarin de bevolking van Soerabaya zich in 1812 bevond; en om in weinig woorden een duidelijk denkbeeld van dien toestand te geven, is het voldoende over te wijzen tot hetgeen ten dien aanzien gezegd is bij een officiëel rapport, uitgebragt door den Nederlandschen kommissaris van het gouvernement Rothenbuller, te vinden in *F. S. Raffles' History of Java*, pag. 300 en volgende, waarbij men zich echter de genoemde belastingen moet voorstellen onder geheel verschillende benamingen, die, door het stilzwijgen van de regering, als het ware kracht van wet verkregen hebben.

Wat nu betreft de tegal-landen, zoo is de gestelde grondslag, die van djagong namelijk, niet billijk, dewijl er vele gewassen geteeld worden, welke ver boven of ver beneden de waarde van 'Turksch koren staan. Onder de eerstbedoelde kunnen gerekend worden, de katjang-tjina, uijen en katoen, en onder de laatste, de djarak, komkommers, meloenen en andere snelrijpende waterachtige vruchten.

Gewoonlijk wordt de belasting der tegals, te gelijk aangeslagen met die der sawa-velden, hetwelk aanleiding heeft gegeven tot onjuistheden, alzoo de padi-velden in Mei en Junij, en de tegal-vruchten eerst in September en October rijpen.

Derhalve zal het billijk en noodig zijn, dat de aanslag voor elke dessa tweemalen in het jaar gehouden wordt, dat is, eens staande den padi-oogst voor de sawa's, en eens nadat de plantsoenen bekend zullen zijn voor de tegal-velden.

De basis van belasting dezer laatste, ben ik van oordeel dat geregeld moet worden naar den aard en de waarde van het op die velden geteelde gewas, en nadat het tot rijpheid zal zijn gekomen.

De regeling zoo van den aanslag der sawa's als tegals, maakt het onderwerp uit van de 3e afdeeling dezer nota.

Batavia, December 1850.

(was get.) H. A. VAN DER POEL.

# DERDE AFDEELING.

Het dorpshoofd van de Javaansche dorpen is, volgens onheugelijk gebruik, gewoon geweest, dat in hem het algemeen oppertoezigt over alle zaken, zijn dorp aangaande, gevestigd was. (Engelsche instruktie 11 Februarij 1814, art. 11.)

Dit eenvoudig dorpsbestuur, wekt de bewondering en ook de goedkeuring der regering op; zij beschouwt het als, niet alleen met de geaardheid van de bevolking het meest in overeenstemming, maar ook te gelijk het meest bevorderlijk voor de belangen der regering enz. enz. (art. 13.)

Dit was het oordeel, dat in 1814 geveld werd, over een der belangrijkste aangelegenheden van de Indische staatshuishouding, door een natie die de eerste was, om een stap te doen, om het lot van den Javaan te verbeteren, door, volgens eene wijze staatkunde, de landsinstellingen die goed en nuttig waren, te behouden en in een te smelten met Europeesche theoriën en vrijheid ademende verordeningen van volksbestuur.

Vele zoo niet alle redenen bestonden destijds, om een goede en gewenschte uitkomst der nieuwe bepalingen op het stuk der belastingen te mogen verwachten. Den dorpshoofden werd de gelegenheid benomen, den geringen man meer af te vorderen dan hij verpligt was te betalen; maar zij werden niettemin in hun volle gezag gehandhaafd; terwijl het nieuwe stelsel, hun de heffing van produkten en daaruit voor hen voortgevloeid zijnde klandestine voordeelen ontnam, waarvoor de heffing der landrente in geld, in de plaats kwam; en gaf alzoo de Britsche regering daarmede, een zeer groot blijk van vertrouwen, zoo in de dorpshoofden, als in haar eigen gezag en veerkracht.

Het vertrouwen op de dorpshoofden was niet kwalijk geplaatst, want het kontingenten-stelsel, dat nog onder het bestuur van den gouverneurgeneraal Daendels was blijven voortduren, had de inlandsche hoofden, en wel hoofdzakelijk de dorpsbesturen, in hunnen oorspronkelijken aartsvaderlijken toestand gelaten. Steeds beheerd geworden zijnde naar de aloude instellingen des lands, waren eene volstrekte onderwerping aan, en eene onbeperkte vrees voor hunne overheden, de kenmerken waardoor zich deze niet ten onregte bewonderde dorpsbesturen, boven die van zooveel andere landen onderscheidden. En even als het eene zekere waarheid is, dat, onder het bestuur der vorsten, de dorpshoofden zonder daartoe door hunne regenten aangezet te zijn geworden, de bevolking nimmer uit eigen beweging aan drukkende lasten onderworpen zouden hebben, even zoo zeker mogt de Britsche regering verwachten, dat hare instellingen, door de dorpsbesturen zouden worden geëerbiedigd, omdat zij verklaard had, dat de *onbehoorlijke* invloed van het gezag der inlandsche hoofden (bestuurders der regentschappen en distrikten) onder naauwere bepalingen gebragt was, en het voorzeker wel de meening geweest moet zijn, om die bepalingen te handhaven, daar het ligtelijk te begrijpen viel, dat hun stelsel van landrente, bij een onvolledige uitvoering onder een zwak bestuur, de bevolking aan veel grooter verdrukking zou blootstellen, dan die, waaruit zij dezelve wilde redden.

Wanneer men echter de uitgevaardigde voorschriften met aandacht leest, dan zal het weldra duidelijk worden, dat de Engelsche regering er verre af was van besloten te hebben, om den landbouwer aan de willekeur van dat zoo zeer bewonderde dorpsbestuur over te laten, en het integendeel wel degelijk de bedoeling was, om het dorpshoofd de *beschikking over de verdeeling van den grond* te ontnemen, hem het beheer of de perceptie der inkomsten latende, als kunnende de vergrijpen, in dit stuk door eene gestrenge regtspleging gestraft, en de vermenigvuldiging van die soort van misdrijven daardoor voorgekomen worden; terwijl daarentegen de gevolgen welke moesten voortvloeijen uit het beschikken over de landen door de dorpsbesturen, onberekenbaar waren.

De eerste methode van werken, welke na de uitvaardiging van de proklamatie van 11 Februarij 1814 ingevoerd werd, was slechts een voorbereidende maatregel, aangenomen door een gouvernement, hetwelk slechts drie jaren op Java gevestigd, en dus nog verstoken was van al die kennis en inlichtingen van de statistieke aangelegenheden, welke tot de volledige toepassing van deszelfs groot projekt vereischt werden.

*Zeven-en-dertig jaren* (*) heeft die voorloopige maatregel de plaats bekleed van een stelsel van belasting, hetwelk de welvaart van den Javaan tot eene hem nimmer bekende hoogte moest opvoeren; en al de ongelegenheden en verwikkelingen, welke de Engelsche regering gevreesd heeft, zijn geboren geworden, en hebben thans die dorpshoofden dat vermogen van benadeelen gekregen, hetwelk aan de regering weinig middelen meer overlaat, om de misbruiken te voorkomen of te herstellen. (Art. 63 der Engelsche instruktie).

Gedurende gezegd tijdvak heeft het dorpsbestuur eene degradatie ondergaan, welke te weeg brengt, dat men het uit een geheel ander oogpunt beschouwen moet dan in 1814; voortspruitende uit de volgende omstandigheden:

1º. Door de toewijzing van land aan de individuën, over te laten aan het goedvinden der dorpshoofden, die daarentegen aansprakelijk blijven voor 's lands inkomsten, is hun een graad van vertrouwen geschonken, welke onbestaanbaar is met den geest en de bedoeling van landrente, omdat langs dien weg, het lot van de geheele landbouwende klasse in hunne handen gesteld zijnde, het Europeesch personeel, buitendien te beperkt, niet bij magte is, de knevelarijen en het misbruik van vertrouwen voor te komen.

2º. Het kultuurstelsel, dat door weinigen goed begrepen wordt, is dan ook door de meesten op eene niet vol te houden schaal uitgebreid; en de dorpshoofden, die al de aan hunne onderhebbenden opgedragen werkzaam-

---

(*) Thans *twee-en-vijftig jaren.*

heden moeten regelen, hebben daardoor eene magt verkregen, die de bevolking aan hunne volstrekte willekeur overlaat.

3°. De gemakkelijkheid, welke uit deze inrigting voor de gezagvoerende ambtenaren in de voortzetting en uitoefening hunner ambtspligten voortvloeit, heeft de bewondering van de meesten hunner voor dat »eenvoudige dorpsbestuur" ten top gevoerd, en hen aangezet om de oude spreuk: »dat men zich niet met de huishoudelijke aangelegenheden van den Javaan moet inlaten," (iets hetwelk nu 85 jaren geleden, in eenen betrekkelijken zin denkelijk zeer nuttig was,) te handhaven, niet lettende, dat het kultuurstelsel een algeheelen ommekeer in die huishouding te weeg bragt.

4°. Wanneer de indigo-, suiker- of koffij-aanplantingen van het een of ander dorp, niet goed vooruitgingen, dan werd het dorpshoofd ontslagen en een ander, dien de bevolking aanwees, of die eene opoffering aan het plaatselijk bestuur gedaan had, aangesteld.

5°. In 1841 werd bij een gouvernements-besluit bepaald, dat de dorpshoofden bij vergrijpen, niet meer met rottingslagen, maar alleen voor *vier* of *acht dagen* met opsluiting gestraft mogen worden. (*) Daar echter eene zoodanige bestraffing, geen het minste nut uitoefent op menschen, die tot de laagste klasse des volks behooren, zagen de ambtenaren zich verpligt de dorpshoofden, bij de minste herhaling van onachtzaamheid te ontslaan; welke maatregel den *handel in dorpsbeambten* ongemeen aangemoedigd en tot een vroeger nimmer gekenden staat van bloei gebragt heeft.

6°. Langs dien weg zijn tot dorpshoofden gekozen, allerlei slag van menschen, welke, voor het meerendeel ondersteund door het openbaar gezag, wel in staat zijn de bevelen te doen uitvoeren, maar bij de minste botsing onbekwaam worden; omdat zij, niet behoorende tot die klasse van menschen welke voor het dorpsbestuur op Java als het ware opzettelijk geboren schijnen te zijn, geen moreelen invloed hebben.

7°. Veel wordt voorbijgezien, bijaldien een dorpshoofd slechts goed zorg draagt voor de Europeesche kultures, en daar het niet zelden gebeurt, dat het aandeel in de kultures van een dorp de krachten van de opgezetenen verre te boven gaat, maar het werk niettemin goed afloopt (†) en de tevredenheid der Europeesche ambtenaren verwerft, zoo valt het gemakkelijk te begrijpen, dat de hoofden van zulke dorpen boven anderen begunstigd worden.

Deze gunsten nu, bestaan niet in belooningen in geld, geschenken of eerbewijzingen; maar zeer eenvoudig in eene strafwaardige toegevendheid voor overtredingen, dewijl het daardoor dikwerf gebeurd is, dat de dorpshoofden de landrente voor de helft of twee derde gedeelten (300 of 400

---

(*) Vergelijk ons eerste deel, pag. 414—423.

(†) In dergelijke ongelegenheden huren zij menschen en ploegen in, doch ontvangen de plantloonen, waarvan hunne onderhebbenden dan weinig of niets ontvangen, die zoodoende het geheele jaar om niet werken.

(*Noot van den heer van der Poel.*)

gulden) te zoek gemaakt hebbende, zij daarvoor alleen van hunne bediening ontzet werden, om na verloop van twee of drie jaren, onder eenen anderen naam, weder aangesteld te worden.

8°. Deze schuldigen moeten, volgens de wetten en speciale bepalingen, voor den regter gebragt worden; maar de Indische regering, die de grondslagen van haar beheer kent, laat voor vergrijpen van dien aard eene strenge toepassing van de wet niet toe, en vergenoegt zich, met enkelen voor de overtreding van velen te laten boeten, en daardoor zijn de dorpshoofden aangemoedigd geworden, om hunne kwade praktijken niet alleen voort te zetten, maar ook uit te breiden; want de Javaan wil regtvaardig en streng geregeerd zijn, en is niet zoo eenvoudig, om de zwakke zijde van zijn gebieder niet zeer spoedig op te merken en daarvan tot zijn voordeel gebruik te maken.

9°. Knevelarijen van allerlei aard, deels reeds behandeld bij de eerste en tweede afdeeling dezer nota, hebben als het ware de dagelijksche bemoeijingen van de dorpshoofden uitgemaakt; waarin zij grootelijks gesterkt en aangemoedigd zijn geworden, door de dwaze praalzucht en de ijdelheid der plaatselijke autoriteiten (*).

10°. Een hoogst ongelijke verdeeling van de aanwezige sawavelden onder de opgezetenen van hun dorp; het verkoopen of verhuren van de velden aan anderen, met achteruitzetting van hunne eigen dorpelingen; het te hoog belasten van de landbouwers, voor de onevenredige en schrale gronden die hen aangewezen worden; het invorderen van nog hooger sommen dan de aanslag individueel bedraagt, omdat de geringe Javaan niet rekenen kan, en het doorbrengen van de hun aanvertrouwde gelden, zijn de hoofdgrieven welke tegen de dorpshoofden in het algemeen bestaan, en door den duur van tijd zóó ingeworteld zijn, dat alleen buitengewone maatregelen deze gebreken kunnen wegnemen door het kwaad met den wortel uit te roeijen.

Van die overweging uitgaande, ben ik van oordeel, dat de toewijzing van land en de perceptie van 's lands inkomsten aan de dorpshoofden geheel en al moet worden ontnomen, hun overigens alle andere attributen latende behouden, waartegen zij door een billijken en toereikenden onderstand zullen worden te gemoet gekomen.

De wettige inkomsten der dorpshoofden, bestonden oudtijds in een betrekkelijk gering aandeel in den oogst, en kan niet gezegd worden dat een algemeene en vaste regel over geheel Java bestond. Het lijdt echter geen twijfel, of zij wisten zich buitendien nog voordeelen te verzekeren, zooals: door het doen afkoopen van verpligte diensten, als anderzins, welke trouwens geacht moeten worden tot de misbruiken en aanmatigingen, geenszins tot de instellingen te behooren.

---

(*) Zie rapporten van den inspekteur der kultures in de 2e Afdeeling, onder anderen van Tagal.

(*Noot van den heer van der Poel.*)

Bij de Engelsche instruktie zijn alle heffingen, anders dan ten behoeve van het gouvernement, verboden, maar aan de dorpshoofden eene procentsgewijze belooning in geld, *zonder meer*, toegezegd op de inkomsten hunner dorpen, en is onder het Nederlandsch gezag aan hen toegelegd, *acht procent* van het bedrag der belasting ; welk inkomen zij sedert een dertigtal jaren ongestoord genoten hebben.

Wel hebben zij buitendien nog sawavelden gebruikt, en de belasting daarvan over hunne opgezetenen omgeslagen, zoodat zij zelf geheel vrij bleven; maar dit is eene aanmatiging welke nimmer gedoogd had moeten worden.

Wanneer de dorpshoofden niet meer belast zullen zijn met de aanwijzing en verdeeling van de gronden en het opgaren van de inkomsten, dan wordt de belooning van 8 percent, welke zij thans nog genieten, overtollig en kan worden ingetrokken.

Doch daarentegen is het billijk, hun een zeker gedeelte van de sawavelden toe te kennen, waarvoor zij geene belasting behoeven te betalen.

Dat gedeelte zal geregeld moeten worden naar de belangrijkheid van het dorp, de kwaliteit der gronden en het bedrag van het thans, door middel van de 8 percent, genoten wordend inkomen, welk een en ander door de plaatselijke besturen het best kan worden beoordeeld.

Zij moeten daarbij het regt behouden, om uit de beste gronden hunne velden te kiezen, en mogen boven de van belasting vrijgestelde uitgestrektheid, welke door het bestuur voor ieder dorpshoofd bepaald zal worden, nog meer gronden bewerken of laten bewerken, mits daarvoor belasting betalende, en de uitgestrektheid derzelver niet te boven ga, een zeker procentsgewijs bedrag van de aanwezige sawavelden, te regelen door de plaatselijke besturen, naar gelang der lokale omstandigheden, het geval en het vermogen van de dorpsbewoners.

Aan den *kamitoewa* en *kebaijan*, welke het dorpshoofd in de uitoefening zijner funktiën behulpzaam zijn, kan ieder het gebruik van een halve bouw sawa, vrij van belasting, worden toegekend.

De *modins* of dorpspriesters kunnen vrijstelling genieten voor een halven bouw, waartegen de belasting djakat over alle voortbrengselen van den grond, kan worden afgeschaft (*).

Schrijvers voor de dorpen zijn overtollig, vooral wanneer het beheer der landen en inkomsten, niet meer aan het dorpshoofd opgedragen is. Mogt echter deze instelling behouden worden, dan kan men volstaan met hun, voor de onbeduidende diensten die zij somtijds zullen bewijzen, eene meerdere uitgestrektheid grond, dan aan anderen toegekend is, af te staan, echter tegen betaling der belasting.

De vrijstelling van belasting voor de mindere hoofden van een halve

---

(*) Vergelijk het vroeger omtrent de *djakat* door ons medegedeelde, onder anderen, in eene noot op bladz. 179 van het eerste deel, en op pag. 182 hiervoren.

bouw, erken ik, is zeer gering; doch bestaan er geen beletselen, om later eene grootere hoeveelheid grond af te staan. Geheel verstoken zijnde van de, voor dit onderwerp ter volledige behandeling, zoo noodige cijfers, kan ik geen overzigt maken, van de hoegrootheid der opoffering welke het gouvernement bij al die vrijstellingen doen zal.

Na al het verhandelde, kan het overbodig geacht worden breedvoerig te betoogen, dat een billijk en gelijkmatig drukkende regeling van den grondlast, op geene andere wijze bereikbaar is, dan door een hoofdelijken aanslag, in dier voege, dat de individuën in persoonlijke aanraking komen met de ambtenaren, in welke de regering het vertrouwen zal moeten stellen, om ten deze de vereischte schikkingen te maken.

De landbouwers ieder voor zich zelven, op de bedoelde wijze voorgelicht omtrent het bedrag van de hun jaarlijks opgelegde belasting, zal het gouvernement daarin, en ook alleen daarin, een waarborg bezitten, tegen de afpersingen en knevelarijen van de inlandsche ambtenaren en hoofden.

De Engelsche regering die, op grond van in hare bezittingen in Hindostan verkregen ondervinding, oordeel, had met de instruktie van 11 Februarij 1814 geen ander doel; gelijk zulks bij verschillende artikelen van dat ontwerp, ten duidelijkste doorstraalt.

Doch hoe gemakkelijk zich eene dergelijke wijze van belasten ook beschrijven laat, en hoe schoon de vooruitzigten ook zijn mogen, zoo blijft de uitvoering niettemin, vergelijkender wijze gesproken, een reuzenwerk.

Een en een half tot een en drie vierde millioen individuën (landbouwers) zullen man voor man van het plaatselijk bestuur vernemen, voor hoeveel zij ieder in de belasting aangeslagen zijn, en die mededeelingen moeten zich, jaar in jaar uit, herhalen, nadat binnen den korten tijd, die tusschen het rijp worden en snijden van de padi overblijft, de onmisbare opnamen en schattingen gedaan zijn, van welke laatste verrigtingen afhangt, of de belasting voor beide partijen al dan niet billijk zijn zal.

Kennis van zaken, naauwkeurigheid, eerlijkheid en werklust, zijn de vereischten, welke de ambtenaren in zich moeten vereenigen, aan wien de uitvoering en de bewaking dezer werkzaamheden zal worden aanvertrouwd.

Het kader van de kontroleurs der landelijke inkomsten, is niet alleen te klein, maar de leden van hetzelve zijn maar voor de helft, zoo niet minder, geschikt om, zonder de leiding hunner overheden (residenten en assistent-residenten), de hun op te leggen verpligtingen na te komen.

De ontbrekende ambtenaren kunnen aangesteld, de onwilligen verwijderd, en de onbekwamen onderrigt worden, welk laatste eene verpligting is der plaatselijke autoriteiten, zoodat de opgenoemde bezwaren niet als onoverkomelijke hinderpalen te beschouwen zijn.

Maar ik twijfel-niet, of de meerderheid van de ter beoordeeling van dit projekt geroepenen zal beweren, dat een hoofdelijke aanslag van een à twee millioen belastingschuldigen, verspreid over een zoo groote oppervlakte als de geheele uitgestrektheid van Java bevat, welke daarbij elk jaar op nieuw zal moeten plaats vinden, niet uitvoerlijk is, ook dan niet, wanneer het personeel zoodanig vermeerderd wordt, dat de daardoor veroorzaakte uitgaven, evenredig blijven aan het te bewerken nut.

Ik kan ook niet ontveinzen, dat een hoofdelijke aanslag op dien voet, om niet te zeggen onuitvoerlijk, evenwel aan moeijelijkheden onderworpen is, welke de uitvoering aan zeer vele kansen bloot geeft; terwijl er eene niet ongegronde vrees zal blijven bestaan, dat door de onophoudelijke mutatiën, welke onder eene zoo groote bevolking ongemeen talrijk zijn, de aanslag als het ware nimmer geheel ten einde zal komen, waaruit noodwendig moet voortvloeijen, dat zij die den aanslag moeten doen, gebruik zullen maken van hulpmiddelen, om niet te zeggen kunstgrepen, welke eindelijk zullen leiden tot uitkomsten, geheel strijdig met het voorgestelde doel, hetwelk in dat geval beschouwd kan worden als te zijn gemist.

Op deze ongelegenheden bedacht zijnde, ben ik van oordeel, dat de aanslag van de hier bedoelde belasting, niet op de *personen*, maar op de *gronden* moet geschieden.

Deze methode geeft twee voordeelen:

1o. Dat de mutatiën, welke onder de bevolking plaats vinden, geene inkonveniënten opleveren voor den aanslag, daar, eenmaal de belasting van een zeker veld bepaald zijnde, het onverschillig blijft, wie daarvan de belasting betaalt.

2o. Dat daardoor, van het oogenblik waarop het stelsel in werking komt, alle bemoeijingen der ambtenaren, regtstreeks zullen leiden, tot het verkrijgen der onmisbare kennis van de waarde der gronden.

Is deze kennis eenmaal verkregen, en de belasting der aanwezige velden van elke dessa in detail bepaald en ter kennisse van de ingezetenen gebragt, dan vervalt de geheele omslag van den jaarlijkschen aanslag, en zullen de bemoeijingen der ambtenaren, zich alsdan bepalen: om zich te overtuigen van den staat van het gewas; de uitgestrektheid der onbebouwd gebleven en geheel mislukte velden te konstateren; de onvermijdelijk noodzakelijk geworden remissiën voor te stellen, en tevens opname te doen, van de nieuw ontgonnen bouwlanden.

Men stelle zich van deze perceelsgewijze belasting niet zulke onoverkomelijke bezwaren voor, als van den hoofdelijken of individu'sgewijzen aanslag, verbeeldende ik mij namelijk, dat dezelve zeer gemakkelijk te volbrengen is, daar de Javaansche gebruiken, van onheugelijke tijden afkomstig, de uitvoering in de hand werken; want het is bekend dat de sawavelden, zoo niet over geheel Java, dan zeker over het grootste gedeelte, benaamd zijn, en zal men bij onderzoek in de dorpen bevinden, dat de hoofden de velden niet aanwijzen bij bouws of bunders, maar bij de namen welke de verschillende stukken grond bij de eerste ontginning verkregen hebben.

De uitgestrektheid in Europeesche maat is niet, of ten minste maar zeer zeldzaam aan de hoofden en ingezetenen bekend; maar beide weten naauwkeurig, hoeveel bossen inzaad voor elk veld noodig zijn en hoeveel padi bij een voorspoedigen oogst daarvan verkregen kan worden.

Bij een weinig nadenken zal men spoedig bespeuren, dat deze omstandigheden zeer veel voordeelen aanbieden, welke, weet men van dezelve goed partij te trekken, het geprojekteerde werk van perceelswijzen aan- slag, ongemeen zullen vergemakkelijken; terwijl de landbouwer, ziende dat het bestuur zich persoonlijk zijne belangen aantrekt, en daartoe juist het eenige middel kiest hetwelk zijn beperkt verstand bevatten kan, eene mate van gerustheid en tevredenheid zal gevoelen, welke, op zich zelf genomen, reeds als eene gunstige uitwerking en een behaald voordeel mag worden aangemerkt.

## Nieuwe regeling van personeel.

In verband met de aangetoonde noodzakelijkheid tot vermeerdering van het bestaande personeel, tot het ontnemen aan de dorpshoofden van alle bemoeijingen met de verdeeling der gronden en de perceptie der inkomsten, en tot het voorgestelde doel om een volledige kennis te verkrijgen van de waarde en de uitgestrektheid der velden, is het noodig dat twee nieuwe ambten met daarbij behoorend personeel gekreëerd worden.

Voor elk der distrikten, daartoe genoegzaam omvang bezittende, dient te worden benoemd: een inlandsch onder-kollekteur op eene bezoldiging van *f* 250.— 's maands; een schrijver op *f* 25.— 's maands, en een man- tri-oekoer (meter) op *f* 75.— 's maands.

De arbeiders welke bij de meters werkzaam moeten zijn, behoeven niet betaald te worden, zij zelf hebben bij de zaak het meeste belang, en pres- teren daarbij slechts gedurende eenige dagen dienst in de onmiddellijke na- bijheid hunner dorpen.

Het geheel bedrag voor de bezoldiging dezer nieuwe ambtenaren, kan te staan komen op eene som van *f* 1,800,000.— 's jaars.

Overal waar de distrikten te klein zijn om eenen onder-kollekteur afzon- derlijk noodig te maken, kunnen aan die beambten twee distrikten worden opgedragen, door welken maatregel telkens 's jaars *f* 2,700.— op de som van 1,800,000.— wordt uitgewonnen.

Zoodra de opmetingen geheel afgeloopen, en de grenzen der onderschei- dene velden bepaald zullen zijn, blijft in elk regentschap slechts één man- tri-oekoer bestaan, de overige worden gesupprimeerd, waardoor de uitgaaf nogmaals vermindert met p. m. 360,000.— 's jaars.

Het werk der opmetingen schat ik, dat in drie jaren (misschien in min- der tijd), geheel volbragt zal wezen.

De dorpshoofden geen bemoeijenis meer hebbende met de perceptie der gelden, zoo vervalt hun loon van acht procent, hetwelk eene bijdrage aan de inkomsten geeft van p. m. *f* 800,000.— 's jaars, gerekend op den hoogsten stand der landrente in de jongst verloopen jaren, die echter nog ver beneden het cijfer is van de wezenlijke waarde der velden, welke, onder een goed beheer, later door het gouvernement ten volle geïnd zal worden.

Alzoo gaat de aanneming van dit projekt van herziening, gepaard met eene opoffering in geld van de zijde der regering, ten bedrage van p. m. *f* 1,000,000.— 's jaars.

Indien nu uit de nieuwe regeling voortvloeit, dat elke bouw slechts met een gulden verhoogd kan worden, dan is die uitgaaf reeds ruim gevonden.

Ik heb reeds vroeger gezegd, dat het doel niet is, om dadelijk hooge cijfers van belasting te verkrijgen, maar eene wel gemeende en dringend gevorderd wordende behartiging van de duurste belangen der inlandsche bevolking, wier welvaart en bloei aan de goede uitvoering van het ontwerp ten naauwste verbonden zijn. Wordt dat doel bereikt, hetwelk niet te betwijfelen valt, dan is het, voor eene opoffering van een millioen gulden 's jaars, niet te duur verworven; maar er bestaan geen redenen om te denken, dat de uitgeschoten gelden, ook van eene financiële zijde beschouwd, onvruchtbaar zullen blijven; houdende ik mij integendeel verzekerd, dat de regering spoedig, niet zonder verbazing, zien zal, welke exorbitante sommen, gedurende eene reeks van jaren, verduisterd en aan de staatskas onthouden zijn geworden; terwijl inmiddels de bevolking van Java voor het meerendeel gebrek leed aan de noodigste behoeften des levens.

De ambtenaren, in wie de regering het vertrouwen moet stellen, om den grondslag te bepalen waarop de belasting berekend kan worden, zijn de nieuw te benoemen onder-kollekteurs.

Deze komen wel is waar onder de kontrôle van de kontroleurs, den assistent-resident, den resident en den regent; maar alle deze ambtenaren hebben meer andere werkzaamheden te verrigten, en kunnen onmogelijk al de dorpen bezoeken; zij zullen zich dus moeten bepalen, met de handelingen van de onder-kollekteurs, bij de schatting van den oogst, zoo naauwkeurig mogelijk, bij gedeelten van een distrikt, te verifiëren, waaruit volgt, dat in de eerste jaren, al de velden welke niet door de Europeesche ambtenaren bezocht zijn, aangeslagen zullen worden, op den daartoe door de onder-kollekteurs aangegeven basis; zoodat in den beginne, eigenlijk zij de voornaamste personen zullen zijn, die den aanslag van de belasting tot stand brengen. Het is om die reden, dat ik voor die ambtenaren een traktement van *f* 250.— 's maands heb uitgetrokken.

Deze onder-kollekteurs moeten onmiddellijk ondergeschikt zijn aan de residenten, en zullen van de regenten geen de minste bevelen aannemen, noch uitvoeren. Zij zullen dus als het ware behooren tot het kader Europeesche ambtenaren. (*)

(*) Deze bepaling heeft een tweeledig doel:

1o. Om voor te komen, dat de invloed, welken de regenten op de mindere hoofden uitoefenen, worde aangewend tot kwade oogmerken, waaruit niet alleen een dadelijk nadeel voor de bevolking, maar ook misleiding van het bestuur omtrent de wezenlijke kapaciteit der gronden, en dus een blijvend verlies voor den lande, ontstaan kan.

2o. Een' eersten stap te doen tot een langzame en stelselmatige inkrimping van het gezag der regenten.

(*Noot van den heer van der Poel.*)

III.　　　　　　　　　　　　　　　　　　　　　　　19

De funktiën van de onder-kollekteurs worden aan Javanen opgedragen, omdat de Europeesche ambtenaren, op zeer geringe uitzonderingen na, geen genoegzame kennis van zaken bezitten, en dus voor die taak ongeschikt zijn.

Hoewel nu de onder-kollekteurs geheel onafhankelijk van de regenten zullen werken, zijn zij evenwel onderworpen aan de kontrôle van die inlandsche hoofdambtenaren in de regentschappen.

De verpligtingen van de onder-kollekteurs zullen bestaan in:

*a.* Het verdeelen van de velden onder de ingezetenen van de dorpen.

*b.* Het schatten van den oogst.

*c.* Het percipiëren van de belasting, en verantwoorden van de ontvangen gelden ter behoorlijke plaatse.

Deze details bevatten het onderwerp van aanslag, en zijn uiteen gezet bij de volgende paragraphen.

*a.* Verdeeling der velden. 1. Onmiddellijk na de indiensttreding der voorgestelde onder-kollekteurs en meters, zullen deze ambtenaren zich naar de dorpen begeven, en eene opmeting bewerkstelligen van al de sawa's, *niet in bouws, maar vaksgewijze, afgebakend naar derzelver verschillende gedaanten en benamingen;* zoo als een en ander door het verzamelde dorpsbestuur en de oudsten der dessa's zal aangewezen en verklaard worden.

2. Al de dus opgemetene figuren moeten, op verkleinde schaal, voor elk dorp op een afzonderlijk vel papier worden overgebragt, daarbij den naam en inhoud van het veld inschrijvende, nadat aan de figuren een volgnommer zal zijn gegeven.

3. Van deze opmetingen, welke door den mantri-oekoer onder toezigt van den onder-kollekteur moeten geschieden, wordt door eerstgemelden een grootboek aangelegd, volgens model lett. A. (*)

4. Het is niet te denken, dat de geheele opmeting afgeloopen zal zijn, vóór het tijdstip waarop de velden onder de landbouwers verdeeld moeten wezen, hetgeen in den beginne ook niet volstrekt noodzakelijk is; weshalve die verdeeling kan plaats vinden, terwijl met de opmetingen wordt voortgegaan.

Deze verdeeling geschiedt op de volgende wijze:

5. De onder-kollekteur, geassisteerd door een van de distrikts-beambten, zich naar een dorp begeven hebbende, verzamelt het bestuur en de ingezetenen, en laat zich door elk hunner voorlichten omtrent den staat van hun vermogen, makende tevens de ceelsbeschrijving, waarvan hij opmaakt een register, ingerigt volgens model lett. B.

6. Het is almede te voorzien, dat deze opname niet in haar geheel zal kunnen plaats vinden vóór het tijdstip dat de velden verdeeld moeten

---

(*) Deze en de hierna te vermelden modellen, zullen aan het slot dezer afdeeling omschreven worden.

zijn ; in 'dat geval bepaalt de onder-kollekteur zich alleen, om de namen van de ingezetenen en de hoeveelheid van hun ploegvee, bij zijn register op te nemen, het overige achterwege latende tot na den afloop van het geheele werk der verdeeling in zijn distrikt, als wanneer hij zijn gestaakt onderzoek kan hervatten.

7. De hier bedoelde ceelsbeschrijving, kan geacht worden voor vijf jaren dienstbaar te zijn, zoodat het meeste werk alleen gedurende het eerste jaar plaats vindt.

8. Het is billijk, dat de verdeeling der sawavelden onder de ingezetenen van een dorp, gelijkmatig geschiedt, zoodat ieder even veel krijgt.

9. Wanneer de uitgestrektheid zulks toelaat, zal in geen geval het aandeel van ieder minder dan een bouw van 500 vierkante roeden mogen bedragen.

10. Dewijl over het algemeen genomen, een span ploegdieren van twee tot drie bouws bewerken kan, zal de verdeeling daarnaar geregeld moeten worden, in dier voege, dat een landbouwer die slechts één buffel bezit, evenwel een en een halven bouw erlangt, dewijl hij met behulp van een ander, die mede slechts één buffel heeft, daarmede een span kan maken.

11. De zoodanige onder de landbouwers, welke ruim van beestiaal voorzien zijn, kunnen een daaraan evenredig grooter aandeel verkrijgen, echter nimmer ten ongerieve hunner dorpsgenooten.

12. Het aandeel van het dorpshoofd zal, boven de vrijgestelde velden, nimmer mogen te boven gaan het dubbele van het aandeel der ingezetenen, ten ware uit deze onthouding mogt voortvloeijen, dat een deel der velden onbebouwd zou blijven.

13. De velden welke, wegens gebrek aan volk, onverdeeld blijven, worden door den onder-kollekteur aan ingezetenen van naburige dorpen toebedeeld, even als zulks thans plaats vindt, met dien verstande echter, dat deze bewerkers geen geld vooruit geven, maar geregeld onder belasting gebragt worden bij het doen van den aanslag.

Er bestaat een denkbeeld, om namelijk de onverdeelbare velden aan de ingezetenen van het dorp waartoe die velden behooren, gelijkmatig uit te deelen, die dan de stukken grond, welker bearbeiding boven hunne krachten en hun vermogen gaat, voor eigen rekening aan hunne naburen verpachten (verkoopen). Zonder deze methode regtstreeks af te keuren, moet ik toch tegen dezelve waarschuwen, daar zij aanleiding kan geven tot ongeregeldheden bij de bewerking der velden en bij de inning der belasting.

Wanneer een landbouwer zoo veel grond erlangt als hij bewerken en onderhouden kan, mits de uitgestrektheid niet minder dan een bouw zij, verbeeld ik mij dat het billijk is, ook de niet bedeelden onder de gelijkmatig werkende belasting te brengen, daar zij anders overgelaten worden, aan de willekeur van hen, die het regt verkregen hebben over die gronden te beschikken.

Die onderhandsche verpachtingen (*merpat*), welke thans door de dorpshoofden bewerkstelligd worden, zullen ook dan, even als nu, tegen gereede betaling vóór de ontginning plaats vinden; waaruit de vraag ontstaat, of de voorraad van geld, welken de landbouwers daardoor zullen
verkrijgen, geen nadeeligen invloed zal uitoefenen op de bewerking der
gronden.

Het karakter van den Javaan biedt op dit punt genoegzame stof tot
nadenken aan. Het is echter zeer gewaagd, hierin eigendunkelijk te beslissen, en zal de kommissie tot beoordeeling van dit ontwerp, hierin uitspraak moeten doen.

14. Dewijl de verdeeling bouwsgewijze geschieden moet, met inachtneming van de namen der velden, en deze nog niet ten volle opgemeten
zijn, zoo moet de onder-kollekteur die de verdeeling doet, in het eerste
jaar gebruik maken van de voorlichtingen der dorpsbesturen en der ingezetenen; zullende het getal bossen inzaad, dat gewoonlijk voor een zeker
vak gebruikt wordt, hem tot rigtsnoer kunnen dienen, om de juistheid
van den aangegeven inhoud van een vak te beoordeelen (\*).

15. Na verloop van tijd, wanneer de inhoud van al de vakken bekend
geworden is, zal de uitdeeling van land vaksgewijze met het grootste gemak geschieden; zullende het alsdan tijd zijn, de vakken regelmatig in
vierde, halve of heele bouws te doen aanleggen, waarbij echter gelet moet
worden op de verschillende kwaliteiten van den grond.

16. Het spreekt van zelf dat de dijkjes (*galangans*), onder geen voor-
wendsel hoegenaamd ook, en dus ook niet ten behoeve der kultures voor
Europa, mogen worden opgebroken.

17. Bij de verdeeling moet in acht genomen worden, de kwaliteit van
de gronden, en moet dezelve zoodanig geschieden, dat de landbouwers
beurtelings de goede soorten verkrijgen.

18. Van de verdeeling der gronden, moet de onder-kollekteur een register aanleggen, overeenkomstig model lett. C.

In dat register is eene rubriek uitgetrokken: *waarde der velden*. Hierdoor moet verstaan worden die waarde in geld, welke aan de velden door
de dorpelingen van oudsher toegekend is, en welke zij besteedt om een
veld in bezit te krijgen.

---

(\*) Uit een en ander blijkt, dat het voorgeschreven werk eene mate van ervaring vereischt, welke men te vergeefs bij het meerendeel der kontroleurs van
deze dagen zoeken zal; weshalve het aanstellen van inlandsche ambtenaren onvermijdelijk blijft; daar van hun beleid de goede werking van het stelsel in de
eerste jaren zal afhangen.

Het wordt ondoenlijk, om bij het in acht nemen en behouden van den omvang
van een of meer vakken, aan iederen landbouwer juist *een bouw* uitgestrektheid
te geven; het is ook niet volstrekt noodzakelijk die juistheid van maat te behouden; zijnde het voldoende, dat de velden zooveel doenlijk gelijkmatig onder
de ingezetenen verdeeld worden. Overigens is het minder de uitgestrektheid,
dan wel de opbrengst, waarop de belasting gebaseerd wordt.

(*Noot van den heer van der Poel.*)

De eigenlijke verdeeling of regeling van de belasting *landrenten*, is voor het meerendeel in de dorpen op deze bekende geldswaarde der velden gebaseerd; het dorpshoofd geeft aan zijne opgezetenen een zekere uitgestrektheid grond in pacht, voor een bepaalde som, zijnde die welke het veld waard is. Hij verhuurt de niet verdeelde velden aan bijzondere huurders van andere dorpen, op denzelfden voet; ontvangt onmiddellijk zijn geld, en bekommert zich verder in het minst niet om den oogst dier landen; mislukt die, dan komt dat ongeluk geheel voor rekening van den huurder, (kooper). Deze methode is bij de Javanen bekend onder den naam van *Iringan.*

*b.* HET SCHATTEN VAN DEN OOGST. AANSLAG. 1. Zoodra het padi-gewas tot genoegzame rijpheid gekomen is, begeeft zich het distriktshoofd met zijn adjunkt of schrijver naar de dorpen, en verzamelt op de velden het dorpsbestuur en eenige der oudste ingezetenen.

2. Deze personen vormen eene kommissie, zij klassificeren het gewas in zoovele soorten, als er op het oog verschillende opbrengsten verwacht worden.

Bijaldien dus de oogst van een dorp op vijfderlei wijze geslaagd is, dat wil zeggen: goed, minder, nog minder, en zoo vervolgens, dan wordt die in vijf klassen verdeeld.

3. Daarna gaat de kommissie over tot de schatting van de opbrengst van elke klasse, in bouws van 500 vierkante roeden, bij pikols van 100 katti's.

4. Het dorpsbestuur en de oudsten doen daarna opgave van de namen der velden, welke in elke der vijf klassen van gewas begrepen zijn, en diensvolgens maakt de distriktsbeambte een tabel, volgens model lett. D.

5. Deze tabel wordt onmiddellijk gezonden aan den onder-kollekteur van het distrikt, en een gelijkluidend afschrift aan den kontroleur der afdeeling, die dezelve dadelijk bij een register van gelijken vorm opneemt, echter ingerigt om de schattingen van drie of meer jaren successief te kunnen bevatten.

6. Ingeval hier of daar de velden niet benaamd zijn, zullen zij alsnog benaamd moeten worden, naar goedvinden van het dorpsbestuur of de bewerkers der velden.

7. De wezenlijk nieuw ontgonnen velden, namelijk de zoedanige, waartoe gevorderd werd het omhakken van bosschen, het dempen van moerassen en het graven van kanalen, wanneer beide laatste verrigtingen kosteloos geschied zijn, blijven volgens oude gewoonte, *drie jaren* vrij van belasting, doch moeten niettemin opgemeten en getaxeerd worden, ten einde den geheelen oogst te kunnen berekenen.

8. Van die nieuwe, als ook van de mislukte en minder dan zes pikols opbrengende velden, wordt aanteekening gehouden, zoo als bij de tabel D vermeld staat.

9. De aanslag der belasting zal, gedurende de eerste jaren, gegrond worden op deze bewerkstelligde schattingen.

10. De onder-kollekteur, die te gelijk met het distriktsbestuur werkzaam is, moet zich onledig houden met het doen van proefsnijdingen, waarin hij geassisteerd wordt door den mantri-oekoer om de opmetingen te doen, en het dorpsbestuur om getuige te zijn van zijne handelingen.

11. Die proefsnijdingen worden almede bewerkstelligd vakswijze, na derzelver voorafgegane klassifikatie en schatting, hetzij dat de onder-kollekteur deze schattingen zelf ten uitvoer brengt, of wel nadat zulks door de distrikts-kommissie verrigt is.

12. Dezelve moeten bij elke dessa zoo dikwerf herhaald worden, als de verschillende hoedanigheid der gronden en het daaruit voortvloeijende merkbaar verschil van produktie, vereischt.

13. Van elk zijner bevindingen maakt hij eene tabel, volgens model lett. E.

14. Ingeval de onder-kollekteur, bij het proefsnijden een al te groot verschil ontdekt met de voorafgegane schatting, zal hij de beambten die daarmede belast geweest zijn ter verantwoording roepen, en zoo noodig het begane abuis doen herstellen, door het opmaken en verzenden van een verbeterde tabel.

15. Van deze zendt hij ten eerste een afschrift aan den kontroleur, die de bevonden opbrengst overbrengt in de daartoe uitgetrokken rubrieken 2 en 3 d. 1 *a* en *b* van het grootboek. (Model lett. *A.*)

16. Deze uitkomsten zullen, na verloop van tijd, tot grondslag dienen om den definitieven aanslag en de waarde der velden, bij wijze van *grondlast*, te bepalen.

17. De Europeesche ambtenaren, zoowel de residenten, assistent-residenten, als kontroleurs, zullen zich voornamelijk bemoeijen met de door den onder-kollekteur gedane proefsnijdingen te verifiëren, door het gewas, alvorens het in de schuren gebragt wordt en terwijl het zich nog ter drooging op de velden bevindt, te doen nawegen, en de uitkomst te vergelijken met de ingezonden tabel lett. E.

18. Indien, door een algemeen gelijktijdig rijpworden van den oogst in een distrikt, de schatting over al de dessa's, niet alleen door de distriktsbeambten volbragt kan worden, moet de onder-kollekteur hen daarin behulpzaam zijn, zijne proefsnijdingen alsdan staken, welke echter door den kontroleur moeten worden voortgezet.

Met overleg en goeden wil, zullen in deze werkzaamheden geen botsingen ondervonden worden, vooral niet wanneer de residenten zich aan de zaak zoo veel gelegen laten liggen, als het belang derzelve vordert.

19. Wanneer de schatting van het padi-gewas afgeloopen is, en al de opgaven ontvangen zijn, maakt de kontroleur, met behulp van de tabellen lett. D, den voorbereidenden staat van den aanslag, welke ingerigt behoort te worden, overeenkomstig model lett. F.

20. Bij de berekening van de belasting, worden alle opbrengsten be-

neden de 50 katti's weggelaten : alle daarboven tellen voor een pikol.

21. Deze regel is niet van toepassing op de velden, welke 5½ pikol opbrengen.

22. De residenten en assistent-residenten, al hunnen beschikbaren tijd besteed hebbende om den oogst, terwijl die te velde staat en gesneden wordt, op te nemen, de reeds gedane schattingen en proefsnijdingen te verifiëren, door zelven padi te laten snijden, of de reeds gesnedene te laten nawegen, en verder de werkzaamheden van de ondergeschikte ambtenaren aanhoudend te surveilleren, kunnen het opmaken van den voorbereidenden staat van den aanslag, geheel overlaten aan de kontroleurs der landelijke inkomsten, om later te worden geverifiëerd, door vergelijking van de berekeningen met het register der schattingen. (Model lett. D.)

23. Daarna wordt overgegaan tot het opmaken van de belastingbrieven, welke geheel in het Javaansch, met eene duidelijke en voor de dorpelingen leesbare hand, geschreven moeten worden, en waaraan de onder-kollekteur kan assisteren : behoorende zij te worden ingérigt volgens model lett. G.

24. Deze belastingbrieven, door den kontroleur en onder-kollekteur geteekend, door den resident bekrachtigd en met 's lands wapen gestempeld, worden afgegeven aan den onder-kollekteur, die zich naar de verschillende dorpen begeeft en aldaar, na de ingezetenen te hebben verzameld, den inhoud van den belastingbrief voorleest, en daarna denzelven op eene openbare plaats aanplakt, opdat de ingezetenen den inhoud op elk uur van den dag kunnen raadplegen.

25. Verder wordt de bevolking aangezegd, dat de perceptie der landrente beginnen zal op 1 November, als wanneer, naar gelang van den staat van vermogen waarin de landbouwers zich zullen bevinden, zij een derde of de helft der belasting moet afdragen.

26. De overige twee derden of de helft, moet betaald worden gedurende de maand December van het loopende en de vijf eerste maanden van het volgende jaar; zullende de resident, na ingewonnen advies van den onder-kollekteur en van den kontroleur, beoordeelen, in welke gevallen tot op gezegd tijdstip uitstel van betaling zal worden gegeven.

27. Deze beoordeeling moet zich gronden op den staat van den padi-oogst, den marktprijs der padi, de gelegenheid ter verkoop van dat produkt, de uitbetaling der plantloonen, voor tropische gewassen, in verband tot het tijdstip waarop de aardvruchten van de hand gezet worden.

28. In elk geval, zal de landbouwer nimmer worden gedrongen zijne padi *ter ongelegener tijd* te verkoopen, om daardoor geld te verkrijgen tot aanzuivering der belasting, en moeten de onder-kollekteur en de overige ambtenaren zich telkens overtuigen, dat de zaadpadi behoorlijk afgezonderd is en bewaard wordt; voor welke aangelegenheid het dorpshoofd speciaal verantwoordelijk moet worden gesteld.

29. De verdere bijzonderheden, deze aangelegenheid betreffende, behooren tot het administrative; zij moeten opgenomen worden bij de in-

struktie van de onder-kollekteurs, en bij het supplement op de instruktie
der dorpshoofden.

30. Voor de inning der landrente is gesteld een tijdvak van zeven tot
acht maanden, of 210 tot 240 dagen, besloten binnen den termijn, welke
voor een dienstjaar aangenomen is.

31. Dit tijdsbestek is gekalkuleerd op eene bevolking van 12,000 huisgezinnen, als wanneer de onder-kollekteur, die de perceptie geheel alleen
doen moet, volstaan kan, met dagelijks van 57 tot 60 huisgezinnen geld
te ontvangen; moetende hij in November, December en Januarij de voornaamste verdeeling aan de sawavelden tevens verrigten.

32. Dáár waar de distrikten te groot zijn, en tot 15,000 à 20,000
huisgezinnen bevatten, zal het noodig wezen een tweeden onder-kollekteur
en landmeter aan te stellen; distrikten echter van 4,000 tot 6,000 huisgezinnen kunnen daarentegen aan het beheer van één onder-kollekteur worden
opgedragen, tot aan het beloop van 10,000 tot 12,000 huisgezinnen.

Ik kan niet ontkennen, dat al deze punten bij de lezing, eene menigte
moeijelijkheden voor den geest roepen, die aan velen onoverkomelijk zullen
voorkomen; doch houd ik mij niettemin verzekerd, dat alles zeer geregeld
gaan zal, wanneer de kompetente hoofdambtenaren maar even zoo veel belangstelling aan den dag willen leggen, als bij de invoering der vreemde
kultures.

Misschien zal het nuttig, ja noodig bevonden worden, dat de uitvoering
aan de algemeene kontrôle van één persoon onderworpen wordt.

VAN DE TEGAL- EN GOGO-VELDEN. 1. De tegal-velden beslaan betrekkelijk slechts een gering gedeelte van de gronden, welke aan den landbouw
dienstbaar zijn.

2. Er bestaan geheele regentschappen waar geen enkelen bouw tegal-
veld gevonden wordt.

3. Daarentegen vindt men enkele distrikten welke, wegens derzelver
lokale gesteldheid, weinig gelegenheid aanbieden om de gronden tot goede
sawa's te maken, die dus voor het meerendeel uit tegals bestaan.

4. Het is voornamelijk met het oog op deze streken, dat de aanslag
dezer soort van velden afzonderlijk behandeld wordt, daar de overige geringe uitgestrektheden, die hier en daar bij de dessa's behooren, niet noemenswaardige opbrengsten leveren; omdat zij door den duur van tijd
uitgeput zijn, en om die redenen soms één, ja twee jaren onbebouwd
blijven.

5. Men zal moeten onderzoeken: waarom de bestaande tegal-velden niet
tot sawa's *zonder water*, of zoogenaamde *drooge rijstvelden* gebezigd worden,
en zoo daarvoor geen overwegende redenen bestaan, alsnog al de daartoe
geschikte velden, als sawa's indeelen en benamen.

6. De overige, welke voor die hervorming niet vatbaar zijn, moeten
behandeld worden overeenkomstig de aan te geven regels.

7. In de maanden September en October doet de onder-kollekteur, ver-

gezeld van den mantri-oekoer, eene ronde, om op te meten de uitgestrektheid tegals, welke bij elke dessa beplant zijn.

8. De opmeting moet geschieden in eens, bij bouws of zoo veel mindere uitgestrektheid, als het aandeel van een landbouwer bedraagt.

9. De tegals moeten geklassificeerd worden in twee soorten. Onder de eerste soort worden begrepen de aanplantingen van de katjang-tjina, uijen, tabak en andere in waarde daarmede gelijkstaande plantsoenen; onder de tweede soort, djagong en alle andere gewassen.

10. Deze klassifikatie geschiedt met het doel, om den aanslag gemakkelijk te maken.

Een landbouwer dus, die een veld van drie vierde of een geheele bouw bezit, en daarop te gelijk tabak, uijen en katjang geplant heeft, valt dus in de belasting van de eerste soort, en zoo een gedeelte van het veld tot noemenswaardige uitgestrektheid met djagong bezet is, wordt dat afzonderlijk opgemeten deel in de 2e soort opgenomen.

11. De inhoud der velden en de soorten van het gewas bekend zijnde, wordt de waarde van hetzelve geschat in geld, en daarvan gemaakt een tabel, overeenkomstig model Lett. H.

12. Deze tabel aan den kontroleur gezonden zijnde, zal die ambtenaar, na plaatselijke verifikatie, daaruit formeren zijn staat van aanslag, welke zijn zal een aanhangsel van den aanslagstaat der rijstvelden, en daarbij bewaard blijven. (Zie model Lett. H.)

13. De aanslag door den resident goedgekeurd zijnde, wordt de door den onder-kollekteur ingediende tabel bekrachtigd en aan hem teruggezonden, die zich daarmede naar de dorpen begeeft en den aanslag publiceert, op denzelfden voet als voor de rijstvelden, met die uitzondering echter, dat in dit geval de *landbouwers* en niet *de velden* belast worden.

Men zal ongetwijfeld hier de aanmerking maken, dat op deze manier de aanslag der gronden op tweederlei wijze plaats vindt, dat is : voor de sawa's veldsgewijze en voor de tegals hoofdelijk ; en zal men misschien van oordeel zijn, dat één regel doelmatiger moet geacht worden. Daarop zij gezegd, dat één regel niet anders doenlijk is dan hoofdelijk, omdat de tegals geen namen hebben, ook niet benaamd kunnen worden, omdat de grensbepaling ondoenlijk is, en de tegals dikwerf twee jaren achtereen braak blijven liggen.

Tegen den hoofdelijken aanslag heb ik reeds de bezwaren opgenoemd : behalve de moeite die ontstaan zal, door de vele mutatiën en de willekeur waarmede de geringe Javanen hunne namen veranderen, zou door een hoofdelijken aanslag, waarbij men zich voornamelijk aan de personen houden zal, zonder twijfel het doel, *om de waarde der velden te leeren kennen*, uit het oog verloren worden, en na eenige jaren inspanning zou men moeten ontwaren, dat niets gewonnen was.

14. Na de inning der belasting, moeten de aanslagbrieven der tegal- en gogo-velden uit de dessa's geligt en bij den kontroleur gedeponeerd worden.

De aanslag moet berekend worden naar den volgenden maatstaf.

15. Het aandeel van het gouvernement in de velden van de
1e soort, zal zijn $\frac{1}{3}$
2e soort, „ „ $\frac{1}{4}$
berekend over de geldswaarde der geplante artikelen.

16. De gewassen onder de 1e soort begrepen, kunnen goed geslaagd eene waarde bezitten van ƒ 60.— recepis, en die van de 2e soort tot ƒ 40.— per bouw.

*Gogo-velden.* Dit zijn boschgronden, waarop door gebrek aan tijd, het kleine hout verbrand wordt, terwijl de groote boomstammen blijven staan ; zijnde overigens geheel afhankelijk van den regen.

De opbrengst dezer velden is uiterst wisselvallig en schraal, omdat ook in vele gevallen niet geploegd wordt.

De oorzaak van het ontstaan dezer gronden, is voornamelijk te zoeken in de onderdrukking der dorpshoofden, en de onregelmatige werking van het kultuurstelsel, dat soms te veel grond aan een en dezelfde dessa ontneemt, terwijl het sommige ingezetenen aan middelen ontbreekt, om ontgonnen velden van andere dorpen te huren.

Eene geheel nieuwe ontginning is somtijds ook het doel ; doch wordt tegenwoordig zelden bereikt, uithoofde de bevolking te arm is.

Bij een geregeld stelsel van belasting zullen de eigenlijke gogovelden geheel verdwijnen, en daar derzelver uitgestrektheid thans zeer onbeduidend is, ben ik van oordeel, dat zij zeer gevoegelijk onder de tegals, en onder eene belasting van ƒ 4.— per bouw begrepen kunnen worden.

Die tax is, in evenredigheid tot die der rijstvelden (sawa's), hoog, doch stel ik die voor met het oogmerk, om den lust in het onderhouden van wisselvallige gogovelden te doen ophouden en de landbouwers aan te zetten, hun werk te voltooijen, totdat de gogo's in den rang der sawavelden kunnen worden opgenomen.

Hoewel de gogovelden te gelijk met de padi rijpen, zie ik er geen bezwaar in om, ter vereenvoudiging van de administratie, den aanslag te gelijk met de tegals te doen plaats vinden, op de wijze zoo als aangetoond is bij model lett. H.

Deze regel is ook meer overeenkomstig met den aard van het werk, daar deze soort van velden bij *hoofdelijken* aanslag belast worden.

c. VAN DE INNING DER LANDRENTE. 1. In de maand November, zal de onder-kollekteur zich naar ¦de dorpen begeven, en het dorpsbestuur, zoomede de ingezetenen doen verzamelen, en elk een derde gedeelte der belasting invorderen. (*)

2. In tegenwoordigheid van het dorpsbestuur, ontvangt hij van elk

---

(*) Ik maak mij sterk, dat de belasting, eenmaal geregeld werkende, door de landbouwers in twee termijnen, zoo niet in eens betaald zal worden.

(*Noot van den heer van der Poel.*)

individu het bedrag, en schrijft dat cijfer, achter den naam van het veld waarvoor betaald wordt, op den belastingbrief.

3. Het dorpshoofd is verpligt, van deze betalingen eene lijst te formeren tot zijn eigen gebruik, en zal hij bovendien van den onder-kollekteur ontvangen eene kwitantie, voor het gezamenlijk bedrag der ontvangen gelden.

4. Deze stukken moeten des noodig dienen als bewijzen, bij het ontstaan van reklame.

5. De gepercipiëerde gelden, in daartoe door den onder-kollekteur medegebragte zakken gedaan, worden door hem van het eene dorp naar het andere medegevoerd, tot dat hij in een zekere, nader door het plaatselijk bestuur te bepalen, som bijeen heeft, als wanneer hij die stort, in de kas van den onder-kollekteur der hoofdplaats van het regentschap.

6. In de meeste gevallen behooren tot de hoofdplaats, een veel minder aantal dessa's dan tot de overige distrikten eens regentschaps, zoodat de onder-kollekteurs der hoofdplaatsen, meer tijd beschikbaar hebbende, zich met den post van algemeene opgaarders der gelden, ter verantwoording bij 's lands kas, kunnen belasten.

7. In] elk geval moeten deze onder-kollekteurs in traktement gelijk staan aan de overigen.

Elk distrikts-onder-kollekteur moet een bijzonder merk aannemen, waarmede hij de zakken merkt, waarin door hem aan den onder-kollekteur ter hoofdplaats de stortingen gedaan worden.

8. Dáár waar de regel, bij § 6 aangegeven, eene uitzondering maakt, kan eene wijziging gemaakt worden, overeenkomstig de omstandigheden, waarmede ik mij hier niet zal inlaten, als zijnde een onderwerp van zeer ondergeschikt belang.

9. Het transport der gelden, van het eene dorp naar het andere, alsmede van daar naar de woning van den onder-kollekteur ter hoofdplaats van het distrikt, geschiedt door de bevolking, bij afwisseling, kosteloos. Van het distrikt naar den onder-kollekteur-opgaarder, en van daar naar 's lands kas, zal betaald worden, voor elke 100 recepissen in koperen duiten, per paal 2 duiten.

10. De plaatselijke autoriteiten zullen zich eindelijk moeten bemoeijen, om de kosten en lasten van dit transport, (waaraan tot nog toe niemand gedacht schijnt te hebben) te verligten, door het bezigen van karren of vaartuigen.

En beschouw ik dit projekt, wat de hoofdzaak betreft, volledig genoeg uitgewerkt, om aan het oordeel van een deskundige kommissie te worden onderworpen.

Samarang, December 1850.

De inspekteur der kultures in de 2e afdeeling.

(was get.) H. A. VAN DER POEL.

*Beschrijving der modellen, in de voorgaande afdeeling vermeld.*

### MODEL A.

*Grootboek der aanwezige sawavelden.*

Dit grootboek moet bevatten: de namen der dessa's en, voor de natte en drooge velden ieder afzonderlijk: *a.* de nommers en namen der velden; *b.* inhoud in vierk. rijnlandsche roeden; *c.* hoeveelheid bossen inzaad; *d.* verkregen padi, in pikols en katti's, waarvoor kolommen zijn voor drie achtereenvolgende jaren.

### MODEL B.

*Register van de ingezetenen en derzelver hulpmiddelen van bestaan.*

Dit register moet bevatten: *a.* de namen van de hoofden der huisgezinnen, waarbij de personen die het dorpsbestuur uitmaken, het eerst moeten worden ingeschreven; *b.* bij hen inwonende mannen, vrouwen, kinderen beneden de twaalf jaren (jongens en meisjes), en oude en gebrekkige lieden, welke geen heerendiensten kunnen verrigten (mannen en vrouwen); *c.* beestiaal, met afzonderlijke aanwijzing van buffels, runderen, paarden, schapen en geiten; *d.* plantsoen, met vermelding der soorten winstgevende boomen en struiken; en *e.* aanmerkingen.

In laatstgemelde kolom moeten aangeteekend worden de ligging en hulpmiddelen der dessa.

### MODEL C.

*Register van verdeeling der sawavelden.*

Dit register moet, voor de natte en drooge velden afzonderlijk, bevatten: *a.* de namen der landbouwers; *b.* aandeel van ieder in de rijstvelden, met aanwijzing van de namen der vakken en hun vlakte-inhoud; *c.* waarde, in geld, van elk vak, waarmede bedoeld wordt die, welke van alle velden op Java onder de dorpelingen bekend is, en waarnaar het dorpshoofd gewoon is de padjek te regelen.

### MODEL D.

*Schatting van den padi-oogst van* 18 .

Deze tabel moet bevatten: *a.* velden, geheele uitgestrektheid in bouws, voorts de namen en uitgestrektheid van ieder veld; *b.* geschatte opbrengst, per bouw, in pikols, voor ieder veld; *c.* totaal der opbrengst van ieder veld, van welk totaal, aan den voet der tabel, worden afgetrokken de nieuw ontgonnen en de mislukte velden; *d.* nieuwe ontginningen; *e.* aanmerkingen.

De tabel sluit met de vermelding van den datum en de handteekening van den distriktsbeambte, en ter zijde, dat de opmaking is geschied, in tegenwoordigheid van het distriktshoofd, den kamitoewa, den kebaijan en twee der oudsten van het dorp.

Het register, waarbij deze tabel moet worden opgenomen, is van gelijken vorm; alleen moeten daarin meer kolommen zijn, om de schatting van drie of meer jaren te kunnen bevatten.

---

### MODEL E.

*Proefsnijdingen in* 18 .

Deze opgave moet bevatten: *a.* de nommers en namen der gesneden velden; *b.* gesneden uitgestrektheid, in bouws en roeden; *c.* verkregen opbrengst, nat, in pikols en katti's; *d.* 25 percent voor indroogen daarvan, in pikols en katti's; *e.* overblijvende opbrengst, droog, in pikols en katti's; *f.* aanwijzing der opbrengst, droog, per bouw; *g.* aanmerkingen.

De opgave sluit met de vermelding van den datum en de handteekening van den onderkollekteur, en ter zijde van het dorpsbestuur en de oudsten der dessa.

---

### MODEL F.

*Opgave van den aanslag der landrenten in* 18 .

Deze opgave moet bevatten: *a.* de namen der distrikten; *b.* der dessa's; *c.* getal landbouwers; *d.* getal ploegdieren; *e.* geheele uitgestrektheid sawavelden in bouws, met vermelding van hetgeen ingenomen wordt, 1. door de gouvernementskultures, (suiker, indigo, tabak,) 2. door de vrije kultuur, beplanting met padi, (geslaagd, niet geslaagd, onbeplant,) 3. beplanting met andere gewassen, en 4. het totaal; *f.* opbrengst in pikols padi, van de sub 2 zoo even bedoelde vrije kultuur; *g.* opbrengst in pikols, van de sub 3 bedoelde andere gewassen, gelijk gesteld aan 40 pikols padi per bouw; *h.* een vierde gedeelte van den marktprijs; *i.* bedrag der belasting in geld, van de padi, van de andere gewassen, en te zamen; *k.* nieuw ontgonnen sawavelden, waarvoor kolommen zijn aangebragt voor drie jaren.

Bij deze opgave is aangeteekend, dat alle gewassen, geen padi zijnde, welke op sawavelden in het padi-saizoen geplant en geslaagd zijn, moeten berekend en aangeslagen worden, tegen een opbrengst van 40 pikols padi. Verder nog, dat wanneer de hoeveelheid van dergelijke aanplantingen beduidend is, daarvan een afzonderlijke opgave, bij de voorbereidende opgave van den aanslag der sawavelden, gevoegd moet worden.

## MODEL G.

Aan het hoofd van dit model staat:

*»De landbouwers van de dessa......., zijn voor den padi-oogst van 18...
belast met de hieronder, nevens de namen hunner velden, gestelde geldsommen."*

Dan volgt de tabel, bevattende de volgende kolommen: *a.* nummers en namen der sawavelden; *b.* verkregen hoeveelheid padi, bruto, in pikols; *c.* elke verkregen pikol padi is belast met...., uitgedrukt in duiten of onderdeelen van den gulden; *d.* bedrag der belasting van elk veld; *e.* aanmerkingen.

De tabel sluit met de vermelding van den datum, en de handteekeningen van den kontroleur der afdeeling en den onder-kollekteur van het distrikt. Ter zijde wordt de handteekening van den resident geplaatst.

------

## MODEL H.

Aan het hoofd staat geschreven:

*»De ondergenoemde landbouwers zijn voor het loopend jaar belast, voor de bewerking van tegal- en gogovelden, tot de sommen welke achter hunne namen uitgedrukt staan."*

Dan volgt de tabel, bevattende de volgende kolommen: *a.* namen der landbouwers; *b.* tegalvelden, 1. eerste soort, in bouws en roeden, met vermelding der waarde in geld, 2. tweede soort, als voren, 8. te zamen; *c.* namen der landbouwers; *d.* gogo-velden, 1. uitgestrektheid in bouws en roeden, 2. de bouw gerekend op ƒ 4.— recepis, 8. bedrag in geld; *e.* geheel bedrag van den aanslag der tegals en gogo's; *f.* afbetaling.

De tabel sluit als model G.

## VIERDE AFDEELING.

### *Ontwerp, tot regeling der zoogenaamde heerendiensten.*

#### *Algemeene bepalingen.*

1.  De uitdrukking *heerendiensten* wordt afgeschaft.
2.  Alle diensten, welke totdusver aan de inlandsche bevolking opgelegd zijn geworden zonder betaling, onder de benaming van heerendiensten, worden afgeschaft.
8.  Daarentegen zullen alle ingezetenen van Java, geen Europeanen of derzelver erkende afstammelingen en niet uitdrukkelijk vrijgesteld zijnde, onderworpen zijn aan het verrigten van de na te noemen *verpligte diensten.*
4.  Van die verpligting worden vrijgesteld:

*a.* Alle ambtenaren, dorpsbesturen, officieren, hoofden en wijkmeesters van Oostersche natiën.

*b.* Jongens beneden de 12 jaren.

*c.* Alle wettige priesters.

*d.* Verminkten.

*e.* Vrouwen.

5. Er bestaat eene gewoonte, dat alle ontslagen dorpshoofden permanent, en alle jonggehuwden gedurende 40 dagen, vrij zullen blijven van de heerendiensten. Deze gewoonte wordt afgeschaft.

6. De verpligte diensten zullen onderscheiden worden in:

A. *Verpligte diensten zonder betaling.*

B. *Verpligte diensten tegen betaling.*

A. *Verpligte diensten zonder betaling.*
Daaronder zullen behooren:

1. Het aanleggen en onderhouden van den grooten postweg, de daarnevens bestaande dijken en slooten, zoomede alle binnenwegen, welke noodig en in *het algemeen belang* zijn en moeten worden aangelegd.

2. Het doen van wachten langs den grooten weg en in de kampongs en dessa's.

3. Het bewaken van gevangenissen en gouvernements gebouwen (pakhuizen) *in de distrikten.*

4. Het bewaken van passangrahans.

5. Nachtwachten bij de ambtenaren in de binnenlanden.

6. Het onderhouden van reeds bestaande waterleidingen en dammen voorzoover zij niet gemetseld zijn.

7. Het overbrengen der landrenten uit de dorpen tot op de hoofdplaats van het distrikt.

*Ophelderingen van A.*

1. De groote postweg zal, overal waar hij een overtollige breedte heeft en tevens een karrenweg bestaat, zooals te Japara, langzaam-aan versmald worden, tot op niet meer dan 24 voeten.

Daar, waar de grond niet geschikt is, om aangelegde dijken te onderhouden, zullen die weggenomen en vervangen worden, door een levenden pagger van kesoem ba-keling of *loentas.* Beide planten behoeven geene dwarshouten (*gapits.*)

Daar, waar de dijken behoorlijk, zonder beswaar voor de bevolking, kunnen worden aangehouden, zal de volume gereduceerd en overal gelijk gebragt worden, aan twee voeten basis, een en eenen halven voet hoogte en eene kruin van een voet, rijnl. maat.

De boomen, genaamd *koeda-koeda*, in sommige residentiën zeer onoordeelkundig langs de wegen geplant, brengen veel last zonder eenig nut aan. In de maanden Julij en Augustus, tijdstippen waarop de zon de felste hitte geeft, vallen de bladeren dezer boomen geheel af, en zijn zij dus nutteloos. In December worden zij tot op den stam gesnoeid, en maken daarna bladeren tot Maart, zoodat deze boomen het grootste gedeelte van het jaar kaal zijn.

De boomen langs de wegen hebben het tweederlei doel, om door middel der wortels, den weg eenen vasten zoom te geven, en door een doelmatig lommer, de voetgangers en lastdragers zooveel doenlijk tegen de zonnestralen te beschutten. Het laatste doel vooral wordt met de *koeda-koeda* geheel gemist, terwijl de bevolking die boomen nog jaarlijks snoeijen moet. Zij moeten worden vervangen door anderen, hetzij *tamarinde*, *kanari*, *gaijam* of *njamplong*. Geen *manga-* of *tjerme-boomen* mogen langs de wegen geplant worden. Het planten van *djatti-boomen* langs den grooten postweg of de binnenwegen, is ongerijmd en hinderlijk voor den voetganger, en wordt derhalve uitdrukkelijk verboden.

Het begrinden en bezanden van den grooten postweg zal op drie of vier (meer of minder) *bepaalde tijdstippen*, naar gelang der lokale gesteldheid, moeten geschieden. Het wordt verboden de bevolking, bij het passeren van reizigers, expresselijk te bemoeijelijken om aan den weg te arbeiden, wanneer niet juist het daarvoor bepaalde tijdstip daar is. Op vele plaatsen is de bevolking verpligt, de grind tegen vrij hooge prijzen in te koopen, omdat het plaatselijk niet aanwezig is. De dorpshoofden hebben daarvan partij getrokken, om de landlieden op te ligten. De plaatselijke besturen (waar deze ongelegenheid bestaat) zullen zich speciaal met dezelve moeten bemoeijen.

Het begieten van een trajekt van 60 tot 70 palen lengte, ten gerieve van soms één persoon, kan als eene wezenlijke dwingelandij beschouwd worden, en zou mijns bedunkens moeten worden beperkt tot de volgende gelegenheden: namelijk bij reizen van den gouverneur-generaal, van de raden van Indië en van de kommandanten van de land- en zeemagt; en bij buitengewone zeer plegtige optogten.

De binnenwegen behoeven geene dijken te hebben.

Het planten van doelmatige, geen onderhoud vorderende boomen, kan vergund worden.

Het onderhoud van alle binnenwegen, welke voornamelijk aangelegd zijn, in het belang of ten gemakke van landeigenaren of huurders, zal gedeeltelijk komen ten hunnen laste, hetzij door eigen arbeid, hetzij door bijdragen in geld, door het plaatselijk bestuur in billijkheid te regelen.

De binnenwegen' tot het transporteren van suikerriet en suiker, tabak of andere produkten, ten behoeve van kontraktanten, vallen in dezelfde kathegorie, in meerdere of in mindere mate, door het plaatselijk bestuur te beöordeelen en daarna te regelen.

Alle wegen, zonder onderscheid, moeten onder de bevolking ter onderhouding worden verdeeld, bij halve, driekwarts of heele roeden, daarbij lettende op de afstanden, die zij moet afleggen; waarnaar de lengte van ieders aandeel geregeld wordt.

2. Dáár waar de wachthuizen op minderen afstand dan een paal opge-

rigt zijn, en geen overwegende redenen bestaan om het aanwezig getal te bezetten, zal slechts om het andere wachthuis, wachtvolk worden geplaatst.

Het bezetten der wachthuizen over dag, wordt overgelaten aan de beoordeeling der plaatselijke autoriteiten, die er daarbij op gelieven te letten, dat tot dusver die dagwachters meestal gediend hebben, om de bagage van den een of anderen ambtenaar of begunstigde, van het eene wachthuis naar het andere, en zoo van de eene tot de andere grens eener residentie, kosteloos over te voeren, of brieven te bestellen.

Evenzoo zal, naar plaatselijke omstandigheden, het getal menschen bepaald moeten worden, hetwelk des nachts elk wachthuis bezetten moet.

Voor het betrekken der wachten zullen dorpen afgezonderd worden ; waarvan de ingezetenen tot geen andere diensten verpligt zullen zijn, behoudens het onderhouden van hun aandeel in de wegen, en in de waterleidingen.

De wachten in de kampongs en dorpen worden geregeld door de kampongs- en dorpsbesturen.

3. Het bewaken der gevangenissen, nacht en dag moetende plaats vinden, zoo zullen daarvoor dessa's worden afgezonderd, waarvan de bevolking verschoond zal blijven van allen arbeid, het onderhoud der waterleidingen en dammen alleen uitgezonderd. Onder de hier bedoelde gevangenissen zijn die der hoofdplaatsen niet begrepen.

4. Het bewaken van passangrahans, kan zich bepalen tot twee personen, welke genomen worden uit het naastbij gelegen dorp.

Nachtwachten bij de ambtenaren, worden evenzoo geregeld als onder § 2 vermeld is ; het getal aan iederen ambtenaar te verstrekken, mag niet te boven gaan vier man, optrekkende des avonds om 6 en aftrekkende des morgens om 7 uur.

Ten strengste moet worden verboden, die wachters gedurende den nacht eenigerlei arbeid, van welken aard en onder welke benaming ook, op te leggen.

De woningen der residenten, regenten, assistent-residenten, en de gevangenissen ter hoofdplaats, worden bewaakt door djaijang-sekars of pradjoerits. Daar, waar het getal manschappen niet toereikend is, moet het vermeerderd worden.

6. Strikt genomen, kan het onderhoud van waterleidingen zich niet verder uitstrekken, dan tot de uitgestrektheid van het terrein, dat bij de dessa's behoort.

De lokale gesteldheid maakt hierop dikwerf uitzonderingen, en moet in die gevallen door den resident een vasten regel worden daargesteld, waartoe een aan te leggen register van alle waterleidingen behulpzaam zal zijn.

De dammen, voorzoover die alleen van aarde, bamboe, klipsteen of wildhout te zamen gesteld zijn, vallen in dezelfde rangschikking.

Doch zullen de plaatselijke autoriteiten verpligt zijn, telkens wanneer een belangrijke dam- of dijkbreuk plaats gevonden heeft, (behoudens de

III.                                                                      20

in geen uitstel lijdende gevallen dadelijk te nemen voorziening) den direkteur der kultures daarvan kennis te geven, die zijnerzijds verpligt zal zijn een inspekteur der kultures te zenden, om gezamenlijk met den resident te beoordeelen, of het werk kosteloos of tegen betaling, en door het plaatselijk bestuur of door tusschenkomst van het departement van den waterstaat, hersteld zal worden. (*)

Geen resident zal de bevoegdheid hebben, eenigerlei waterwerk, waterleiding of dam te ondernemen, zonder vooraf verkregen vergunning van de regering, welke die vergunning in geen geval zal verleenen, zonder dat een plaatselijk onderzoek door deskundigen is voorafgegaan.

B. *Verpligte diensten tegen betaling.*

Daaronder zullen behooren:

1. Het kappen en vervoeren van hout, tot bouw of reparatie van bruggen en gouvernements gebouwen.
2. Het verstrekken van werkvolk, daartoe benoodigd.
3. Het verstrekken van volk, tot het graven van kanalen en aanleggen van dammen.
4. Het overbrengen der landrente van de hoofdplaatsen der distrikten tot in 's lands kas.
5. Het begeleiden van gevangenen, uit de distrikten naar de hoofdplaatsen der regentschappen en residentiën.
6. Het overbrengen van 's lands goederen en gelden, en van de goederen en, des noodig ook, der personen van alle ambtenaren en militaire reizigers.
7. Het bewaken van den *gladak.*

*Ophelderingen van B.* 1. Het kappen en vervoeren van hout, is eene der meest drukkende diensten welke de bevolking te verrigten heeft. Niet alleen moet zij, dagen achtereen in de bosschen verblijven, zonder beschutting tegen wind, regen of zonneschijn, maar zij moet zich zelve van voedsel voorzien, en daarenboven hare karbouwen afmatten, om de zware natte houtwerken, soms dagreizen ver, te vervoeren.

Ik beschouw het onvermijdelijk dat voor dezen arbeid eene billijke betaling gegeven worde.

Door het oprigten van kleine blandongs (houtkapperijen), tegen vast geregelde belooning, kan in de behoefte aan hout, te gemoet gekomen en de bevolking verligt worden.

De aankap van hout door de inlandsche bevolking, zoo als thans gebruikelijk is, zal ook tegen betaling nog zeer drukkend blijven; doch mag het er voor gehouden worden, dat die druk door den tijd vermindert, wanneer de volgende punten worden in acht genomen.

---

(*) Staatsblad 1819, no. 16, art. 32. *(Noot van den heer van der Poel.)*

2 en 3. De verstrekking van werkvolk, benoodigd tot het opbouwen of herstellen van 's lands gebouwen, bruggen, kapitale dammen en water-leidingen, blijft een last voor de bevolking, die niet kan worden opge-heven, zonder het opofferen van onberekenbare sommen gelds, door al het werk door vrijwillige arbeiders te doen verrigten.

Het komt er dus op aan, dien last zooveel mogelijk te verligten en van korten duur te doen zijn.

Ter bereiking van het eerste doel, is het noodig al de arbeiders een billijk dagloon toe te leggen.

Het tweede doel zal benaderd worden, door allen aanbouw of herstel-ling van huizen en bruggen, kapitale dammen en het graven van belang-rijke kanalen, het metselen derzelve, en het opzetten van sluizen, niet anders tot stand te doen brengen, dan onder de leiding van de geëmploi-jeerden van den waterstaat, waartoe het kader dier ambtenaren moet worden vergroot.

Al de genoemde werken, de bruggen en dammen bovenal, volgens de re-gelen der bouwkunst onder het opzigt van deskundigen voltooid wordende, zullen zeer veel geld verslinden; maar altijd veel minder dan bij het aan-werven van *vrijwillige arbeiders*.

De bedoelde werken, eenmaal op die wijze afgewerkt zijnde, zullen de herstellingen, in vergelijking van thans, onbeduidend zijn, en na dezen eersten stap gedaan te hebben, kan men overgaan tot de overweging, om alles door middel van uitbesteding te laten onderhouden.

De herstelling van bruggen en dammen wordt niet op alle punten te gelijk, maar stuksgewijze ondernomen; weshalve bij de opeisching van volk, zooveel mogelijk getracht moet worden, zich te blijven bepalen tot de dor-pen, waarbij de wegen ingedeeld zijn, waartoe de beschadigde brug be-hoort.

Dewijl de menschen voor hunnen arbeid betaald zullen worden, blijft alleen de zorg over, om hen niet te ver van huis te laten werken.

Het onderhouden, en zoo noodig op nieuw aanleggen, van alle dammen, ten dienste van waterwielen of waterleidingen voor de fabrieken, zullen, zoo de termen der kontrakten zulks gedoogen, ten eerste gebragt worden geheel ten laste der kontraktanten, of zoo zulks niet kan geschieden, alsdan gedeeltelijk.

4. Het vervoer van landrenten van de eene dessa tot de andere, en zoo, bij afwisseling van volk, tot op de hoofdplaats van het distrikt, kosteloos geschiedende, zoo wordt alleen betaling gegeven, voor het over-brengen, in 's landskas, tegen 2 duiten per paal; moetende de dragers, op elke hoofdplaats van een distrikt of op de grenzen afwisselen. Er zal bepaald worden hoeveel zakken duiten, van f 25.— ieder, door één man of twee man gedragen moeten worden. De uitbetaling geschiedt onmiddel-lijk, door den onder-kollekteur die komt storten, waartoe hij gebruik maakt van de gepercipiëerde gelden, ter nadere regularisatie.

5. De begeleiding der gevangenen moet op dezelfde wijze geschieden, als

het vervoeren der landrenten. De fiskaals of djaksa's betalen onmiddellijk uit, op eene door den assistent-resident of regent gefiatteerde aanvraag. De distriktshoofden betalen mede dadelijk uit, en moeten van de djaksa's eene erkenning van ontvangst erlangen, waarop het getal begeleiders, het getal gevangenen en de afgelegde afstand bekend gesteld zijn. De betaling zal zijn, twee duiten per paal. De sterkte van het eskorte moet, voor elk getal gevangenen, door de residenten bepaald worden. Die eskorten zullen steeds moeten staan onder opzigt van een policie-dienaar van het distriktshoofd of den djaksa.

Voor de diensten onder § § 4 en 5 vermeld, moeten dessa's afgezonderd worden.

6. Men zal moeten beproeven, om het vervoeren van goederen enz., met inbegrip der verstrekking van heeren- en gladak-paarden, bij uitbesteding te doen aannemen. Valt die proef goed uit, dan zal de bevolking van het presteren van die diensten en het leveren van paarden geheel ontheven, en de ambtenaren ten strengste verboden moeten worden, daartoe rekwisieten te doen, sub poene van voorbeeldig te worden gestraft.

Ik moet echter betwijfelen of de pogingen, die men daartoe mogt aanwenden, wel zullen slagen, en zoo al, dan zal zich die aanneming waarschijnlijk bepalen tot de hoofdplaatsen, terwijl in de binnenlanden door het bestuur in de verstrekking van koelie's en paarden zal moeten worden voorzien.

Hierdoor blijft het inlandsche bestuur de gelegenheid behouden, eene menigte menschen overtollig op te eischen, die, zoo zij al van knevelarij verschoond blijven, dagen lang nutteloos hun tijd in lediggang doorbrengen, in de voorhuizen der Inlandsche hoofden afwachtende, of de een of ander ambtenaar of reiziger over hunne diensten komt beschikken.

Het ware daarom wenschelijk, dat hierin door aanneming voorzien kon worden, waartoe men echter moeijelijk geraken zal, zonder de ijverige medewerking der plaatselijke autoriteiten.

Voor het tegenwoordige zal dienen te worden begonnen, met ter hoofdplaats van elk distrikt een of twee dorpen af te zonderen, tot het vervoeren van gouvernements goederen en gelden, en van de goederen en des noods ook der personen van alle ambtenaren en militairen, tegen genot van betaling van twee duiten per paal.

7. De verpligting, der bevolking opgelegd, om paarden te leveren tot het overbrengen van ambtenaren, bedienden, brieven en gekondemneerden, is mede zeer onbillijk. Men kan aannemen, dat in alle dorpen menschen wonen, maar niet dat al die menschen *paarden* bezitten, ja zelfs niet, dat in alle dorpen één paard gevonden wordt, met uitzondering van dat van het dorpshoofd. Men kan dus wel een of meer doeltreffend gelegene dorpen afzonderen, van welke de inwoners worden -belast met het vervoeren van goederen of gelden; maar men kan niet één of meer dorpen afzonderen om dagelijks het vereischte getal paarden beschikbaar te hebben, zonder de bevolking schromelijk te drukken.

De man, die een paard verstrekt, moet het verlaten, wil hij zijn veld-arbeid niet opofferen aan een onzeker wachthouden bij dat paard, waarvan niet bekend is wanneer het gebezigd zal worden.

Zoo in een distrikt *tien* paarden voor de gladak gerekwireerd worden, komen ook tien eigenaren mede, die allen te gelijk in het zoo even gestelde geval verkeeren.

Verlaten zij die paarden en keeren zij tot hun arbeid terug, dan ver-nemen zij nimmer iets van de 5 of 10 duiten, die hunne paarden per paal verdiend hebben, en krijgen de paarden, na verloop van tijd, gru-welijk gedrukt, gewond en vermagerd, of ook wel in het geheel niet terug; omdat ze onder de dienst bezweken, of ontvreemd zijn.

Blijven zij die paarden bewaken, dan moeten zij overal mede loopen, en verliezen in dat geval niet alleen den kostbaren tijd van minstens *vijf*, soms *tien* tot *vijftien dagen*, maar krijgen voor al dat heen en wederloopen geen penning, omdat de inlandsche hoofden nimmer betalen, de Europee-sche plaatselijke ambtenaren op dit stuk zeer vergeetachtig zijn, en de reizende ambtenaren hun geld uitgeven, zonder de zekerheid te hebben dat het in handen van de regthebbenden komt.

Geen plaatselijk ambtenaar mag over de paarden van de bevolking be-schikken, zonder daarvoor de gestelde tax van 10 of 5 duiten per paal te geven. De plaatselijke ambtenaren moeten dus óf betalen óf zelven paar-den aanhouden. Het eene noch het andere vindt plaats, zeer enkele geval-len uitgezonderd.

Ik geef dus in bedenking: een zeker aantal paarden en harnachemen-ten, ter beoordeeling van de plaatselijke autoriteiten, voor 's lands reke-ning te doen inkoopen, de paarden niet te boven gaande *f* 25.— en de zadels tot *f* 15.— het stuk. Deze paarden te verdeelen, en dáár te stationeren, waar gewoonlijk heeren- en gladak-paarden, door *reizende* (geen plaatselijke) ambtenaren of militairen aangevraagd worden.

Voor het onderhoud dezer paarden kan eene dessa afgezonderd worden, waarvan het volk tevens verpligt is, de paarden te volgen werwaarts zij bestemd worden, waarvoor het zonder onderscheid eene belooning van twee duiten per paal zal genieten.

De paarden het eigendom zijnde van den lande, zoo zullen de ambtenaren meer zorg aanwenden, en ze niet willekeurig doen afrijden; terwijl de begeleiding, die thans met 10 en 5 duiten per paal betaald wordt, omdat de paarden van de bevolking zijn, met twee duiten per paal voldaan kan worden.

De plaatselijke ambtenaren, die van deze aan te leggen paarden gebruik willen maken, zullen per paal betalen vijf duiten.

Deze instelling vordert een meer gedétailleerde regeling, welke hier ach-terwege kan blijven.

Ten gevolge dezer regeling en van de herziening van het personeel der inlandsche ambtenaren en bedienden, zullen worden opgeheven de volgende diensten, welke tot dusver door de bevolking zonder het genot van betaling verrigt zijn:

1. Het bewaken van de gouvernements poststations.
2. Het oppassen en onderhouden van de partikuliere wagen-posterijen.
3. Het onderhouden van menschen en paarden, tot het overbrengen van brieven voor de binnenlandsche korrespondentie. (*Pesoeratan.*)
4. Het snijden en leveren van gras aan de inlandsche ambtenaren, en het presteren van alle diensten ten behoeve van hun of hunne naastbestaanden.
5. Het onderhouden van policie-dienaren, welke door het gouvernement niet bezoldigd zijn geworden. (Onbezoldigde policie-dienaren.)
6. Het voeden van gevangenen.

De bestaande registers, gewijzigd naar deze regeling, worden aangehouden.

Op ultimo Januarij van elk jaar moet door de distrikts-hoofden, het register van het loopende jaar, aan den regent en den kontroleur worden ingediend in duplo.

In eene algemeene bijeenkomst, door den resident te beleggen, worden die registers vergeleken met die van het vorige jaar, en zoodanige ophelderingen gegeven, als de mutatiën of verschillen, welke ontdekt worden, zullen medebrengen.

De resident, voldaan zijnde over de nieuwe registers, teekent die voor goedgekeurd, en zal een exemplaar aan de distrikts-hoofden teruggeven.

Van het andere exemplaar laat de resident, ten zijnen bureele, twee afschriften maken, waarvan een aan den regent en een aan den kontroleur wordt gezonden, om te dienen bij zijne kontrôle.

De regent en de kontroleur zijn verpligt, om in de dorpen welke in de registers voorkomen, na te gaan of overeenkomstig die boeken gehandeld wordt, en zal van elke afwijking, na die bij zijn dagboek vermeld te hebben, speciaal berigt geven aan den resident.

De verpligte (heerendiensten,) tot de attributen behoorende van den direkteur der kultures, zoo volgt daaruit, dat de kontroleurs der landelijke inkomsten met de werking derzelve bekend behooren te zijn; weshalve zij verantwoordelijk moeten worden gesteld voor alle afwijkingen, welke, ter hunner kennis gekomen, niet bij den resident zijn aangegeven.

Ik heb mij slechts gehouden aan het behandelen der hoofdzaken van deze belangrijke aangelegenheid, om het bewijs te leveren, dat met eenige opoffering het niet onmogelijk is, de inlandsche bevolking voor een gedeelte van een druk te ontheffen, welke, haar bestaan ondermijnende, allernadeeligst terugwerkt op de industrie en algemeene welvaart, waaronder de inkomsten van het gouvernement ontwijfelbaar groote verliezen moeten lijden.

De uitgave die het land, bij het in werking brengen van dit ontwerp, in de eerste jaren zal moeten doen, begroot ik op een som van *vier millioen recepissen* 's jaars, boven de sommen welke thans aan deze aangelegenheid besteed zijn geworden.

De meeste uitgaven zullen geschieden voor het kappen en vervoeren van hout, en het vernieuwen en repareren van bruggen en andere landswerken; maar, gelijk ik hooger reeds gezegd heb, worden die werken onder de leiding van deskundigen geëffektueerd, dan zullen zij ook duurzamer stand houden, en het onderhoud eenmaal uitbesteed zijnde, is de bevolking daardoor ontheven van den eenigen nog drukkenden last, welke van de oude instellingen overgebleven zal zijn.

Het stelsel van uitbesteding verdient de aandacht der regering, want zij heeft daarbij veel schade geleden, maar het is hier de plaats niet daarover uit te weiden.

Ten slotte voeg ik hier nog bij, dat ik de uitgaven, welke eene algeheele afschaffing van de heerendiensten, om die tegen betaling te doen verrigten, naar eene zeer gematigde berekening schat, op niet minder dan 15 millioen gulden recepis.

*Samarang, den* 6en *Februarij* 1851.

De inspekteur der kultures.

(was get.)  H. A. VAN DER POEL.

## AANTEEKENING.

Nadat afschriften van de hier medegedeelde stukken van den inspekteur van der Poel, door hem, toen hij later, als resident met verlof, in Nederland aanwezig was, aan den minister van koloniën waren aangeboden, bij brief van 27 Januarij 1857, zond de minister die stukken aan den gouverneur-generaal, bij missive van 19 Februarij 1857 no. 24/199, met verzoek: "om, na daaromtrent eenige der meest bekwame hoofden van gewestelijk bestuur, den direkteur der kultures en den raad van Indië, te hebben gehoord, ter zake te dienen van konsideratiën en advies."

De gouverneur-generaal schreef dienovereenkomstig, den direkteur der kultures aan, bij kommissoriaal van 30 April 1857 no. 12177. De direkteur won de adviezen in van den resident van Samarang, graaf van Hogendorp, van den resident van Rembang, Bekking, en van den oud-resident van Tagal, Vriesman. Blijkens de van deze adviseurs ontvangen rapporten, konden zij hunne goedkeuring niet geven aan de voorstellen van den ambtenaar van der Poel, maar bragten daartegen vele gewigtige bedenkingen in. De direkteur der kultures zond die stukken, bij missive van 14 April 1858 no. 505/15, aan de regering, waarbij hij, op grond der motieven meerendeels vervat in de hierachter volgende BIJLAGE D, adviseerde: "geen gevolg te geven aan de geopperde plannen van genoemden hoofd-ambtenaar, tot herziening van het landelijk stelsel, op de wijze door hem opgegeven."

De raad van Indië bragt, den 25en Mei 1860, in deze zaak advies uit. Hij vereenigde zich geheel met de beschouwingen van den direkteur der kultures, en was met hem van oordeel, dat niet moest getreden worden in de voorstellen van van der Poel. Het groote gebrek van die voorstellen was, naar 's raads gevoelen, de daarbij beoogde als het ware geheele vernietiging van het dessabestuur, in strijd met het bepaalde bij art. 67 en 71 van het regerings-reglement. Vermits echter, volgens alinea 2 van art. 59 van dat reglement, de grondslagen voor den aanslag der landrenten bij algemeene verordening moeten worden vastgesteld, kwam het den raad noodzakelijk voor, eene kommissie te benoemen, om daartoe de noodige voorstellen te doen. De raad adviseerde in dien zin, en noemde eenige bekwame hoofdambtenaren en gepensioneerde hoofdambtenaren, uit welke een viertal voor bedoelde kommissie zou kunnen gekozen worden.

Nadat de minister van koloniën, bij missive van 9 April 1863 no. 33/464, bij de Indische regering informatiën had ingewonnen, naar den stand dezer zaak, zond de gouverneur-generaal de vorenvermelde stukken aan het opperbestuur, bij brief van 28 Mei 1863, kabinet no. 161, lett. S 5; onder mededeeling: dat aan het benoemen der vorenbedoelde kommissie geen uitvoering was gegeven, omdat het doeltreffender voorkwam, de reeds gewisselde stukken en nog verwacht wordende adviezen, over de vaststelling van grondslagen voor den aanslag der landrenten, gezamenlijk in behandeling te nemen.

Sedert is de herziening van het landelijk stelsel een onderwerp van gestadige overweging geweest. De beslissing moest echter afhankelijk worden gemaakt, van het lot der toen reeds geruimen tijd in behandeling zijnde, en daarna aan de Staten-Generaal aangeboden kultuur-wet. Dat lot is bekend.

# BIJLAGE. D.

Nota over de herziening van het landelijk stelsel, ingediend aan den gouverneur-generaal Duijmaer van
Twist, in September 1852. (*)

Van de vroegste tijden af aan, is het gezag over alle aangelegenheden
van een Javaansch dorp, gevestigd geweest in het dorpshoofd.

De algemeene bekendheid van dezen regel, maakt het overbodig daarover in een wijdloopig betoog te treden; doch kan het nuttig geacht wor-

---

(*) De hiervoren, onder Bijlage C, medegedeelde stukken van den inspekteur
van der Poel, werden door den gouverneur-generaal, semi-officieel, in handen
gesteld van den toenmaligen vice-president van den raad van Indië, Mr. J. F.
W. van Nes, ten einde omtrent het daarbij voorkomende konferentiën te houden, met genoemden ontwerper en met den direkteur der kultures S. D. Schiff.
Die konferentiën moesten gestaakt worden, uithoofde van de ziekte en het daarop
gevolgd vertrek naar Nederland van den heer van Nes.

De direkteur der kultures S. D. Schiff, vatte het in de gehouden bijeenkomsten
verhandelde zamen, in het hier medegedeelde rapport. In de missive, waarbij
hij dat rapport den gouverneur-generaal aanbood, zegt hij:

»Over de gebreken, dat stelsel sedert de invoering aanklevende, waren wij
eenstemmig hetzelfde gevoelen toegedaan; doch ten aanzien van de middelen tot
verbetering, bestond, hoofdzakelijk met den heer van der Poel, een groot verschil van denkbeelden, welke naar alle waarschijnlijkheid in verdere konferentiën
niet tot eenheid zouden geleid hebben; ten minste had ik van mijne zijde nimmer toegestemd tot een maatregel, door welken, niet alleen het gezag en de
magt der dorpshoofden op eenmaal zou worden vernietigd, maar tevens den
grondslag zou gelegd worden, tot ondermijning van het bestuur der inlandsche
hoofden van meerderen rang.

»Onze kommissie, ofschoon niet geheel beëindigd zijnde, kan echter als zoodanig worden beschouwd, daar wij vermeenden geene voorstellen ter zake te
moeten doen, om reden de resultaten der proefneming in de residentie Cheribon nog niet bekend zijn, en daarvan voorzeker afhankelijk zullen gemaakt worden, de door het gouvernement te nemen maatregelen, tot eene algemeene herziening van het bedoelde belastingstelsel.

»Evenwel is, naar den wensch van Uwe Excellentie, nevensgevoegde nota van

den op te klimmen tot den oorsprong der dorpshoofden, en den aard van hun gezag kortelijk te beschouwen.

In de eerste tijden van vorming der Javaansche maatschappij werden die hoofden gekozen uit de menigte, welke zich tot het gezamenlijk uitoefenen van haar bedrijf, het verleenen van onderlingen bijstand en het aanleggen van een dorp bijeen gevoegd had.

Alhoewel het aan die hoofden toegekende gezag reeds dadelijk van eenen volstrekten aard was, en zich uitstrekte over alles wat de belangen der dorpelingen aanging, bepaalde zich hunne magt alstoen alleen tot het handhaven van de onderlinge orde en veiligheid.

Naarmate echter de zwervende levenswijze der bevolking tot den staat van gezeten landbouwers overging, en eindelijk de landbouw de hoofdbron van hun bestaan uitmaakte, breidde zich ook de magt der dorpshoofden uit.

Wat aanvankelijk uit vrije verkiezing door de bevolking aan hunne dorpshoofden toegekend was geworden, werd later door een magtig geworden adel als wet ingevoerd.

De zeden en gewoonten van het volk, welke twee standen hadden doen ontstaan, die van adellijken en gemeenen (perjajie en tiang-balit) bij het uitbreiden van de magt der aristokratie, het toenemen der bevolking, de ontwikkeling van meerdere nijverheid, het ontstaan van meerdere behoeften en het doorbreken van eenige hoewel dan ook flaauwe stralen van beschaving, door wetten en instellingen (adat) geregeld zijnde, werd daardoor de tusschen beide bestaande scheidsmuur, voor den laatstgemelden stand schier onoverkomelijk gemaakt, daar zij de geringe klasse onderwierp aan het volstrekte oppergezag harer dorpshoofden en besloten hield, binnen den engen kring van haar dorpsbestaan, door elke poging, welke de gemeene man aanwendde, om zijne grieven met voorbijgang van zijn dorpshoofd aan de regering kenbaar te maken, als eene misdaad te beschouwen, welke met gestrenge bestraffing bedreigd werd en (hetgeen onder een despotisch bewind over een onbeschaafd volk niet ongewoon is) ingeval van overtreding, door den schuldige niet zelden met het leven geboet werd.

De souverein vorderde van zijne landen een vijfde, een derde of ook wel de helft (naar willekeur) van derzelver geschatte of bekende inkomsten (waarde), en benoemde eenen bopatie (regent) om hem te vertegenwoordigen en voor de inning en verantwoording van zijn inkomen te zorgen.

Deze bopatie benoemde demangs (distriktshoofden) over de distrikten, en belastte elk hunner met zoodanig deel van de inkomsten, als toereikend

---

het resultaat der gehoudene bijeenkomsten opgemaakt, waaromtrent ik de vrijheid gebruik op te merken:

dat het ontwerp lett. A door den heer van der Poel,
  »    »    »    » B door mij en
  »    »    »    » C door den heer van Nes is opgegeven."

was, om aan den vorstelijken eisch te voldoen, en zelf een deel voor zijn onderhoud over te houden.

De demangs handelden op dezelfde wijze met de dorpshoofden, aan welke een zeker deel in de lasten werd opgelegd zonder bepaaldelijk de zekerheid te hebben, dat hetzelve de kapaciteit van het dorp niet overtrof, latende alle bemoeijenis omtrent de produktie, regeling en inning der belasting onder het volk, overbrenging ter bestemde plaatse van de verlangde artikelen en gelden, geheel over aan het beleid en het oordeel van het dorpshoofd, dat in tegenstelling van zijne meesters, voor de gereedelijke opbrengst moest zorgen; terwijl zij zich onledig hielden met die inkomsten te verteren, zonder eenige merkbare of dadelijke deelneming in de administratie.

Aan den eenen kant een adel, die zich alleen bemoeide, met naar goeddunken uitgeschreven inkomsten te ontvangen, zonder ooit te vragen op welke wijze, door welke middelen of van waar ze verkregen waren, en aan den anderen kant een dorpsbestuur, dat zich met al deszelfs magt beijverde om de gevorderde opbrengsten bijeen te garen en af te leveren, zonder ooit op het denkbeeld te komen, om de billijkheid dier vorderingen in overweging te nemen, veel minder daarover te redeneren, en nog veel minder bezwaren daartegen in te brengen.

Een en ander stelde een zoo eenvoudig, onkostbaar en gemakkelijk werkend bestuur daar, dat hetzelve met reden de bewondering heeft opgewekt van een ieder, die niet in de geheimen van die zamenstelling was ingewijd.

De magt van een dorpshoofd, die onder het beheer der Javaansche vorsten, haar toppunt bereikt had, was op een kleinere schaal, genoegzaam gelijk aan die der regenten.

Hij toch, stelde zijne medebestuurders aan en zette dezelve naar goedvinden weder af; hij oefende policie uit in zijn dorp, en binnen de grenzen van de daarbij behoorende landerijen; hij regelde de algemeene, bijzondere en verpligte diensten; hij deed uitspraak in kleine twisten en regtsvorderingen tot aan een bedrag van *drie* gulden, legde boeten op en kon nalatigen of weerspannigen straffen met blokarrest; verdeelde zoo noodig den veldarbeid, of bewaakte denzelven, en regelde, percipiëerde en verantwoordde de belastingen; bij alle welke attributen, hem nog eenen modin (dorpspriester) op zijde stond, om in tijd van nood, het wereldlijk gezag, met den geestelijken invloed te ondersteunen.

Het belang dat de geheele adel bij de instandblijving van de beschrevene orde van zaken had, heeft tot vele deels goede, deels kwade stappen geleid, en kan men onder de eerste voornamelijk stellen, de erfelijkheid, welke in het ambt van dorpshoofd is gebragt geworden, en waardoor gedurende eene reeks van eeuwen, het dorpsgezag gebleven is, in handen van menschen, welke, hoewel van geringe afkomst, evenwel den adelstand ten volle toegedaan waren, omdat zij aan denzelven niet alleen hun bestaan, maar ook eene mate van zedelijk overwigt op de bevolking te

danken hadden, welke des noodig het gemis van een deel van hunne aan de regering ontleende magt, kon vergoeden.

De persoonlijke voorregten der dorpshoofden zijn in latere tijden geregeld en vindt men ten huidigen dage nog bevelschriften van den Souverein waarbij hunne inkomsten aangeduid worden; terwijl als een vrij algemeene regel voor geheel Java mag worden beschouwd, de bepaling dat een dorpshoofd, na de nederlegging van zijn ambt, gedurende zijnen geheelen nog overigen leeftijd, verschoond zal blijven van het deelnemen aan de algemeene of verpligte diensten.

De krachtdadige vasthouding aan de, tot instandhouding van den beschreven vorm, aangenomen regelen, die in derzelver uitkomst moesten leiden, om den geringen Javaan volstrekt buiten alle aanraking te houden met anderen dan zijns gelijken, of zijn als het ware onschendbaar dorpshoofd, heeft dan ook de geestvermogens van een uit den aard eenvoudig, zachtzinnig en lijdzaam volk, in zulk eenen onderdrukten toestand gehouden, dat nog maar voor weinige jaren, de geringe Javaan van den eigendom, geen ander begrip had dan dat de wereld (het geheele land) het eigendom is van den souverein, die daarvan aan zijne onderdanen, den een meer, den ander minder, uit *medelijden* een deel afstaat tot hun onderhoud tot dat het hem behagen zal, hetzelve terug te nemen.

Men kan ligtelijk op het denkbeeld komen, dat onder de gegevene omstandigheden de dorpshoofden, ook in vroegeren tijd, van hunne uitgestrekte magt misbruik gemaakt hebben, om knevelarij en afpersing jegens de bevolking te plegen, doch daartegen valt aan te merken, dat hetgeen wat in de oogen van beschaafde volkeren als afpersing en knevelarij wordt aangemerkt, in de oogen van een inlandsch vorst, niets anders is, dan eene hem of zijner ondergeschikte hoofden wettig aankomende heffing, daar de Oostersche begrippen van staathuishoudkunde medebrengen, dat den geringen man juist zooveel en niets meer moet worden gelaten, dan hij noodig heeft om met vrouw, kinderen en ploegvee te kunnen leven en bestendig produktief te blijven.

Tot zoolang dus de lasten niet zoo hoog opgevoerd werden, dat het ploegvee ter voldoening van dezelve moest worden opgeofferd, en hetgeen wel het zwaarste woog, de landbouwer niet verstoken werd van zijnen akker, kon er nimmer sprake wezen van armoede onder het volk, naar Oostersche begrippen, daar de regering hetzelve gelaten had in het bezit van die voordeelen welke voor hun bestaan en het bestendigen hunner vreedzame levenswijze noodig was; terwijl dat volk, geen beteren toestand gekend hebbende, ook geene hoogere wenschen kon voeden.

Eene willekeurige beschikking over de velden door de dorpshoofden tot hun eigen voordeel, was eene allezins gewaagde onderneming, daar dezelve gepaard moest gaan met het verkrachten van regten en instellingen, waaraan zij zelf hun bestaan en meerdere welvaart boven hunne dorpelingen te danken hadden.

Die regten bestonden:

1o. in een eigendom of bruikleenregt op nieuw ontgonnen grond, en 2°. in het regt van aanspraak op het bewerken van rijstvelden, ten aanzien waarvan, bij de regeling der Javaansche huishouding, bepalingen gemaakt waren, waaraan het dorpshoofd zich houden moest, wilde hij geen gevaar loopen, dat de hem en zijne bevolking opgelegde heerendiensten, onverrigt bleven, dewijl die diensten alleen drukten op hen, die sawa- en tegalvelden bebouwen.

Het regt op het bezit van nieuw ontgonnen grond, bestaat daarin, dat hij die een stuk woest land ontgint en produktief maakt, het regt verkrijgt, hetzelve zoolang te mogen behouden, als hij in staat is, daarvan de verschuldigde belasting te betalen, en de verpligte heeren- en andere diensten te verrigten, gaande dat regt bij overlijden, op de erfgenamen, onder dezelfde voorwaarden over.

Door verloop van tijd en afwisselende omstandigheden, is dat regt beoosten de Sundadistrikten tot aan *Bezoeki* meerendeels verdwenen, en worden nog maar hier en daar eenige landbouwers aangetroffen, die hetzelve regtmatig zouden kunnen doen gelden, zijnde wijders de overige bouwlanden door den tijd, tot den staat van gemeentegronden overgegaan.

In *Bantam* echter, waar meergenoemd regt nog in volle kracht werkt, strekt hetzelve zich nog veel verder uit, dan immer op *Java* het geval is geweest.

Wanneer aldaar een grondbezitter uit armoede zijn veld verlaten heeft, en een ander hetzelve wil laten bewerken door middel van huurlingen, dan is deze laatste verpligt, om den oorspronkelijken ontginner of zijn erfgenaam en geen derde in dienst te nemen', en hem tegen het overeengekomen dagloon, dat veld te laten bebouwen.

De aanspraak op het deelnemen in den rijstbouw was gegrond op de verdeeling der bevolking in 8 klassen, waaronder de weduwen begrepen waren.

Van die 8 klassen bebouwde slechts ééne klasse het land, zijnde de klasse der *kramans* (dienstpligtigen). Deze werd wederom in drie onderdeelen gesplitst, en bestond uit al de dorpelingen, welke in het bezit van ploegvee waren.

De gronden verdeeld zijnde in 1e. 2e. en 3e. soort, werden beurtelings onder de drie onderdeelen van de *kramans* verwisseld, zoodat elk hunner op zijne beurt de goede grondsoort ter bebouwing verkreeg, met uitzondering echter van die aandeelen, welke in de termen van het eerste ontginnings-regt vielen, als zijnde niet vervreemdbaar.

De overige opgezetenen, welke geene middelen bezaten om het land te kunnen bebouwen, hielpen de *kramans* in het bewerken hunner velden en het verrigten der op den grond rustende verpligte diensten, waarvoor zij door de *kramans* onderhouden werden.

Uit dit beknopt overzigt over den voormaligen toestand der dorpshuishouding, moet overtuigend blijken, dat de dorpshoofden eertijds evenzeer door eigenbelang als pligtbesef weerhouden werden om hunne magt al te zeer te misbruiken.

Tot zoolang deze regel, in het verdeelen of toewijzen van de bouwlanden

en het verrigten van de heeren- en verpligte diensten, in acht genomen is geworden, zijn ook de grove misbruiken weggebleven, maar van af het tijdstip dat daarvan is afgeweken, zijn ook allerlei ongeregeldheden ingeslopen, welke later tot wanorde in de dorpen en tot verarming der landbouwende klasse geleid hebben.

Het kan niet ontkend worden, dat reeds onder het bewind van de O. I. kompagnie misbruiken ontstaan zijn, door welke de bevolking in hare welvaart werd gedrukt en zij zelfs tot armoede verviel.

De overgang van sommige vorstendommen onder het Nederlandsch gezag en de invoering van het kontingentenstelsel, hebben daartoe het meeste bijgedragen, en laat zich dat verschijnsel gemakkelijk begrijpen als men bedenkt, dat de door de O. I. kompagnie aangestelde regenten van twintig tot dertig duizend ropijen besteedden ter verkrijging van hun ambt, en daarenboven zich nog verbonden, tot de levering van een aanzienlijke hoeveelheid rijst of andere voortbrengselen, alles tegen niet zeer hooge prijzen.

Het mag er dan ook voor gehouden worden, dat deze soort van Inlandsche regenten, onttrokken aan de overheersching en het gezag van hunne vorsten en aan den invloed van barbaarsche willekeur, daarna door de bewindhebbers der kompagnie aan zichzelven overgelaten, om de kontingenten in te vorderen, den grond gelegd hebben, tot het ontstaan van alle die misbruiken, afpersingen en knevelarijen, waaraan de Inlandsche hoofden in het algemeen zich in latere jaren zoozeer hebben schuldig gemaakt.

Had nu de vrijheid, die den hooger bedoelden regenten gelaten was, eenen hoogst nadeeligen invloed op den materiëelen toestand der bevolking, zoo was zij echter, met betrekking tot haar zedelijk bestaan, van gunstige gevolgen, daar de zeden en gewoonten der bevolking niet door Europeesche bemoeijingen geschokt werden, en mitsdien al derzelver oorspronkelijkheid behielden, gelijk ook de regeringsvorm en het gezag der dorpshoofden in al deszelfs uitgestrektheid is blijven bestaan, tot dat door het Engelsch tusschenbestuur in 1814 de grondslag werd gelegd tot eenen algeheelen ommekeer in de bestaande orde van zaken.

Uit de door de Engelsche regering nagelatene besluiten, reglementen en instruktiën blijkt voldingend:

a. Dat zij het oppergezag van de dorpshoofden over al de aangelegenheden, de dorpen en dorpsbewoners betreffende, als nuttig erkenden en de voordeelen, welke daaruit ter vereenvoudiging van de landelijke administratie voortsproten, niet alleen waardeerden maar zelfs bewonderden.

b. Dat zij daarentegen afkeurden de onbeperkte magt en den invloed der Inlandsche grooten, hunne willekeurige beschikking over de goederen en de persoonlijke diensten van den geringen man, alsmede het Inlandsch belastingstelsel, en vooral de kontingenten aan het Europeesch oppergezag, als alleenlijk geschikt om met weinig middelen groote financiëele uitkomsten te verwerven, doch daarentegen de massa der bevolking willekeurig, tot het bekomen van levensonderhoud, in eenen *staat van volstrekte afhankelijkheid te doen blijven.*

Achtervolgens deze overwegingen werden de volgende verordeningen daargesteld:

*a.* Dat het oppergezag der dorpshoofden zou blijven bestaan, en de regering van de dorpshuishouding, geheel aan hen zou worden overgelaten.

*b.* Dat de onbeperkte magt en de invloed der Inlandsche grooten onder naauwe bepalingen zouden worden gebragt, door hun alle inkomsten in land en diensten te ontnemen, en die door een vaste geldelijke bezoldiging te doen vervangen.

*c.* Dat alle belastingen, hoe ook genaamd, en alle verpligte leveringen, zooals de kontingenten, zouden worden opgeheven en vervangen door eene belasting, landrente (Revenue instruction 11 Februarij 1814); terwijl de heerendiensten zouden worden afgeschaft. (*)

Alhoewel aangenomen was, dat de bemoeijenis der Europeesche ambtenaren met de inwendige inrigting der dorpen zooveel mogelijk vermeden, en het dorpsgezag in deszelfs geheel zou worden gelaten, zoo werd echter aan de besturende Inlandsche hoofden alle magt en bemoeijenis tot regeling van de belasting ontnomen, en bepaald, dat elk landbouwer afzonderlijk van het gouvernement zijn land in huur zou bekomen, waardoor de eeuwenlang in stand gehouden staatsregeling, niet algemeen door een nieuwe vervangen, maar alleenlijk uit deszelfs *verband werd gerukt.*

Een geheel stel Europeesche ambtenaren, onder de benaming van *opzieners der landelijke inkomsten*, geassisteerd door landmeters, onder de onmiddelijke bevelen staande van kollekteurs, werd aangesteld, om de verdeeling der gronden en de belasting derzelve te regelen, en terwijl dus aan den eenen kant de magt werd opgeheven, die de mindere klasse aan hunne dorpshoofden onderworpen moest houden, werden aan den anderen kant die Europeesche ambtenaren, in de uitoefening hunner ambtspligten, in eene regtstreeksche en nimmer gekende aanraking met den geringen man gebragt, en *daardoor* de grond gelegd tot ondermijning van het gezag der dorpshoofden.

De werkzaamheden der Engelsche regering hebben geloopen tot het jaar 1816, als wanneer de O. I. bezittingen onder het Nederlandsch gezag terug gekeerd zijnde, de ware staat van zaken, aan de toenmalige regering kenbaar is geworden, zoo uit de van verschillende kanten ingekomen rapporten over de werking van het landelijk stelsel, als uit eenen oninbaren achterstand op de, door het Engelsch bestuur in het laatste jaar van haar bewind, aangeslagen landrente, ten bedrage van 2 à 3 millioenen ropijen.

Het Nederlandsch Staatsblad van 1818 no. 14, bevat verschillende aanduidingen, omtrent den gang en de werking van de onderwerpelijke aangelegenheid.

Men vindt dezelve aldaar voorgesteld in de volgende bewoordingen:

---

(*) De laatste bepaling is nimmer door de Engelsche regering in deszelfs geheel ten uitvoer gelegd. 			(*Noot van den heer Schiff.*)

„Gelezen eene missive van den inspekteur en adjunkt-inspekteur-generaal over de landelijke inkomsten enz.

„En over dit belangrijk onderwerp nader, in eene opzettelijk daartoe aangelegde bijeenkomst met dezelve ambtenaren, ook naar aanleiding van vroegere berigten en persoonlijke bevinding, zoo van hen als van kommissarissen-generaal zelven, gedelibereerd zijnde, is gebleken:

„Dat in den aanslag de regeling, de ontvangst, ja de geheele beheering van het landelijk stelsel de grootste onzekerheid, onnaauwkeurigheid en wanorde bestaat.

„Dat de algemeene verordeningen, ten jare 1813 en 1814 en later gemaakt, wel verre van eene algemeene en geregelde werking te hebben, integendeel nimmer naar behooren zijn nagekomen, maar naar de zinnelijkheid der onderscheidene residenten en andere ambtenaren onderscheidenlijk zijn uitgelegd en toegepast, of wel geheel voorbijgezien.

„En voorts in aanmerking nemende:

„Dat eene geheele herziening van die verordeningen, en vooral ook van de bepalingen omtrent de rigtige werking derzelve noodzakelijk is.

„Dat het volslagen gebrek aan kennis van de ware uitgestrektheid en vruchtbaarheid der velden in bijna alle residentiën eenen regelmatigen en alzoo billijken aanslag ondoenlijk maakt.

„Dat zoolang deze kennis niet zal zijn verkregen, het onmogelijk is, van gouvernementswege die velden *naar eenen billijken maatstaf* onder de ingezetenen van elke dessa te verdeelen, en de betaling door elk hunner persoonlijk verschuldigd te regelen.

„Dat deze regeling dan ook tot nu toe in naam en niet in wezenlijkheid bestaan heeft.

„Dat echter zoo spoedig mogelijk een aanvang moet gemaakt worden met de opname, meting en waardering der velden.

„Dat intusschen reeds voor den jare 1818 eenige gepaste voorzieningen dienen te worden daargesteld, ten einde te voorkomen, de onordelijke en nadeelige gevolgen uit den tegenwoordigen stand van zaken moetende voortvloeijen.

„Zoo is goedgevonden en verstaan te bepalen:

„*Artikel* 1.  De aanslag der landrente over dezen jare 1818 zal alomme *dessa'sgewijze* gedaan worden.

„*Artikel* 3.  Omtrent de bepaling van het bedrag van den aanslag, zal met de hoofden en oudsten van elke dessa eene *overeenkomst* worden getroffen.

„*Artikel* 8.  De *hoofden* en *oudsten* des volks zullen de velden van iedere dessa onder de ingezetenen verdeelen, naar billijkheid, zonder partijdigheid.

„*Artikel* 13.  De hoofden der dessa's zijn *verantwoordelijk* voor de aangeslagen som (landrente) en zullen de noodige zorg dragen, dat de bijzondere huurders (*) het door hen verschuldigde voldoen enz.

---

(*) Wanneer de ingezetenen van een dorp niet bij magte zijn, om *al* de tot hun dorp behoorende velden te bearbeiden en beplanten, dan moet het hoofd daarvoor huurders zoeken in andere dorpen, waar integendeel gebrek aan grond bestaat.

*"Artikel* 14. Zij, die de bij hen ontvangene gelden ontvreemden of tot hun eigen gebruik bezigen, zullen als landsdieven gestraft worden."

Zes maanden later, werd bij besluit van kommissarissen-generaal dd. 18 Julij 1818 no. 2 (Staatsblad no. 49) gearresteerd, eene provisioneele instruktie voor de ambtenaren en geëmploijeerden bij de administratie, kollekte en *kontrole* der landrente, waarbij onder meer anderen voorkomen de volgende bepalingen, daargesteld voor de opzieners (kontroleurs) der landelijke inkomsten.

*"Art.* 34. Zij zullen bijzonderlijk onderzoeken:

"1. De tegenwoordig bestaande landmaat, waardering en rangschikking der landerijen.

"2. Of, in de uitgiften en den omslag der gronden, op eene billijke en regtvaardige wijze door de dorpshoofden en oudsten der dessa's wordt te werk gegaan.

"3. Of de dorpshoofden en andere inlandsche ambtenaren, of ook partikuliere personen, zich ten aanzien van den gemeenen man, ook eenige willekeurigheden of kwellingen veroorloven.

"4. Of door de dorpshoofden in den omslag der belasting of in den aanslag over den gemeenen man, ingevolge den wil en de bedoeling van het gouvernement wordt gehandeld.

"5. Of de gelden en produkten, voor landrenten betaald wordende, met naauwkeurigheid aan den lande verantwoord worden, enz. enz."

Bij besluit van kommissarissen-generaal dd. 4 Januarij 1819 no. 1 (Staatsblad no. 5) — in overweging genomen zijnde *"dat nog niet verkregen is, die algeheele kennis van de uitgestrektheid, gesteldheid en vruchtbaarheid der velden, als vereischt wordt tot het daarstellen van vaste en onherroepelijke regelen, echter eenige bepalingen gemaakt moeten worden, welke tot zoolang werken kunnen, als die meer volmaakte kennis verkregen is;"* — worden de grondslagen tot regeling van de landrente, openbaar gemaakt bij de in hoofde dezer voor zooveel noodig overgenomene besluiten van 1818, Staatsblad no. 19 en 49, herhaald, bevestigd en nog wijdloopiger uitgelegd, en eindigt dat besluit met deze zinsnede (art. 27):

*"Ten aanzien van de opname en meting der velden en al wat daartoe betrekking heeft, zullen bij afzonderlijke besluiten nadere bepalingen worden gemaakt."*

Het résumé van de aangehaalde handelingen en overwegingen van de Indische regering in 1818 en 1819, is:

1o. Dat de regering de grondslagen van het ontworpen stelsel van landrenten goedgekeurd en aangenomen had.

2o. Dat zij de gebrekkige werking der bestaande bepalingen en de oorzaken daarvan inzag, en er ernstig op bedacht is geweest, om in een en ander voorziening te brengen, ten einde vaste en onherroepelijke regelen te kunnen aannemen en daarstellen. (Staatsblad 1819 no. 5 art. 27.)

Daar echter alle de door de regering als nuttig en noodzakelijk erkende maatregelen tot regeling van de onderwerpelijke aangelegenheden, nimmer

III.                                                                     21

of althans hoogst onvolledig bevolen', noch de daartoe vereischte middelen beschikbaar gesteld zijn, zoo is de zaak gebleven zoo als dezelve bij de voorschriften hierboven aangehaald in werking gebragt is geworden, tengevolge waarvan, nog op den huidigen dag, van volle toepassing is, de verklaring door kommissarissen-generaal in 1818 (Staatsblad no. 14) afgelegd, dat namelijk: „de aanslag der landrente geheel naar de zinnelijkheid der onderscheidene residenten en andere ambtenaren daargesteld wordt."

Maar de uitvoering van het stelsel vond nog eene andere onoverkomelijke zwarigheid, daar de grondslagen van hetzelve waren, vrije arbeid en vrije kultuur, en niettemin de beloofde afschaffing van de heerendiensten niet alleen achterwege bleef, maar die diensten op eene vroegere op Java nimmer gekende schaal uitgebreid werden.

De zigtbare gevolgen, die uit het niet regelen van het landelijk stelsel en het niet opheffen van de heerendiensten zijn voortgevloeid, bestaan in eene verbazende demoralisatie van de Inlandsche hoofden en het verlies voor den lande van p. m. drie millioenen op de inkomsten 'sjaars, gerekend van af 1820, als wanneer aangenomen mogt worden, dat al de vereischte inlichtingen omtrent de statistieke aangelegenheden van dit eiland, bekend hadden kunnen zijn.

De gewestelijke besturen hebben, uit gebrek aan de onontbeerlijke middelen, het ware vermogen van deze aan hunne zorg ter exploitatie aanvertrouwde bron van 's lands inkomsten niet kunnen leeren kennen, maar zijn zij daarentegen al zeer spoedig tot de ervaring gekomen, dat de aan de inlandsche grooten en mindere hoofden toegelegde geldelijke inkomsten, op verre na niet evenredig waren, èn aan de hun ontnomen gronden en voorregten, èn aan hunne gewone wijze van leven, doen en handelen, welke laatste een beslissenden invloed uitoefenen op de handhaving van hun gezag over de Inlandsche bevolking.

De bedoelde autoriteiten hebben dus, gedurende de eerste vijftien jaren na de herstelling van het Nederlandsch gezag, den aanslag der landrenten immer op eenen lagen trap gehouden, grootendeels uit onkunde van het wezenlijke vermogen der. landerijen, als ook welligt uit een staatkundig oogpunt, om namelijk de volkshoofden gelegenheid te geven, het te kort op hunne inkomsten, op de voortbrengselen van den grond langs geheime wegen te verhalen, *zonder daarmede de bevolking te benadeelen.*

Deze orde van zaken, welke in de eerste jaren tusschen 1816 en 1830 intrad, was echter niet bestemd om ongestoord te blijven voortduren.

De opzieners der landelijke inkomsten (thans de kontroleurs), — jonge lieden meest allen op Java geboren, en niet zelden van gemengd bloed, werden voor die betrekking bij voorkeur gekozen, omdat zij meer of min de Javaansche taal konden spreken, en daarom alleen, als geschikt werden geacht, om de kontrole over de landelijke inkomsten te voeren, — maakten geene afgetrokkene bespiegelingen over den aard en de gevolgen der vigerende wetten en bepalingen, maar beijverden zich, deels uit pligtbesef, deels uit een allerkwalijkst geplaatsten hoogmoed en natuurlijke vijandige

gezindheid jegens de inlandsche regenten en hoofden in het algemeen (drijf-
veren die maar al te dikwerf hun gedrag geregeld hebben), om door nasporingen bij den gemeenen man in de huishoudelijke aangelegenheden der
dorpen in te dringen, en beschuldigingen van knevelarij en afpersing tegen de
volkshoofden bijeen te zamelen en aan hunne meerderen voor te brengen,
die daardoor in de niet gewenschte verpligting kwamen, de grieven der
bevolking te onderzoeken en tegen hunne hoofden regt te spreken.

Uit het hand over hand toenemen van klagten van den onderwerpelijken aard, hebben de meesten zich schrikbeelden voor de toekomst ge-
schapen, die dan ook niet geheel hersenschimmig waren, als men bedenkt,
dat op vele plaatsen, de bevolking reeds zooveel vrijmoedigheid had verkregen, dat zij dikwerf met de uitspraak van hare regenten geen genoegen
nam, bij hoopen naar de hoofdplaats opkwam en den resident zelfs tot in
zijne woning ging opzoeken, om eene meer overeenkomstig hun veelal
niet billijk *verlangen* luidende uitspraak te verzoeken.

Alstoen werden de opzieners der landelijke inkomsten zijdelings opmerkzaam gemaakt, dat zij zich zouden hebben te onthouden van bemoeijingen
met de inlandsche huishouding, op de wijze door hen verrigt, en zich eerst
dan regtstreeks met onderzoekingen naar de grieven der bevolking moesten
inlaten, wanneer deze bij hen kwamen klagen.

Deze matiging van de dienstpligten der genoemde opzieners, heeft spoedig tot een ander uiterste geleid, want de voorbeelden zijn ontelbaar, dat
de klagten van de landbouwers daarna in het geheel niet meer onderzocht
werden. Wanneer de dessabewoners den opziener in zijne woning kwamen
opzoeken, dan liet hij hen verscheidene dagen onopgemerkt wachten, wetende dat zij na het verteeren hunner reispenningen van zelven weder zouden aftrekken; sommigen zonden de menschen eenvoudig naar huis, zonder hunne klagten te willen aanhooren, en anderen gingen nog verder,
ja zelfs zoo ver, dat zij in den hoogsten graad strafwaardig werden.

De bevolking, langs dien weg geheel overgelaten zijnde aan de willekeur van de distrikts- en dorpshoofden, zoude reeds toen tot de uiterste
armoede vervallen zijn, ware zij niet nog eenigermate beschermd geworden door de inlandsche regenten, wier gezag en invloed tot in 1880 vrij
streng gehandhaafd werd.

Inmiddels waren de dorpshoofden in hunne aanmatigingen toch zoo verre
gevorderd, dat zij de opgezetenen slechts kleine aandeelen in den rijstbouw
gaven, ten einde zoodoende meerdere velden aan bijzondere huurders te
kunnen afstaan, en eene der grootste bronnen hunner inkomsten in werking te houden.

Een bouw grond, op zoodanige wijze verhuurd, wordt onmiddellijk door
den huurder betaald met 10, 14, 16 tot 20 gulden.

Heeft hij dien beplant, dan valt de opbrengst, onder de algemeen aangenomen regelen van belasting, en brengt het gouvernement aan landrente
op 5, 7, 8 tot 10 gulden, naar gelang van de kapaciteit van den grond, zoodat
het dorpshoofd bij dien handel immer 100 % wint, iets hetwelk niet zoo

zeker gaat, wanneer een ingezeten voor zijn *eigen dorp* den grond bearbeidt, daar deze ligtelijk tot de kennis kan komen, van de som, waarmede dezelve door het bestuur· is belast', en zich mogelijk niet altijd zou laten vinden om meer te betalen.

Wordt de huurder door omstandigheden verhinderd den gehuurden grond te bebouwen, dan is hij niettemin zijn geld kwijt (*) en de kontroleur, die van den geheelen handel niets weet of niets weten wil, den grond onbebouwd vindende, stelt denzelven *vrij* van belasting en laat zoodoende het dorpshoofd in het bezit van de wederregtelijk verworven huursom.

Het verhoogen van de landrente hunner dorpelingen, meer dan hun primitief opgelegd is geworden, omdat de geringe Javaan niet rekenen kan; het doorbrengen van de ontvangen gelden; het vrijstellen van heerendiensten van een gedeelte hunner dorpelingen, tegen betaling, waardoor de overige meer moeten arbeiden; zijn de vergrijpen waaraan de dorpshoofden zich al meer en meer schuldig maakten, en welke bij de invoering van het stelsel van kultures, reeds tot eene merkbare hoogte geklommen waren.

Het ontbreekt echter niet aan voorbeelden, dat dorpshoofden, wegens de genoemde overtredingen, naar gelang van omstandigheden, door tusschenkomst van de ommegaande regtbank of door een eenvoudig ontslag, gestraft zijn; maar die voorbeelden zijn in eenen betrekkelijken zin te weinig in getal, dan dat zij geleid zouden hebben, tot nuttige uitkomsten in het algemeen.

De bedenkelijke toestand, waarin *Java* verkeerde gedurende de onlusten van 1825 tot 1830, heeft het zijne bijgedragen, ·om het lot der bevolking gedurende een geruimen tijd als het ware aan het toeval over te laten, dewijl het er op aankwam, om de invloedrijke volkshoofden aan de belangen van het Nederlandsch gezag verbonden te houden.

Al de opgenoemde omstandigheden, waarvan alleen de hoofdzaken vermeld zijn, te zamen genomen, hebben noodwendig moeten leiden tot de volgende uitkomsten:

*a.* Groote nadeelen in de financiëele resultaten van de administratie der landrente.

*b.* Bederf van de zeden van de mindere ambtenaren bij het binnenlandsch bestuur in het algemeen, maar van die der inlandsche hoofden in het bijzonder, en

*c.* Verarming van de landbouwende bevolking, de daaruit ontsproten misdrijven en de zigtbare sporen van weerspannigheid tegen de bevelen der distrikts- en dorpshoofden.

Aan dezen staat van zaken scheen in 1831 met eene enkele pennestreek een einde gemaakt te zullen worden, door de invoering van het stelsel van kultures.

---

(*) Oude Javaansche gewoonte (iring-an).

(*Noot van den heer Schiff.*)

Immers zal elk zaakkundig en onpartijdig beoordeelaar moeten toestemmen, dat geen stelsel kon worden uitgedacht, hetwelk, in verband beschouwd tot den lagen trap van beschaving der bevolking, in deszelfs gevolgen doeltreffender werken kan, om de belangen van het moederland te bevorderen en te gelijkertijd den stoffelijken en zedelijken toestand van de geheele Javaansche natie te verbeteren.

Na al hetgeen tegen dit stelsel geschreven is, mag het eene eervolle taak genoemd worden, de weldadige strekking van hetzelve, door eene naauwkeurige beschouwing en ontwikkeling van al deszelfs bijzonderheden en onderdeelen, aan te toonen en daardoor de onkunde van ongeroepen beoordeelaars te doen uitkomen; maar het bestek van het tegenwoordig onderwerp laat eene dergelijke wijdloopigheid niet toe, en kan bovendien volstaan worden met in weinig woorden de groote voordeelen, die uit het kultuurstelsel geboren moesten en konden worden, op te geven.

Voor de Indische staatskas zouden aanzienlijke direkte winsten voortvloeijen uit de nieuwe voortbrengselen van den grond, welke bij verkoop op de Nederlandsche markt, door niet minder groote indirekte voordeelen achtervolgd moesten worden.

De Indische regering zoude, ten gevolge van de ondernomen aanplantingen, van lieverlede bekend raken met de uitgestrektheid en de kapaciteit van een groot gedeelte der bouwlanden, met de hoegrootheid der bevolking, het ploegvee en vele andere, tot dusverre onbekende aangelegenheden van landelijken aard.

Een groot gedeelte, zoo Europeesche als inlandsche ambtenaren, stond door het uitkeeren van procentos eene aanzienlijke vermeerdering van inkomsten te wachten, welke eene weldadige terugwerking moesten uitoefenen op den handel, en vooral op de nijverheid der mindere standen.

De betrokken inlandsche bevolking trad al dadelijk in het genot van verhoogde voordeelen van den landbouw, terwijl de voortbrengselen daarvan, eene nog niet gekende ontwikkeling van nijverheid bij de overige klasse der Javanen moest te weeg brengen.

Maar hetgeen boven alles gewaardeerd behoort te worden, is, dat de uitwerkselen van dit stelsel, den onnadenkenden en onbezorgden Javaan langzamerhand aan meerderen arbeid zouden gewennen, ten einde zoowel daardoor, als door de meerdere verdiensten, de grondslag zou worden gelegd tot eene trapsgewijze verbetering van zijn bestaan, welke laatste voordeelen alleen, volkomen de middelen wettigen, die aangenomen en aangewend zijn, om het bedoelde stelsel in werking te brengen en te handhaven.

Dit zijn hoofdzakelijk de voordeelen welke het kultuur-stelsel aanbieden; maar even als het stelsel van landrente, gegrond op de zeden en gebruiken van het volk, moest hetzelve niettemin almede gedeeltelijk schipbreuk lijden, op de eigen inzigten van sommige bestuurders, aan wien de invoering was toevertrouwd.

Onder de vele verkeerdheden, welke in deze aangelegenheid begaan zijn

en een onmiddellijken invloed op het bestaan van de huishoudelijke inrigtingen in de dorpen uitgeoefend hebben, bekleeden de volgende eene voorname plaats:

*a.* Het invoeren van kultures in streken, welker gronden of luchtstreek
voor dezelve niet geschikt, of waar de bevolking ontoereikend was.

*b.* Het aaneengeschakeld aanleggen van suikerriet-tuinen, ter uitgestrektheid van 100 tot 150, ja zelfs tot 400 bouws, in stede van die
aanplantingen te doen bij elke betrokkene dessa afzonderlijk, overeenkomstig
de gegevene voorschriften, welke niet toelieten, om de bevolking al de
velden, zelfs niet bij ruiling van anderen, af te nemen.

*c.* De beschikking over meerderen grond, dan het volgens de grondslagen
van het kultuurstelsel bepaalde $^1/_5$ gedeelte van de aanwezige velden,
zonder dat er plaatselijke gelegenheid bestond om de te kort gedane landbouwers deswege schadeloos te stellen.

Bij deze misslagen voegen zich nog eene menigte anderen, gedeeltelijk
niet afhankelijk van het stelsel zelf, doch welke, allen te zamen genomen,
tot nadeelige uitkomsten voor de inlandsche bevolking geleid hebben;
terwijl de hooger aangegevene gebreken, ook tevens eene omverwerping
van de dorpsinstellingen en verdere demoralisatie der dorpshoofden ten
gevolge hebben gehad.

De zorg over de verdeeling van den grond voor de Europeesche kultures,
geheel overgelaten zijnde aan de dorpshoofden, die tevens verantwoordelijk
zijn voor de rigtige bearbeiding, beplanting en het onderhoud der velden,
zoo kwamen de ongunstige oogsten geheel ten hunnen laste.

De belangstelling der regering in de financiële uitkomsten van het
nieuwe stelsel, bezielde ook alle andere daarbij betrokken ambtenaren, en
bragt te weeg, dat het stelsel van landrente spoedig geheel op den achtergrond geraakte, waardoor de ware grondslag van het kultuurstelsel, over-
gegeven was aan eene langzame maar zeker gaande slooping.

Alle aandacht, inspanning en werkdadigheid werd aan de Europeesche
kultures ten koste gelegd, terwijl de ambtenaren, die daarbij niet even
veel ijver als de groote meerderheid aan den dag legden, gerangschikt
werden onder degenen, die dat stelsel niet waren toegedaan en uit dien
hoofde niet zelden eene andere bestemming verkregen.

De assistent-residenten en, daar waar die niet bestonden, de kontroleurs, werden de voornaamste ambtenaren in de behandeling van alles wat
het werkdadige van het kultuurstelsel betreft, en verwierven weldra het
volle vertrouwen van den resident, ten koste van het gezag en den invloed
der regenten.

Deze Inlandsche hoofden, veelal in het geheel niet, dan wel slechts
pro forma gehoord wordende, zagen hunne magt overgegaan op en verdeelen
tusschen de kontroleurs en distriktshoofden, welke gezamenlijk zoodanige
beschikkingen bij het hoofd des bestuurs provoceerden, als zij met de
omstandigheden het best strookende achtten.

De verdeeling van den veldarbeid, eigenaardig aan de zorg der dorpshoofden toevertrouwd, geheel in handen van beide laatstgenoemde ambtenaren, overgegaan zijnde, zoo werd het lot dier hoofden geheel van hunne inzigten afhankelijk, en zijn dezelve dikwerf de slagtoffers geworden, van de wijze waarop eene aangelegenheid werd beoordeeld, welke bij de invoering een aantal gebreken met zich bragt.

Met den besten wil en de ijverigste pogingen, konden de verlangde uitkomsten niet worden verkregen, zonder afwijkingen, van het stelsel, en zonder den landbouwers een zeer drukkenden last op te leggen, en de landsgebruiken te schenden.

Het is eene waarheid, dat vele kontroleurs, gedurende de eerste 10 en 15 jaren na de invoering van het kultuurstelsel, nog geen juist denkbeeld hadden van de verdeeling van al den arbeid, waarmede de inlandsche bevolking belast is, dan wel uit vrees voor het ontmoeten van hinderpalen in de keus van gronden en de regeling der beplanting, dikwerf de distriktshoofden daarvoor lieten zorgen.

Deze niet willende of durvende aantoonen, dat de van wege het gouvernement gevorderde arbeid de krachten der bevolking te boven ging, belastten op hunne beurt de dorpshoofden met de regeling, en daar nu, zoowel door overspanning als verkeerde regeling, de aanplantingen niet altijd in dien staat verkeerden, waarin ze behoorden te zijn, zoo werden de dorpshoofden daarover als nalatigen aangesproken en gestraft.

Deze bestraffing bepaalde zich aanvankelijk tot eenige dagen arrest, doch gingen bij herhaling van het vermeend vergrijp over in ontzetting van hun ambt en lijfstraf, en zoo is het kunnen gebeuren, dat gedurende de laatste twintig jaren, een aanzienlijk getal dorpshoofden is ontslagen.

Die soort van menschen, welke, als een uitvloeisel van de staatsregeling der Inlandsche vorsten, voor het ambt als dorpshoofd als het ware zijn geboren, zijn voor drie vierde gedeelte in de gouvernements residentiën verdwenen.

Het dorpsgezag is dientengevolge langzamerhand overgegaan in handen van lieden van de laagste volksklasse.

De onderdrukte toestand, waarin de Inlandsche bevolking, door de gebreken van het landelijk stelsel, de overdrijving van heerendiensten, de verkeerde toepassing van het kultuurstelsel en meer andere drukkende instellingen, gehouden en gebleven is, heeft te weeg gebragt, dat de gemeene man, van het hem toegekende regt om zijn dorpshoofd te mogen kiezen, geen nuttig gebruik wil maken, omdat eene goede keuze, bij den heerschenden druk van arbeid, lasten en misbruiken, waaronder zoowel het dorpshoofd als hij zelf gebukt gaat, hem geen het minste voordeel geeft; terwijl hij daarentegen, bij het toegeven aan den drang van het oogenblik en het involgen van den loop en de overmagt der ingeslopen misbruiken, doorgaans een aandeel erlangt in het geldelijk bedrag, bestemd voor *omkooping der stemmen*.

Langs deze en andere verkeerde wegen, zijn de slechtste sujetten in het dorpsbestuur gekomen, en vindt men er zelfs, die de sporen dragen van

de gestrengheid der wetten, en de straf naast den dood hebben ondergaan.

Van zulke menschen kan het dan ook geene bevreemding baren, dat zij, gelijk geschied is, de hun ter uitkeering aan de bevolking uitbetaalde gelden voor de verpligte kultures, voor zich zelven behielden, waarvan de voorname hoofden niet geheel en al onkundig waren. Zelfs eenige residenten zagen zich hierdoor eerst in de laatste jaren verpligt, om die uitbetaling door de Europeesche ambtenaren *hoofdelijk* aan de planters te doen plaats vinden, waardoor op nieuw een zeer gevoelige slag, aan het gezag der Inlandsche hoofden in het algemeen is toegebragt geworden.

Ongeacht, al deze omstandigheden, blijven vele hoofdambtenaren bij voortduring aan de dorpshoofden dezelfde waarde hechten, als waarop deze eertijds aanspraak hadden, en beschouwen zij de instandhouding van het bestaande dorpsbestuur als het palladium van het Nederlandsch gezag.

Wanneer men echter daarbij bedenkt: dat die dorpshoofden, zonder naauwgezette kontrôle, de magt bezitten, tot het ten uitvoerleggen van alles wat betrekking heeft tot de werking der drie stelsels, (landrente, kultures en heerendiensten) welke den stoffelijken toestand van de inlandsche bevolking vestigen; dat het stelsel van landrenten geene grondslagen heeft, en derhalve alle berekeningen berusten op de opgaven der dessahoofden en op de in het blinde gemaakte kalkulatiën; dat in het stelsel van kultures grove gebreken zijn ingeslopen; dat het stelsel van heerendiensten een chaos is, voor het opgeklaardst verstand niet te ontwarren, omdat de gebreken in de zaak zelve en niet alleen in de uitvoering liggen; en eindelijk, dat deze drie stelsels in beginsel met elkander strijdig zijn, als berustende het eerste op *vrije kultuur* en *vrijen arbeid*, en de twee laatsten op *dwang:* dan zal het gemakkelijk vallen te beoordeelen en te beseffen: wat het lot moet worden eener bevolking, welke bij voortduring leeft en overgelaten blijft, aan het willekeurig gezag van voor het meerendeel gedemoraliseerde dorpshoofden van den tegenwoordigen tijd, van welke men zich zulk eene bedriegelijke voorstelling maakt.

Er zijn echter blijken, dat de Indische regering reeds voor eenige jaren hare aandacht daarop gevestigd en eenige stappen gedaan heeft, om het hand over hand toenemende kwaad te stuiten; doch daar er zelfs tot heden nog geen algemeene kreet tegen het gezag der dorpshoofden opgegaan is, zoo hebben de pogingen tot verligting van het volk, zich alleen bepaald, tot voorbereidende maatregelen, voor eene herziening van de administratie zonder te letten op de werktuigen, waarmede dezelve tot dusverre is gevoerd geworden. Zoo werd in 1844 door de direktie der kultures de noodzakelijkheid betoogd, tot het beramen van middelen, om de lasten der bevolking met betrekking tot de landrente meer gelijk te verdeelen; waarop, na het ingewonnen advies aan den raad van Indië, gevallen is het gouvernements besluit van den 20en Junij 1844 no. 5 bepalende:

1. "Over geheel *Java* zal eene opname worden gedaan, overeenkomstig, de aanwijzing, voorkomende op den aan dit besluit gehechten staat."

2. „Den bovengemelden staat ter invulling te doen zenden aan de residenten en op zich zelf staande assistent-residenten op *Java* bij de navolgende cirkulaire."

Deze cirkulaire is de kabinetsbrief van den 20<sup>en</sup> Julij 1844 no. 126, vermeldende eenige hoofdgebreken van het landelijk stelsel, waaromtrent onder anderen gezegd wordt:

„Het gebrekkige van de heffing der landrente moet voornamelijk gezocht worden, in de voortdurende onbekendheid zoo ten aanzien der uitgestrektheid, als van het produktief vermogen der velden, enz." en elders:

„Op zoodanige wijze nu, in het blinde als het ware rondtastende, kan op den duur niet worden voortgegaan enz. enz."

Het blijkt echter niet, dat de regering destijds volkomen toegelicht was, omtrent den toestand van de bevolking in de binnenlanden, noch welke regelen zij zou hebben genomen, na den algeheelen afloop der bedoelde opmetingen en onderzoekingen, ten einde een beter en op meer vaste grondslagen rustend territoriaal belastingstelsel, naar behooren in werking te brengen en duurzaam in stand te houden, ofschoon het hooger genoemd besluit van 20 Junij 1844, no. 5, en de daarmede in verband staande kabinets-circulaire, aanleiding geeft om te denken, dat deze regeling eener meer billijke en naar de verkregen statistieke kennis geëvenredigde belasting, zoude blijven bestaan op den ouden voet, en zoude moeten bewerkstelligd worden,' met hetzelfde getal ambtenaren en met dezelfde middelen, waarmede die aangelegenheid sedert 1816 behandeld is; zoodat, na verkregen kennis van de uitgestrektheid van den grond en het bedrag van de oogsten daarvan, een zeker gedeelte als belasting voor het gouvernement zou worden geheven.

Hierdoor zouden de regten en belangen der bevolking, geenszins verbeterd noch verzekerd, maar integendeel verergerd zijn geworden, hetgeen door de plaats gehad hebbende opmetingen en opnamen van de uitgestrektheid en opbrengst der velden, reeds in sommige residentiën blijkt het geval te zijn geweest.

De uitgedrukte wil van het gouvernement naar het streven van die statistieke kennis, heeft de ontdekking van meerdere velden en hooger opbrengst, en mitsdien eene verhooging van het cijfer van den aanslag ten gevolge gehad, hetgeen niet onduidelijk met de inzigten van het gouvernement scheen overeen te komen.

Deze verkregen kennis van het produktief vermogen van land en volk, had als van zelf tot eene meer billijke belasting moeten leiden, doch heeft men integendeel van dien, de oude heffing van de $\frac{1}{2}$, $\frac{2}{5}$ en $\frac{1}{3}$ der opbrengst behouden, en niet zelden den marktprijs tot basis van den aanslag te hoog gesteld.

Door welk een en ander te zamen genomen, de belangen der landbouwende klasse, op eene onverantwoordelijke wijze zijn benadeeld geworden.

Bescherming harer regten, tegenover de grenzelooze afzetterijen en willekeurige handelingen der Inlandsche hoofden, staat in een naauw en onaf-

scheidbaar verband met de herziening en regeling van het landelijke belastingstelsel, daar het toch nimmer in de bedoeling kan liggen, om alleen
de uitgestrektheid en de opbrengst en andere inkomsten der dorpsbewoners
te leeren kennen, maar wel om daarbij tevens te onderzoeken: of de landbouwer, ieder afzonderlijk, eene voor zijn onderhoud toereikende uitgestrektheid grond voor eigen voordeel bewerkte; of de opbrengt daarvan, na
betaalde belasting, wezenlijk zijn eigendom bleef; of die belasting evenredig
was aan de waarde van zijn verkregen produkt; of hij ook soms belasting betaalde voor velden, waarvan de geheele oogst kosteloos in de
schuren van de distrikts- en dorpshoofden moest geleverd worden, en
eindelijk hoedanig de gedwongen kultuur-arbeid en heerendiensten onder
de opgezetenen van elke dessa werden verdeeld.

Ten gevolge eener ministeriëele depeche van den 21en October 1846 no.
348 S 1 geheim, zijn de werkzaamheden bij de opmeting en opname voormeld
gestaakt, en is verder niets gedaan om de bevolking te onttrekken aan
de meedoogenlooze willekeur der dorpshoofden, het natuurlijk gevolg van
een van deszelfs instellingen geheel verbasterd stelsel van belasting en gedwongen kultuurarbeid.

Hieraan kunnen dan ook grootelijks worden toegeschreven, de rampen
die in 1849, de bevolking van onderscheidene residentiën hebben getroffen; rampen, welke vroeger nimmer in dien hevigen graad zijn waargenomen.

De tegenwoordige direkteur der kultures, geheel doordrongen van de
dringende noodzakelijkheid om, zonder langer verwijl, tot eene herziening
van het landelijk stelsel te geraken, heeft bij zijne missive van den 26en Mei
1849 no. 1733/15 voorgesteld, om de op last van den minister van koloniën in 1846 gestaakte opname te doen hervatten, gepaard met al zoodanige onderzoekingen, als welke vereischt worden, om later eene herziening
en regeling der drie stelsels (landrenten, kultures en heerendiensten), op
hechte grondslagen te kunnen daarstellen.

Door de regering is, bij besluit van 25 November 1851 no. 2, eene
proeve in den geest dier voordragt, in de residentie Cheribon bevolen.
Om de gegrondheid van die herziening aan te toonen, is het noodig, het
ontwerp van den direkteur der kultures nader te ontwikkelen; dan aangezien het stelsel van kultures in het naauwste verband staat met dat
van de landelijke belasting, van welken aard hetzelve dan ook zijn moge,
en het eerste altijd gewijzigd zal moeten worden naar den voor- of achteruitgang van het laatste, zoo vordert het belang der zaak, dat verband
kortelijk aan te wijzen.

Het kultuurstelsel kan alleen dan voordeelig voor het geheele rijk werken
wanneer, door middel van hetzelve, goedkoope produkten worden verworven.

Deze kunnen niet verkregen worden, wanneer de behoeften van de plantende bevolking van dag tot dag toenemen, niet omdat zij meer konsu-
meert, maar omdat zij meer geld noodig heeft, om zich de eerste levens-
artikelen aan te schaffen. Die vermeerdering van behoeften is een gevolg

van eene verachtering van den landbouw, omdat in het algemeen de planter zelf niet zooveel produceert, als toereikend zoude zijn om hem en de zijnen te onderhouden. Om in het daardoor ontstaand gebrek te voorzien, wordt eene verhooging van arbeidsloonen onvermijdelijk, en daaruit een toenemend verval van den landbouw zeer mogelijk, ja zelfs waarschijnlijk, dewijl alles ten laatste eene gewoonte wordt, en ook de Javanen, bij het genot van eene tot onderhoud toereikende belooning voor fabriekdiensten, al ligtelijk den landbouw zullen verlaten of verwaarloozen. Zij zullen hiertoe des te eerder overgaan, omdat aan de bebouwing van velden onafscheidelijk verbonden is, het verrigten van heeren- en verpligte diensten; terwijl daarentegen de daglooner of werkman dezelve in de meeste gevallen weet te ontduiken, zoo hij niet van wege het bestuur daarvan geheel wordt vrijgesteld, en dit is dikwerf het geval, ten aanzien van hen, die in de suiker- en indigofabrieken werken, omdat eene gelijkmatige en geregelde uitvoering van den arbeid, een grooten invloed op de resultaten uitoefent, en de gewestelijke besturen, door eene vrijstelling van heerendiensten, zich voor oogen stellen, dat het belang van het gouvernement daarbij evenzeer als dat van de fabrikanten betrokken is.

Het stelsel van vrije kultuur of wel het doen beplanten der suikerrietvelden, geheel buiten bemoeijenis van het bestuur, moge op enkele plaatsen met eenen goeden uitslag bekroond worden, voor eenen algemeenen maatregel is hetzelve, immers voor alsnog, niet vatbaar, evenmin als het uitvoerlijk kan geacht worden, om de fabrikanten in de verkrijging van werklieden op eens alle hulp van het bestuur te ontzeggen.

Men stelle op den voorgrond, dat het kultuurstelsel de Inlandsche hoofden en wel voornamelijk de regenten, grootelijks belemmert in hunne willekeurige beschikking over gronden en onbeloonde diensten, waarvan zij meerdere voordeelen weten te trekken dan de toegekende kultuurprocenten afwerpen, en men komt daardoor als van zelf tot de gevolgtrekking, dat het meerendeel dier hoofden uit den aard der zaak, met dat stelsel niet zoo volkomen zijn ingenomen, als hunne houding bij eene oppervlakkige beschouwing wel doet denken.

Deze natuurlijke en geheime tegenstanders van het stelsel en van de fabrikanten, oefenen eenen grooten invloed op den geringen Javaan uit; en wanneer het hun goeddunkt de bevolking een zijdelingschen wenk (gelijk aan een bevel) te geven, om in de eene of andere fabriek niet te gaan werken, dan tegen een hoog dagloon van 40 of 50 duiten, dan zullen die menschen zich liever gebrek laten welgevallen, dan de prenta negrie (bevel van het bestuur) te overtreden.

In de veronderstelling echter, dat de bevolking daartoe niet wordt aangezet, en zij voor dertig duiten daags zich tot werken verbindt, dan gaat het niet te min zeker, dat een deel hunner, na verloop van weinige dagen wegblijft, om zoolang uit te rusten, tot dat de gespaarde dagloonen verteerd zijn en de nood hen aanspoort, den arbeid te hervatten.

In zoodanige gevallen zal het bestuur de fabrikanten met werkvolk te

hulp moeten komen, aangezien de gang der werkzaamheden, gedurende den oogst niet kan worden gestoord, zonder groot nadeel voor alle partijen.

Gedwongen koelielevering moet echter zooveel mogelijk worden beperkt.

De verkrijging van vrijwillige werklieden is in onderscheidene residentiën, alwaar een billijk loon wordt toegelegd, niet twijfelachtig meer.

Wanneer echter, zooals hiervoren reeds gezegd is, het gouvernement in de noodzakelijkheid wordt gebragt tot gedwongen koelielevering, dan zal het dagloon niet hooger dan 12 of 15 duiten, met voeding van 1 katti rijst, gekookt, en een weinig zout, moeten worden vastgesteld, ten einde de opvoering dier loonen, in het belang van handel en landbouw, op een billijken maatstaf te houden.

Het kultuurstelsel op betere grondslagen te vestigen, zal naar men vermeent kunnen geschieden, door eene naauwkeurige herziening en oordeelkundige regeling van het landelijke stelsel, waarbij als hoofddoel op den voorgrond moet staan, de verzekering aan elken landbouwer in het bijzonder, van het blijvend bezit, van een voor hem en de zijnen tot onderhoud toereikend stuk land, waarvan de verschuldigde landrente hem bekend zal zijn, en waarvan het cijfer niet naar willekeur der hoofden kan worden overschreden.

Om dit doel te bereiken, bieden zich drie wegen aan, welke hieronder elk afzonderlijk, onder de Hoofdstukken A., B. en C. zullen worden beschreven; met aanduiding van de bezwaren bij de uitvoering, en van de mogelijke gevolgen in de toekomst, voor zooverre die te voorzien zijn.

Alvorens echter tot de mededeeling van het eerste ontwerp over te gaan, zal het niet ondienstig zijn, hier kortelijk aan te teekenen, op welke wijze het grondbezit, de verdeeling der velden en de daarvan verschuldigde belasting, in vorige tijden is geschied, en welke afwijkingen daarin sedert hebben plaats gehad.

Na de ontginning van een stuk woest land en toebereiding van hetzelve tot een rijstveld (sawa), wordt om deszelfs geheelen omvang een laag smal dijkje gelegd, hetwelk moet dienen:

1. Om de grenzen van het veld te bepalen: ·

a. tusschen het nieuw ontgonnen en later door een ander te ontginnen veld, en

b. om het onderscheid van de twee hoofdsoorten van grond af te bakenen.

2. Om het voor den rijstbouw onontbeerlijke water over de geheele oppervlakte van het veld te behouden, — waartoe, in geval het terrein hobbelig is, ter vereischte plaatsen, over het veld meerdere dijkjes (galengans) worden aangelegd.

Vervolgens verkrijgt het veld een eigen naam, met bijvoeging van de onderscheidende namen van *loh* of *garres* (vet of mager).

Is het geheele veld van dezelfde grondsoort dan verkrijgt hetzelve slechts één naam, ongeacht de verdeeling in vier, zes of meer vakken, door dijkjes plaats heeft.

Dewijl in het tijdvak waarvan hier de rede is, de eerste ontginner van een stuk woest land een regt van eigendom op hetzelve verkreeg, zooals hiervoren is aangetoond, zoo kon er alstoen weinig of geen geschil ontstaan, omtrent de verdeeling der gronden.

In latere tijden echter, is dat regt, ten gevolge van onderlinge oorlogen, sterfte, verhuizing en andere beroerten onder de volksmassa, meerendeels verloren gegaan en zijn de velden als gemeentegronden beschouwd geworden, doch derzelver onderscheidene benamingen, met al de daaraan verbondene eigenschappen en door verloop van tijd ingewortelde gewoonten, zijn onveranderlijk dezelfde gebleven, zoodat nog op den huidigen dag een dorpshoofd, bij de uitdeeling van den grond onder zijne dorpelingen, niet zegt ,,gij krijgt een bouw," maar ,,gij krijgt het veld genaamd ......." waarmede de toebedeelde op eens weet:

1. Dat hij een veld zal bewerken, waarin een hem bekend aantal bossen zaad verbruikt moet worden.

2. Dat hij, zonder tegenspoeden van hooger hand, eene hem bekende hoeveelheid pikols of hamatten padi zal inoogsten.

3. Dat de toegewezen grond, bijzonder geschikt is, voor deze of gene soort van tweede gewassen, en daarvan eene hem bekende hoeveelheid afwerpt, en

4. Dat hij als belasting betalen moet, eene aan alle de dorpsbewoners bekende, en sedert onheugelijke tijden als de waarde der opbrengst van den grond erkende som.

Deze som echter, welke den waarborg uitmaakt van des landbouwers verdiensten, is onder de werking van het landelijk stelsel, bestendig overschreden, daar de dorpshoofden in hunne oneerlijke handelingen, van den, nu eens rijzenden, dan eens dalenden aanslag gebruik hebben gemaakt, om de wezenlijke waarde der gronden te verhoogen, terwijl zij daarentegen bij misgewassen en verleende remissiën van den aanslag, evenwel volgens oude gewoonte de landrente van de landbouwers vorderden en zich toeëigenden.

Tot wering van de bestaande en hierboven opgesomde misbruiken en verkeerdheden, en ter verzekering van de rust en welvaart der landbouwende bevolking, kunnen de volgende ontwerpen van herziening en regeling in overweging worden genomen.

### Ontwerp A.

1. De verdeeling van de gronden onder de landbouwers en de inning der landrente, aan de dorpshoofden te ontnemen.

2. Als hoofden der dorps-gemeenten, hen belast te laten, met het toezigt over den landbouw, de regeling van alle aangelegenheden van policie,

justicie en plaatselijk bestuur, hun dorp betreffende, overeenkomstig de bestaande instruktiën en bepalingen, zoomede met de zorg voor het opkomen van de heerendienstpligtigen, en voor zooveel noodig, met de uitvoering der hun opgelegde werkzaamheden.

8. Als belooning voor deze bemoeijingen aan hen toe te kennen:

*a.* Het regt om van de beste velden zelf een gedeelte te mogen bewerken, vrij van belasting, welk gedeelte gelijk zal staan aan het dubbele bedrag van de door hen thans genoten wordende en later in te trekken 8% kollekteloon op de landrente.

*b.* Het regt om van de beste velden, nog twee aandeelen van den gemeenen man te mogen bewerken, mits deelende in de belasting.

*c.* Het genot van de procento's van de kultures voor de Europeesche markt, waarin het dorp aandeel heeft.

*d.* Vrijstelling (heerendiensten) ten hunnen behoeve, van één of meer mannen of huisgezinnen, naar gelang van de belangrijkheid van het dorp, zoo tot het overbrengen van bevelen, als tot het verrigten van bijzondere diensten.

4. Aan de overige leden van het dorpsbestuur mede toe te kennen een zeker gedeelte grond, vrij van belasting, benevens een aandeel in de bebouwing tegen betaling van landrente.

5. De verdeeling van den grond en de perceptie der landrente, te doen geschieden, door een daartoe aan te stellen inlandsch ambtenaar, voor elk distrikt een, onder genot van een maandelijksch inkomen van *f* 200 of *f* 250.

6. Deze verdeeling zal moeten geschieden vaks-gewijze, naar de benaming der velden en naar de rede van p. m. 1 tot 3 bouw per huisgezin, zijnde het onnoodig dat hierin met naauwgezetheid de maat in het oog worde gehouden.

7. Zij die geen ploegvee bezitten en dus geen geheele bouw kunnen bewerken, zullen evenwel die uitgestrektheid erlangen, ten ware een geringe voorraad velden, zulks plaatselijk niet gedoogt, als wanneer zij in een ander dorp in de onmiddellijke nabijheid van het hunne, zoo mogelijk, een meerder aandeel zullen verkrijgen.

8. De hierboven bedoelde ambtenaar die den titel van onderkollekteur zou kunnen voeren, zal verder belast zijn met het bewerkstelligen van alle opmetingen en opnamen, welke kunnen leiden tot de kennis van de uitgestrektheid en waarde der gronden, de hoegrootheid der bevolking en van het ploegvee en van de aanwezige winstgevende planten en gewassen.

9. Hij zal daarin worden geassisteerd door een Inlandschen landmeter en een schrijver, die ter zake al datgene zullen beschrijven, wat dienen kan om van deze aangelegenheid een grondige kennis te behouden.

10. Al de verrigtingen van deze beide beambten, moeten plaats vinden in tegenwoordigheid van het dorpsbestuur, gelijk zulks bij een opzettelijk, dit onderwerp betreffend, plan breeder zal worden omschreven.

11. De berekening van den aanslag der belasting geschiedt aanvanke-

lijk door het konstateren van het gewas waarvan *een vierde* van de bruto opbrengst als landrente zal worden voldaan in geld, berekend naar den laagsten marktprijs tijdens den oogst.

De heffing van *een vierde*, is gegrond op de belasting van de helft der opbrengst, en door de partikuliere grondbezitters op Java gegeven wordende.

12.  De opname bedoeld bij § 8, zal binnen 3 of 4 jaren de waarde van elk stuk grond in de dorpen leeren kennen, alsmede wat daarvoor van *oudsher* als belasting is betaald.

Na deze verkregen kennis, zal het bedrag dier belasting met het produktief vermogen van den grond worden vergeleken, en diensvolgens een *vast cijfer* van belasting voor *elk vak* worden aangenomen.

13.  Het werk in zoo verre gevorderd, en het vast aangenomen cijfer aan de bevolking bekend gemaakt zijnde, zal de administratie der landrente zich bepalen, tot de verdeeling van den grond onder de landbouwende huisgezinnen van elk dorp en het innen der belasting.

14.  Daarna zou in overweging kunnen worden genomen, in hoeverre het al of niet doelmatig zou zijn, om aan elken landbouwer, den hem toegewezen grond voor 8 of meer jaren, tegen eene onveranderlijke belasting in bruikleen af te staan, waarbij alleen eene algeheele of daaraan grenzende mislukking van den oogst, tot het geven van remissie in aanmerking zal komen.

15.  De onder-kollekteurs en verder personeel, zullen in al hunne handelingen naauwgezet moeten worden gekontroleerd, door den resident, regent en kontroleurs; zullende deze laatsten over de werkzaamheden eene dadelijke bemoeijing moeten uitoefenen.

De verdere bijzonderheden van het ontwerp, de regeling van den aanslag en de inning der landrente betreffende, zijn van ondergeschikt belang en kunnen hier worden weggelaten.

De bedenkingen, welke tegen dit ontwerp kunnen worden gemaakt zijn de navolgende:

1.  Dat aan het gezag der dorpshoofden zal worden ontnomen de verdeeling van den grond en de regeling en inning der belasting, alsmede de perceelsgewijze toewijzing van velden aan elken landbouwer en het vaststellen van de belasting op gelijken voet.

Hierdoor zal de Javaansche maatschappij (dessabestuur) in deszelfs breedsten grondslag worden ondermijnd. Vide kabinetsbrief dd. 30 April 1851 no. 867.

2.  Dat het voorgestelde inlandsch personeel geen waarborg genoeg oplevert, terwijl het traktement, bij vergelijking van het overig Inlandsch personeel, te hoog is. Waartegen valt aan te merken, dat naar al hetgeen hiervoren omtrent den tegenwoordigen toestand van het dorpsbestuur is gezegd geworden, die ondermijning reeds op vele plaatsen bestaat, daar de hoofden, hun gezag op eene grenzelooze wijze misbruikende, genoegzaam allen invloed op de dorpsbewoners verloren hebben. Onder de middelen welke de strekking kunnen hebben, om het bestaande kwaad op

eens uit te roeijen, en in de toekomst te verhoeden, zijn ongetwijfeld die, bij bovenstaand ontwerp opgegeven, als zeer doeltreffend aan te bevelen, ofschoon niet kan worden ontkend, dat daaruit aanvankelijk eene algemeene ontevredenheid onder de dorpshoofden zal ontstaan, ongeacht hunne wettige inkomsten en hun gezag over alle andere aangelegenheden, het dorpsbestuur betreffende, door den maatregel niet zouden verminderen.

## Ontwerp B.

Het tweede ontwerp geeft de volgende hoofdregelen aan:

1. Behoud van het bestaande stelsel van administratie onder behoorlijke kontrôle over de verdeeling der velden, de belasting en de inning.

2. Daarstelling van grondslagen tot regeling eener billijke belasting aan kultuur, arbeid en heerendiensten.

Daartoe wordt vereischt:

*a.* opmeting van de uitgestrektheid der velden door inlandsche landmeters, onder toezigt van deskundig Europeesch personeel.

*b.* opname van het getal zielen en landbouwende huisgezinnen, vee, den aard der gronden, en

*c.* onderzoekingen naar de verdeeling der velden en de regten en verpligtingen van den grondbezitter, de volkshoofden en den souverein, zoowel met betrekking tot de belasting, als de kultuur en de heerendiensten.

3. De opnamen en onderzoekingen sub *b* en *c*, zullen insgelijks aan eene afzonderlijke kommissie worden toevertrouwd.

4. Het resultaat dezer opname zal ten gevolge kunnen hebben:

*a.* dat de landrente niet meer bedrage, dan $1/5$ van het gewas, berekend naar een matigen marktprijs.

*b.* dat de verdeeling der gemeentegronden, door de dessahoofden behoorlijk plaats vindt, en zij de belasting billijk aanslaan.

*c.* dat de staat van het gewas tot grondslag strekt, voor de, bij overleg met de hoofden en oudsten der dessa's, te bepalen belasting.

*d.* dat het distriktsbestuur aan de belastingschuldigen uitreikt, een schriftelijk bewijs der verschuldigde som, naar de verdeeling door het dessahoofd gedaan en opgegeven.

*e.* dat in elke dessa daarvan door een schrijver een register wordt aangelegd, waarop het verschuldigde en de afbetalingen worden aangeteekend.

*f.* dat aan elk dessahoofd eene opgave zal worden uitgereikt van de gevorderde heerendiensten zijner opgezetenen.

5. Na de regeling der belasting, zal de kontrôle over de verdeeling der velden, den omslag en de inning der belasting en die der heerendiensten, worden opgedragen aan een daarvoor benoodigd Europeesch en Inlandsch personeel, hetwelk naar eene nieuw te ontwerpen instruktie, onder speciaal en aanhoudend toezigt der residenten, zal moeten werkzaam zijn.

Tegen dit ontwerp van herziening en verbetering kan worden aangevoerd:

1. Dat eene naauwgezette kontrôle over de handelingen der dessa-

hoofden, met betrekking tot de stelsels van landrente en heerendiensten, de strekking zou kunnen hebben, om de bevolking langzamerhand aan het gezag dier hoofden te onttrekken, wanneer zij tegen willekeur en misbruik van gezag van laatstgenoemden wordt beschermd en geregtvaardigd. Hiertegen wordt aangemerkt, dat de ondermijning van het gezag van slechte hoofden, niet gevreesd, maar integendeel als wenschelijk moet geacht worden, om zoodoende eindelijk een beter dorps-bestuur in het leven te roepen.

2. Dat het jaarlijks konstateren van het te veld staande gewas, geheel in het voordeel zoude zijn van het gouvernement, zonder de verzekering te erlangen, hoedanig het belastingstelsel op de bevolking wordt toegepast. (*)

---

(*) Als voorbeeld, in hoever de cijfers van produktie, zooals die in de leggers van den aanslag thans vermeld worden, verschillen met de werkelijkheid, deelen wij het volgende mede:

De minister van koloniën had, in 1865, aan den gouverneur-generaal een overzigt gevraagd, van de uitgestrektheid der in de verschillende residentiën met padi beplante velden, met aanwijzing van de produktie en het bedrag der landrenten, in het geheel en gemiddeld per bouw, over elk der jaren 1818 tot en met 1835.

De gouverneur-generaal bood, dientengevolge, bij kabinets-missive van 27 December 1865 no. 407, lett. R 14, de ontvangen antwoorden aan van een viertal residentiën, met namen: Kadoe, Bantam, Cheribon en Banjoemas. De resident van Kadoe leverde eene opgave, die echter zeer onvolledig is. De residenten van Bantam en Cheribon konden daaraan in het geheel niet voldoen, vermits de gegevens, over gemeld tijdvak, niet meer te vinden waren in de archieven van de verschillende autoriteiten in die gewesten. De resident van Banjoemas bood, onder herinnering dat zijne residentie eerst na 1830 onder ons direkt gezag gekomen is, eene opgave in den verlangden zin aan, welke loopt van 1833 tot en met 1864. Die opgave is tot en met 1849 zeer onvolledig, maar over de latere jaren vrij gedetailleerd. De resident schrijft deswege, in zijne missive van 14 December 1865, no. 3587/8, onder anderen het volgende:

»Van de beplante velden zijn reeds afgetrokken, de misgewassen en die landen welke, als nieuw ontgonnen, niet in den aanslag vielen. Wat in het algemeen de waarde van de opgebragte cijfers betreft, zoo zijn de totalen der landrenten volkomen te vertrouwen. Het is echter niet onwaarschijnlijk, dat tot op het jaar 1863, de cijfers der beplante velden te laag, en dientengevolge die van de gemiddelde landrenten per bouw te hoog zijn, daar door de kommissie voor de statistieke opname 21,409 bouws sawa meer bevonden zijn, dan vroeger bekend stonden. De gemiddelde padiproduktie is doorgaande zeer verre beneden de werkelijkheid opgegeven, aangezien de daartoe betrekkelijke cijfers zijn genomen uit de leggers van den aanslag der landrenten, alwaar zij steeds opzettelijk veel te laag werden gesteld, wegens de inrigting der leggers, waarin de exorbitante belasting van de helft, twee vijfde, en een derde van het produkt, naarmate van de hoegrootheid daarvan, als basis is aangenomen. Volgens de resultaten, door de statistieke opname verkregen, zoude bij een gemiddelden oogst, de gemiddelde produktie per bouw wezen als volgt:

| | Afdeeling Banjoemas, | 29 | pikols padi | |
|---|---|---|---|---|
| » | Poerwokerto, | 31½ | » | » |
| » | Poerbolingo, | 31½ | » | » |
| » | Bandjarnegara, | 33 | » | » |
| » | Tjilatjap, | 32½ | » | » |

Bij eene behoorlijke kontróle in elk distrikt, zullen de dorpshoofden omzigtiger zijn, in den omslag der overeengekomen belasting, terwijl de aanwezige ambtenaren weldra de noodige kennis zullen hebben verkregen van het produktief vermogen der verdeelde velden.

## Ontwerp C.

Het derde ontwerp is in alles gelijk aan het tweede, vermeld onder § B, met die uitzondering alleen, dat de inning der landrente aan de dorpshoofden ontnomen, en aan eenen afzonderlijken ontvanger opgedragen wordt.

Indien zoodanig ambtenaar eerlijk is, dan kan uit die instelling volgen, dat de bevolking niet meer zou betalen dan haar door de dorpshoofden is opgelegd.

Is dit echter het geval niet en verstaat hij zich met laatstgenoemden, dan baat de maatregel niet, die in elk geval medebrengt, dat de dorpshoofden òf zelven moeten schrijven, òf een schrijver houden, om van de stortingen aan den percepteur aanteekening te houden.

Heeft deze percepteur tevens de magt om de verdeeling van den grond te verifiëren en te kontroleren, dan vervalt hij in de attributen van den kontroleur; heeft hij die magt niet, dan is de daarstelling van die betrekking nutteloos, want volgens ontwerp letter B, wordt het dorpshoofd door de Europeesche en Inlandsche ambtenaren gekontroleerd, wegens de verdeeling van den grond, en tevens ter verantwoording geroepen, wegens de verdeeling en inning van de belasting.

De financiëele resultaten van de beschrevene ontwerpen zijn voor allen gelijk, en kunnen komen op eene jaarlijksche som van p. m. 10 millioen recepissen, zijnde 20 % meer dan tot nog toe aangeslagen is.

Ingediend den 20<sup>en</sup> September 1852.

De direkteur der kultures.

(was get.) S. D. SCHIFF.

EINDE VAN HET DERDE EN LAATSTE DEEL.

---

terwijl later genomen proefsnijdingen tot het vermoeden hebben geleid, dat de produktie in werkelijkheid nog grooter is."

Wanneer men hiermede nu vergelijkt, de aan de leggers van den aanslag ontleende cijfers, voorkomende in de opgave, door den resident overgelegd, dan bespeurt men een groot verschil in de opgegeven en de werkelijke produktie. Volgens die opgave was de produktie padi en het bedrag der landrente, per bouw gemiddeld over vijf jaren, 1860 tot en met 1864, vermeld als volgt:

| | | | | | | | | |
|---|---|---|---|---|---|---|---|---|
| Afdeeling Banjoemas, | | prod. 17.05 pik. padi, en landrente f 5.12 | | | | | | |
| » | Poerwokerto, | » | 21.80 | » | » | » | » | » 6.15 |
| » | Poerbolingo, | » | 10.74 | » | » | » | » | » 6.88 |
| » | Bandjarnegara, | » | 15.04 | » | » | » | » | » 5.60 |
| » | Tjilatjap, | » | 16.56 | » | » | » | » | » 5.41 |

Daar nu de produktie, zooals wij gezien hebben, in werkelijkheid zoo aanzienlijk veel meer was, was de verhouding van de landrente tot die produktie, in evenredigheid veel billijker, en zelfs zeer laag.

Check Out More Titles From HardPress Classics Series In this collection we are offering thousands of classic and hard to find books. This series spans a vast array of subjects — so you are bound to find something of interest to enjoy reading and learning about.

Subjects:
Architecture
Art
Biography & Autobiography
Body, Mind &Spirit
Children & Young Adult
Dramas
Education
Fiction
History
Language Arts & Disciplines
Law
Literary Collections
Music
Poetry
Psychology
Science
…and many more.

Visit us at www.hardpress.net

CPSIA information can be obtained
at www.ICGtesting.com
Printed in the USA
BVHW081817220819
556561BV00020B/4551/P

9 781318 530601